하빈 신후담의
대학후설과 사칠동이변

지은이 하빈(河濱) 신후담(愼後聃)

1702(숙종 28)년에 태어나 1761(영조 37)년에 세상을 떠났다. 자는 이로(耳老), 본관은 거창(居昌)으로, 한양에서 태어났다. 23세 때 성호(星湖) 이익(李瀷)을 찾아가 문인이 되었다. 윤휴(尹鑴)·허목(許穆) 등 근기 남인계의 학문정신을 계승하고, 성호에게서 회의를 통한 본지탐구의 방법을 익혀 주자학만을 절대존신하지 않고 새로운 해석을 추구하였으며, 관념적 유희보다는 실제의 행사를 중시하는 실학적 사유를 드러내고 있다. 동문 이병휴(李秉休)와 함께 성호학파 내의 진보 성향을 가진 대표적인 학자로 후대 정약용(丁若鏞) 등의 경학에 상당한 영향을 미쳐 조선 후기 경학사에서 빼놓을 수 없는 인물이다.

옮긴이

최석기 · 경상대학교 한문학과 교수
정소이 · 서강대학교 종교학과 교수

실시학사
실학번역총서
02

하빈 신후담의 대학후설과 사칠동이변

신후담 지음

최석기 · 정소이 옮김

재단법인 실시학사 편

사람의무늬

實學飜譯叢書를 펴내며

　실시학사(實是學舍)에서 실학연구총서(實學硏究叢書)를 발간하여 학계에 공헌하면서 뒤이어 실학번역총서(實學飜譯叢書)를 내기로 방침을 세운 것은 벌써 2년 전의 일이다. 실시학사가 재단법인으로 발전하면서 그 재정적 바탕 위에 여러 가지 사업을 수행하는 가운데 실학(實學)에 관한 우리나라 고전들을 골라, 한문으로 된 것을 우리글로 옮겨서 대중화 작업을 시도하기로 한 것이다.

　여기, 이 기회에 나는 다시 몇 마디 말씀을 추가할 것이 있다. 이 실학번역총서를 낸다는 말을 전해 듣고 모하(慕何) 이헌조(李憲祖) 형이 앞서 거액을 낸 것 외에 다시 적지 않은 돈을 재단에 출연해 주었다. 나는 그의 학문에 대한 열정에 오직 감동을 느꼈을 뿐, 할 말을 잊었다. 오늘날 우리나라에서 사회문화에 대한 허심탄회(虛心坦懷)로 아낌없이 투자해 줄 인사가 계속해서 나와 준다면 우리 학계가 얼마나 다행할까 하는 생각을 금(禁)할 수 없었다.

실(實)은 실시학사가 법인으로 되기 전부터, 나는 성균관대학교에서 정년퇴임한 뒤에 진작 서울 강남에서 학사(學舍)의 문을 열고 젊은 제자들과 함께 고전을 강독하면서 동시에 번역에 착수하였고, 그 뒤 근교 고양(高陽)으로 옮겨온 뒤에도 그대로 계속하여 적지 않은 책들을 간행하였다. 예를 들면 경학연구회(經學硏究會)가 다산 정약용(茶山 丁若鏞)의 『정체전중변(正體傳重辯)』, 『다산과 문산(文山)의 인성논쟁』, 『다산과 석천(石泉)의 경학논쟁』, 『다산과 대산(臺山)·연천(淵泉)의 경학논쟁』, 『다산의 경학세계(經學世界)』, 『시경강의(詩經講義)』 5책 등을 번역 출판하였고, 고전문학연구회(古典文學硏究會)가 영재 유득공(泠齋 柳得恭)의 『이십일도회고시(二十一都懷古詩)』와 『열하기행시주(熱河紀行詩註)』 각 1책, 낙하생 이학규(洛下生 李學逵)의 『영남악부(嶺南樂府)』 1책, 그리고 『조희룡전집(趙熙龍全集)』 5책, 『이옥전집(李鈺全集)』 5책, 『산강 변영만(山康 卞榮晩)전집』 3책, 유재건(劉在建)의 『이향견문록(里鄕見聞錄)』 1책 등을 모두 번역 출판하였다. 이 열거한 전집들 중에는 종래 산실(散失) 분장(分藏)된 것이 적지 않아서 그것을 수집하고 재편집하는 데 많은 노력을 기울였다. 이 과정에서 제자들은 어려운 생활 속에서도 세월 따라 능력이 성장해 왔고 나는 그것을 보면서 유열(愉悅)을 느껴, 스스로 연로신

쇠(年老身衰)해 가는 것도 잊고 있었다.

　그런데 이제 번역 사업이 본격화되면서 많은 역자(譯者)가 한꺼번에 나오게 되고 나는 직접 일일이 참여할 수 없게 되고 보니 한편 불안한 점이 없지도 않다. 나는 지난날 한때 민족문화추진회(民族文化推進會, 韓國古典飜譯院의 前身)의 회장직을 맡아, 많은 직원들, 즉 전문으로 번역을 담당한 분들이 내놓은 원고들을 하나하나 점검할 수도 없어 그대로 출판에 부쳐 방대한 책자를 내게 되었다. 물론 역자들은 모두 한문 소양이 상당하고 또 성실하게 우리글로 옮겨 온 분들이지만 당시 책임자였던 나로서는 그 자리에서 물러난 지 오래된 지금에 와서도 마음 한 구석에 빚이 되어 있는 것이 사실이다. 그런데 지금 또 실시학사에서 전건(前愆)을 되풀이하게 되는 것이 아닐까 걱정이 앞서기 때문이다.

　그러나 이미 화살은 날았다. 이제 오직 정확하게 표적(標的)에 맞아 주기를 바랄 뿐이다.

2013년 초하(初夏)

李佑成

차 례

부록

제1편

『대학후설(大學後說)』

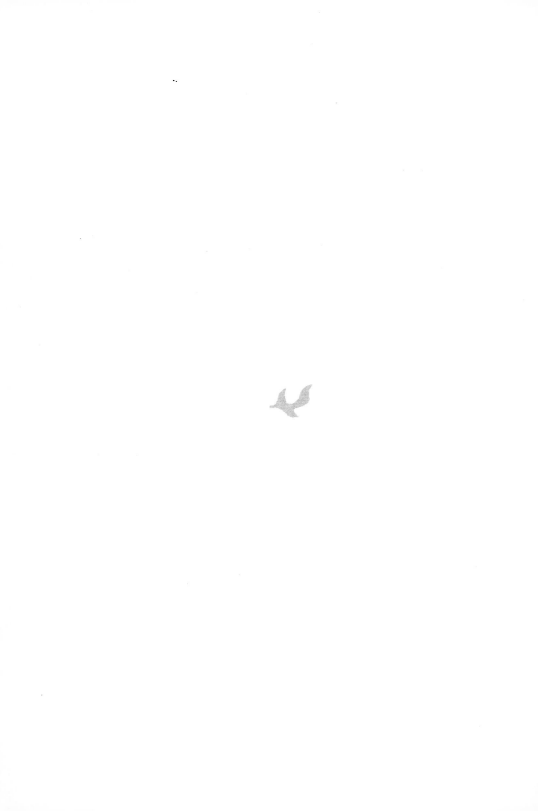

河濱

『대학후설(大學後說)』 해제

최석기崔錫起 | 경상대학교 한문학과 교수

Ⅰ. 번역저본의 서지사항

이 번역서는 2006년 아세아문화사에서 영인 간행한 『하빈선생전집(河濱先生全集)』제1책 권5에 수록된 『대학후설(大學後說)』을 저본으로 하였다. 『하빈선생전집』은 숭실대학교 한국기독교박물관, 서울대 규장각, 국립중앙도서관 등에 필사본으로 소장되어 있던 것을 간행위원회에서 수집해 전 9책 분량으로 영인 간행한 것이다. 이 『하빈선생전집』에 수록된 저술을 개략적으로 살펴보면 다음과 같다.

제1책 : 『하빈집(河濱集)』 내편 : 심의서(深衣書)〈권3〉, 소학차의(小學箚疑)〈권3, 4〉, 대학후설(大學後說)〈권5〉, 중용후설상(中庸後說上)〈권7〉.

제2책 : 『하빈집(河濱集)』 내편 : 중용후설하(中庸後說下)〈권8, 9〉, 사칠동이변(四七同異辨)〈권9〉, 도서요론(圖書要論)〈권11〉, 낙서후설(洛書後說)〈권11〉, 범수도설(範數圖說)〈권11〉, 기삼백주설(朞三

百註說)〈권11〉, 역의수록(易義隨錄)〈권12〉, 정자이부자고안자
(程子以夫子告顏子)〈권12〉, 춘추잡지(春秋雜識)〈권12〉, 서경집
해총설(書經集解總說)〈권12〉.

제3책 : 『하빈집(河濱集)』 내편 : 이성호역경질서찬요(李星湖易經疾書纂
要)〈권13〉, 선후갑경설(先後甲庚說)〈권13〉, 역상설(象象說)〈권
13〉, 상성호논역경질서별지(上星湖論易經疾書別紙)〈권13〉, 역학
계몽보주(易學啓蒙補註)〈권14〉, 독호쌍호계몽익전지의(讀胡雙湖
啓蒙翼傳識疑)〈권14〉, 독역경통해도설보지의(讀易經通解圖說補
識疑)〈권14〉, 독임당양씨시교고금문역기의(讀林塘楊氏時喬古今
文易記疑)〈권15〉, 내씨역도찬요(來氏易圖纂要)〈권15〉, 내씨역설
찬요(來氏易說纂要)〈권15〉, 주역정의팔론(周易正義八論)〈권15〉,
정자삼설(程子三說)〈권15〉, 주자삼설(朱子三說)〈권15〉, 제가논
편차(諸家論篇次)〈권15〉, 절중의례(折中義例)〈권15〉, 절중강령
(折中綱領)〈권15〉, 아동간이최씨역구결략평(我東簡易崔氏易口
訣略評)〈권15〉, 잡서수록(雜書隨筆)〈권17〉, 황명제가평요(皇明
諸家評要)〈권17〉, 팔가총평(八家總評)〈권17〉.

제4책 : 『하빈집(河濱集)』 내편 : 팔가총평(八家總評)〈권18, 19〉, 내교(內
敎)〈권20〉.

제5책 : 『주역상사신편(周易象辭新編)』.

제6책 : 『주역상사신편Ⅱ(周易象辭新編Ⅱ)』, 『주역상사신편Ⅲ(周易象辭
新編Ⅲ)』, 『둔와계사전(遯窩繫辭傳)』.

제7책 : 『둔와서학변(遯窩西學辨)』, 『하빈잡저Ⅰ(河濱雜著Ⅰ)』.

제8책 : 『하빈잡저Ⅱ(河濱雜著Ⅱ)』, 『하빈잡저Ⅲ(河濱雜著Ⅲ)』.

제9책 : 「하빈선생연보(河濱先生年譜)」, 「하빈신공행장(河濱慎公行狀)〈허
전(許傳) 찬(撰)〉」, 「하빈선생전집총목록(河濱先生全集總目錄)」.

이상의 저술을 일별하면 대부분이 경학 저술이며, 그중에서도 특히 역학(易學)에 관한 저술이 많은 것을 알 수 있다. 이를 통해 볼 때, 하빈은 경학가로서 역학에 밝았던 학자라 할 수 있다. 하빈이 지은 시문은 『하빈잡저』에 수록되어 있는데 대부분이 시이다.

양승민(梁承敏)의 「하빈선생전집해제」에 의하면, 이 전집에 수록되지 않은 저술로는 중종반정 때 폐출된 단경왕후(端敬王后) 신씨(愼氏)와 온릉(溫陵)에 관한 사실을 수록한 『온릉지(溫陵志)』, 중종반정 때 피살된 8대조 신수근(愼守勤)의 참화 및 복권의 전말을 기록한 『소은록(昭恩錄)』, 하빈의 부친 신귀중(愼龜重)의 스승 만호(晩湖) 신무(愼懋)의 어록과 행적을 기록한 『가숙연원(家塾淵源)』 등이 전해지고 있다고 하며, 전해지지 않는 저술로는 모친 이씨를 위해 지은 소설 『남흥기사(南興記事)』와 『내교(內敎)』의 언문 번역본이 있다고 한다.

양승민은 『하빈집』 내편과 『하빈잡저 I』이 동일한 필체로 되어 있어 전사자(轉寫者)가 문집 형태로 편집한 것이라 추정하였는데, 서자 신신(愼信)이거나 아우 신후팽(愼後彭)·신후은(愼後恩)일 가능성이 높다고 보았다. 신신(愼信)의 후손 신종익(愼宗翊) 씨가 40여 권의 『하빈유고(河濱遺稿)』를 소장하고 있었는데 서울의 어느 서점으로 유출되었고, 숭실대학교 김양선(金良善) 교수가 그것을 구입하여 동 대학교에 기증함으로써 현재 숭실대 한국기독교박물관에 소장되었다고 한다.

이 번역서의 저본은 『하빈집』 권5에 수록되어 있는데, 그 다음에 권6이 빠져 있다. 게다가 『대학후설』의 내용을 검토해 보면, 주자의 『대학장구』 전 제8장 이하에 대해서는 하빈의 해석이 없다. 이에 대해 두 가지 경우를 추측할 수 있다. 하나는 권6에 『대학후설』이 편집되어 있었는데 산실되었다는 것이고, 하나는 『대학후설』은 원래 주자의 『대학장구』 전 제8장 이하는 해석하지 않았다는 것이다. 전자를 뒷받침하는 것으로는 권6이 빠져 있다는 점을 들 수 있고, 후자를 뒷받침하는 견해로는 권5에 실린 『대학후설』에 '상(上)'이라는 표시가 되어 있지 않다는 점을 들 수 있다. 『중용후설』은 상·하로 나누어 놓았는데 『대학후설』에는 그런 표기를 하지 않았으니, 원래 한 편으로 저술한 것이라고 추측할 수 있다.

이 『대학후설』은 1면 10행, 1행 19자로 되어 있으며, 총 152면으로 구성되어 있다. 전사자가 필사한 필사본으로 간혹 알아보기 힘든 글자도 있다. 체제는 주자의 「대학장구서」 및 대학편제(大學篇題)에 대한 해석, 그리고 자신이 새롭게 분장(分章)한 제1장, 제2장 〈석격물치지(釋格物致知)〉, 제3장 〈석성의(釋誠意)〉, 제4장 〈석정심수신(釋正心修身)〉에 대한 해석으로 되어 있다. 각 장은 다시 각 절로 나누어 해석하고 있는데, 주자의 주석을 비롯한 제가의 설을 인용하고 있다. 인용한 제설에 대해 저자의 논평이 없는 것은 수용한 것이며, 이견이 있을 경우에는 '우안(愚案)'으로 표기하여 자신의 견해를 제시하고 있다. 또 각 장 맨 뒤에는 '총론(總論)'이라는 항목을 설정해 그 장의 요지나 해석상의 이견에 대해 저자의 견해를 종합적으로 피력하고 있다.

Ⅱ. 하빈(河濱) 신후담(愼後聃)의 생애와 학문성향

1. 생애

하빈의 생애에 대해서는 스승 성호(星湖) 이익(李瀷)이 지은 「성균진사 신공묘지명병서(成均進士愼公墓誌銘并序)」, 아들 신신(愼信)이 지은 「하빈선생연보」, 허전(許傳)이 지은 「하빈신공행장」, 『하빈선생전집』에 수록되어 있는 양승민이 작성한 「해제」 등을 통해 확인할 수 있다.

하빈은 1702년(숙종 28) 2월 8일 한양 동부(東部) 낙선방(樂善坊) 외가에서 장남으로 태어났다. 자는 이로(耳老)·연로(淵老), 호는 하빈(河濱)·둔와(遯窩), 본관은 거창(居昌)이다. 부친은 병조정랑을 역임한 외와(畏窩) 신귀중(愼龜重)이고, 모친은 우계 이씨(羽溪李氏)로 이정관(李正觀)의 딸이다. 조부는 신휘오(愼徽五), 증조부는 신희(愼憙), 고조부는 신득의(愼得意)이다. 8대조가 중종반정 때 피살된 신수근(愼守勤)이다. 하빈의 증조부 신희의 서제(庶弟) 신무(愼懋)가 허목(許穆)의 형 허후(許厚)에게 배운 것과 하빈이 성호의 문하에 나아가 수학한 것을 보면, 하빈의 집안은 17세기 근기남인계의 당색을 갖고 있었던 것으로 보인다.

하빈은 6세 때부터 박세흥(朴世興)에게 글을 배우기 시작하여 14세 때 사서삼경을 다 읽었다. 16세에 오상억(吳尙億)의 딸 복천 오씨(福川吳氏)에게 장가를 들었다. 하빈은 독서력이 왕성하던 10대에 노장과 불교 서적에 심취하였는데, 부친이 그런 책을 탐닉하지 말 것을 경계하자 다시 사서(四書)와 성리서를 읽기 시작하였다. 그리하여 18세 때 「자경설(自警說)」을 지어 도학에 매진할 것을 다짐하였다. 한편 18세부터 과거에 응시하여 22세 때 진사시에 합격하였다. 그러나 그 뒤로는 과거공부를 하지 않고 학문에 전념하기로 하였다.

하빈은 23세 때인 1724년 아현우사(鵝峴寓舍)로 성호를 찾아가 배알하고 문인이 되었다. 당시 하빈은 성호를 통해 서학을 접하고 비판적 입장에서 「서학변(西學辨)」을 지었으며, 『근사록』을 읽으라는 성호의 권유를 받고 성리학에 더욱 매진하였다.

하빈은 학문에 전념하면서 젊어서부터 저술을 일삼았다. 그는 24세 때 『소학차의(小學箚疑)』를 완성하였고, 처소를 '둔와(遯窩)'라 자호하고서 「둔와명(遯窩銘)」을 지었다. 25세 때에는 천마산(天磨山)·수락산(水落山) 및 송도(松都)를 유람하고 수십 수의 시를 지었다. 27세부터 『주역상사신편(周易象辭新編)』의 저술에 착수하였다. 30세 때 「대학해(大學解)」와 「대학도의(大學圖義)」를 지었다. 31세 때부터 『논어차의(論語箚疑)』와 『맹자차의(孟子箚疑)』를 저술하기 시작하였으며, 42세 때 『대학후설(大學後說)』과 『중용후설(中庸後說)』을 지었고, 48세 때에는 『서경집해(書經集解)』를 탈고했으며, 49세 때에는 『춘추경전총안(春秋經傳摠按)』을 저술하였다.

하빈의 나이 43세 때 부친이 별세하여 삼년상을 치렀다. 55세 때 조모 이씨가 세상을 떠났고, 59세 때 모친 이씨가 세상을 떠났다. 하빈은 45세 때 경상도 흥해(興海)에 유배중인 아우 신후은(愼後恩)을 만나기 위해 내려갔다가 영남 지방을 유람하고 돌아갔다.

하빈은 58세 때 세거지인 경기도 파주 금성촌(金城村)으로 이주하여 그곳에서 만년을 보내다가, 1761년 11월 24일 금성촌 자택에서 향년 60세를 일기로 세상을 떠났다. 파주 백석면(白石面)에 안장했다가, 1804년 용인 수진면(水眞面) 손곡(孫谷)으로 이장했다. 하빈은 부인 오씨와의 사이에서 1남 1녀를 두었고, 측실 소생으로 2남 2녀를 두었다.

2. 학문성향

하빈의 저술이 세상에 널리 알려지지 않아 하빈의 사상과 문학에 관한 연구는 아직 미미하기 이를 데 없다. 하빈의 학술에 대한 연구는 「서학변」이 알려지면서 서학에 대한 비판을 중심으로 이루어졌다. 일찍이 홍이섭(洪以燮)이 「실학의 이념적 일모(一貌) : 하빈 신후담의 「서학변」의 소개」(『인문과학』, 연세대 인문학연구원, 1957)를 발표하였고, 그 뒤 최동희(崔東熙)가 「신후담·안정복의 서학비판에 관한 연구」(고려대 박사논문, 1975)를 발표함으로써 하빈의 서학관이 주목을 받게 되었다. 이후 하빈의 서학비판에 관한 연구는 꾸준히 진행되어 여러 편의 학위논문이 생산되었다.

그러나 하빈의 서학비판에 대한 연구 외의 다른 분야는 거의 연구가 이루어지지 않았다. 2000년대에 들어와 비로소 연구가 시작되어, 강병수(姜秉樹)는 하빈의 학문과 사상에 대해 연구하여 「하빈 신후담의 학문과 사상 연구」(동국대 박사논문, 2001)와 「하빈 신후담의 사칠론 전개」(『한국실학연구』 제22집, 2011) 등을 발표하였고, 양승민은 「18세기 궁경실학자 하빈 신후담의 「남흥기사(南興記事)」─ 신후담의 학문세계와 소설문학에 나타난 종합적 고찰 ─」(『고전문학연구』 제21집, 한국고전문학회, 2002)을 발표하였다. 한편 2006년 『하빈선생전집』이 영인 간행되어 세상에 널리 알려지게 됨으로써 하빈의 학문과 사상에 관한 연구는 활발히 이루어질 것으로 보였으나, 경학 관련 저술이 대부분을 차지하고 있기 때문인지 아직 활발한 연구가 이루어지지 않고 있는 실정이다.

하빈은 독서광이었다. 성호가 쓴 「묘지명병서」에 의하면, 그는 젊은 시절 박학을 추구하여 노장과 불교의 서적들까지도 두루 보았으며, 문학에 대해서도 자부하여 산수를 유람하면서 대작을 여러 편 지었는데 「적벽가(赤壁歌)」 등은 대가들의 칭송을 받기도 했다. 그러나 학문에 매진하기로 결심을 한 뒤로는, 젊은 시절 지었던 시문을 모두 불에 태워 없앴다고 한다. 또 하빈은 밤을 새워 독서를 하였다. 밤이 깊어 졸음이 쏟아지면 처마의 고드름을 따다가 눈을 비비며 잠을 쫓았고, 새벽이 되면 반드시 세숫물을 찾아 노비가 불을 켜놓고 기다렸다고 한다.

그는 일찍이 자신이 5~6세 때부터 독서를 하여 60세에 이르러 죽을 때까지 독서한 숫자를 글로 지어 아들과 손자들에게 보여 주었다. 그 글에 의하면, 그는 『중용』을 가장 많이 읽었는데, 1만 번을 읽은 뒤로는 숫자를 헤아리지 않았다고 하였다. 또 그는 『대학』을 5천여 번, 『서경』과 『주역』은 수천 번, 『시경』·『논어』·『맹자』는 1천 번, 『소학』은 1백

번, 『예기』와 『춘추좌씨전』은 50번, 『춘추곡량전』·『춘추공양전』·『춘추호씨전』은 25번을 읽었다고 하였다. 그 외 정자(程子)와 주자(朱子)의 글 및 『도덕경』 등을 읽은 횟수는 다 기록하지 않는다고 하였다.

하빈은 진사시에 합격한 뒤 문과시험을 포기하고 학문에 전념하였는데, 위와 같이 성현의 경전을 숙독하면서 구설(舊說)에 얽매이지 않고 자득(自得)을 추구하였다. 그리하여 반드시 성의(誠意)로 본지를 유통(流通)하는 것을 준칙으로 삼았다. 그리고 연구한 것을 1백여 권의 방대한 저술로 남겼다. 하빈은 임종할 때 자신의 저술을 자식들에게 잘 보관하라고 하면서 "내가 경전에 대해 터득한 것은 그 의미를 알지 못하는 자들과는 말할 수 없으니, 백세 뒤에 성인을 기다려도 의혹되지 않을 것이 혹 있을 것이다."라고 하였다. 이처럼 그는 자신이 경전의 의리를 발명한 것에 대해 자부심을 갖고 있었으며, 또한 주자학만을 존신하는 사람들과는 다른 관점에서 해석한 것이 있음을 암시하고 있다. 이러한 하빈의 학문성향에 대해서는 스승 성호의 논평을 통해 그 실체를 짐작할 수 있다.

Ⅲ. 하빈의 『대학후설(大學後說)』의 해석 성향

1. 『고본대학』의 편차를 준수하는 태도

하빈 이전에 국내에서 『고본대학』을 취하여 해석한 사람은 최유해(崔有海, 1588~1641)·윤휴(尹鑴, 1617~1680)·정제두(鄭齊斗, 1649~1736) 등이 있다. 성호는 주자의 설과 다르게 해석한 면이 있지만, 주자의 『대학장구』 체제를 인정하면서 세부적인 이견만을 제시하였다. 반면 성호의 조카이자 문인인 이병휴(李秉休, 1710~1776)는 주자의 『대학장구』를 준수하지 않고 『고본대학』의 편차를 그대로 따르며 독자적으로 분장(分章)을 하여 새로운 해석을 시도하였다.

하빈과 동시대 이전의 학자들 가운데 『고본대학』을 저본으로 새로운 해석을 시도한 인물은 이병휴까지 포함하여 모두 4인이다. 이 가운데 최유해는 『고본대학』의 편차를 대폭 개편하여 해석하였고, 정제두는 양명학적 시각으로 해석하였다. 반면 윤휴 · 이병휴는 『고본대학』의 편차를 그대로 따르면서 독자적으로 분장을 하여 논리구조를 파악하였는데, 하빈도 이들과 마찬가지로 『고본대학』의 편차를 준수하면서 독자적으로 분장을 하여 논리구조를 파악하는 방법론을 택하고 있다. 윤휴와 신후담 · 이병휴가 17세기 말부터 18세기 전반기에 활동한 근기남인계 학자라는 점을 두고 보면, 이들은 고경(古經)의 체제를 준수하면서 본지를 자득하여 의리를 발명하려 하였음을 알 수 있다.

고경을 준수하고자 한 하빈은 『대학』 성의장 총론에서 주자가 『대학』의 편차를 바꾸어 논리체계를 새롭게 구성해서 해석한 것에 동의할 수 없다는 관점으로 고본(古本)을 대하는 자신의 견해를 다음과 같이 피력하였다.

또한 고서에는 문구가 상호 착간(錯簡)된 곳이 간혹 한두 절 있기는 하지만, 허다한 절이 상호 착간되어 이처럼 어지러울 리는 반드시 없다. 또한 이른바 상호 착간되었다고 하는 것도 천 년 뒤에 분명히 증명할 것이 달리 없다. 오직 문장의 의미가 통하느냐 통하지 않느냐 하는 것으로써 결정할 따름이다. 지금 문장의 의미가 이미 통할 수 있으니, 또한 무엇을 가지고 그것이 반드시 상호 착간된 것인 줄 알겠는가? …… 보망장(補亡章)에 이르면, 나의 소견으로는 본문에 애초 보충할 만한 점이 없다. 주자가 보충해 놓은 바, 범범하게 만물의 이치를 궁구하여 내 마음의 앎을 극진히 하는 것을 격물치지로 본 것은, 본문에 본말의 분별을 바르게 하여 지선의 이치를 아는 것으로 격물치지를 삼은 것과 합치되지 않는다. 이 모두 어리석은 내가 감히 알 수 없는 점이다. 아마도 한결같이 구본(舊本)으로 정론을 삼아야 할 듯하다.

하빈은 고서의 착간에 대한 소견을 개진하고, 주자의 격물치지전의 내용이 『대학』의 논리구조로 볼 때 맞지 않는다는 점을 지적한 뒤, 결론적으로 『고본대학』을 정론으로 삼는다는 자신의 관점을 밝히고 있다. 요컨대, 하빈은 성의장과 격물치지장을 주자 해석의 가장 심각한 문제점으로 인식하고, 그 원인이 『고본대학』의 편차를 함부로 개정한 데 있다고 판단해, 『고본대학』의 체제를 그대로 준수하며 해석하고자 한 것이다.

2. 제설(諸說)을 수용하는 박학적 태도

성호는 하빈의 학문성향에 대해 "장성한 뒤에는 불후(不朽)의 일에 마음을 두어 젊은 시절 지은 글을 모두 불태워 버리고 백가(百家)를 포괄하여 고전의 온축된 깊은 의미를 연구하였다."라고 하였다. 이를 보면 하빈의 학문성향을 가늠할 수 있다.

하빈은 이런 성향을 견지하여 경서를 해석하면서 제가의 설을 두루 수용하는 박학적 태도를 보이고 있다. 조선 후기의 학풍은 송시열(宋時烈)이 벽이단(闢異端)·부정학(扶正學)의 기치를 높이 세운 뒤 주자학을 절대 존신하는 쪽으로 경도되어, '서인의 학문은 근수규구(謹守規矩) 4자를 세상을 경영하는 데 병폐가 없는 단안(斷案)으로 생각한다.'고 성호가 지적한 것처럼 이설(異說)을 용납하지 않았다.

17세기 이후 기호 율곡학파의 경서해석의 성향은 다음과 같은 두 가지로 정리해 볼 수 있다. 하나는 주자의 중설(衆說) 가운데 초년설(初年說)을 버리고 만년설(晚年說)을 정설(定說)로 확정하려는 노력이고, 다른 하나는 대전본(大全本) 소주(小註)의 설 가운데 주자의 정설과 다른 설을 분변(分辨)하여 배척하는 것이다. 이 두 가지 노력을 통해 주자설의 정론화(定論化)와 명징화(明澄化)를 추구하였다. 즉 주자의 정통의 설을 확정해 경서해석의 표준을 확정하려고 하였다. 성호와 동시대에 활동한 한원진(韓元震)의 『주자언론동이고(朱子言論同異考)』와 『경의기문록(經義記聞錄)』이 그런 성과물이라 할 수 있다.

이러한 성향을 가진 학자들은 주자의 만년정설에 배치되는 학설에 대해서는 엄격히 배척하며, 주자의 정설만을 묵수(墨守)하는 태도를 견지하였다. 이러한 경직된 시대의 정신을 뚫고 나와 학문 본연의 자세를 일깨운 사람이 성호(星湖) 이익(李瀷)이다. 성호는 당대의 학풍이 주자의 설만을 고수하고 본지를 탐구하려 하지 않는 점을 가장 심각한 폐단으로 인식했으며, 진파(眞派)에 해당하는 정주학에 머물러서는 안 되고, 적전(嫡傳)에 해당하는 사서(四書)를 통해, 정종(正宗)에 해당하는 육경(六經)의 본지를 자득하는 것을 학문의 목표로 삼았다. 그는 '주석은 노맥(路脈)을 가리켜 보여 주는 것에 불과하다.'는 인식을 갖고서 본지를 자득하는 데 주안점을 두었다.

성호의 이와 같은 인식은 문인들에게 지대한 영향을 미쳤다. 특히 하빈은 성호의 해석태도를 계승하면서 명말청초 중국학자들의 설까지도 광범위하게 수용하면서 자신의 견해를 피력하였다. 즉 대전본 소주에 수록된 주자학파의 설을 수용하는 데에서 머물지 않고, 후대 학자들이 의리를 발명한 설까지도 두루 포괄하여 비판적으로 수용한 것이다. 그의 사서해석에 인용된 설을 대략 정리하면 다음과 같다.

- 주자의 설 : 장구(章句)·혹문(或問)·어류(語類)·문집의 설.
- 주자학파의 설 : 대전본 소주에 수록된 주자학파의 설.
- 명대 전반의 설 : 채청(蔡淸)의 『사서몽인(四書蒙引)』.
- 명말청초의 설 : 이패림(李沛霖)의 『사서주자이동조변(四書朱子異同條辨)』, 녹선계(鹿善繼)의 『사서설약(四書說約)』 등.
- 조선 학자의 설 : 이익(李瀷)의 사서질서(四書疾書), 이병휴(李秉休)의 설 등.

여기서 주목되는 것은 채청의 『사서몽인』, 이패림의 『사서주자이동조변』, 녹선계의 『사서설약』, 성호의 사서질서 등 대전본 이후의 주자의 설과 다른 설을 적극적으로 수용하고 있다는 점이다. 이는 대전본을 통해 주자의 설과 주자학파 후학들의 설에 머물고 있던 경서해석의 시각을 크게 확장한 것으로 평가된다. 이는 18세기 전반까지의 일반적인 학풍과 비교해 볼 때 매우 변화된 해석태도라고 하겠다.

3. 자득(自得)을 통한 의리발명(義理發明)

성호는 당대 학풍의 병폐로 유문(儒門)에 금망(禁網)이 생겨 의리를 발명하는 풍토가 사라진 점을 주목하였다. 그는 "후인들이 주자를 존숭하는 것이 주자가 맹자를 존숭한 것보다 심하다."고 하여 주자를 절대적으로 존숭하는 분위기를 지적하였으며, 또 "오늘날에는 주자의 책을 존숭하되 그 마음을 잃어버렸고, 주자의 문장을 암송하되 그 의리를 뒷전으로 한다."고 하여 의리를 발휘하지 않고 주자만을 존숭하는 폐단을 지적하였다. 성호는 주자의 주석만을 따라 읽으며 본지를 자득함이 전혀 없는 학풍을 심각하게 우려하여, 회의정신(懷疑精神)으로 본지를 탐구하는 것을 학자 본연의 임무라고 환기시켰다.

성호가 회의정신으로 본지를 탐구해 자득하는 것을 강조함으로써 그의 문인들도 감발을 받아 새로운 시각을 갖게 되었다. 그것은 성호의 문인 이병휴(李秉休)·신후담(愼後聃) 등이 주자의 『대학장구』를 저본으로 하지 않고 『고본대학』을 저본으로 독자적인 의리발명을 통해 새로운 해석을 한 것에서 확인할 수 있다.

이러한 하빈의 학문성향에 대해 성호는 "과거공부를 그만둔 뒤로는 오로지 성인의 글을 정밀히 연구하였는데, 더욱 자득을 숭상하여 구설에 구애되지 않았다."라고 평하였다. 이는 비록 짧은 논평이지만, 구설에 얽매이지 않고 자득을 중시하여 새로운 의리를 발명했다는 점을 하빈의 학문성향으로 간명히 드러낸 것이다. 이러한 사실은 그의 저술에 대한 연구를 통해서 앞으로 조명해야 할 과제이다.

그의 『대학』 해석 중에서 구설에 얽매이지 않고 자득을 통해 의리를 발명한 대표적인 것이 『대학』의 요지를 성의(誠意)로 본 것이다. 그는 "대학의 도는 오로지 성의로써 기본을 삼는다."라 하고, 또 "명명덕 공부는 성의로써 기본을 삼으며, 정심·수신은 성의를 통해 완성하는 것일 뿐이다."라고 하였으며, 분장(分章)을 하면서도 성의장에 삼강령을 해석한 부분을 모두 포함시켜 성의장의 중요성을 드러냈다. 이러한 설은 정심장에 미발의 본체가 깃들어 있다고 보는 주자학을 존신하는 사람들의 설과는 상당히 다른 것으로, 실제의 행사(行事)를 중시하는 사유가 투영된 것으로 보인다.

Ⅳ. 하빈의 『대학』 해석의 특징 및 의의

1. 『고본대학(古本大學)』을 저본으로 한 분장(分章)

하빈은 당시 절대적 권위를 누리던 주자의 『대학장구』를 따르지 않고 『고본대학』을 취하여 독자적인 시각으로 분장을 하여, 『대학』을 경 (經)·전(傳)으로 나누지 않고 전체를 7장으로 나누어 해석하였다. 이를 도표로 정리하면 다음과 같다.

分 章	古本大學 단락	要 旨
제1장	1-01 大學之道 …… 在止於至善 1-02 知止而后有定 …… 慮而后能得 1-03 物有本末 …… 則近道矣 1-04 古之欲明明德於天下者 …… 致知在格物 1-05 物格而后知至 …… 國治而后天下平	三綱領 八條目
제2장	1-06 自天子 …… 壹是皆以修身爲本 1-07 其本亂而末治者 …… 未之有也 1-08 此謂知本 此謂知之至也	釋格物致知
제3장	2-01 所謂誠其意者 …… 故君子必愼其獨也 2-02 小人閒居 …… 故君子必愼其獨也 2-03 曾子曰 …… 其嚴乎 2-04 富潤屋 …… 故君子必誠其意 2-05 詩云 瞻彼淇澳 …… 民之不能忘也 2-06 詩云 於戲前王不忘 …… 此以沒世不忘也 2-07 康誥曰 克明德 2-08 太甲曰 顧諟天之明命 2-09 帝典曰 克明峻德 2-10 皆自明也 2-11 湯之盤銘曰 …… 又日新 2-12 康誥曰 作新民 2-13 詩曰 周雖舊邦 其命維新	釋誠意

	2-14 是故 君子無所不用其極 2-15 詩云 邦畿千里 惟民所止 2-16 詩云 緡蠻黃鳥 …… 可以人而不如鳥乎 2-17 詩云 穆穆文王 …… 止於信 2-18 子曰 聽訟 …… 此謂知本	
第4장	3-01 所謂修身在正其心者 …… 則不得其正 3-02 心不在焉 …… 食而不知其味 3-03 此謂修身 在正其心	釋正心修身
第5장	고본대학 제4단락	釋修身齊家
第6장	고본대학 제5단락	釋齊家治國
第7장	고본대학 제6단락	釋治國平天下

이 도표를 통해 볼 때, 하빈은 『대학』의 체계가 삼강령·팔조목을 먼저 말하고, 그 다음에 팔조목을 해석하는 내용으로 구성되어 있다고 파악한 것이다. 또한 팔조목을 해석하면서 행(行)의 시작인 성의(誠意)에 초점을 맞추어 논지를 전개한 것을 알 수 있다.

현전하는 하빈의 『대학후설』은 제4장까지만 있고, 그 나머지 제5장부터 제7장은 전하지 않는다. 그러나 하빈이 『고본대학』을 저본으로 했기 때문에 『고본대학』의 차례에 따르고, 또 제5장 이하는 제4장처럼 팔조목을 두 조목씩 연관해 해석한 것이기 때문에 아래와 같이 추정해 볼 수 있다.

分 章	古本大學 단락	要 旨
第5장	고본대학 제4단락(所謂齊其家 在修其身者 ……)	釋修身齊家
第6장	고본대학 제5단락(所謂治國 必先齊其家者 ……)	釋齊家治國
第7장	고본대학 제6단락(所謂平天下 在治其國者 ……)	釋治國平天下

조선시대 주자의『대학장구』를 저본으로 하지 않고『고본대학』을 취하여 새롭게 해석을 시도한 사람으로는 17세기 최유해·윤휴, 18세기 정제두·신후담·이병휴, 19세기 정약용(丁若鏞, 1762~1836)·심대윤(沈大允, 1806~1872), 20세기 김택영(金澤榮, 1850~1927) 등이 있다.

이들 가운데 최유해와 심대윤은『고본대학』의 편차를 대폭 개정하여 새로운 논리구조를 만들어 해석했고, 나머지 윤휴·정제두·이병휴·정약용·김택영 등은『고본대학』의 편차를 그대로 따라 분장을 하여 해석하였다. 하빈도『고본대학』의 편차를 그대로 준수하며 분장만 달리하는 해석방식을 택하였다. 그는 편차를 대폭 개정할 정도로 착간(錯簡)될 리가 없으며, 착간되었더라도 후대에 증명할 길이 없기 때문에 예전의 편차를 그대로 따라 문장의 의미구조를 파악해 해석하는 것이 올바른 태도라고 인식했다. 이처럼 그가『고본대학』의 편차를 준수해 해석한 것 가운데 몇 가지 주요 특징을 간추려 보면 다음과 같다.

첫째, 경(經)과 전(傳)으로 나누지 않은 것이다. 주자는, 경문은 공자의 말씀을 증자가 기술하고, 전문은 증자의 말씀을 그의 문인들이 기술한 것으로 보아 경일장(經一章)·전십장(傳十章) 체제로 나누어 구조를 분석하였다. 그러나 하빈은『고본대학』을 살펴보면 경문과 전문을 나누는 것에 대해 명확한 근거가 없기 때문에 자신은 나누지 않고 차례로 분장을 한다고 하였다.『고본대학』을 저본으로 하여 해석한 앞 시대 윤휴·정제두 등은 모두 경·전으로 나누어 해석했고, 동시대 이병휴도 경·전으로 나누었는데, 하빈은 경·전으로 나누지 않고 전체를 7장으로 나누어 해석하였다. 이는 조선시대『고본대학』을 저본으로 하여 해석한 설 가운데 가장 먼저 등장하는 것으로 경학사적 의의가 있다. 후대 정약용·김택영 등도『고본대학』을 저본으로 하되 경·전으로 나누지 않고 해석하였는데, 이는 하빈의 영향이 일정하게 미친 것으로 보인다.

둘째, '자천자이지어서인(自天子以至於庶人)……' 1절과 '기본란이말치자(其本亂而末治者)……' 1절과 '차위지본 차위지지지야(此謂知本 此謂知之至也)' 1절을 합해 격물치지(格物致知)를 해석한 장으로 본 것이다. 주자는 앞의 2절은 경일장의 결어로 보았고, 뒤의 1절은 격물치지전의 결어로 보아 격물치지전의 내용을 자신의 견해로 보망(補亡)하였는데, 하빈은 이를 인정하지 않은 것이다. 하빈은 격물치지의 의미를 주자와는 다르게 보아 명덕과 신민의 차서를 분변하는 것을 격물로, 지선(至善)의 이치를 궁구하는 것을 치지로 보았다. 윤휴·이병휴는 전문(傳文)에서 본래 격물치지를 해석하지 않았다는 관점을 취하였는데, 하빈은 격물치지의 의미를 이와 같이 보아 위의 3절을 격물치지장으로 분장하였다. 이러한 하빈의 격물치지장에 대한 설은 전대미문의 독특한 설로, 후대 정약용이 '지지이후유정(知止而后有定)……' 1절 이후부터 '차위지본 차위지지지야(此謂知本 此謂知之至也)' 1절까지를 격물치지를 해석한 장으로 본 것에 일정한 영향을 준 것으로 보인다.

셋째, 팔조목 가운데 성의(誠意)를 중시하여 해석한 것이다. 하빈은 『고본대학』의 편차를 그대로 따라 주자가 명명덕을 해석한 것으로 본 전 제1장, 신민을 해석한 것으로 본 전 제2장, 지어지선을 해석한 것으로 본 전 제3장, 본말을 해석한 것으로 본 전 제4장을 성의장에 포함시켜 '소위성기의자(所謂誠其意者)……' 1절부터 '자왈청송(子曰聽訟)……' 1절까지 18절을 모두 성의장으로 보았다. 이 설 역시 종래에 찾아볼 수 없는 독자적인 해석이다. 이에 대해서는 다음 장에서 상세히 언급하기로 하겠다.

2. 격물치지(格物致知)에 대한 새로운 해석

주자는 '차위지본 차위지지지야(此謂知本 此謂知之至也)'를 격물치지전의 결어로 보고, 그 앞에 격물치지에 대한 내용이 궐실(闕失)되었다고 판단해 보충해 넣었다. 그것이 격물치지를 해석한 전 제5장이다. 주자는 이 보망장(補亡章)에서 천하 사물에는 모두 리(理)가 있고 인심(人心)의 신령스러움에는 지각이 있기 때문에 사물에 나아가 그 리를 궁구하는 것을 격물치지로 풀이하였다. 그러나 주자의 격물치지설에 대해 동의하지 않는 학자들이 종종 나타났는데, 그 대표적인 인물이 명나라 때의 왕수인(王守仁)이다. 그는 7일 동안 대나무를 마주하고서 그 리를 궁구하였는데 끝내 알아내지 못하자 주자의 격물치지설을 믿지 않았다고 한다.

하빈도 주자의 격물치지설에 대해 동의하지 않고 아래와 같은 몇 가지 문제점을 지적하였는데, 이를 정리하면 다음과 같다. 첫째, 주자는 격물치지를 범범하게 천하의 만물에 나아가 앎을 미루어 극진히 하는 것이라고 해석함으로써 격물치지가 삼강령의 의미에 조응하지 못하고 있다. 둘째, 주자는 격물치지의 의미를 『대학』의 논리구조 속에서 찾지 않았다. 셋째, 주자는 '격물(格物)'의 '격(格)' 자를 '지(至)' 자로 훈해하여 상하 구절의 의미가 서로 합치되지 않는다. 넷째, '치지(致知)'의 '치(致)' 자를 '추극(推極)'으로 해석한 것은 타당치 않다.

이와 같이 주자의 격물치지설에 대해 문제점을 지적한 하빈은 『대학』의 논리구조 속에서 격물치지의 개념을 찾아 "지금 나의 소견은 이 두 개의 '물(物)' 자가 서로 연관이 있고, 두 개의 '지(知)' 자가 서로 연관이 있다면, 격물(格物)은 단지 명덕과 신민의 본·말의 차서를 분별하는 것일 따름이며, 치지(致知)는 단지 지선(至善)의 이치를 궁구하여 그 앎을 극진히 하는 것일 따름이다."라고 정의하였다.

이러한 하빈의 격물치지설은 종래에 찾아볼 수 없는 독특한 것이다.

3. 성의장(誠意章)에 중점을 둔 해석

앞의 도표에서 보이듯, 하빈은 성의장에 대해 다른 장과는 달리 팔조목을 앞뒤로 연관시키지 않고 독립적으로 말한 것으로 보고 있다. 그는 이 점에 대해 『대학장구대전』 소주에 보이는 쌍봉 요씨(雙峰饒氏 : 饒魯)의 설을 그대로 인용해 놓고 있다. 쌍봉 요씨는 성의장을 독립시킨 것에 대해, 팔조목의 성의(誠意)는 행(行)의 시작으로 지(知)·행(行)을 구분하기 위해 성의를 치지와 연관시키지 않은 것이며, 또 성의는 정심(正心)의 요체일 뿐 아니라 수신(修身)으로부터 평천하(平天下)에 이르기까지의 요체이기도 하기 때문에 정심과 연관시키지 않았다는 주장을 펴고 있다. 이러한 쌍봉 요씨의 설을 하빈이 그대로 인용하고서 다른 언급이 없는 것을 보면, 이 설을 따른 것으로 보인다.

하빈은 성의장을 『대학』의 가장 긴요한 대목으로 보면서, 18절의 논리구조를 다음과 같이 파악하고 있다.

내가 살펴보건대, 성의장 한 장은 『대학』 한 책의 긴요한 대목이다. 그러므로 전문을 지은 사람이 말을 한 것이 지극히 상세하고 절실하다. 제1절과 제2절은 반복해서 신독(愼獨)을 말하여 성의(誠意)의 방법을 보여 주었다. 제3절과 제4절은 위의 문장을 계승하여 마음속에 싹튼 생각을 선으로 가득 채우느냐, 가득 채우지 못하느냐의 징험을 드러내 한편으로는 경계하고 한편으로는 권면하였다. 제5절과 제6절은 성의의 징험을 인하여 『시경』의 시를 인용해 영탄하면서 삼강령이 모두 여기에 근본함을 밝혔다. 제7절 이하 11절은 또다시 『시경』의 시와 『서경』의 문구를 뒤섞어 인용하면서 삼강령을 나누어 해석하였다. 제18절은 또 삼강령 가운데 나아가 본·말의 분별을 말하여 성의장 전체를 결론지었다. 또한 위의 격물치지전의 결어와 더불어 서로 조응이 되게 하였다. 그 의미가 매우 정밀하니, 독자들은 그 점을 살펴야 할 것이다.

하빈은 성의장 18절의 의미를 이와 같이 설명하면서 독자적으로 논리구조를 파악하였는데, 이를 간추려 보면 다음과 같다.

범 위	요 지
제1절(所謂誠其意者 ……)~제2절(小人閒居 ……)	성의(誠意)의 방법
제3절(曾子曰 ……)~제4절(富潤屋 ……)	성의(誠意)의 징험
제5절(詩云 瞻彼淇澳 ……)~제6절(詩云 於戲 前王不忘 ……)	삼강령이 성의에 근본
제7절(康誥曰 克明德 ……)~제17절(詩云 穆穆文王 ……)	삼강령 해석
제18절(子曰 聽訟 ……)	삼강령 중 본말의 분별

하빈이 이와 같이 성의장의 요지를 파악한 것은, 『고본대학』의 편차를 그대로 따르면서 논리구조를 분석해 해석하려고 하는 정신에서 비롯된 것이다. 그는 우선 삼강령을 말한 부분이 성의장과 어떻게 연관성을 갖는지를 다음과 같이 분석하고 있다.

지금 살펴보건대, '강고왈 극명덕(康誥曰 克明德)' 이하 12절에서 삼강령을 말한 것은, 분명 '시운 첨피기욱(詩云 瞻彼淇澳)' 1절의 '성덕지선 민지불능망(盛德至善 民之不能忘)'을 이어 말한 것이고, '시운 첨피기욱(詩云 瞻彼淇澳)' 1절의 '성덕지선(盛德至善)'은 또 그 앞 절의 '덕윤신(德潤身)'을 이어 말한 것이니, 위·아래로 바꾸어 옮길 수 없음이 분명하다.

주자는 '시운 첨피기욱(詩云 瞻彼淇澳)' 1절과 '시운 오호 전왕불망(詩云 於戲 前王不忘)' 1절을 전 제3장 뒤로 옮기고 앞의 절은 명명덕이 지선의 경지에 이른 것으로, 뒤의 절은 신민이 지선의 경지에 이른 것으로 해석하였다. 그러나 역대로 이 2절이 과연 전 제3장과 논리적 연관성이 있는가에 대한 의문은 꾸준히 제기되었다. 하빈은 『고본대학』의 편차에 따라 구조를 분석하면서 '시운 첨피기욱(詩云 瞻彼淇澳)' 1절의 '성덕지선 민지불능망(盛德至善 民之不能忘)'이라 한 말에 주목하여, 뒤에 삼강령 및 본말을 말한 '강고왈 극명덕(康誥曰 克明德)' 이하 12절은 이 '성덕지선 민지불능망(盛德至善 民之不能忘)'과 연관해서 말한 것이고, 또 이 '성덕지선(盛德至善)'은 앞의 '덕윤신(德潤身)'을 이어 말한 것으로 구조를 파악하였다.

하빈은, 주자가 성의를 팔조목의 하나로만 생각하여 조목과 강령이 뒤섞일 수 없다는 관점에서 삼강령을 해석한 것을 성의장 앞으로 옮겨 놓았지만, 삼강령은 성의에서 단서를 시작하기 때문에 성의가 다른 조목과 다르다는 점을 강조하였다. 이런 점으로 보면, 그는 분명 『대학』을 해석하면서 성의장에 중점을 두어 해석했음을 알 수 있다.

그렇다면 왜 이런 해석을 한 것일까? 그것은 성의가 행(行)의 시작이라는 점에 주안점을 둔 것이다. 주자는 보망장을 만들어 격물치지의 지(知)를 비중 있게 해석하였는데, 그것은 선지후행(先知後行)의 관점을 반영한 것이다. 그런데 하빈은 격물치지를 주자처럼 사사물물(事事物物)에 나아가 이치를 궁구하는 인식론으로 보지 않고, 명덕과 신민의 차서를 분변하여 지선의 이치를 궁구하는 것으로 해석해, 강령(綱領)을 아는 것을 말한 것으로 보았다. 즉 그는 옛날 사람들의 위기지학(爲己之學)은 수신(修身)으로 근본을 삼았다는 데에 초점을 둔 것이다. 이런 관점에서 그는 "성의로부터 수신에 이르기까지는 자신에게 있는 것으로 말한 것이니 명덕의 일이며, 제가로부터 평천하에 이르기까지는 남에게 베푸는 일로써 말한 것인 신민의 일이다."라고 하여, 지(知)가 아닌 행사(行事)에 주안점을 두고 있다. 이 점이 바로 그가 행(行)의 시작인 성의(誠意)에 중점을 두어 『대학』을 해석한 것이다.

4. 자의(字義)와 조응관계(照應關係) 파악을 통한 해석

성호의 경서해석의 특징 가운데 주목되는 점이 자의파악과 문장구조의 조응관계 파악이다. 이는 구조분석을 통해 논리적 연관성을 검토하여 요지를 파악하는 방식이다. 성호의 영향을 받은 하빈도 이 두 가지 방법을 통해 구조를 분석하고 있다.

먼저 자의파악에 대해 살펴보기로 한다. 하빈은 '치지(致知)'의 '치(致)' 자에 대한 자의(字義)를 다음과 같이 풀이하고 있다.

> '치지(致知)'의 '치(致)' 자에 대해, 주자가 '상치호애(喪致乎哀)'의 '치(致)' 자와 같다고 한 것은 진실로 옳다. 다만 '치(致)' 자를 훈해하면서 '추극(推極)'이라고 해석한 것은 의심할 만하다. '상치호애(喪致乎哀)'는 '그가 슬픔을 극진히 함'을 말한 것일 뿐이니, '미루어 극진히 하다'라는 의미가 그 문구 속에 있는 것을 발견하지 못하겠다. '치지(致知)'의 '치(致)' 자도 그러하다. 주자는 '치지(致知)'를 '자기가 이미 알고 있는 것을 인하여 그것을 미루어 극진히 한다.'라고 해석하였다. 그러므로 '치(致)' 자를 훈해한 것이 이와 같은 것이다. 그러나 경문(經文)의 의미는 반드시 그렇지는 않은 듯하다. 정자(程子)는 '진(盡)'으로 '치(致)' 자를 훈해하였으니, 이 설이 올바른 의미를 얻은 듯하다.

주자가 『대학장구』주에서 '치(致)' 자를 '추극(推極)'의 의미로 해석한 것은 보망장의 논리에 의한 것으로 『대학혹문』에서 '상치호애(喪致乎哀)'의 '치(致)'와 같다고 해석한 것과는 다르다는 점을 지적하면서, 정자(程子)가 '진(盡)' 자의 의미로 해석한 것이 옳다는 점을 피력하고 있다.

한 가지 다른 예를 들어 보기로 한다. 하빈은 서개(徐鍇)의 『설문계전(說文繫傳)』에 "〈의(意) 자는〉 심(心) 자와 음(音) 자가 합하여 의(意) 자가 되었는데, 의(意)는 억(抑) 자와 같은 뜻이다. 말이 나오려고 하는 것을 머금고서 억지하는 것이다."라고 한 말을 인용하여, '성의(誠意)'의 '의(意)'를 '은밀한 의도를 머금은 생각'으로 해석하였다. 그리고 성의공부를 심술의 은밀한 지점에서 선을 채우기를 극진히 하여 외면으로 수양한 바와 서로 부합되게 하는 것으로 이해했다. 그는 "마음이 발한 것을 범범하게 가리켜 정(情)이라고 하며, 마음이 발하여 주로 고집하는 것이 있는 것을 가리켜 지(志)라고 하며, 마음이 발하여 은밀한 의도를 머금고 있는 것을 가리켜 의(意)라 한다."고 분변하면서, '의(意)' 자의 의미를 자학(字學)에 기초하여 풀이하였다.

다음은 조응관계 파악에 대해 살펴보기로 한다. 하빈의 해석을 보면, '상첩(相貼)' 또는 '응(應)'이라는 말을 써서 선후의 조응관계를 설명한 것이 많다. 이는 『대학』을 한 편의 논리적인 글로 보고서, 그 안에서 상호 연관성을 검토하여 논리구조를 정밀하게 분석하는 해석방식이다.

하빈은 격물치지(格物致知)를 해석하면서 주자처럼 일반론적으로 천하 만물의 이치를 아는 것으로 해석하지 않고, 『대학』의 논리 안에서 그 의미를 찾아 '격물(格物)'의 '물(物)'은 앞의 '물유본말(物有本末)'의 '물(物)'과 연관이 있는 것으로, '치지(致知)'의 '지(知)'는 앞의 '지지(知止)'의 '지(知)'와 연관이 있는 것으로 파악하였다. 그리하여 격물은 명덕과 신민의 본말의 차서를 분변하는 것으로, 치지는 지선의 이치를 궁구하여 그 앎을 극진히 하는 것으로 해석하였다. 이는 글자의 조응관계를 파악해 해석함으로써 이루어진 값진 결과라 하겠다.

다음은 내용의 조응관계를 파악해 해석한 사례이다. 성의장의 '성어중 형어외(誠於中 形於外)'는 해석가에 따라 다양한 설이 제기된 구절이다. 혹자는 선의 측면에서 말한 것이라 하고, 혹자는 악의 측면에서 말한 것이라 하고, 혹자는 선악을 겸하여 말한 것이라고 하였다. 하빈은 이에 대해 글자와 내용의 조응관계를 치밀하게 분석하여, '성어중(誠於中)'의 '성(誠)'은 '성의(誠意)'의 '성(誠)'에 근본한 것으로 선이 마음속에 가득 찬 것으로 파악하고서, 다음 절의 '덕윤신(德潤身)'의 '덕(德)'이 곧 '성어중(誠於中)'이고, '윤신(潤身)'이 곧 '형어외(形於外)'라고 조응관계를 분석하였다. 그리고 다시 성의장의 조응관계를 다음과 같이 언급하고 있다.

> 내가 살펴보건대, '덕윤신 심광체반(德潤身 心廣體胖)'은 분명히 '성어중 형어외(誠於中 形於外)'의 일을 말한 것이니, 위와 아래가 서로 조응이 된다. 이로써 '성어중 형어외'가 선의 한 측면을 주로 하여 말한 것임을 알 수 있다. '십목(十目)'을 말한 제3절은 제2절의 '엄기불선이저기선(揜其不善而著其善)'과 조응하고, 이 제4절은 제2절의 '성어중 형어외(誠於中 形於外)'와 조응한다. '엄기불선(揜其不善)' 1구와 '성어중(誠於中)' 1구를 뒤의 제3절·제4절에 나누어 소속하면 뜻이 더욱 정밀해진다.

이런 해석을 통해 볼 때, 하빈은 성호의 영향으로 글자와 구절의 조응관계를 치밀하게 파악하고 분석하여 해석하는 성향을 갖고 있음을 알수 있다. 이러한 해석성향은 성호의 영향을 받은 학자들에게서 나타나는 경서해석의 주요한 특징 중 하나이다.

5. 제설(諸說)의 수용 및 비판

하빈의 해석을 보면, 먼저 주자의 장구(章句) · 혹문(或問) · 어류(語類) · 문집(文集) 등의 설 가운데 타당하거나 의미 있는 것을 인용하고, 그 다음 대전본(大全本) 소주, 명대 채청(蔡淸)의 설, 명말청초 이패림(李沛霖)의 『사서주자이동조변』에 수록된 제가의 설, 녹선계(鹿善繼)의 『사서설약(四書說約)』의 설, 조선의 이익(李瀷) · 이병휴(李秉休)의 설 등을 인용하고 있다. 또한 제가의 설을 인용하고서 자신의 견해와 맞지 않을 경우에는 '우안(愚案)'이라는 말을 써서 그 설에 대한 자신의 비판적 견해를 드러내 놓았다.

주지하다시피 사서오경 대전본은 명초 호광(胡廣) 등이 황제의 명을 받아 만든 것으로, 주자의 주석을 위주로 하면서 남송 말부터 원대 학자들의 설을 소주에 편입해 편찬한 책이다. 이 사서오경 대전본이 세종 때 국내로 유입되어 금속활자로 간행된 뒤, 조선의 학계는 이 대전본을 텍스트로 하였다. 16세기 주자학에 대한 이해가 깊어지면서 대전본 소주의 설에 대해서도 심도 있는 탐구가 이루어졌고, 17세기로 접어들면서 대전본 소주에 문제가 있음을 발견하고 주자의 설과 다른 소주의 설을 분변(分辨)하는 해석이 나타나는데, 이러한 해석은 특히 율곡학파에서 집중적으로 이루어졌다.

그리고 송시열 · 한원진을 거치면서 주자의 중설 가운데서도 초년설과 만년설을 분변하여 정설(定說)을 확정하려는 노력이 확산되면서 주자학의 정본화(定本化)를 꾀하였다. 이런 분위기 속에서 주자의 만년설에 해당하는 장구와 혹문의 설이 정설로 인정되고, 어류와 문집의 설은 초년설로 취급되어 어떤 것은 폐기되기도 하였다. 또한 대전본 소주 가운데 주자의 설과 다른 설은 배척하였다.

이와 같은 풍조는 하빈이 활동하던 18세기 기호 서인계 학자들에 의

해 더욱 강화되었다. 그런 풍토 속에서 하빈은 주자의 여러 설 중 장구·혹문의 설만을 위주로 하지 않고 합리적인 설을 취하였으며, 소주의 설에 대해서도 주자의 설을 준거로 취사선택하지 않았다. 또한 주자의 설과 대전본 소주의 설을 참조하는 데에서 그치고 마는 당시의 일반적 풍조에서 벗어나, 대전본 이후에 나온 채청(蔡淸, 1453~1508)과 이패림(李沛霖, 청초)의 설 및 스승 성호 이익의 설까지 광범위하게 수용하면서 해석하고 있다. 이 가운데 특히 주자·채청·이패림·이익의 설을 자주 인용하고 있으며, 이패림의 『사서주자이동조변』에 실린 여유량(呂留良, 1629~1683)·육롱기(陸隴其, 1630~1693)·황제비(黃際飛, ?~?) 등의 설도 종종 인용하고 있다.

이를 통해 볼 때, 하빈의 『대학』 해석은 주자의 장구와 혹문만을 존신하는 조선 후기 학계의 일반적 풍조에서 벗어나 당대 이전까지의 중국 및 조선 학자들의 설을 광범위하게 수용하면서 좀 더 합리적인 해석을 추구한 것이라 하겠다. 이는 주자의 주석만을 절대적으로 존신하던 학계의 풍토에서 벗어난 것으로, 성호의 언설처럼 주자의 주석은 참고할 가장 좋은 주석의 하나로 규정된다.

여기서 또 하나 주목할 점은 이패림의 『사서주자이동조변』의 설을 적극 수용하고 있다는 것이다. 이 책은 1705년 초간본이 간행되었고, 1709년 조선에 유입되었으며, 김창흡(金昌翕)은 이패림의 설을 보고 칭송하기까지 하였다(당윤희, 『사서주자이동조변』의 조선으로의 전래와 영향에 대한 일고」, 『중국어문학지』 제40집, 2012).

성호의 질서류 해석에는 이 『사서주자이동조변』에 대한 언급이 없다. 그것은 성호가 이 책을 보고 너무 지루하고 번잡하다고 여겨 참고하지 않았기 때문인데, 뒤에 하빈으로부터 이 책의 중요성을 전해 듣고 자신이 경솔했다고 술회하고 있다(『성호선생전집』 권23, 「답신이로(答愼耳老)」).

또한 성호는 뒤에 이 책을 읽어 보고서 「발사서조변(跋四書條辨)」을 지었다. 그러나 질서류 저술을 할 적에는 이 책을 참고하지 않은 듯하다.

이 책은 서인계 김창협(金昌協)의 문인 이현익(李顯益, 1678~1716)의 글에서 본격적으로 거론되고 있는 것으로 보아 18세기 전반 한양의 안동 김씨 문중에서 일찍 관심을 가졌던 듯하다. 김창협의 동생 김창집(金昌緝)이 「이패림사서이동조변변(李沛霖四書異同條辨辨)」을 지어 이패림의 설에 논평을 가함으로써 중앙의 몇몇 학자들에게 전파되면서 관심을 불러일으킨 듯하다. 하빈도 이 책을 통해 명말청초 학자들의 이설(異說)을 접하고 적지 않게 충격을 받았을 것으로 추정된다.

하빈은 이처럼 제가의 설을 광범위하게 수용하였지만 무조건 수용하지 않고 비판적으로 받아들였다. 그리하여 타당하지 않다고 여겨지는 점에 대해서는 인용한 설 바로 밑에 자신의 견해를 피력하였다. 그는 심지어 스승 성호의 설에 대해서도 미진한 점이 있으면 자신의 생각을 덧붙여 놓았고, 동학 이병휴(李秉休)의 설을 지지하면서도 좀 더 심도 있는 자신의 견해를 곁들여 놓기도 하였다. 이와 같이 제가의 설을 비판적으로 수용하면서 좀 더 합리적인 해석을 추구하였다는 점에서, 그에게서 경서해석에 대한 인식의 전환이 이루어진 것을 발견할 수 있다.

Ⅴ. 마무리

하빈 신후담의 『대학후설』에는 『고본대학』을 저본으로 한 독자적인 분장, 격물치지에 대한 새로운 해석, 팔조목의 성의(誠意)에 중점을 둔 해석, 자의파악과 조응관계 분석을 통한 해석, 제설의 비판적 수용 등 독특한 설이 들어 있어 조선시대 『대학』 해석의 새로운 면모를 보여 주고 있다.

특히 주자의 『대학장구』를 저본으로 하여 해석하지 않고, 『고본대학』을 취하여 독자적으로 해석한 점은 주목할 만하다. 조선시대에 『고본대학』을 취하여 해석한 인물로는 지금까지 최유해(崔有海)·윤휴(尹鑴)·정제두(鄭齊斗)·이병휴(李秉休)·정약용(丁若鏞)·심대윤(沈大允)·김택영(金澤榮) 등 8인이 확인되었는데, 하빈이 추가되어 모두 9인으로 늘어나게 되었다.

주자학만을 존신하는 조선 후기의 경직된 학문풍토 속에서 주자의 『대학장구』를 저본으로 하지 않고 『고본대학』을 취하여 독자적인 시각으로 새로운 해석을 한다는 것은 실로 어려운 일이었다. 그런 분위기 속에서 청대 초기 학자들의 설까지 광범위하게 채취하여 좀 더 합리적인 해석을 시도하였다는 점만으로도 하빈의 『대학』 해석은 경학사적으로 충분히 그 의의를 인정할 수 있을 것이다. 또한 이를 통해 주자학에만 매몰되어 있던 사유체계에서 깨어나 인식의 전환을 보여 주고 있는 측면을 확인할 수 있다. 그리고 관념적인 해석에서 벗어나 현실에 바탕을 둔 실제의 행사(行事)에 초점을 둔 해석이 나타나고 있는 점도 주목할 만하다.

『대학후설(大學後說)』[1]

『대학후설(大學後說)』은 내가 『대학』을 읽을 적에 절마다 의문점을 기록하고서, 정자(程子)·주자(朱子)의 설 및 다른 선유(先儒)들의 설을 채집하고, 근래 사우(師友)들에게 얻어들은 내용을 아울러 취하여 한데 모아 한 부의 책으로 만든 것이다. 그런데 이 책은 주자의 『대학장구(大學章句)』보다 뒤에 만들어진 것으로서 의문점을 적어 둔 설을 모아 완성한 것이므로 책의 제목을 '후설(後說)'이라고 붙였다.

----

1 이 자료는 하빈(河濱) 신후담(愼後聃, 1702∼1761)이 『대학』을 새롭게 해석한 저술이다. 신후담의 자는 이로(耳老), 호는 하빈(河濱)·돈와(遯窩), 본관은 거창이다. 성호(星湖) 이익(李瀷)의 문인으로, 진사시에 합격한 뒤에 과거를 단념하고 학문에 전념하였다. 『대학후설(大學後說)』은 그의 나이 43세 때 지은 것으로, 현재 숭실대학교 한국기독교박물관에 소장되어 있다. 이 『대학후설』은 『하빈집(河濱集)』 내편(內篇) 권5에 수록되어 있는데, 정심수신(正心修身)을 해석한 장까지만 수록되어 있고 그 뒷부분은 궐실되었다. 『하빈집』 권6이 낙질되어 확인할 수 없는 점, 그리고 권7∼권9에 『중용후설(中庸後說)』이 수록되어 있는 점으로 미루어 보아 권6은 『대학후설』 뒷부분에 해당되는 듯하다. 그의 『대학후설』이 온전하게 남아 있지 않아 아쉬움이 크다. 신후담은 이 『대학후설』 외에도 『대학』에 관한 해석으로 「대학해(大學解)」, 「대학도의(大學圖義)」 등을 남겼다.

주자(朱子)의 「대장장구서(大學章句序)」

● '대학지서(大學之書)'부터 '교인지법야(敎人之法也)'까지

허재 채씨(虛齋 蔡氏)[2]가 말하기를 "「대학장구서(大學章句序)」의 '대학
(大學)' 두 자는 경문(經文)과 전문(傳文)을 겸하여 말한 것이며, '장구(章
句)'는 경문과 전문의 장구라는 말이다. 본래는 집주(集註)인데 '집주(集
註)'라 말하지 않고, '장구(章句)'라고 말한 까닭은 다음과 같다. 대개『논
어』,『맹자』두 책은, 그 안에서 말한 것이 한 가지 일이 아니고, 기록한
것도 한 때가 아니다. 모두 단서를 바꾸어서 한 말로, 그 장구는 대체로
정해진 것이 있다. 그런데『대학』,『중용』은 그 말이 비록 수천 또는 수
백 자가 되지만 그 의의(意義)가 서로 이어지고, 그 혈맥(血脈)이 관통하
니 원래 단지 한 편의 글일 뿐이다. 주자는 그 때문에 그 장구를 구별해
놓은 것이다. 오늘날 '이상은 경(經) 몇 장이다〔右經某章〕.'라고 하거나,
'이상은 제 몇 장이다〔右第某章〕.'라고 하는 것이 바로 그것이다. 장(章)
을 말하면 구(句)는 그 속에 있게 된다."라고 하였다.[3]

　　이성호(李星湖)[4]가 말씀하기를 "'대학지서(大學之書)'의 '대학(大學)'은

---

2 허재 채씨(虛齋蔡氏) : 명나라 학자 채청(蔡淸, 1453~1508)을 가리킴. 자는 개부(介夫),
　호는 허재(虛齋), 시호는 문장(文莊)이며, 복건성 진강(晉江) 출신이다. 1481년 진사시에
　합격하여 예부주사(禮部主事) 등을 역임하였다. 명나라 전반기를 대표하는 학자로서『중
　용』,『주역』등에 뛰어났다. 저술로『사서몽인(四書蒙引)』,『주역몽인(易經蒙引)』등이
　있다.
3 이 내용은 채청의『사서몽인』권1,『대학장구』,「대학장구서(大學章句序)」해석에 보인다.
4 이성호(李星湖) : 신후담의 스승인 이익(李瀷, 1681~1763)을 가리킴. 자는 자신(自新),
　호는 성호(星湖), 본관은 여주이다. 대사헌을 지낸 이하진(李夏鎭)의 아들로, 평생 학문에

책의 이름이고, '고지대학(古之大學)'의 '대학(大學)'은 학교의 이름이다. '옛날[古]'은 하(夏)・은(殷)・주(周)의 성대했던 시기가 그것이다."라고 하였다.[5]

● '개자천강(蓋自天降)'부터 '성지소유이전지야(性之所有而全之也)'까지

주자가 말씀하기를 "'기(氣)'는 생명체가 태어나는 초기에 품부받는 것이고, '질(質)'은 그 모양을 이루는 것으로 금의 덩어리[6]나 나무의 싹[7]과 서로 비슷하다."라고 하였다.[8]

허재 채씨(虛齋蔡氏)가 말하기를 "무릇 기(氣)만을 홀로 말해도 절로 질(質)을 포함하니, 예컨대 '기품(氣稟)이 맑고 밝아 물욕의 얽매임이 없다.'[9]고 말한 경우가 그것이다. 질(質)만을 홀로 말해도 기(氣)를 겸하니, 예컨대 '총명하고 지혜로워 태어나면서부터 도리를 아는 자질이다.'[10]라고 말한 경우가 그것이다. 여기서 '기질(氣質)'이라고 한 것은 기(氣)와 질(質)을 아울러 거론하여 함께 말한 것이다. 기는 양(陽)이고, 질은 음(陰)이다. 기(氣)는 질(質)에 실리고, 리(理)는 기에 깃든다."

침잠하여 조선 후기 경세치용의 실학을 개창하였다.

5 이 내용은 이익의 『대학질서(大學疾書)』(여강출판사, 『성호전서』 제4책), 「대학장구서」 해석에 보인다.

6 덩어리 : 원문에는 '광(壙)' 자로 되어 있으나, 『주자어류(朱子語類)』에는 '광(礦)' 자로 되어 있다. 여기서는 『주자어류』를 따라 '덩어리'로 번역하였다.

7 싹 : 『주자어류』에는 '여(如)' 자로 되어 있다. 여기서는 원문에 따라 번역하였다.

8 이 내용은 『주자어류』 권14, 「대학 1」에 보인다.

9 이 내용은 주자의 『맹자집주(孟子集註)』, 「진심장 상(盡心章上)」 제21장 주석에 보인다.

10 이 내용은 주자의 『중용장구(中庸章句)』 제31장 주석에 보인다.

라고 하였다.[11]

신안 진씨(新安陳氏)[12]가 말하기를 "'본성이 가지고 있는 것〔性之所有〕'은 인(仁)·의(義)·예(禮)·지(智)가 그것이다. 인간의 본성은 지혜로운 자와 어리석은 자, 어진 자와 불초한 자의 차이가 없다. 오직 기(氣)에 맑음〔淸〕과 탁함〔濁〕이 있을 뿐이니, 맑은 기를 타고난 자는 능히 알지만, 탁한 기를 타고난 자는 능히 알지 못한다. 그러므로 모든 사람이 자기의 본성이 소유한 것을 알 수가 없는 것이다. 또 질(質)에 순수함〔粹〕과 박잡함〔駁〕이 있으니, 순수한 자질을 타고난 사람은 본성을 온전히 할 수 있지만, 박잡한 자질을 타고난 사람은 본성을 온전히 할 수 없다. 그러므로 능히 모든 사람이 본성을 온전히 할 수 없는 것이다. 본성이 가지고 있는 것을 아는 것은 지(知)에 속하고, 본성이 가지고 있는 것을 온전히 하는 것은 행(行)에 속한다. 지·행 두 가지가 한 부의 『대학』에 다 갖추어져 있는데, 그 의미가 이미 이 문구 속에 깃들어 있다."라고 하였다.[13]

---

11 이 내용은 채청의 『사서몽인』 권1, 『대학장구』, 「대학장구서」 해석에 보인다.
12 신안 진씨(新安陳氏) : 송말원초의 학자 진력(陳櫟, 1254~1334)을 가리킴. 자는 수옹(壽翁), 호는 정우(定宇)·동고노인(東皋老人)이며, 안휘성 휴녕(休寧) 출신이다. 송나라가 망하자 은거하여 학문연구와 제자양성에 힘썼다. 학문성향은 주희의 학문을 위주로 하면서 육구연의 심학을 아울러 취했다. 저술로 『상서집전찬소(尚書集傳纂疏)』, 『사서발명(四書發明)』, 『서전찬소(書傳纂疏)』, 『예기집의(禮記集義)』, 『정우집(定宇集)』 등이 있다.
13 이 내용은 명초 호광(胡廣) 등이 편찬한 『대학장구대전(大學章句大全)』, 「대학장구서(大學章句序)」, '연기기질지품(然其氣質之禀)' 아래 소주에 보인다.

● '일유총명예지(一有聰明睿智)'부터 '이복기성(以復其性)'까지

신안 진씨(新安陳氏)가 말하기를 "'총명예지(聰明睿智)'는 태어나면서부터 도리를 아는 성인이니, 위 문장의 '자기의 본성을 안다〔知其性〕.'는 문구와 서로 조응한다. '자기의 본성을 능히 극진히 한다〔能盡其性〕.'는 도리를 편안히 여겨 행하는 성인이니, 위 문장의 '자기의 본성을 온전히 한다〔全之〕.'는 문구와 서로 조응한다. 범상한 사람은 반드시 자기의 본성을 먼저 알아야 바야흐로 자기의 본성을 온전히 하길 바랄 수 있다. 그러므로 문장 중간에 '이(而)'라는 한 자를 쓴 것이다.[14] 성인은 애초 태어나면서부터 도리를 알고 도리를 편안히 여겨 행하니, 알기를 기다려서 바야흐로 그 본성을 온전히 하는 것은 아니다. 그러므로 단지 평범하게 말한 것이다."라고 하였다.[15]

혹자가 묻기를 "어디에서 하늘이 명한 것을 볼 수 있습니까?"라고 하자, 주자가 말씀하기를 "이 점은 또한 어떻게 알 수 있겠습니까? 단지 이러한 한 분이 세상에 태어나게 되면 정히 수많은 민중의 임금과 스승이 될 것이니, 이것이 바로 하늘이 그 분에게 명하는 것입니다. 그 분은 이미 허다한 기백(氣魄)과 재덕(才德)을 지니고 있어서 결단코 자신만을 온전히 할 뿐만 아니라, 반드시 억조의 민중들을 통솔할 것이니, 민중들 또한 절로 그 분에게 귀의할 것입니다. 예컨대 삼대(三代)[16] 이

---

14 그러므로 …… 것이다 : 이는 주자의 「대학장구서」의 '불능개유이지기성지소유이전지야(不能皆有以知其性之所有而全之也).'라는 구절의 '이(而)' 자를 가리킨다.

15 이 내용은 『대학장구대전』, 「대학장구서」, '일유총명예지(一有聰明睿智)' 아래 소주에 보인다.

16 삼대(三代) : 하(夏)나라 · 상(商)나라 · 주(周)나라를 말한다.

전의 성인들도 모두 그와 같았습니다. 그런데 공자(孔子)에 이르러서 바야흐로 그렇지 않게 되었습니다. 그러나 공자께서 비록 제왕이 되지는 못하셨지만 또한 그 분은 한가롭게 사시지 못하고 허다한 일을 하시면서 천하 후세 사람들을 가르치셨으니, 이 또한 하늘이 명한 것입니다."라고 하였다.[17]

허재 채씨(虛齋蔡氏)가 말하기를 "'그로 하여금 민중을 가르치게 한다〔使之敎之〕.'고 말하지 않고, '그로 하여금 민중들을 다스리고 가르치게 한다〔使之治而敎之〕.'라고 한 것은 임금과 스승의 도리가 한 가지이기 때문이다. 그러나 '가르쳐서 그들을 다스린다〔敎而治之〕.'라고 말하지 않고, 굳이 '다스리다〔治〕'라는 말을 먼저 쓴 것은, 대개 먼저 그들을 다스림이 있지 않으면 가르침은 말미암아 베풀 곳이 없기 때문이다."라고 하였다.[18]

● '차복희신농(此伏羲神農)'부터 '소유설야(所由設也)'까지

운봉 호씨(雲峯胡氏)[19]가 말하기를 "'사도의 직책〔司徒之職〕'이란 백성을 거느려 가르치는 것이고, '전악의 관직〔典樂之官〕'이란 오로지 주자(胄子)[20]를 가르치는 관직이다."라고 하였다.[21]

---

17 이 내용은 『대학장구대전』, 「대학장구서」, '일유총명예지(一有聰明睿智)' 아래 소주에 보인다.
18 이 내용은 채청의 『사서몽인』 권1, 『대학장구』, 「대학장구서」 해석에 보인다.
19 운봉 호씨(雲峰胡氏) : 원나라 때 학자 호병문(胡炳文, 1250~1333)을 가리킴. 자는 중호(仲虎), 호는 운봉(雲峰)이며, 휘주(徽州) 무원(婺源) 출신이다. 주자의 종손에게 『주역』, 『서경』 등을 배워 주자학에 잠심하였는데, 특히 『주역』에 뛰어났다. 저술로 『주역본의통석(周易本義通釋)』, 『서집해(書集解)』, 『사서통(四書通)』 등이 있다.

신안 진씨(新安陳氏)가 말하기를 "위의 문장에서는 그 이치를 말하고, 여기서는 그 일로써 그 점을 실증하였다."라고 하였다.[22]

● '삼대지융(三代之隆)'부터 '소이분야(所以分也)'까지

내가 살펴보건대, 『주례(周禮)』, 지관(地官), 「사씨(師氏)」에 "사씨(師氏)는 호문(虎門)[23]의 왼쪽에 거처하여 〈왕조(王朝)를 사찰하며, 나라 안의 예에 맞고 예를 잃은 일을 관장하여〉 나라의 자제들을 가르치는데, 온 나라의 귀족 자제로서 벼슬이 없는 자들이 그에게 배운다."라고 하였는데, 그 주에 "'호문(虎門)'은 노침문(路寢門)이다."[24]라고 하였다. 이는 곧 왕궁에 학교가 있었다는 증거이다.

또 『예기(禮記)』에 "옛날 교육기관으로는, 가(家)에 숙(塾)을 두고, 당(黨)에 상(庠)을 두고, 술(術)[25]에 서(序)를 두고, 국(國)에 학(學)을 두었다."[26]고 하였는데, 그 주에 "옛날에는 25가(家)가 1여(閭)가 되어 한 마

---

20 주자(冑子) : 고대 제왕이나 경대부의 장자를 말함. 『서경』, 「순전(舜典)」에 "기(夔)야! 너에게 명하여 음악을 담당하고 주자(冑子)를 가르치게 한다〔夔, 命汝典樂, 敎冑子〕."고 하였다.

21 이 내용은 『대학장구대전』, 「대학장구서」, '차복희신농(此伏羲神農)' 아래 소주에 보인다.

22 이 내용은 『대학장구대전』, 「대학장구서」, '차복희신농(此伏羲神農)' 아래 소주에 보인다.

23 호문(虎門) : 정현(鄭玄, 127~200)의 『주례(周禮)』 주에 "호문은 노침문(路寢門)이다. 왕이 매일 노침(路寢)에서 조회를 보는데, 문밖에 호랑이를 그려 놓아 용맹을 밝히며, 지키는 데에 마땅하게 했다."고 하였으니, 이는 노침문을 가리킨다. 한편 『주례』, 「사씨(師氏)」의 직분이 호문의 왼쪽에 거처하여 왕조를 사찰하며 귀족의 자제들을 가르치는 것이기 때문에 후대에는 사씨가 거처하는 곳을 국자학의 소재지로 일컫게 되었다. 여기서는 후자의 의미를 중시한 것이다.

24 이 내용은 『주례주소(周禮注疏)』에 실린 정현의 주에 보인다.

25 술(術) : 진호(陳澔)의 『예기집설(禮記集說)』에 의하면, 술(術)은 주(州)에 해당한다고 하였다. 주(州)는 12,500가(家)를 말한다.

을에 함께 살았다. 마을 입구에 문이 있고, 문 옆에 숙(塾)이 있었다. …… 국(國)은 천자의 도읍 및 제후의 도읍에 있는 국학을 말한다."[27]라고 하였다. 이는 곧 수도(首都)로부터 여항(閭巷)에 이르기까지 모두 교육기관이 있었다는 증거이다.

이성호(李星湖)가 말씀하기를 "여항의 제도에 대해, 혹자는 '8가(家)가 한 마을에 함께 사는 것이다.'라고 말하며, 혹자는 '25가(家)가 1여(閭)가 되어 한 마을에 함께 사는 것이다.'라고 한다. 내가 살펴보건대, 이는 정전법(井田法)과 구혁법(溝洫法)[28]이 다르기 때문이다. 정전법은 3부(夫)가 1옥(屋)이 되고, 3옥이 1정(井)이 되는데,[29] 중간이 공전(公田)이 되니 8가(家)가 한 마을[巷]에서 함께 사는 것이다. 구혁법은 5가(家)가 1린(隣)이 되고, 5린이 1리(里)가 되니 25가(家)가 한 마을에서 함께 사는 것이다."라고 하였다.[30]

내가 살펴보건대, 경전(經傳)에 기록되어 있는 소학(小學)·대학(大

---

26 이 내용은 『예기(禮記)』, 「학기(學記)」에 보인다.

27 이 내용은 진호(陳澔)의 『예기집설』 주에 보인다.

28 구혁법(溝洫法) : 논과 논 사이의 도랑으로 경계를 정하여 농지를 분배하는 법을 말한다. 『주례』, 고공기(考工記), 「장인(匠人)」에 "아홉 가장이 정(井)이 되는데, 정과 정 사이의 넓이 4척, 깊이 4척의 도랑을 구(溝)라 한다. 사방 10리가 성(成)이 되는데, 성과 성 사이의 넓이 8척, 깊이 8척의 도랑을 혁(洫)이라 한다〔九夫爲井, 井間廣四尺深四尺, 謂之溝. 方十里爲成, 成間廣八尺深八尺, 謂之洫〕."라고 하였다.

29 3부(夫)가 …… 되는데 : 『주례』, 지관(地官), 「소사도(小司徒)」의 '고부옥(考夫屋)'에 대한 정현(鄭玄)의 주에 "부(夫) 셋이 1옥(屋)이 되고, 옥 셋이 1정(井)이 된다〔夫三爲屋, 屋三爲井〕."라고 하였다. 또 『한서(漢書)』, 「식화지(食貨志)」에 "6척(尺)이 1보(步)가 되고, 100보가 1묘(畝)가 되고, 100묘가 1부(夫)가 되고, 3부가 1옥(屋)이 되고, 3옥이 1정(井)이 된다〔六尺爲步, 步百爲畝, 畝百爲夫, 夫三爲屋, 屋三爲井〕."라고 하였다.

30 이 내용은 이익(李瀷)의 『대학질서(大學疾書)』, 「서문편제(序文篇題)」에 보인다.

學)의 제도는 매우 자세하지 않다. 『예기(禮記)』, 「왕제(王制)」에 "유우씨(有虞氏)[31]는 상상(上庠)에서 나라의 원로를 봉양하고, 하상(下庠)에서 일반 노인을 봉양하였다. 하후씨(夏后氏)[32]는 동서(東序)에서 나라의 원로를 봉양하고, 서서(西序)에서 일반 노인을 봉양하였다. 은(殷)나라 사람들은 우학(右學)에서 나라의 원로를 봉양하고, 좌학(左學)에서 일반 노인을 봉양하였다. 주(周)나라 사람들은 동교(東膠)에서 나라의 원로를 봉양하고, 우상(虞庠)에서 일반 노인을 봉양하였는데, 우상은 국도(國都)의 서쪽 교외에 있었다."라고 하였다. 그 주에 "상상(上庠)·동서(東序)·우학(右學)·동교(東膠)는 태학(太學)이고, 하상(下庠)·서서(西序)·좌학(左學)·우상(右庠)은 소학(小學)이다."[33]라고 하였다. 이는 천자의 제도로써 말한 것이다.

또 『예기주소(禮記注疏)』, 「왕제(王制)」의 주에 "소학은 궁궐 남쪽의 왼쪽에 있고, 대학은 교외에 있다."[34]고 하였으니, 이는 제후의 제도로써 말한 것이다. 그런데 장락 진씨(長樂陳氏)[35]는 말하기를 "제후의 제도에서 소학이 궁궐 안에 있고 대학이 밖에 있는 것은, 수사(秀士)를 선발하

---

31 유우씨(有虞氏) : 순(舜) 임금의 나라를 말함. '유우(有虞)'는 순 임금이 살던 부락의 이름이었는데, 순 임금이 요(堯) 임금의 선양을 받아 도읍했기 때문에 후대에는 일반적으로 순 임금의 왕조를 가리키는 의미로 쓰인다.

32 하후씨(夏后氏) : 우(禹) 임금이 순 임금의 선양을 받아 세운 왕조를 말함. 국호를 '하후(夏后)'라고 하였기 때문에 그렇게 칭한 것이라 한다.

33 이 내용은 진호(陳澔)의 『예기집설(禮記集說)』 주에 보인다.

34 이 내용은 『예기주소』, 「왕제」의 '오십이양어향(五十而養於鄕)' 아래 정현(鄭玄)의 주에 보인다.

35 장락 진씨(長樂陳氏) : 송말원초의 학자 진력(陳櫟, 1254~1334)을 말한다. 앞의 주12) 참조. 대부분의 서적에는 '신안 진씨(新安陳氏)'라 칭하였는데, 진호(陳澔)의 『예기집설(禮記集說)』과 위식(衛湜)의 『예기집설(禮記集說)』 등에는 '장락 진씨(長樂陳氏)'라고 일컬었다.

여 천거하는 방식〔選士〕[36]이 안으로부터 밖으로 천거한 뒤 수도에까지 이르기 때문이다. 천자의 제도에 소학이 밖에 있고 대학이 안에 있는 것은, 수사를 선발하여 천거하는 방식이 밖으로부터 안으로 천거한 뒤 조정에까지 이르기 때문이다."라고 하였다.[37] 이는 『주례(周禮)』에 의거하여 설명한 것이다.[38]

『예기』, 「왕제(王制)」의 '순(舜) 임금 때의 상상(上庠)'과 '은(殷)나라 때의 우학(右學)'과 같은 경우는, 그 주에 "모두 서쪽 교외에 있다."[39]라고 하였으니, 이 또한 무슨 뜻인지 모르겠다.

또 『예기』, 「왕제」의 이 두 조목은 특별히 국학(國學)을 논한 것으로, 예컨대 『예기』, 「학기」에서 이른바 '술(術)에 서(序)를 두고, 당(黨)에 상(庠)을 두고, 가(家)에 숙(塾)을 두었다.'는 것과 『주례』, 지관(地官), 「사씨(師氏)」에 이른바 '호문(虎門)의 왼쪽에 거처하여 귀족의 자제를 가르친다.'는 점에 대해서는 언급하지 않았다. 그리고 장락 진씨(長樂陳氏)의 설은 단지 '선사(選士)' 한 부분만을 거론하였을 뿐이니, 왕(王)·공(公)의 자제들을 교학하는 법과 같은 것은 또한 보이지 않는다. 이는 모두 미비한 것이 된다.

지금 다시 여러 서적을 참고해 보니, 『대대례(大戴禮)』[40]에 "옛날 왕

---

36 수사(秀士)를 …… 방식〔選士〕: 덕행과 재능이 출중한 사람을 수사(秀士)라고 하는데, 임금이 각 고을 수령에게 명하여 수사를 뽑아 사도(司徒)에게 천거하는 것을 선사(選士)라고 하였다. 『예기』, 「왕제(王制)」에 보인다.

37 이 내용은 송대 위식(衛湜)이 편찬한 『예기집설』, 「왕제(王制)」, '천자명지교(天子命之敎)' 아래의 소주에 보인다.

38 이는 …… 것이다 : 『주례』, 춘관(春官), 「대사악(大司樂)」, '장성균지법(掌成均之法)' 아래의 주소(注疏)에 이와 유사한 내용이 보인다.

39 이 내용은 진호(陳澔)의 『예기집설』의 주 등에 보인다.

40 『대대례(大戴禮)』: 한(漢)나라 때 대덕(戴德)이 편찬한 85편의 예서를 말한다. 이를 대성(戴聖)이 49편으로 줄인 것을 『소대례(小戴禮)』라 하는데, 바로 지금의 『예기』이다.

자의 나이 8세가 되면 왕궁 밖으로 나가 외사(外舍)[41]에 가서 살며 작은 기예를 배우고 작은 절개를 실천하였다. 그리고 속발(束髮)[42]한 뒤 대학(大學)에 나아가 큰 기예를 배우고 큰 절개를 실천하였다."[43]라고 하였다. 그 주[44]에 『백호통(白虎通)』[45]의 "8세에 소학에 들어가고, 15세에 대학에 들어간다."는 문구를 인용하여 해석하였고, 또 소학을 호위(虎闈)[46]와 사보(師保)[47]의 학문으로 여겼으니,[48] 이는 왕자(王子)가 배우는 바의 소학으로, 우상(虞庠) · 선사(選士)의 소학[49]의 의미와는 같지 않다.

오직 대학(大學)을 말한 것은 같다. 그러므로 『예기』, 「왕제」에 "왕(王 : 천자)의 태자(太子) · 왕자, 여러 제후의 태자, 경(卿) · 대부(大夫) · 원사(元士)의 맏아들, 나라의 준수한 인물로 선발된 자들이 모두 악정(樂正)에게 나아가 가르침을 받았는데, 무릇 입학할 적에는 나이의 순으로

---

41 외사(外舍) : 소학(小學)을 말함. 뒤의 '대학(大學)'과 상대적으로 쓰였다.

42 속발(束髮) : 머리카락을 묶는다는 뜻으로, 동자(童子)가 되어 머리를 땋는 것을 말한다.

43 이 내용은 『대대례(大戴禮)』, 「보부(保傅)」에 보인다.

44 주 : 북주(北周) 때 학자 노변(盧辯)이 지은 주를 말함.

45 『백호통(白虎通)』 : 한나라 때 반고(班固) 등이 편찬한 책을 말함. 후한 장제(章帝) 4년에 오경박사들이 백호관(白虎觀)에 모여 오경에 대해 토론한 내용을 반고 등이 기록하여 편찬한 책이다.

46 호위(虎闈) : 『주례』, 춘관(春官), 「사씨(師氏)」가 담당하던 국학을 가리킨다.

47 사보(師保) : 왕자의 스승인 소사(少師) · 소보(少保)를 일컫는 말로, 여기서는 왕공의 자제를 교육하던 스승을 가리킨다.

48 소학을 …… 여겼으니 : 이는 『대대례』, 「보부(保傅)」, '고자년팔세(古者年八歲)' 아래 노변(盧辯)의 주에 "소학은 상문(庠門)의 스승을 말한다. '상문(庠門)'은 다른 본에 '호문(虎門)'으로도 되어 있다. 이는 보(保)의 학문이다〔小學謂庠門師, 庠門一作虎門, 保之學也〕."라고 한 것을 가리킨다.

49 우상(虞庠) · 선사(選士)의 소학 : 우상(虞庠)은 『예기』, 「왕제」에 보이는 순 임금 때의 하상(下庠)을 말하고, 선사(選士)는 『예기』, 「왕제」에 보이는 수사(秀士)를 선발하는 제도를 말한다. 여기서는 순 임금 때의 소학과 수사를 선발할 때의 소학의 의미가 왕자가 어려서 배우는 소학의 의미와는 다르다는 점을 지적한 것이다.

하였다."라고 하였으니, 여기서 이른바 '학(學)'이란 곧 대학이다.

『상서대전(尙書大傳)』[50]에 제후의 국학의 제도를 말하면서 "〈옛날의 왕은 반드시 대학과 소학을 세워〉 공(公)·경(卿)의 태자와 대부(大夫)·원사(元士)의 맏아들로 하여금 13세가 되면 소학에 들어가게 하고, 20세가 되면 대학에 들어가게 하였다."라고 하였다.[51] 그렇다면 공(公: 제후)의 아들의 입학은 소학에 들어갈 때부터 여러 신하의 아들들과 동일했던 것이다. 대체로 왕자(王子)[52]보다 등급을 낮추어서 그렇게 한 것이다.

또 『상서대전』에 가숙(家塾)[53]의 제도를 말하면서 "대부(大夫)는 70세가 되면 벼슬에서 물러나 그의 향리에서 노년을 보내는데, 대부는 부사(父師)[54]가 되고, 사(士)는 소사(少師)가 된다. 한 해 농사를 마친 뒤 여자(餘子)[55]가 모두 입학하는데, 15세가 되면 소학에 들어가고, 18세가 되면 대학에 들어간다."라고 하였다.[56] 그렇다면 가숙에도 소학과 대학이 있었던 것이다. 위로는 국학으로부터 아래로는 가숙에 이르기까지 대학과 소학을 겸하여 설치하지 않음이 없었으니, 당상(黨庠)도 같은 사례에 해당될 듯하다.

---

50 『상서대전(尙書大傳)』: 한나라 때 복승(伏勝)이 지었다고 전하는 책으로, 지금 전하는 『서경(書經)』과는 다른 것이다.

51 이 내용은 『상서대전』 권3, 「금등전(金縢傳)」에 보인다.

52 왕자(王子): 천자의 아들을 말한다.

53 가숙(家塾): 『예기』, 「학기(學記)」에 "옛날의 교육은 가(家)에 숙(塾)이 있고, 당(黨)에 상(庠)이 있고 ……."라고 하였는데, 주나라 때 제도는 25가(家)가 1여(閭)로 한 마을에 살았으며, 마을 입구에 가숙을 세워 주민의 자제를 교육시켰다고 한다.

54 부사(父師): 벼슬살이를 하다가 늙어서 고향으로 돌아온 대부를 일컫는 말이다.

55 여자(餘子): 중자(衆子)와 같은 말로, 적자(適子)를 제외한 나머지 아들들을 가리킨다.

56 이 내용의 앞부분은 『오경통고(五經通考)』에 인용된 『상서대전』의 말이고, 뒷부분은 『상서대전』의 「상서대전보유(尙書大傳補遺)」에 보인다.

동양 허씨(東陽許氏)[57]는 여리(閭里)의 서숙은 오로지 소학으로 여기고, 향주(鄕州) 이상의 학교는 모두 대학으로 여겼다.[58] 허재 채씨(虛齋蔡氏)[59]는 '왕(王 : 천자)의 자제와 공(公 : 제후)의 자제로서 소학에 입학할 때를 당해서는 여리(閭里)의 소학에 나아가는 것보다 어렵다.'고 의심했다. 이는 대개 이 두 사람들 모두 이 점을 고찰하지 못한 것이다. 비록 그렇지만 옛날의 제도는 이미 멀어져서 그 상세함을 알기 어렵다. 지금 또한 그 대강을 알 수 있는 것이 이와 같을 따름이다.

이성호는 말씀하기를 "입학 연수는 여러 설이 같지 않다. 정자(程子)는 말씀하기를 '옛날에 8세가 되면 소학에 들어가고, 15세가 되면 대학에 들어갔다. 40세에 이르러 바야흐로 벼슬길에 나갔으니, 그 중간에 절로 25년 간의 수학 기간이 있다.'라고 하였다.[60] 지금 주자의 「대학장구서」는 정자의 거취를 따른 것이다."라고 하였다.[61]

내가 살펴보건대, '예악사어서수지문(禮樂射御書數之文)'[62]의 '문(文)'

---

57 동양 허씨(東陽許氏) : 원나라 때 학자 허겸(許謙, 1270~1337)을 말함. 자는 익지(益之), 호는 백운산인(白雲山人)이며, 절강성 금화(金華) 출신이다. 김이상(金履祥)의 문하에서 수업하였으며, 정주학을 전파하는 데 크게 공헌하였다. 금릉강학(金陵講學)을 지냈다. 저술로는 『독사서총설(讀四書叢說)』, 『독서총설(讀書叢說)』, 『자성편(自省編)』 등이 있다.

58 허겸(許謙)의 『독사서총설(讀四書叢說)』 권1에 "살펴보건대 위의 주소에서 말한 것은 여리(閭里) 이상의 모든 향주(鄕州)·당족(黨族)·수현(遂縣)·비찬(鄙酇)에 학교가 있었는데, 다만 여리의 서숙은 소학이 되고, 나머지는 모두 대학이었다[按上注疏所言, 則閭里以上, 凡鄕州黨族遂縣鄙酇, 皆有學. 但閭里之塾爲小學, 餘皆大學也]."라고 하였다.

59 허재 채씨(虛齋蔡氏) : 앞의 주2) 참조.

60 이 내용은 『근사록(近思錄)』 권11, 「교학(敎學)」에 보인다.

61 이 내용은 이익의 『대학질서』, 「서문편제(序文篇題)」에 보이는데, 저자가 약간 간추려 쓴 것이다.

은 그것이 밖으로 드러난 것으로써 말한 것이다. 육예(六藝)[63]는 모두 지극한 이치가 깃들어 있으니, 그 정밀하고 온축된 점은 초학자들이 알 수 있는 것이 아니다. 오직 그 문장은 초학자들도 배울 수 있다. 번양 제씨(鄱陽齊氏)[64]는 "이 '문(文)' 자는 명물(名物)[65]을 말하니, 그 일은 아니다."라고 하였다.[66]

지금 내가 살펴보건대, 『예기』, 「내칙(內則)」에 "10세가 되면 집을 떠나 외부의 스승에게 나아가 글씨쓰기[書]와 계산하기[計]를 배우고, 예(禮)는 처음 배우는 예절을 따라 아침저녁으로 어린이로서의 의절(儀節)을 배운다. 13세가 되면 음악[樂]을 배우고 시(詩)를 암송하며, 15세가 되면 활쏘기[射]·말타기[御]를 배우고, 20세가 되면 관례(冠禮)를 하고 처음으로 예(禮)를 배운다."라고 하였다. 글씨쓰기·계산하기와 음악은 13세 이전에 배우니, 그것이 소학이 되는 것은 의문이 없다. 그런데 활쏘기·말타기와 예는 15세가 지난 뒤에 배운다. 이른바 '10세가 되면 집을 떠나 외부의 스승에게 나아간다.'라고 한 것은, 이미 『백호통(白虎通)』에 '8세에 소학에 들어간다.'라고 한 것과 같지 않다. 그렇다면 15세가 반드시 대학에 들어가는 시기가 된다는 점을 어찌 알겠는가?

또 「내칙」에 '20세에 비로소 예를 배운다.'라고 한 것은 예 가운데 큰 것으로써 말한 것이니, 그 작은 절개와 같은 것들은 처음 예절을 배울

62　이 문구는 주자의 「대학장구서」에 보인다.

63　육예(六藝) : 예(禮)·악(樂)·사(射)·어(御)·서(書)·수(數) 여섯 가지를 말함.

64　번양 제씨(鄱陽齊氏) : 『대학장구대전』 소주에 보이는 번양 제씨(番易齊氏)를 말함. 이름은 제몽룡(齊夢龍)이며, 자는 절초(節初)이다.

65　명물(名物) : 사물의 명칭이나 특징 등을 말함.

66　이 문구는 『대학장구대전』, 「대학장구서」, '예악사어서수지문(禮樂射御書數之文)' 아래 소주에 보인다.

때부터 참으로 그것들을 이미 익힌다. 그렇다면 육예의 일은 소학에서 이미 그것을 익히는 것이니, 그 명물을 깨우치는 것만은 아니다. 그러므로 『대학혹문』에 "예·음악·활쏘기·말타기·글씨쓰기·계산하기를 익힌다."라고 한 말이 있는 것이다. 이 문구는 '문(文)' 자를 바꾸어 '습(習)' 자로 고친 것이니, 그것이 명물만이 아닌 줄을 더욱 알겠다.

신안 진씨(新安陳氏)가 말하기를 "무릇 백성 중에 오직 현명한 사람만이 대학에 들어갈 수 있으니, 소학이 귀한 사람과 천한 사람, 현명한 사람과 어리석은 사람의 차별 없이 모두 입학할 수 있는 것과는 비교되지 않는다."라고 하였다.[67]

천자의 원자(元子)는 대를 이어 천하를 소유하는 사람이고, 천자의 나머지 아들들은 세워 제후가 되는 사람들이며, 공(公)·경(卿)·대부(大夫)·원사(元士)의 맏아들은 앞으로 국가를 다스릴 책임이 있으니, 모두 가르치는 대상에 들어 있다. 일반 백성 중에서 준수한 사람은 훗날 등용하여 천하와 국가를 다스리는 일을 돕게 할 수 있는 사람이다.[68]

허재 채씨(虛齋蔡氏)가 말하기를 "'궁리(窮理)'[69] 두 자는 격물(格物)·치지(致知)에 해당하고, '정심(正心)'[70] 두 자는 성의(誠意)에 해당한다."

---

67 이 내용은 『대학장구대전』, 「대학장구서」, '개입대학(皆入大學)'의 아래에 보인다.
68 이 내용은 『대학장구대전』, 「대학장구서」, '소이분야(所以分也)' 아래의 소주에 보이는 신안 진씨의 설이다.
69 궁리(窮理) : 주자의 「대학장구서」에 보이는 '교지이궁리정심수기치인지도(敎之以窮理正心修己治人之道)'의 '궁리(窮理)'를 가리킨다.
70 정심(正心) : 주자의 「대학장구서」에 보이는 '교지이궁리정심수기치인지도(敎之以窮理正心修己治人之道)'의 '정심(正心)'을 가리킨다.

라고 하였다.[71]

● '부이학교지설(夫以學校之設)'부터 '이진기력(以盡其力)'까지

운봉 호씨(雲峰胡氏)가 말하기를 "앞 단락에서 말한 것은 윗사람이 교육을 받는 것이고, 이 단락에서 말한 것은 아랫사람이 교육을 받는 것이다."라고 하였다.[72]

신안 진씨(新安陳氏)가 말하기를 "성분(性分)에 본디 있는 것은 곧 인·의·예·지니, 이는 리(理)이며 체(體)이다. 직분(職分)에 마땅히 해야 할 바는 자식의 직분은 효도를 해야 하고, 신하의 직분은 충성을 해야 하는 유형과 같은 것들이니, 이는 사(事)이고 용(用)이다. 성분과 직분을 아는 것은 지(知)의 일이고, 부지런히 힘을 다하는 것은 행(行)의 일이다. 이는 앞에서 '본성이 지니고 있는 것을 알아 온전히 한다〔知性之所有而全之〕.'라고 한 것과 서로 조응한다."라고 하였다.[73]

● '차고석성시(此古昔盛時)'부터 '절목지상자야(節目之詳者也)'까지

혹자가 묻기를 "「대학장구서」에 '밖으로는 규모가 큰 것을 지극히 함이 있고, 안으로는 절목이 상세한 것을 극진히 함이 있다〔外有以極其規模之大 而內有以盡其節目之詳者也〕.'라고 하신 것은 무슨 뜻입니까?"라고 하

---

71 이 내용은 채청(蔡淸)의 『사서몽인』 권1, 『대학장구』, 「대학장구서」 해석에 보인다.
72 이 내용은 『대학장구대전』, 「대학장구서」, '이진기력(以盡其力)' 아래 소주에 보인다.
73 이 내용은 『대학장구대전』, 「대학장구서」, '이진기력(以盡其力)' 아래 소주에 보인다.

니, 주자가 답하기를 "이는 외면의 한 규모가 이와 같이 크다는 것을 먼저 인식하고 나서 안으로 공부를 하여 그것을 가득 채워 나가는 것입니다. 이른바 '규모지대(規模之大)'라는 것은 사람이 학문을 하면 마땅히 명명덕(明明德) · 신민(新民) · 지어지선(止於至善) 및 명명덕어천하(明明德於天下)로 일을 삼아서, 홀로 자기 자신만을 선하게 하기를 이루려 하지 않고 모름지기 천하에 뜻을 두어야 한다는 것이니, 이른바 '이윤(伊尹)이 뜻한 것에 뜻을 두고, 안연(顏淵)이 배운 것을 배운다.'[74]라고 하는 경우입니다. 그러므로 『대학장구』 경일장 제1절 제2구에 바로 '재신민(在新民)'이라고 말한 것입니다."라고 하였다.[75]

동양 허씨(東陽許氏)가 말하기를 "삼강령(三綱領)과 팔조목(八條目)을 상대적으로 말하면 삼강령은 규모가 되고 팔조목은 절목이 되니, 팔조목은 곧 삼강령 속의 일이라 말한다. 그러나 홀로 팔조목만을 말하면 평천하(平天下)는 규모가 되고 그 위의 일곱 조목은 절목이 된다. 평천하는 대학의 지극한 공효이다. 그러나 그 위 일곱 조목에 대해 마디마디 공부를 함이 있어서 행함이 지극한 데 이른 뒤에야 천하가 평치될 수 있다."라고 하였다.[76]

허재 채씨(虛齋蔡氏)가 말하기를 "선유의 설에 의거하면, '규모지대(規模之大)'는 명덕(明德) · 신민(新民) · 지어지선(止於至善)이니, 이는 모두

---

74 이 내용은 『성리대전』 권50 말미에 보이는 노재 허씨(魯齋許氏: 許衡)의 말이다.
75 이 내용은 『주자어류』 권14, 「대학장구서」 및 『대학장구대전』, 「대학장구서」, '기절목지상자야(其節目之詳者也)' 아래 소주에 보인다.
76 이 내용은 『대학장구대전』, 「대학장구서」, '기절목지상자야(其節目之詳者也)' 아래 소주에 보인다.

큰 강령으로 말한 것이다. 그러므로 대(大)라고 말한 것이다. 절목지상(節目之詳)은 명덕의 이면에는 바로 격물(格物)·치지(致知)·성의(誠意)·정심(正心)·수신(修身)의 허다한 절목이 있고, 신민의 이면에는 바로 제가(齊家)·치국(治國)·평천하(平天下)의 몇 가지 절목이 있는 것이니, 이 모두 큰 강령 속의 조건들이다. 그러므로 내(內)라고 말한 것이다.'라고 하였다. 이 설은 온당하지 않은 듯하니, 『주자어록』, 『대학혹문』에 의거하면 명백하다. 그러므로 주자는 '명명덕어천하(明明德於天下)'로 '규모지대(規模之大)'를 삼은 것이다. 격물·치지 이상의 마디마디 공부를 하는 데로부터 제가·치국에 이르기까지 모두 그 절목이 상세한 것이다. 이는 곧 주자가 스스로 붓을 잡고, 스스로 뜻을 세우고, 스스로 해설을 한 것이 이와 같은 것이다. 대체로 단지 삼강령만이 규모가 된다면 그 실체를 궁구할 적에는 이 팔조목에 나아가야 하니, 또한 어느 것이 규모가 되고, 어느 것이 절목이 되고, 어느 것이 큰 것이 되고, 어느 것이 상세한 것이 되겠는가?"라고 하였다.[77]

이양중(李襄仲)[78]이 말하기를 "규모(規模)와 절목(節目)은 하나이다. 곧 규모에 나아가면 절목이 그 안에 있고, 절목에 나아가면 규모가 그 안에 있다. 그래서 외면의 대체(大體)를 규모라 하고, 이면의 조리(條理)를 절목이라 한다. 원래 규모의 바깥에 또 한 물사(物事)가 있어서 별도로 절목이 되는 것이 아니고, 절목의 바깥에 또 한 물사가 별도로 있어서 규모가 되는 것도 아니다. 지금 어떤 사람의 설에 '단지 삼강령으로

<hr />

[77] 이 내용은 채청의 『사서몽인』 권1, 『대학장구』, 「대학장구서」 해석에 보인다.
[78] 이양중(李襄仲) : 이광찬(李匡贊, 1702~1766)을 가리키는 듯함. 양중(襄仲)은 자이며, 호는 중옹(中翁), 본관은 전주이다.

규모를 삼아야 한다.'고 한다면,[79] 그 실체를 궁구할 적에는 바로 이 팔조목에 나아가야 하니, 또한 무엇이 규모가 되고 무엇이 절목이 되겠는가? 이는 규모와 절목을 두 건의 일로 나누는 것이니, 그 설이 사리(事理)가 이루어지는 것인지 모르겠다."라고 하였다.

● '삼천지도(三千之徒)'부터 '이발기의(以發其意)'까지

내가 살펴보건대, '증씨(曾氏)'라고 말한 것은 무릇 증자(曾子)의 문인들을 모두 거론한 것이니, 유독 증자만을 가리키는 것은 아니다. 예컨대 '노씨(老氏)'라고 말하는 경우, 오로지 노담(老聃 : 老子)만을 가리키는 것이 아니라, 노담의 학문을 하는 사람들을 모두 '노씨'라고 말한다. 그러므로 지금 전하는 전문(傳文)은 증자가 지은 것이 아니고, 바로 증자의 생각인데 그의 문인들이 기록한 것이다. 편제(篇題)에 보이는 '공씨(孔氏)'라는 글자도 이와 같은 사례로 보아야 한다.

● '급맹자몰(及孟子沒)'부터 '과어대학이무실(過於大學而無實)'까지

신안 진씨가 말하기를 "노씨(老氏)는 허무(虛無)를 주장하고, 불씨(佛氏)는 적멸을 주장하였다."라고 하였다.[80]

운봉 호씨(雲峰胡氏)가 말하기를 "우리 유교의 허(虛)[81]는 텅 비었으

---

79 『대학장구대전』, 「대학장구서」, '기절목지상자야(其節目之詳者也)' 아래 소주 신안 진씨의 설에 "'규모지대'는 삼강령을 가리키고, '절목지상'은 팔조목을 가리킨다."고 하였다.
80 이 내용은 『대학장구대전』, 「대학장구서」, '과어대학이무실(過於大學而無實)' 아래의 소주에 보인다.

면서도 있는 것이지만 저들이 말하는 허(虛)는 텅 비어 아무것도 없는 것이며, 우리 유교의 적(寂)은 고요하면서도 감응하는 것이지만 저들이 말하는 적(寂)은 고요하여 적멸하는 것이다."라고 하였다.[82]

● '기타권모술수(其他權謀術數)'부터 '잡출호기간(雜出乎其間)'까지

내가 살펴보건대, '백가중기(百家衆技)'는 『한서(漢書)』, 「예문지(藝文志)」에 실린 구류십가(九流十家) 및 시부가(詩賦家)·병형가(兵刑家)·술수가(術數家)·방기가(方技家) 등과 같은 여러 사상가들이 그것이다. '권모술수(權謨術數)'도 백가(百家) 속에 들어 있는 것인데, 그들이 일체 공명(功名)을 성취하는 것을 행하여 그 설이 사람들에게 유입되기 쉬워서 해가 됨이 더욱 컸다. 그러므로 특별히 앞으로 빼어내 말한 것이다. 관중(管仲)·상앙(商鞅)·손무(孫武)·오기(吳起) 같은 사람들은 모두 이른바 '권모술수로써 공명을 성취한 자'라고 하는 경우이다. '취(就)'는 '성취했다[成]'는 뜻이다. 이들은 도리를 논하지 않고 오로지 성공을 위주로 하였음을 말한 것이니, 신자(申子)[83]가 이른바 '일은 가능하기만을 구하고, 공은 이루기만을 구한다.'라고 한 것이 이것이다.

---

81 우리 유교의 허(虛) : 주자가 '명덕(明德)'을 풀이하면서 '허령지각(虛靈知覺)'이라고 한 '허(虛)'를 가리킨다.
82 이 내용은 『대학장구대전』, 「대학장구서」, '과어대학이무실(過於大學而無實)' 아래의 소주에 보인다.
83 신자(申子) : 신불해(申不害)를 가리킨다. 전국시대 한(韓)나라 사람으로, 형벌과 법률로써 나라를 다스릴 것을 주장한 사상가이다.

● '사기군자(使其君子)'부터 '괴란극의(壞亂極矣)'까지

운봉 호씨(雲峰胡氏)가 말하기를 "'대도지요(大道之要)'는 『대학』에 기록된 내용이고, '지치지택(至治之澤)'은 『대학』으로부터 흘러나오는 것이다. 위에 있는 사람이 이러한 『대학』의 내용을 능히 알지 못하기 때문에 군자[84]들은 대도의 요체를 들을 수 없고, 위에 있는 사람이 이러한 『대학』의 내용을 능히 실천할 수 없기 때문에 소인[85]들이 지치(至治)의 은택을 입을 수 없는 것이다."라고 하였다.[86]

내가 살펴보건대, 주(周)나라가 쇠퇴한 뒤로부터 성스러운 임금이 비록 일어나지 않았으나, 오히려 성인이 아래 자리에 있는 시기가 있어서 선왕이 남긴 법을 서로 전하였다. 그러므로 군자가 대도의 요체를 들을 수 있었다. 그런데 맹자께서 돌아가신 뒤로는 그 도를 전해 주는 것이 끊어져 버렸다. 그래서 속된 유학자와 이단과 제자백가의 무리들이 어지럽게 뒤섞여 나타나 온 세상이 혼미해지고 암흑 속으로 빠졌다. 그러므로 군자들은 어디에서 그 도를 얻어들을 수가 없었으니, 이는 단지 윗자리에 있는 사람이 『대학』의 내용을 알지 못한 까닭일 뿐만이 아니다. 운봉 호씨의 설은 치우친 듯하다.

이 「대학장구서」에서 말한 '군자(君子)'·'소인(小人)'[87]은 본전(本

---

84 군자 : 여기서 말하는 '군자'는 지위에 있는 자를 가리킨다.
85 소인 : 여기서 말하는 '소인'은 일반 백성들을 가리킨다.
86 이 내용은 『대학장구대전』, 「대학장구서」, '괴란극의(壞亂極矣)' 아래 소주에 보인다.
87 '군자(君子)'·'소인(小人)' : 「대학장구서」의 "사기군자 불행이부득문대도지요 기소인 불행이부득몽지치지택(使其君子, 不幸而不得聞大道之要, 其小人, 不幸而不得蒙至治之澤)."의 '군자(君子)'와 '소인(小人)'을 가리킨다.

傳)⁸⁸에서 '후대의 현인은 전왕의 현명함을 어질게 여기고, 후대의 왕은 전왕의 친함을 친애하며, 후대의 일반인들은 전왕이 즐겁게 해준 것을 즐거워하고 전왕이 이롭게 해준 것을 이롭게 여긴다〔君子, 賢其賢而親其親, 小人, 樂其樂而利其利〕.'고 한 문장의 '군자(君子)'·'소인(小人)'을 참조해 보아야 한다.

동양 허씨(東陽許氏)가 말하기를 "〈회맹비색(晦盲否塞)은〉 달이 기울어 그믐이 된 것과 같고, 눈이 멀어 소경이 된 것과 같으며, 기운이 꽉 막혀 유통하지 못하는 것과 같고, 냇물이 막혀 흐르지 못하는 것과 같다는 말이다. '회맹(晦盲)'은 도가 밝혀지지 못함〔不明〕을 말한 것이고, '비색(否塞)'은 도가 유행하지 못함〔不行〕을 말한 것이다.⁸⁹ '반복(反覆)'은 구르면 구를수록 더욱 깊이 빠져서 나갈 수 없다는 뜻이고, '침(沈)'은 물건이 물속에 가라앉아 뜨지 못하는 것과 같으며, '고(痼)'는 병이 몸에 붙어서 나을 수 없는 것과 같다.⁹⁰"라고 하였다.

● '천운순환(天運循環)'부터 '발기귀취(發其歸趣)'까지

신안 진씨(新安陳氏)가 말하기를 "이정(二程)⁹¹ 선생 대에 이르러 비로소 『예기』 속에 들어 있던 「대학(大學)」을 끄집어내 존신(尊信)하였다. 그

---

88 본전(本傳): 『대학장구』 전 제3장을 가리킨다.
89 여기까지는 『대학장구대전』, 「대학장구서」, '회맹비색(晦盲否塞)' 아래 소주 동양 허씨의 설에 보인다.
90 여기까지는 『대학장구대전』, 「대학장구서」, '반복침고(反覆沈痼)' 아래 소주 동양 허씨의 설에 보인다.
91 이정(二程): 북송대 학자 정호(程顥)와 정이(程頤)를 말한다.

분들은 또 뒤섞여 어지럽게 흩어져 있던 죽간(竹簡)을 정돈하여 그 본지를 밝혀 드러내셨다."라고 하였다.[92]

● '연후고자(然後古者)'부터 '여유문언(與有聞焉)'까지

신안 진씨가 말하기를 "맹자께서 말씀하시기를 '나는 공자의 문도가 될 수는 없었지만, 현인을 통해 공자의 도를 사숙(私淑)하였다.'라고 하였다.[93] 여기서도 그런 어법을 써서[94] 자신은 연평(延平)[95] 등 여러 공들에게서 정자(程子)의 가르침을 얻어들었다는 점을 말한 것이다."[96]라고 하였다.

● '고기위서(顧其爲書)'부터 '보기궐략(補其闕略)'까지

내가 살펴보건대, '서(書)'는 바로 정자(程子)가 『대학』을 논한 책이다. '보기궐략(補其闕略)'은 정자가 『대학』을 논한 책에 산실(散失)되거나 빠

92 이 내용은 『대학장구대전』, 「대학장구서」, '발기귀취(發其歸趣)' 아래 소주에 보인다.
93 이 내용은 『맹자』, 「이루 하(離婁下)」 제21장에 보인다.
94 여기서도 …… 써서 : 이는 「대학장구서」에서 주자가 "그런 뒤에 옛날 태학에서 사람들을 가르치던 법과 성인의 경(經)과 현인의 전(傳)의 본지가 찬란히 세상에 다시 밝아지게 되었다. 비록 나의 불민함으로도 다행히 정자를 사숙하여 참여해 그 가르침을 들을 수 있었다〔然後古者大學敎人之法, 聖經賢傳之指, 粲然復明於世. 雖以熹之不敏, 亦幸私淑而與有聞焉〕."라고 말한 것을 가리킨다.
95 연평(延平) : 자는 원중(原中), 시호는 문정(文靖), 이름은 이통(李侗), 송나라 남양주 검포(劍浦) 사람이다. 정자의 삼전 제자이며, '연평 선생'이라고 불렸다. 주자와 교류하면서 사서 등 학문에 대해 논한 것을 기록한 『연평답문(延平答問)』과 『연평답문부록(延平答問附錄)』이 전한다.
96 맹자께서 …… 말한 것이다 : 이 구는 『대학장구대전』 소주에 보인다.

뜨리고 소략하게 한 부분을 보충했다는 말이다. 『대학장구대전』에 주자가 보전(補傳)한 전 제5장을 그에 해당시킨 것[97]은 옳지 않다.

● '이사후지군자(以俟後之君子)'부터 '주희서(朱熹序)'까지

허재 채씨(虛齋蔡氏)[98]가 말하기를 "살펴보건대, 이 「대학장구서」는 순희(淳熙) 기유년(1189) 2월 갑자일(4일)에 지었으니, 주자가 태어난 소흥(紹興) 경술년(1130)[99]으로부터 60년이 되는 해이다. 『중용장구』도 이해 3월 무신일(18일)에 서문을 지었다. 『주자연보(朱子年譜)』의 주에 『대학장구』와 『중용장구』가 완성된 지는 오래되었다. 이해에 이르러 마음에 평안하고 흡족한 생각이 들어서 비로소 서문을 지으셨다.'라고 하였다." 라고 하였다.[100]

　신안 진씨(新安陳氏)가 말하기를 "이 서문은 여섯 절(節)로 나누어져 있는데, 정밀한 의리는 더욱 제2절에 있으니, '그 본성이 나에게 있는 것을 알아 그것을 온전히 한다〔知其性之所有而全之〕.'라고 한 것과 '그들을 가르쳐서 그들의 본성을 회복하게 한다〔敎之以復其性〕.'라고 한 것이 바로 그것이다. 주자가 학문을 논할 적에는, 반드시 본성의 처음을 회복하는 것으로 강령과 귀결을 삼았다. 『논어』 제1장 제1절의 '학

97　『대학장구대전』에 …… 해당시킨 것 : 『대학장구대전』, 「대학장구서」, '보기궐략(補其闕略)' 아래 소주에 "이는 보전(補傳) 제5장을 말한 것이다〔謂補傳之第五章〕."라고 한 말을 가리킨다.
98　허재 채씨 : 채청(蔡淸, 1453~1508)을 말한다. 앞의 각주2) 참조.
99　소흥(紹興) 경술년(1130) : 주자가 태어난 1130년은 건염(建炎) 4년 경술년이다. 소흥 연간은 1131년부터 1162년까지이다. 아마도 작자가 착각을 한 듯하다.
100　이 내용은 채청(蔡淸)의 『사서몽인』 권1, 『대학장구』, 「대학장구서」 해석에 보인다.

(學)'¹⁰¹ 자를 주해하면서 '사람의 본성은 모두 선하다〔人性皆善〕.'라고 하였으며, 또 '선을 밝혀 그 처음을 회복할 수 있다〔明善而復其初〕.'라고 하였다. 「소학제사(小學題辭)」¹⁰²에서도 '인·의·예·지는 인성의 기강 이다〔仁義禮智, 人性之綱〕.'라고 하였으며, 또 '도덕이 높고 학업이 넓어 야 그 처음을 회복한다〔德崇業廣, 乃復其初〕.'라고 하였다. 그리고 이 책의 경일장(經一章) 제1절의 '명명덕(明明德)'를 해석하면서도 '〈학자들 은 명덕이 발하는 바를 인하여〉 드디어 그것을 밝혀서 그 처음을 회복 해야 한다〔遂明之 以復其初〕.'라고 하였으니, 이 「대학장구서」와 함께 모두 네 번 그 의미를 극진히 한 것이다. 성인이 본성을 극진히 하는 것은 그 본래의 온전한 것을 극진히 하는 것이며, 학자가 그 본성을 회 복하는 것은 그 처음을 회복한 뒤에 온전히 할 수 있다. 본성이 자신에 게 있는 바를 알고자 하는 것은 사물에 나아가 그 앎을 극진히 하는〔格 物·致知〕 것에 달려 있고, 그 본성이 자신에게 있는 것을 회복해서 온 전히 하고자 하는 것은 성의(誠意)·정심(正心)·수신(修身)하여 행하기 를 힘쓰는 데에 달려 있다. 이 「대학장구서」와 이 『대학장구』를 읽는 자는, 본성이 자신에게 있음을 아는 것과 그 본성의 처음을 회복하는 것으로 요령을 삼고, 알고〔知〕 실천하는〔行〕 것으로 공부를 삼아서 그 본지를 환히 꿰뚫어 알아야 할 것이다."라고 하였다.¹⁰³

---

101 『논어』, 「학이(學而)」 제1장의 '자왈 학이시습지 불역열호(子曰, 學而時習之, 不亦說乎).' 의 '학(學)'을 가리킨다.
102 「소학제사(小學題辭)」 : 주자가 『소학(小學)』을 편찬하고 머리말 형식으로 앞에 붙인 글. 자신이 『소학』을 편찬하게 된 연유와 어릴 적에 기본적으로 힘써야 할 원칙 등을 제시하고 있다.
103 이 내용은 『대학장구대전』, 「대학장구서」, '주희서(朱熹序)' 아래 소주에 보인다.

이성호(李星湖)가 말씀하기를 "신안 진씨는 「대학장구서」를 나누어 여섯 절(節)로 삼았는데, 그 여섯 절이 어디에서 시작되고 어디에서 그쳤는지를 분명하게 말하지 않았다. 학자들 중에 신안 진씨의 설에 의거해서 단락을 나누어 놓은 것이 있어서 여기에다 기록해 둔다.[104] 제1절은 대학에서 교육제도를 수립한 의도를 말한 것이다. '개자천강(蓋自天降)' 이하는 제2절이 되니, 그 법이 세상에 비로소 밝아졌음을 말한 것이다. '삼대지융(三代之隆)' 이하는 제3절이 되니, 그것이 세상에 크게·밝아진 것을 말한 것이다. '급주지쇠(及周之衰)' 이하는 제4절이 되니, 그 법

---

[104] 신안 진씨가 「대학장구서」를 여섯 절로 나눈 것은 불분명하다. 이를 조선 후기 임상덕(林象德, 1683~1719)은 다음과 같이 정리해 놓았다.

단 락	범 위
제1단락	大學之書 …… 所以敎人之法也
제2단락	蓋自天降下民 …… 所由設也
제3단락	三代之隆 …… 所能及也
제4단락	及周之衰 …… 其節目之詳者也
제5단락	三千之徒 …… 壞亂極矣
제6단락	天運循環 …… 小補云

또한 김근행(金謹行, 1712~1782)는 신안 진씨의 설을 따르지 않고, 다음과 같이 독자적으로 단락을 나누어 요지를 파악하였다.

단 락	범 위	요 지
제1단락	大學之書 …… 所以敎人之法也	전체의 뜻을 총괄해 결단
제2단락	蓋自天降下民 …… 所由設也	근본을 미루어 학교를 세운 연유
제3단락	三代之隆 …… 所能及也	법이 구비되고 교육이 행해짐
제4단락	及周之衰 …… 知者鮮矣	교육은 폐지되었지만 그 글은 남음
제5단락	自是以來 …… 壞亂極矣	이단이 도를 해침
제6단락	天運循環 …… 小補云	태학의 교육이 다시 세상에 밝아짐

이익이 제시한 혹자의 설을 정리하면 다음과 같다.

이 세상에 비로소 밝아지지 않게 된 것을 말한 것이다. '자시이래(自是以來)' 이하는 제5절이 되니, 그것이 세상에 크게 밝아지지 않음을 말한 것이다. '천운순환(天運循環)' 이하는 제6절이 되니, 그 법이 세상에 다시 밝아진 것을 말한 것이다."라고 하였다.[105]

　허재 채씨(虛齋蔡氏)가 말하기를 "이 주자의 「대학장구서」는 내 생각에 네 개의 대절(大節)이 된다. '대학지서 고지대학 소이교인지법야(大學之書, 古之大學, 所以敎人之法也.)'가 제1절이 되니, 대개 이 1구는 바로 이 한 책의 대지(大旨)이다. '개자천강생민(蓋自天降生民)'부터 '비후세지소능급야(非後世之所能及也)'까지 제2절이 되니, 바로 옛날에 사람을 가르치던 법의 시말(始末)을 갖추어 말한 것인데 『소학』도 그 속에 들어 있다는 의미를 겸했다. '급주지쇠(及周之衰)'부터 '작위전의 이발기의(作爲傳義, 以發其義)'까지 제3절이 되니, 바로 『대학』이 지어지게 된 까닭을 말한 것이다. '급맹자몰(及孟子沒)'부터 이 서문의 끝까지가 제4절이 되니, 『대학장구』가 기술되게 된 까닭을 말한 것이다."라고 하였다.[106]
　각 절마다 모두 분개(分開)하고 합일(合一)하는 논리가 있는데, 마지

단 락	범 위	요 지
제1단락	大學之書 …… 所以敎人之法也	교육제도를 수립한 의도
제2단락	蓋自天降下民 …… 所由設也	그 법이 세상에 비로소 밝아짐
제3단락	三代之隆 …… 所能及也	그 법이 세상에 크게 밝아짐
제4단락	及周之衰 …… 知者鮮矣	그 법이 세상에 비로소 밝아지지 않음
제5단락	自是以來 …… 壞亂極矣	그 법이 세상에 크게 밝아지지 않음
제6단락	天運循環 …… 小補云	그 법이 세상에 다시 밝아짐

105 이 내용은 이익의 『대학질서(大學疾書)』 권1, 「서문편제(序文篇題)」에 보인다.
106 이 내용은 채청(蔡淸)의 『사서몽인』 권1, 『대학장구』, 「대학장구서」 해석에 보인다.

막 두 절의 분개·합일의 의미는 또한 맹자가 한 차례 다스려지고 한 차례 혼란스러워진 것을 논하면서 매양 백성들의 피해를 서술하고 우(禹)·주공(周公)·공자(孔子) 및 자신이 양주(楊朱)와 묵적(墨翟)을 물리친 것에 공을 돌린 것[107]과 같다. 그러니 학자는 이 점을 살펴보아야 할 것이다.[108]

---

107 맹자가 …… 돌린 것 : 『맹자』, 「등문공 하(藤文公下)」 제9장에 보인다.
108 각 절마다 …… 것이다 : 이 단락은 채청(蔡淸)의 『사서몽인』에 보이지 않으니, 저자가 주자의 「대학장구서」의 논리구조 속에 나타난 의미를 발명하여 말한 것인 듯하다. 저자는 「대학장구서」를 모두 15단락으로 나누어 해석했는데, 신안 진씨의 6단락설, 이익이 말한 6단락설, 그리고 채청의 4단락설을 제시하고서 자신이 15단락으로 나누어 해석한 것에 대해서는 언급하지 않았다. 따라서 신후담이 「대학장구서」를 15단락으로 나누어 분석했다고 단정하기는 어렵다.

주자가 말씀하기를 "『논어』, 『맹자』는 일에 따라 문답한 것이어서 그 요
령을 알기가 어렵다. 오직 『대학』은 공자(孔子)께서 옛 사람들이 학문을
하던 큰 방법을 말씀하신 것을 증자(曾子)가 기술하고, 그의 문인이 또
전술(傳述)하여 그 뜻을 밝힌 것이다. 그래서 앞뒤가 서로 연관되어 있
고 체통(體統)이 모두 갖추어져 있다. 이 책을 완미하여 옛 사람들이 학
문을 할 적에 지향한 바를 알고 나서 『논어』, 『맹자』를 읽으면 들어가기
가 쉽다. 그 뒤의 공부가 아무리 많더라도 대체(大體)는 이미 세워지게
된다."라고 하였다.[109]

주자가 또 말씀하기를 "『대학』은 학문을 하는 강령과 조목이니 먼저
『대학』을 읽어서 강령을 세워 정해야 한다. 다른 서적은 모두 잡된 설이
그 속에 들어 있다. 그러니 『대학』을 통달해 터득하고 난 뒤에 다른 경
서로 가서 보아야 바야흐로 이것이 격물(格物)·치지(致知)의 일이고,
이것이 성의(誠意)·정심(正心)의 일이고, 이것이 수신(修身)의 일이고,
이것이 제가(齊家)·치국(治國)·평천하(平天下)의 일임을 알 수 있다."
라고 하였다.[110]

주자가 또 말씀하기를 "지금 우선 『대학』을 숙독하여 간가(間架)[111]를

---

109 이 내용은 『주자어류』 권13, 「학칠(學七)」, '역행(力行)'에 보인다.
110 이 내용은 『주자어류』 권14, 「대학1」, '강령(綱領)'에 보이는데, 여기에 인용한 문장과
    조금 다르다.
111 간가(間架) : 건물의 방이나 칸을 말한다.

만들고서, 또한 다른 서적을 가지고 그 칸을 채워 나가도록 하라."라고 하였다.[112]

혹자가 묻기를 "한 책만을 오로지 보고자 하는데, 어떤 책을 먼저 읽어야 할까요?"라고 하자, 주자가 답하기를 "먼저 『대학』을 읽으면 고인이 학문을 하던 수미(首尾)와 차례를 알 수 있으니, 이 책은 다른 책에 비할 바가 아닙니다. 다른 책은 한 시기에 말한 것이 아니고, 한 사람이 기록한 것도 아닙니다."라고 하였다.[113]

주자가 또 말씀하기를 "『대학』을 볼 적에는 참으로 구(句)를 따라 정밀하게 읽어가야 하지만, 또한 먼저 전문(傳文)을 통합해 읽어서 익숙하게 해야 바야흐로 처음부터 자세히 읽기가 좋다. 만약 전문의 대의를 전혀 알지 못하면 앞부분을 보는 것도 어려울 것이다."라고 하였다.[114]

주자가 또 말씀하기를 "『대학』은 하나의 빈 칸이니, 지금 또한 그 빈 칸을 채워 그것을 가득 차게 해야 한다. 예컨대 격물을 말한 곳에서는 스스로 격물에 나아간 뒤에 채워 그것을 가득 차게 해야 하고, 성의도 그와 같이 해야 한다. 만약 이 책을 읽으면서 그 빈껍데기만을 얻으면 또한 유익함이 없을 것이다."라고 하였다.[115]

주자가 또 말씀하기를 "『대학』을 읽어 처음부터 끝까지 의미가 관통

---

112 이 내용은 『주자어류』 권14, 「대학1」, '강령'에 보인다.
113 위와 같음.
114 위와 같음.
115 위와 같음.

하여 전혀 의심할 것이 없게 된 뒤에 『논어』, 『맹자』를 읽는 데에 나아
갈 수 있다. 또 『논어』, 『맹자』에 대해 모두 의문이 없어진 뒤에 『중용』
을 읽는 데에 나아갈 수 있다."라고 하였다.[116]

주자가 또 말씀하기를 "나는 사람들이 먼저 『대학』을 읽어 그 규모를
정립한 뒤, 그 다음에 『논어』를 읽어 그 근본을 확립하고, 그 다음에는
『맹자』를 읽어 그 발휘된 점을 살펴보고, 그 다음 『중용』을 읽어 고인의
미묘한 의리를 구하길 바란다."라고 하였다.[117]

주자가 또 말씀하기를 "『논어』, 『맹자』, 『중용』은 『대학』을 환히 꿰뚫
어 보고 완전히 이해하여 더 이상 볼 것이 없게 되기를 기다린 뒤에 바
야흐로 보아야 좋다. 도학이 밝혀지지 않은 것은, 원래 상면에 대해 공
부가 부족하기 때문이 아니라 하면에 대해 근본이 없기 때문이다. 진실
로 이런 데 이르러서 실지(實地)를 밟고 이와 같이 해 나가면, 양심은
자연히 잃어버리지 않을 것이고 실천은 자연히 순숙(純熟)하게 될 것이
니, 단지 독서하는 한 가지 일만이 아니다."라고 하였다.[118]

---

116 이 단락부터는 『대학장구대전』, 「독대학법」에 있는 글이 아니다. 이 단락은 『대학장구대
전』 편제(篇題) '자정자왈(子程子曰)' 아래 소주에 보이는 주자의 설이다. 이 내용은
주자의 『회암집』 권54, 「답곽희려(答郭希呂)」에 보인다.
117 이 내용은 『주자어류』 권14, 「대학1」, '강령'에 보인다. 『대학장구대전』 편제 '자정자왈
(子程子曰)' 아래 소주 주자의 설에도 보인다.
118 이 내용은 『주자어류』 권14, 「대학1」, '강령'에 보인다.

'정자(程子)가 말씀하기를 운운하였다.[119]

   허재 채씨(虛齋蔡氏)가 말하기를 "예컨대 『논어』, 「술이(述而)」의 지어
도장(志於道章), 『논어』, 「태백(泰伯)」의 흥어시장(興於詩章), 『맹자』, 「진
심 상(盡心上)」의 진심지성장(盡心知性章), 『맹자』, 「이루 상(離婁上)」의
인유항언장(人有恒言章)에도 모두 고인이 학문을 하던 차례가 들어 있다.
그러나 『대학』에 기록된 내용이 그 규모(規模)가 온전히 갖추어져 있고,
그 절목(節目)이 상세하고 명확하게 기술되어 있는 것만 못하다. 그러므
로 정자가 '『논어』와 『맹자』는 『대학』을 읽은 다음에 읽어야 한다.'[120]고
한 것이다."라고 하였다.[121]

---

[119] 『대학장구대전』 경일장(經一章) 앞에 있는 편제(篇題)의 글로, "우리 정자께서 말씀하시
기를 '『대학』은 공씨가 남긴 글로, 초학자들이 덕으로 들어가는 문에 해당하는 책이다.
오늘날 고인이 학문을 하던 차례를 살펴볼 수 있는 것으로는 오직 이 책이 남아 있는
것에 의지할 뿐이며, 『논어』와 『맹자』는 그 다음이다. 학자들이 반드시 이 책을 말미암아
학문하는 차례를 배우면 거의 덕으로 들어가는 길이 어긋나지 않을 것이다〔子程子曰,
大學, 孔氏之遺書, 而初學入德之門也. 於今, 可見古人爲學次第者, 獨賴此篇之存, 而論
孟次之. 學者, 必由是而學焉, 則庶乎其不差矣〕."라고 한 것을 가리킨다.

[120] 이는 편제의 정자의 말 가운데 '논맹차지(論孟次之)'라고 한 것을 가리킨다.

[121] 이는 채청의 『사서몽인』 권1, 『대학장구』 편제(篇題) 해석에 보인다.

대학(大學) 제일장(第一章)

● 제일절(第一節)

만촌 여씨(晚村呂氏)[122]가 말하기를, "대학과 소학은 지역이 있으면 그런 제도가 있다. 주자의 「대학장구서」에 '8세에 소학에 입학하고, 15세에 대학에 입학한다.'고 한 것과 같은 것이 그것이다. 주자의 「대학장구서」의 '대학지서(大學之書)'의 '대학(大學)' 두 자는 이 책의 명목이 생기게 된 연유이기 때문에 그렇게 말한 것이다. 그러니 기실 여기서 말한 '대학'이라는 글자는 위학(爲學)의 학(學)을 지칭하니, 곧 '옛날에 사람을 가르치던 법'이라는 뜻이다. 그러므로 주자의 주(註)에 '대인지학(大人之學)'이라 한 것[123]이니, 여기서 말하는 '대학'은 '지역이 있으면 학교제도가 있다.'고 할 때의 대학이 아님을 알 수 있다. 『예기』, 「왕제(王制)」의 태학(太學)에 일찍이 이 『대학』이라는 책이 들어 있지 않았음을 알아야 한다. 증자(曾子)가 대인이 학문을 하는 것을 추론한 것이 마땅히 이와 같으니, 또한 일찍이 학궁(學宮)에 들어 있던 경전이 되지 않았기 때문이다."라고 하였다.[124]

---

[122] 만촌 여씨(晚村呂氏) : 청나라 초의 학자 여유량(呂留良, 1629~1683)을 말함. 자는 장생(莊生)·용회(用晦), 호는 만촌(晚村)이다. 주자학을 존신한 학자로서 청나라 조정에 사역되는 것이 싫어 삭발하고 승려가 되었다. 만주족의 변발(辮髮)을 거부하고, 중화인(中華人)으로서의 긍지를 지켰다. 저술로 『사서강의(四書講義)』와 『만촌참서(晚村懺書)』가 있다.

[123] 주자의 …… 것 : 이는 주자의 『대학장구』 경일장 제1절의 주에 "대학자 대인지학야(大學者, 大人之學也)."라고 한 것을 가리킨다.

[124] 이 내용은 이패림(李沛霖)의 『사서주자이동조변(四書朱子異同條辨) - 대학(大學)』 경일장의 해석에 보인다.

내가 살펴보건대, 주자는 소학(小學)을 '어린 사람의 학문〔小子之學〕'이라 하고, 대학(大學)을 '대인의 학문〔大人之學〕'이라 해석하였다. 이른바 '소자(小子)'와 '대인(大人)'이라고 한 것은, 대체로 대전 공문(大全公文)[125] 가운데 '굶주린 백성 중에 소아가 몇 사람이 되고, 대인이 몇 사람이 된다〔饑民中小兒爲幾口, 大人爲幾口〕.'라고 한 문구와 같다. 여기서 말하는 '대인'은 '성장한 사람'을 범범하게 가리키는 것이다. 이씨(李氏)[126]의 『사서주자이동조변(四書朱子異同條辨)』에는 대인을 '성인이 사람의 분수를 다 얻은 것'으로 해석하였는데,[127] 이는 주자의 의도가 아닌 듯하다.

　　동양 허씨(東陽許氏)[128]가 말하기를 "'대학지도(大學之道)'는 태학(太學)에서 사람을 가르치고 행실을 닦게 하던 방법을 말한다. 예컨대 '군자는 도로써 깊이 나아간다〔君子深造之以道〕.'[129]의 '도(道)' 자와 같은 의미이다."라고 하였다.[130]

---

125 대전 공문(大全公文) : 크게 온전히 갖춘 공문이라는 의미인 듯하다.

126 이씨(李氏) : 『사서주자이동조변』을 편찬한 청나라 초기의 도량(都梁) 지방의 학자 이패림(李沛霖)과 그의 아우 이정(李禎)을 가리킨다.

127 이패림의 『사서주자이동조변 - 대학』 경일장 제1절 해석에 "이미 큰 것을 이룩한 사람이 된 뒤에는 마땅히 소학으로 자신을 한정하지 않으니, 명명덕 · 신민 · 지어지선에 나아가는 일은 비록 천지에 덕을 합한 대인일지라도 이를 벗어나지 않는다〔旣成箇大底人了, 便不當以小學自限, 而進於明新止至善之事, 雖天地合德之大人, 也不外此〕."라고 하였다.

128 동양 허씨(東陽許氏) : 원나라 때 학자 허겸(許謙, 1270~1337)을 말함. 김이상(金履祥)의 문인이다.

129 이 문구는 『맹자』, 「이루 하(離婁下)」 제14장에 보인다.

130 이는 『대학장구대전』 경일장 제1절 '응만사자야(應萬事者也)'의 아래 소주에 보인다.

내가 살펴보건대, 『대대례(大戴禮)』[131]에 "황제가 태학에 들어가서는 스승의 뜻을 이어받아 도를 물으며, 물러나 복습할 적에는 태부(太傅)에게 질정한다. 태부는 그 학칙을 지키지 않은 자를 벌하고 그 미치지 못한 자를 도달하게 하니, 덕과 지혜가 성장하고 치도(治道)가 바름을 얻게 된다."라고 하였다.[132] 여기서 '덕지장(德知長)'·'치도득(治道得)'이라고 한 것은 『대학』의 '명덕(明德)'과 '신민(新民)'의 일이다. 그리고 '벌기불칙(罰其不則)'과 '달기불급(達其不及)'이라고 한 것은 '지어지선(止於至善)'으로써 구하는 것이다. 여기에서 대학의 도가 이 세 가지[133]에 있다는 사실을 증명할 수 있다.

이 『대학』은 본래 천하에 왕도(王道)를 펴는 제왕이 천하를 다스리는 대도(大道)를 미루어 밝힌 것이다. 그러므로 "대학의 도는 명덕을 밝히는 데 있고, 백성을 새롭게 하는 데 있다〔大學之道 在明明德 在新民〕."는 말을 맨 앞에 두어, 천하에 왕도를 펴는 제왕이 정치를 행할 적에는 반드시 먼저 자신의 덕을 밝혀 신민의 근본으로 삼는다는 점을 드러낸 것이다. 아래 문장 '고지욕명명덕어천하(古之欲明明德於天下)' 및 전문(傳文) 제1장 명덕장(明德章)에 모두 옛날 제왕의 말씀을 인용하여 설을 전개하였으니, 그 의도를 알 수 있다.

그러나 이미 학교를 설치하여 그 사람들을 가르치니, 학교에 입학하는 모든 사람은 위로는 천자와 제후의 자식으로부터 아래로는 일반 백

---

131 『대대례(大戴禮)』: 한나라 때 대덕(戴德)이 고례(古禮) 214편을 85편으로 줄여 만든 예서를 말함. 이를 대성(戴聖)이 다시 49편으로 줄인 『소대례(小戴禮)』가 지금 전하는 『예기』이다.
132 이 내용은 『대대례기(大戴禮記)』 권48, 「보부(保傅)」에 보인다.
133 세 가지: 명명덕·신민·지어지선을 말한다.

성들 중 준수한 자에 이르기까지 몸소 천하와 국가를 소유한 이가 아니다. 그러니 또한 장차 그들을 등용하여 그 정치를 돕게 하고자 하는 것이다. 그러므로 이 도리는 상하 모든 사람에게 통하여 모든 사람이 이해해야 한다. 따라서 단지 제왕의 일이 될 수 있는 것만이 아니다.

주자가 말씀하기를 "천도(天道)가 유행하여 만물을 낳아 주고 길러 주는데, 그 조화를 행하는 것은 음양(陰陽)과 오행(五行)일 따름이다……."라고 하였다.[134] —『대학혹문』을 상고함. —

주자가 또 말씀하기를 "명덕(明德)은 사람이 하늘에서 얻은 것으로 텅 비고 신령스러우며 혼매하지 않아서 온갖 이치를 갖추고서 만사에 응하는 것이다."라고 하였다.[135]

육가서(陸稼書)[136]가 말하기를 "격물(格物)·치지(致知)·성의(誠意)·정심(正心)·수신(修身)이 완비된 뒤를 '명(明)'이라 하니, 여기서 말하는 '명덕(明德)'의 '명(明)' 자는 『중용』의 '명선(明善)'[137]의 '명(明)' 자가 오로지 지견(知見)을 주로 하여 말한 것과는 같지 않다."라고 하였다.[138]

----

134 이 내용은 『대학혹문』 경일장에 보인다.
135 이 내용은 주자의 『대학장구』 경일장 제1절의 주에 보인다. 이는 명덕을 해석한 것으로, 후대 심통성정설(心統性情說)과 명덕설(明德說) 논쟁의 기본적 논거가 되었다.
136 육가서(陸稼書): 청초의 학자 육롱기(陸隴其, 1630~1693)를 말함. 가서는 그의 자이다. 절강성 평호(平湖) 사람으로, 정주학을 신봉하고 양명학을 배척하였다. 1670년 진사가 되어 사천도 감찰어사(四川道監察御史) 등을 지냈다. 저술로 『고문상서고(古文尚書考)』와 『사서강의곤면록(四書講義困勉錄)』이 있다.
137 명선(明善): 『중용장구』 제20장에 보인다.
138 이 내용은 이패림의 『사서주자이동조변—대학』 경일장 해석에 보인다.

황제비(黃際飛)[139]가 말하기를 "'『대학』은 심(心)만 말하고 성(性)을 말하지 않았다.'[140]라고 하였는데, 이 말은 매우 불분명한 것이다. 『대학』에 어찌 일찍이 성(性)을 말하지 않았던가? 곧 인·의·예·지의 이치가 마음속에 실려 있으니, 이것이 이른바 명덕(明德)이라는 것이다. 어찌 일찍이 홀로 심(心)만 말하였겠는가? 저 도리(道理)가 마음속에 들어 있어야 이에 비로소 광명이 비추게 되니, 그것이 곧 명덕이 된다. 만약 홀로 심(心)만을 말한다면 인·의·예·지의 본성은 진실로 마음에 실려 있는 것이거니와 귀·눈·입·코와 사지의 욕심 또한 이 마음에서 나오니 도심(道心)과 인심(人心)의 나누어짐이 있는 까닭이다. 만촌(晚村)[141]은 말하기를 『대학』에는 심(心)의 의미를 중히 여긴 것이 없으니, 본성이 하늘〔天〕에 근본을 두었기 때문이다.'라고 하였다. 만촌이 또 말하기를 '심(心)은 곧 명덕(明德)이 아니다. 심(心)이 갖추고 있는 것이 곧 명덕이다. 주자의 말에 가장 잘 갖추어져 있으니, 분명한 점을 살펴볼 수 있다.'라고 하였다."라고 하였다.[142]

『사서주자이동조변(四書朱子異同條辨)』에 말하기를 "하늘에 있는 것은 바로 그것을 '명명(明命)'이라 말하고, 사람에게 있어서 그것을 얻는 것은 바로 '명덕(明德)'이라고 말한다. 그러므로 주자는 '명덕은 사람이 하늘에서 얻은 것으로 텅 비고 신령스러워 혼매하지 않다.'는 것이 됨을

---

139 황제비(黃際飛) : 청대 학자로 사관(史官)을 지냈다. 강희 연간에 『예기대전(禮記大全)』과 『서경대전(書經大全)』을 교정하였다.
140 이 내용은 원나라 때 호병문(胡炳文)의 『사서통(四書通)-중용통(中庸通)』, 「중용장구서」 해석 등에 보인다.
141 만촌(晚村) : 청초의 학자 여유량(呂留良, 1629~1683)을 말함. 앞의 주122) 참조.
142 이 내용은 모두 이패림의 『사서주자이동조변-대학』 경일장 해석에 보인다.

미루어 밝혔으니, 이는 통체(統體)로 명덕을 해석한 것이다. 또 주자가 '명덕은 온갖 이치를 갖추고 만사에 응하는 것이다.'라고 한 것은, 그것의 체·용을 나누어 말한 것이다. 오직 텅 비기 때문에 온갖 이치를 갖추고, 오직 신령스럽기 때문에 만사에 응한다. 온갖 이치를 갖추고 만사에 응하는 것은 단지 허령불매(虛靈不昧)의 이면에 있는 것이다. 그러므로 '이(以)' 자와 '이(而)' 자를 쓴 것이다.[143]

이에 대해 호운봉(胡雲峰)[144]과 같은 사람들은 모두 '허령불매(虛靈不昧)'를 심(心)으로 보고, '구중리(具衆理)'를 성(性)으로 보고, '응만사(應萬事)'를 정(情)으로 보았다.[145] 또 혹자는 '허령불매'를 명(明)으로 보고, '구중리'와 '응만사'를 덕(德)으로 보기도 하였다. 그리하여 설이 각양각색으로 어긋나게 되었으니, 어찌 『주자어류(朱子語類)』에 이미 분명하게 '일신(一身)을 주재하는 것을 심(心)이라 하고, 하늘로부터 얻어 광명정대(光明正大)함이 있는 것을 명덕(明德)이라 한다.'[146]라고 한 뜻을 알겠는가? 또 『주자어류』에 '이러한 도리가 마음속에 있어 광명이 비추어서 털끝만큼도 밝지 않은 것이 없다.'[147]라고 하였으니, 이를 보면 심(心)은 저 명덕(明德)을 싣고 있는 것을 단지 말한 것이다. 어찌 일찍이 주자가 심(心)을 명(明) 자의 의미에 뒤섞어 넣은 적이 있던가?

---

143 이는 주자의 『대학장구』 경일장 제1절의 주에 "허령불매 이구중리이응만사자야(虛靈不昧, 以具衆理而應萬事者也)."라고 한 문장의 '이(以)' 자와 '이(而)' 자를 가리킨다.

144 호운봉(胡雲峰): 운봉 호씨(雲峰胡氏)로 일컬어지는 호병문(胡炳文, 1250~1333)을 말함. 안휘성 무원 출신으로 주자학을 깊이 연구했다.

145 운봉 호씨의 이 설은 『대학장구대전』 경일장 제1절 주자의 주 '이복기초야(以復其初也)' 아래 소주에 보인다.

146 이 내용은 『주자어류』 권14, 「대학1」, '경상(經上)'에 보인다. 『대학장구대전』 주자의 주 '응만사자야(應萬事者也)' 아래 소주에도 보인다.

147 이 내용도 『주자어류』 권14, 「대학1」, '경상(經上)'에 보인다.

생각건대 저들은 단지 심(心)이 허령(虛靈)한 사물이라는 점만을 보고서 심(心)에서 분리하여 덕(德)을 말하였으니, 바로 명(明) 자의 의미를 보지 못한 것이다. 심(心)이 명덕에서 분리되면 도심(道心)은 없어지고 단지 인심(人心)만 남게 되니 다시 어찌 능히 허령할 수 있으며, 또한 온갖 이치를 갖추고 만사에 응할 방법이 없음을 어찌 알겠는가? 황제비(黃際飛)가 이 구에 대해 해석한 설은 그 점을 발명한 것이 분명하다고 말할 수 있다."라고 하였다.[148]

내가 살펴보건대, 명덕은 마음속에 갖추고 있는 것일 뿐이니, 그것이 바로 심(心)은 아니다. 허령은 심의 본체니 명덕을 논할 수 있는 바가 아니다. 이 점이 『대학장구』 주자의 주를 의심할 만한 점이다. 『사서주자이동조변』에 "〈어찌 일찍이 주자가〉 심(心)을 명덕(明德)의 명(明) 자의 의미에 뒤섞어 넣은 적이 있던가?"[149]라고 한 설은 옳다. 그런데 오히려 억지로 '허령(虛靈)'으로써 '명덕(明德)'을 논하는 것은 어째서인가?

살펴보건대, 주자는 『주자어류』에 "'영(靈)'은 심(心)이다."[150]라고 하였으니, 허령은 성(性)이 아니다. 또 『주자어류』에 "'명덕'은 바로 인·의·예·지의 본성이다."[151]라고 하였으니, '영(靈)'은 명덕을 논할 수 없

---

148 이 내용은 이패림의 『사서주자이동조변－대학』 경일장 해석에 보인다.

149 번역 저본의 원문에는 '심불혼입명자의(心不混入明字義)'로 되어 있으나, 이패림의 『사서주자이동조변－대학』 경일장 변(辨)에는 '하상이심혼입명자의(何甞以心混入明字義)'로 되어 있어 이를 따라 번역하였다.

150 『주자어류』 권16, 「전오장석격물치지(傳五章釋格物致知)」에 "심(心)과 성(性)은 저절로 분별이 있으니, 신령스러운 것은 심이고, 가득 찬 것은 성이다〔心與性自有分別, 靈的是心, 實的是性〕."라고 하였다.

151 『주자어류』 권14, 「대학1」, '경상(經上)'에 "혹자가 묻기를 '명덕은 바로 인·의·예·지

다. 이것이 결론적인 설이다. 그런데 『대학장구』 주석의 설이 오히려 이와 같으니,[152] 두 설 가운데 어느 것이 앞의 설이고 어느 것이 뒤의 설인지 모르겠다.

예로부터 경전(經典)에는 단지 '덕(德)' 한 자만을 말했는데, 『대학』에서는 '명(明)' 자를 더하였으니 그 의미가 매우 친절하다. 대개 덕은 이치가 마음속에 얻어진 것이니, 사람과 다른 생명체를 통틀어 말할 수 있다. 그런데 명덕이라고 말하게 되면, 오성(五性)[153]이 찬란하게 구비되어 있는 것을 가리키니, 이는 다른 생명체가 함께 소유할 수 있는 것이 아니다.

동양 허씨(東陽許氏)가 말하기를 "『대학장구』 주자의 주에 '기품에 구애된 바〔爲氣稟所拘〕'라고 한 것은 태어나는 초기에 나아가 말한 것이고, '인욕에 가려진 바〔人欲所蔽〕'라고 한 것은 앎〔知〕이 있고 난 뒤에 나아가 말한 것이다."라고 하였다.[154]

이성호(李星湖)가 말씀하기를 "'매(昧)'는 저절로 어두워지는 것이고, '혼(昏)'은 다른 것에 의해 어두워지는 것이다. '매(昧)' 자[155]는 '명덕(明

의 본성입니까?'라고 하자, 주자가 답하기를 '옳다.'고 하였다〔或問, 明德, 便是仁義禮智之性否. 曰, 便是〕."라고 하였다.

152 이는 『대학장구』 주자의 주에 "명덕은 사람이 하늘에서 얻은 것으로 허령하고 불매하여 온갖 이치를 갖추고 만사에 응하는 것이다."라고 한 것을 가리킨다. 명덕을 허령불매와 연관하여 해석하는 것에 동의하지 않은 것이다.

153 오성(五性) : 인·의·예·지·신의 다섯 가지 본성을 말한다.

154 이 내용은 『대학장구대전』 경일장 제1절 주자의 주 '이복기초야(以復其初也)' 아래 소주에 보인다.

德)'의 '명(明)' 자에 조응하고, '혼(昏)' 자[156]는 '명지(明之)'[157]의 '명(明)'
자에 조응한다."라고 하였다.[158]

　　주자가 말씀하기를 "명덕은 일찍이 그친 적이 없다. 수시로 일상생활
속에서 발현된다. 예컨대 의롭지 못한 일을 보면 수치스럽게 여기고 미
워하는 마음이 생기며, 어린 아이가 우물에 기어 들어가는 것을 보면 가
엾게 여기는 마음이 생기며, 존경할 만한 어진 이를 보면 공손하고 공경
해지며, 선한 일을 보면 탄복하고 흠모하는 것들이 모두 명덕이 발현한
것이다. 이와 같이 미루어 볼 수 있는 것이 지극히 많다. 다만 그것이
발하는 바를 인하여 미루어 넓혀 나가야 한다."라고 하였다.[159]

　　『사서주자이동조변』에 말하기를 "주자 주의 '인기소발(因其所發)'은
처음 공부를 시작하는 것이고, '수명지(遂明之)'는 바로 전체 공부를 함
양하는 것이며, '이복기초(以復其初)'는 바로 지어지선(止於至善)에 조응
되어 극진한 지점에 해당한다. 주자 주의 이 한 구(句)[160]가 능히 전체

---

155 '매(昧)' 자 : 『대학장구』 경일장 제1절 주자의 주 '허령불매(虛靈不昧)'의 '매(昧)' 자를
　　가리킨다.
156 '혼(昏)' 자 : 『대학장구』 경일장 제1절 주자의 주 '유시이혼연(有時而昏然)'의 '혼(昏)'
　　자를 가리킨다.
157 '명지(明之)' : 『대학장구』 경일장 제1절 주자의 주 '당인기소발이수명지(當因其所發而遂
　　明之)'의 '명지(明之)'를 가리킨다.
158 이 내용은 이익(李瀷)의 『대학질서(大學疾書)』, 「경(經)」에 보인다.
159 이 내용은 『주자어류』 권14, 「대학1」, '경상(經上)'에 보인다. 『대학장구대전』 경일장
　　제1절 주자의 주 '이복기초야(以復其初也) 아래 소주에도 보인다.
160 이 한 구(句) : 주자의 『대학장구』 경일장 제1절의 주에 "그러므로 학자들은 마땅히 명덕
　　이 발하는 것을 인하여 드디어 그 명덕을 밝혀서 그 처음을 회복해야 한다[學者 當因其
　　所發而遂明之 以復其初也]."라고 한 것을 말한다.

의 의미를 갖추고 있는 것이 이와 같다."라고 하였다.[161]

혹자가 묻기를 "정자(程子)가 '친민(親民)'의 '친(親)' 자를 바꾸어 '신(新)' 자로 본 것은 근거한 바가 무엇입니까?"라고 하니, 주자가 답하기를 "'친민(親民)'이라고 하는 것은 문장의 의리로 미루어 보면 그럴 만한 이치가 없습니다. '신민(新民)'이라고 하는 것은 전문(傳文)으로 고찰해 보면 근거가 있습니다. 정자는 이에 대해 그 점을 조처한 것이 분명합니다."라고 하였다.[162]

내가 살펴보건대, 고문(古文)에서는 '친(親)' 자와 '신(新)' 자가 통용되는 경우가 많다. 예컨대 『춘추좌씨전(春秋左氏傳)』의 '친간구(親間舊)'[163]라고 한 문구에서 그런 점을 발견할 수 있다. 그러니 『대학』의 '친민(親民)'만이 그런 경우가 되는 것은 아니다.

신안 진씨(新安陳氏)[164]가 말하기를 "『서경』에 '오래전부터 물든 더러운 풍속을 다 함께 새롭게 하리라〔舊染汚俗 咸與維新〕.'[165]라고 했는데, 『대학장구』주자의 주석은 이 문구에 근본을 두어 '신민(新民)'을 해석한 것이다."라고 하였다.[166]

---

161 이패림(李沛霖)의 『사서주자이동조변－대학』 경일장 해석에 보인다.
162 이 내용은 주자의 『대학혹문』 경일장 해석에 보인다.
163 '친간구(親間舊)' : 이 구는 『춘추좌씨전』 은공(隱公) 3년조에 보이는 말로, "새로운 것이 옛 것을 대신한다."는 뜻이다.
164 신안 진씨(新安陳氏) : 송말원초의 학자 진력(陳櫟, 1252~1334)을 말함. 앞의 주12) 참조.
165 이 문구는 『서경』, 하서(夏書), 「윤정(胤征)」에 보인다.
166 이 내용은 『대학장구대전』 경일장 제1절 주자의 주 '기구염지오야(其舊染之汚也)' 아래

이성호(李星湖)가 말씀하기를 "주자의 주에 보이는 '구염지오(舊染之汚)'는 『서경』, 하서(夏書)[167]에서 나온 것으로, 희씨(羲氏)·화씨(和氏)[168]의 백성들이 나쁜 풍속에 오염되었음을 말한 것이다. '명명덕(明明德)'은 일신(一身)으로부터 말한 것이고, '신민(新民)'은 천하(天下)를 들어서 말한 것이다. 일신으로부터 말할 적에는 덕으로써 말하고, 천하를 들어 말할 적에는 풍속으로써 말한다."라고 하였다.[169]

주자가 말씀하기를 "하나의 '지(止)' 자를 말하고 또 하나의 '지(至)' 자를 말했으니, 단지 그 지극한 곳에 이른 뒤에 그치기를 구하는 것이다."라고 하였다.[170]

혹자가 주자에게 묻기를 "'반드시 이에 이르러 옮기지 않는다〔必至於是而不遷〕.'[171]라고 한 것은 무슨 뜻입니까?"라고 하니, 주자가 답하기를 "아직 그 경지에 이르지 못했을 때에는 그곳에 이르기를 구해야 하고, 이미 그 경지에 이르렀으면 옮기고 움직여 다른 곳으로 가서는 안 된다

소주에 보인다.

167 하서(夏書) : 하(夏)나라 때의 정치에 관한 기록이라는 의미이다. 『서경집전(書經集傳)』은 요 임금 시대의 당서(唐書), 순 임금 시대의 우서(虞書), 하나라 때의 하서(夏書), 상(商)나라 때의 상서(商書), 주(周)나라 때의 주서(周書)로 되어 있다. 여기서는 주자의 주에 '구염지오(舊染之汚)'라고 한 것이 『서경』, 하서, 「윤정(胤征)」에서 나온 것임을 말한 것이다.

168 희씨(羲氏)·화씨(和氏) : 요 임금이 희중(羲仲)·희숙(羲叔)·화중(和仲)·화숙(和叔)에게 명하여 사방의 일출·일몰과 천문을 관측하게 하였는데, 이들의 후손으로 악한 무리와 결탁했던 사람들을 가리킨다.

169 이 내용은 이익(李瀷)의 『대학질서(大學疾書)』 경일장 해석에 보인다.

170 이 내용은 『주자어류』 권14, 「대학1」, '경상(經上)'에 보인다. 또한 『대학장구대전』 경일장 제1절 주자의 주 '사리당연지극야(事理當然之極也)' 아래 소주에도 보인다.

171 이 문구는 주자의 『대학장구』 경일장 제1절의 주에 보인다.

는 뜻입니다."라고 하였다.[172]

　주자는 또 말씀하기를 "'지선(至善)'은 지극히 좋은 도리가 완전히 극진해진 지점을 말하는 것과 같다. 선(善)이 그 안에 있으니 자신이 가서 거기에 머물러야 한다. '지(止)'는 선과 내가 하나가 되는 것이다. 능히 그 선에 머물지 못하면 선은 선대로 나는 나대로 별개가 될 것이다."라고 하였다.[173]

　『사서주자이동조변』에 말하기를 "주자는 말씀하기를 '도리가 완전히 극진한 지점에서는 털끝만큼도 극진하지 아니한 것이 없다. 그러므로 지선(至善)이라고 말한 것이다.'[174]라고 하였으니, 이는 하나의 일을 가리켜 말한 것으로 본래의 뜻이고 바른 해석이다. 주자는 또 말씀하기를 '열 건의 일 가운데 아홉 건을 하고 한 건을 다하지 못했으면 또한 지선이 아니다.'[175]라고 하였으니, 이는 유추하여 말한 것인 듯하다."라고 하였다.[176]

　『사서주자이동조변』에 또 말하기를 "지선(至善)을 일의 위에 놓여 있는 측면에서 보면 곧 '사리가 당연한 것의 지극함'이고, 지선을 인욕(人欲)

의 사사로움과 상대적인 측면에서 보면 곧 그것이 천리의 지극함이 되는 것을 볼 수 있으니, 이는 두 가지가 있는 것이 아니다."라고 하였다.[177]

　이성호(李星湖)가 말씀하기를 "『대학』 경일장에는 '지어지선(止於至善)'만을 말하고 지선에 그치는 방법은 드러내지 않았다. 그러므로 주자는 『대학장구』 주에서 또 그 근본을 미루어 그 온축된 의미를 발명해서 '진실로 저 천리(天理)의 지극함을 극진히 하여 털끝만한 인욕(人欲)의 사사로움도 없게 한 사람이 아니라면 능히 이와 같이 될 수 없다.'[178]라고 한 것이다. 대개 지어지선(止於至善)의 '지(止)' 자는 '지선(至善)에 이르고' 또 '거기에서 옮겨가지 않는다'는 두 가지의 뜻을 겸하고 있다. 그러므로 저 천리의 지극함을 극진히 하지 않으면 지선에 이르렀다고 말할 수 없으며, 인욕의 사사로움이 털끝만큼이라도 있으면 다른 데로 옮겨가지 않는 것이 불가능하다. 지금 이미 지선의 경지에 이르러 옮겨가지 않으면, 저 천리의 지극함을 극진히 하여 인욕의 사사로움이 없게 하는 것은 질정하여 말할 수 있다.

　오늘날의 판본에는 '지선의 경지에 그쳐 옮겨가지 않는다〔止於至善之地而不遷〕.'[179]라고 되어 있는데, 이 문구의 '지(止)' 자는 '지(至)' 자의 오류이다. 대개 '지(至)'와 '불천(不遷)'의 의미를 겸해야 바야흐로 '지(止)' 자의 뜻이 된다. 지금 이미 '지(止)'라 하고서 또 '불천(不遷)'이라 하면 바로 군더더기 말이 된다. 중국의 판본을 고찰해 보아도 이와 같이 되어 있는 것이 많다. 다만 『주자대전(朱子大全)』과 『의례경전통해(儀禮經傳

177　위와 같음.
178　이 내용은 주자의 『대학장구』 경일장 제1절의 주에 보이는 문장을 약간 변형해 쓴 것이다.
179　이는 주자의 『대학장구』 경일장 제1절 주에 보인다.

通解)』180 등에서는 모두 그 본래의 글자인 '지(至)' 자를 썼으니, 정녕 착오가 있는 것인 줄 알겠다."라고 하였다.181

혹자가 묻기를 "명덕(明德)과 지선(至善)은 한가지가 아닙니까?"라고 하니, 주자가 답하기를 "지선은 명덕 가운데 이런 지극한 곳이 있는 것입니다."라고 하였다.182

이경협(李景協)183 ─ 이름은 순휴(舜休)이다. ─ 이 말하기를 "'지선(至善)'은 명덕의 실체이다. 경문(經文)에 '지어지선(止於至善)'이라 하였는데 전문(傳文)에서는 인(仁)·경(敬)·효(孝)·자(慈)·신(信)으로 지선의 절목에 해당시켰으며,184 경문에 '천하 사람들로 하여금 그들의 명덕을 밝히게〔明明德於天下〕'라고 하였는데 전문에서는 효(孝)·제(悌)·자(慈)로써 명덕의 실체를 삼았다.185 이로 말미암아 살펴보건대, '명덕'과

---

180 『의례경전통해(儀禮經傳通解)』: 주자가 『의례(儀禮)』와 『예기(禮記)』를 통합하여 해석한 책이다.

181 이 내용은 이익의 『대학질서』 경일장 해석에 보인다.

182 이 내용은 『주자어류』 권14, 「대학1」, '경상(經上)'에 보인다.

183 이경협(李景協): 이병휴(李秉休, 1710~1776)를 말함. 경협은 그의 자이다. 호는 정산(貞山), 본관은 여주이다. 성호 이익의 넷째 형인 이항(李沆)의 셋째 아들로, 성호의 문하에서 수학하였다. 이기양(李基讓)·권철신(權哲身)·이벽(李蘗) 등이 그의 문하에 출입하였다. 성호 문인들 가운데 가장 진보적인 학자로서, 윤동규·안정복 등과 논쟁하였다.

184 전 제3장 제3절에 "임금이 되어서는 인에 머물러 그쳤고, 신하가 되어서는 공경에 머물러 그쳤고, 자식이 되어서는 효에 머물러 그쳤고, 아비가 되어서는 자애에 머물러 그쳤고, 나라 사람들과 교유할 적에는 신의에 머물러 그쳤다〔爲人君, 止於仁. 爲人臣, 止於敬. 爲人子, 止於孝. 爲人父, 止於慈. 與國人交, 止於信〕."라고 한 것을 가리킨다.

185 이는 전 제9장에 "효는 임금을 섬기는 것이고, 공경은 상관을 섬기는 것이고, 자애는 민중을 부리는 것이다〔孝者, 所以事君也. 弟者, 所以事長也. 慈者, 所以使衆也〕."라고

'지선'은 애초 두 가지 사물이 아님을 알 수 있다. 그러므로 '지어지선(止
於至善)'이 비록 삼강령의 끝에 있지만 그 가리키는 의미를 살펴보면 필
경 이 지어지선에 중점이 귀결된다. 그 뒤의 '지지(知止)……' 한 절은 이
구를 이어서 말한 것이다. 아마도 명덕은 보기 어렵지만 지선은 잡을 만
한 것이 있기 때문에 명명덕과 신민을 먼저 말하고서, 굳이 그 명덕의
실체를 다시 지적하여 사람들로 하여금 의거하여 천명(闡明)할 곳을 삼
을 수 있도록 하고자 한 것이리라."라고 하였다.

내가 살펴보건대, 이경협이 "명덕과 지선은 두 가지 사물이 아니다."
라고 한 것은 옳다. 다만 명덕은 이치가 나에게 얻어진 것으로 말한 것
이며, 지선은 공공의 이치가 일 위에 있는 것으로 말한 것이니, 이 점이
명덕과 지선의 구별인 것이다.

주자가 말씀하기를 "지어지선은 명명덕과 신민을 포괄한다. 자신도
지선에 이르러 머물기를 구해야 하고, 백성들도 지선에 이르러 머물기를
구해야 한다. 남에게 있는 것은 비록 내가 어찌할 수 없지만, 남과 같기
를 바라는 나에게 있는 것은 이와 같지 않으면 안 된다."라고 하였다.[186]

혹자가 묻기를 "명명덕은 자기의 일인지라 노력하여 지극히 좋은 곳
에 이를 수 있습니다. 그러나 신민과 같은 경우는 남에게 달려 있으니,
어떻게 그들이 지극히 좋은 곳에 이를 수 있겠습니까?"라고 하니, 주자

한 것을 가리킨다.
[186] 이 내용은 『주자어류』 권14, 「대학1」, '경상(經上)'에 보인다. 『대학장구대전』 경일장
제1절 주자의 주 '인욕지사야(人欲之私也)' 아래 소주에도 보인다.

가 답하기를 "이는 또한 자신이 먼저 명덕을 밝혀 극진함을 얻은 뒤에 인(仁)으로써 백성들을 점점 나아가게 하고, 의(義)로써 백성들을 연마하게 하는 것입니다. 『맹자』에 이른바 '수고하는 자를 위로하고, 입국자를 오게 하고, 사악한 자를 바로잡아 주고, 굽은 자를 곧게 펴주고, 도와서 일으켜 세워주고, 날개가 되어 걸어가게 하여 〈그들로 하여금 스스로 터득하게 하며〉 또 이어서 그들을 진작시키고 은혜를 더해 준다.'[187] 라고 한 것과 같이 하는 것입니다. 이와 같이 다른 사람을 변화시키면 그들 스스로 지극히 좋은 곳에 이르는 것을 알게 될 것입니다."라고 하였다.[188]

내가 살펴보건대, 『주자어류』에 "지선(至善)은 처하는 곳에 따라 어느 곳이든 모두 있다. 수신(修身) 중에도 지선이 있고, 제가(齊家) 중에도 지선이 있다."라고 하였다.[189] 『사서주자이동조변』에는 주자의 이 말에 근거하여 "팔조목에는 각각 지어지선이 있다."라고 하였다.

지금 내가 살펴보건대, 경문(經文)에 이른바 '지어지선(止於至善)'이라고 한 것은 모든 일상생활 속에서 일을 조처 할 적에 그 당연한 지극함을 극진히 하는 것을 말한다. 예컨대 부모를 섬길 적에는 효(孝)에 그치고, 임금을 섬길 적에는 충(忠)에 그치는 경우와 같은 것이 그것이다. 이로써 자기에게 그 점을 체득하면 명덕(明德)이 지선(至善)의 경지에 이르러 머무는 것이 되고, 이로써 남에게 미루어 나가면 신민(新民)이

---

187 이는 『맹자』, 「등문공 상(滕文公上)」 제4장에 보인다.
188 이 내용은 『주자어류』 권14, 「대학1」, '경상(經上)'에 보인다. 『대학장구대전』 경일장 제1절 주자의 주 '인욕지사야(人欲之私也)' 아래 소주에도 보인다.
189 이는 『주자어류』 권14, 「대학1」, '경상(經上)'에 보이는 '수신중야유지선(修身中也有至善)'을 가리킨다.

지선의 경지에 이르러 머무는 것이 된다.

팔조목의 격물(格物)·치지(致知)·성의(誠意)·정심(正心)·수신(修身) 다섯 조목은 명덕(明德)에 속하고, 제가(齊家)·치국(治國)·평천하(平天下) 세 조목은 신민(新民)에 속한다. 명덕의 다섯 조목 중에 수신(修身) 이전은 명덕의 공부가 아직 완성되지 않은 것이니, 그가 당연지도(當然之道)를 체득한 것이 오히려 미진한 점이 있어서 지어지선(止於至善)이라고 말할 수 없다. 수신(修身)에 이르러 몸이 닦여지고 난 뒤에야 바야흐로 그 당연지도를 극진히 해서 덕이 밝혀지지 않음이 없어야 바야흐로 지선의 경지에 이르렀다고 말할 수 있다. 그러므로 주자는 단지 "수신 중에 지선이 있다."라고 말하고, 정심(正心) 이상 네 조목을 거론하지 않은 것이다.

신민의 세 조목과 같은 데 이르면, 제가(齊家)는 온 집안사람을 새롭게 하는 것이고, 치국(治國)은 온 나라 사람을 새롭게 하는 것이며, 평천하(平天下)는 천하의 사람들을 새롭게 하는 것이다. 가(家)·국(國)·천하(天下)를 막론하고 그 새롭게 하는 대상을 따라 각각 지선의 경지에 이르러 머무는 바가 있는 것이다. 이것이 주자가 곧장 제가에 나아가 지선을 말한 까닭이다.[190] 이는 반드시 치국·평천하를 기다린 뒤에야 바야흐로 지선의 경지에 이르러 머무는 것이 되는 것은 아니라는 점을 드러낸 것이다. 주자의 의도가 이와 같이 정밀하고 긴절한데,『사서주자이동조변』은 아마도 이 점을 살피지 못한 듯하다.

추가로 살펴보건대, 주자가 "명명덕(明明德)·신민(新民)이 모두 마땅

---

[190] 이는『주자어류』권14,「대학1」, '경상(經上)'에 보이는 '수신중야유지선(修身中也有至善)' 다음에 '제가중야유지선(齊家中也有至善)'이라고 한 것을 가리킨다.

히 지선(至善)에 이르러 머물러야 한다〔明明德新民 皆當止於至善〕."[191]라고 한 설은 참으로 의미가 통한다. 그런데 또 다른 한 설에 "지어지선은 본래 명명덕을 주로 하여 말한 것이고, 신민은 명명덕이 지선의 경지에 이르러 머문 것을 미루어 거기에 미친 것으로, 내외·주객의 분별이 있다. 이를 일률적으로 혼합해 말하면 의리에 미안하다."고 하였으니, 다시 살펴보아야 하겠다.

● 제이절(第二節)

혹자가 묻기를 "'지지(知止)'와 '능득(能得)' 그 사이에 공부가 있습니까?"라고 하니, 주자가 답하기를 "그 사이에 차례는 있으나 공부는 없습니다. 그칠 바를 알자마자 이 여섯 가지가 자연히 서로 인하여 나타납니다. 단지 그칠 바를 아는 지점이 바로 공부입니다."라고 하였다.[192]

내가 살펴보건대, 주자가 '지지(知止)……' 1절에는 공부가 없다고 말한 것은 옳다. 주자가 "그칠 바를 아는 지점이 바로 공부입니다."라고 한 것은, 또한 그가 그칠 바를 능히 아는 것에 근원해서 말한 것이다. 이 제2절의 본래 문세(文勢)를 살펴보면, 이는 이미 안 뒤에 나아가서 말한 것이지 그 공부를 논한 것은 아니다.

'지지(止知)'의 '지(止)' 자는 마땅히 그쳐야 할 바의 경지이니,[193] 위의

---

191 이 문구는 주자의 『대학장구』 경일장 제1절 주에 보인다.
192 이 내용은 『주자어류』 권14, 「대학1」, '경상(經上)'에 보인다.
193 이 문구는 『대학장구』 경일장 제2절 주자의 주에 보인다.

절의 ‘지어지선(止於至善)’의 ‘지(止)’ 자와는 같지 않다.

　살펴보건대, 『대학혹문』과 『주자어류』에 제2절의 ‘유정(有定)’을 해석하여 ‘사물에 각각 정한 이치가 있다.’고 하였다.[194] 이 해석은 『대학장구』 주자의 주에 ‘의지에 정해진 방향이 있다[志有定向].’[195]고 해석한 구절이 온당한 것만 못한 듯하다. 『주자어류』의 또 다른 한 곳에는 ‘이치에 정해진[定於理]……’[196]이라고 하였는데, 이는 ‘의지가 이치에 정해진 것’을 말하는 것으로, 『대학장구』 주자의 주에 ‘지유정향(志有定向)’이라고 한 의미와 합치된다.

　주자가 말씀하기를 “제2절의 ‘정(靜)’은 마음 위에 나아가 말한 것이고, ‘안(安)’은 몸 위에 나아가 말한 것입니다.”라고 하였다.[197]

　주자가 또 말씀하기를 “이 마음이 고요하지 않으면 이 속에 머물 적에도 머물 수 없고, 저 속에 머물 적에도 머물 수 없습니다. ‘능안(能安)’은 지위로써 말한 것입니다. 여기에 있으면 이곳이 편안하고, 저기에 있으면 저곳이 편안하고, 부귀에 처해 있어도 부귀가 편안하고, 빈천에 처

194　『대학혹문』에는 “능히 그칠 바를 알면 마음속의 사사물물에 모두 정해진 이치가 있게 된다[能知所止, 則方寸之間, 事事物物, 皆有定理矣].”고 하였으며, 『주자어류』 권14, 「대학1」에는 “정(定)은 그칠 바에 각기 정해진 이치가 있는 것을 말한다[定謂所止各有定理].”라고 하였고, 또 “정(定)은 사사물물 위의 온갖 실마리에 모두 정해진 이치가 있는 것을 아는 것이다[定, 是見得事事物物上, 千頭百緒, 皆有定理].”라고 하였다.
195　이 해석은 『대학장구』 경일장 제2절 주자의 주에 보인다.
196　『주자어류』 권14, 「대학1」, ‘경상(經上)’에 보인다.
197　이 내용은 『대학장구대전』 경일장 제2절 소주에 보인다. 『주자어류』 권14, 「대학1」, ‘경상(經上)’에는 “정시취심상설 안시취신상설(靜是就心上說, 安是就身上說).”로 되어 있다.

해 있어도 빈천이 편안한 것입니다."라고 하였다.[198]

혹자가 묻기를 "'마음이 편안해진 뒤에 능히 사려한다〔安而后能慮〕.'고 하니, 앞에서 이미 지지(知止)를 말했는데 어찌 이곳에서 다시 능려(能慮)를 말합니까?"라고 하니, 주자가 답하기를 "이 이치를 알고 나면 다시 살피고 사려해서 행해야 합니다."라고 하였다.[199]

〈혹자가 '마음이 편안해진 뒤에 능히 사려한다〔安而后能慮〕.'에 대해 질문했는데, 주자가 답하기를〉 "만약 그칠 바를 알고 난 뒤 어떤 시점에 임하여 능히 사려하지 않는다면 안온함이 흡족하지 않을 수 있습니다. 또한 어버이를 섬길 적에 마땅히 효도해야 함을 알고 또 그와 같이 하는 것이 효도인 줄도 알지만, 어버이를 섬길 때에 이르러 그 점을 사려하지 않으면 효가 행해지지 않을 수도 있고, 효가 아닌 것이 행해지기도 합니다."라고 하였다.[200]

주자가 또 말씀하기를 "그칠 바를 안〔知止〕 뒤의 정(定) · 정(靜) · 안(安) 세 가지는 절차(節次)를 나누기 어렵습니다. 기실 그칠 바를 안 뒤에는 모두 용이하게 나아가되, '안이후능려(安而后能慮)'와 '려이후능득(慮而后能得)' 두 가지는 가장 나아가기 어려운 지점입니다. '안이후능려'는 안자(顔子)가 아니면 나아갈 수 없습니다. '려(慮)' 자는 '득(得)' 자와 거리가 매우 가깝지만 이 지점은 나아가기가 어렵습니다. 활의 시위를

---

198 이 내용은 『주자어류』 권14, 「대학1」, '경상(經上)'에 보인다.
199 위와 같음.
200 『주자어류』 권14, 「대학1」, '경상(經上)'에는 이 구절이 '비효자반로의(非孝者反露矣)'로 되어 있다. 즉 효가 아닌 행위가 도리어 드러난다는 뜻이다.

잡아당겨 최대의 한도에 임할 때까지 도달하는 것은 분수 밖의 경지로 나아가기가 어렵습니다."라고 하였다.[201]

혹자가 묻기를 "'능득(能得)'의 경지에 이르면 학문 공부가 다하는 것입니까?"라고 하니, 주자가 답하기를 "자기에게 달려 있는 공부는 또한 갖추어지게 됩니다. 그러나 다시 '천하 사람들로 하여금 그들의 명덕을 밝히게 해주는 일〔明明德於天下〕'을 해야 하니, 단지 자기 일신에서 마치기를 구할 뿐만은 아닙니다."라고 하였다.[202]

내가 살펴보건대, '지지(知止)' 등 여섯 가지 일은 실로 아래의 팔조목과 상응한다. 다만 더하고 줄어드는 차이는 있지만 의미는 각각 타당함이 있다. 대개 '지지(知止)'는 지선(至善)에 밝아서 그칠 바를 아는 것이니, 이는 치지(致知)를 하지 않으면 그렇게 할 수 없다. '유정(有定)'은 의사(意思)를 전일하게 하고 선을 행하여 정해진 방향이 있는 것이니, 이는 성의(誠意)를 하지 않으면 그렇게 할 수 없다. '정(靜)'은 마음이 사물에 망령되이 움직이지 않음을 말하고, '안(安)'은 몸이 처한 바를 따라 편안해지는 것을 말하니,[203] 이는 정심(正心)·수신(修身)을 하지 않으면 그렇게 할 수 없다.

'지지(知止)'는 단지 치지(致知)에 응할 뿐이니, 그 앞에 '격물(格物)' 한 조목이 빠져 있다. 그러나 다음 절의 '물유본말(物有本末)……'이라고 한 내용을 보면, 실로 격물(格物)로써 말한 것이니 그 의미가 진실로 서

---

201 이 내용은 주자의 『회암집(晦庵集)』 권23, 「답장경부(答張敬夫)」에 보인다. 또한 『대학
　　장구대전』 경일장 제2절 소주에도 실려 있다.
202 이 내용은 『주자어류』 권14, 「대학1」, '경상(經上)'에 보인다.
203 '정(靜)'은 …… 말하니 : 이는 『대학장구』 경일장 제2절 주자의 주에 보인다.

로 보완이 된다. '능안(能安)' 이후에 '능려(能慮)'·'능득(能得)'을 차례로 언급했는데, '려(慮)'는 일을 따라 조처할 바를 헤아리는 것이고,[204] '득(得)'은 그것이 그칠 바를 얻는 것을 말한다.[205] 이는 모두 몸〔身〕 위에 나아가 말한 것이니, '안(安)' 자를 따라 함께 수신(修身)에 속한다.

수신은 뒤에 한 조목의 설이 되었으니, 이 절에서 '안(安)'·'려(慮)'·'득(得)' 세 자를 거듭 말한 것은 군더더기인 듯하다. 수신은 '안'·'려'·'득' 세 자를 포함할 수 있으나, 이 '안'·'려'·'득' 세 자는 능히 서로 포함할 수 없으니 반드시 함께 열거하여야 그 의미가 충족된다.

또한 이 제2절은 지어지선(止於至善)의 전체 공효를 밝히는 것을 위주로 하였으니, 지어지선의 공효는 지지(知止)에서 시작하여 려(慮)와 득(得)에서 완성된다. 이와 같은 뒤에야 그 공효가 바야흐로 온전해져서 치우치거나 궐실(闕失)되는 폐단이 없을 것이다.

그러나 이 여섯 가지 일은 단지 팔조목의 수신(修身) 이상의 다섯 조목에 해당될 뿐, 제가(齊家)·치국(治國)·평천하(平天下) 세 조목에는 미치지 않는다. 팔조목의 수신 이상은 명명덕(明明德)에 속하고, 팔조목의 제가(齊家) 이하는 신민(新民)에 속한다. 그런데 신민은 명덕을 들어서 조처하는 데에 불과하니, 이미 명덕을 말하면 신민은 그 속에 포함된다.

내가 이러한 설을 주장한 지가 대개 오래되었으나 선유(先儒)들의 정론(定論)이 없어서 미안하게 생각했다. 그러다가 근래에 『사서주자이동조변』에 실린 황제비(黃際飛) 설을 살펴보니 나의 설과 대략 같았다. 또

---

204 '려(慮)'는 …… 것이고 : 이 해석은 주자가 『대학장구』 주에서 '려위처사정상(慮謂處事精 詳)'이라고 한 것과 다르다.
205 '득(得)'은 …… 말한다 : 이 해석은 주자의 『대학장구』 경일장 제2절의 주에 보인다.

이경협(李景協)이 이 제2절을 강론하는 것을 보았는데, 그가 저술한 글을 보니 그가 주장한 설이 또한 그러하였다. 이제 황제비·이경협 두 사람의 설을 아래에 기재하면서 대략 그 설에 대해 논평을 덧붙인다.

황제비(黃際飛)가 말하기를 "지지(知止)·정(定)·정(靜)·안(安)·려(慮)·득(得) 여섯 가지 일을 팔조목에 분배하는 것에 대해, 채청(蔡淸)의 『사서몽인(四書蒙引)』에서는 그르다고 하였다. 이에 대해 나는 다음과 같이 생각한다. 〈정(定)·정(靜)·안(安)·려(慮)·득(得)이 팔조목의 공효인 물격(物格)·지지(知至)·의성(意誠)·심정(心正)·신수(身修)·가제(家齊)·국치(國治)·천하평(天下平)과 무관한 것은 아니다. 그러면 도리어 정(定)은 도대체 무엇이고, 정(靜)은 도대체 무엇이며, 안(安)·려(慮)·득(得)은 도대체 무엇이란 말인가? 이를 팔조목에 분배하여 보더라도 틀린 것이 되지 않는다. 더구나〉『대학장구』주자의 주에 '사물의 이치가 이르러 앎이 지극해지면 그칠 바를 알게 된다.'[206]고 한 데 있어서이겠는가. 다음 절 주자의 주에 분명히 '지지(知止)' 두 자를 '물격지지(物格知至)'에 안배하였으며,[207] 이 제2절 주자의 주에 '지유정향(志有定向)'이라고 하였는데, 이 '지(志)'와 '향(向)' 두 자는 분명 팔조목 성의(誠意)의 '의(意)' 자에 안배하였다. 그러니 의지에 정해진 방향이 있으면 마음속에 싹튼 생각이 선으로 가득 차게 될 것이다. 주자의 주에 '정(靜)은 마음이 망령되이 움직이지 않는 것을 말한다〔靜謂心不妄動〕.'라고 한 것은 팔조목 공효의 심정(心正)을 말하는 것이 아니겠는가? 주자

---

[206] 이 문구는 『대학장구』경일장 제5절 주자의 주에 보인다.
[207] 이는 『대학장구』경일장 제5절 주자의 주에 "물격지지 즉지소지의(物格知至, 則知所止矣)."라고 한 것을 가리킨다.

의 주에 '안(安)은 처한 바에 편안한 것을 말한다〔安謂所處而安〕.'라고
한 것은 팔조목 공효의 신수(身修)를 말하는 것이 아니겠는가? 가(家)·
국(國)·천하(天下)에는 모두 일이 있으니, 일을 조처함이 정밀하고 상
세하여 그 일을 잘 이루어지게 하는 데 이르는 것이 팔조목 공효의 가제
(家齊)·국치(國治)·천하평(天下平)을 말하는 것이 아니겠는가?"라고
하였다.[208]

　　이경협(李景協)이 말하기를 "이 제2절의 여섯 가지 일은 아래 문장
팔조목의 의미에 합치되는 점이 있다. 격물치지(格物致知)는 이 절의
'지지(知止)'에 근본을 두니 격물치지는 그가 그칠 바를 알기를 바라는
것이다. 팔조목의 성의(誠意)는 심지에 정해진 방향이 있는 것에 근본을
둔다. 전 제6장에 '악을 미워하기를 악취를 싫어하는 것과 같이 하며,
선을 좋아하기를 예쁜 여색을 좋아하는 것과 같이 한다〔如惡惡臭 如好好
色〕.'[209]라고 한 것은 의지에 정해진 방향이 있어서 능히 그렇게 하는
것이 아니겠는가? 팔조목의 정심(正心)은 이 절의 '능정(能靜)'에 근본을
둔다. 마음에 분노하는 감정〔忿懥〕과 두려워하는 감정〔恐懼〕이 일어날
때[210] 마음을 붙잡고 보존하여 함부로 움직이지 않게 하는 것은 마음이
고요한〔靜〕 상태가 아니면 그렇게 할 수 없다. 팔조목의 수신(修身)은
이 제2절의 '능안(能安)'에 근본을 둔다. 보고 듣는 것이 어긋나지 않아
서 사랑하고 미워하는 마음이 치우침이 없는 것[211]은 마음이 편안한

208　이 내용은 이패림(李沛霖)의『사서주자이동조변－대학』경일장 제2절 해석에 보인다.
209　이 문구는『대학장구』전 제6장 제1절에 보인다.
210　『대학장구』전 제7장 제1절에 보인다. 전 제7장에는 분치(忿懥)·공구(恐懼)·호요(好
　　　樂)·우환(憂患) 등 마음에서 일어나는 네 가지 감정으로 인하여 마음이 바름을 얻지
　　　못함을 말하고 있다.

〔安〕 상태가 아니면 그렇게 할 수 없다. 팔조목의 제가(齊家)는 이 제2절의 '능려(能慮)'에 근본을 둔다. 제가(齊家)의 효(孝)·제(弟)·자(慈)는 사려〔慮〕하지 않고서 능히 얻을 수 있는 것이겠는가? '치국(治國)이 제가(齊家)에 달려 있다.'라고 말한 전 제9장에 '마음이 진실로 그것을 구하면 비록 적중하지 못하더라도 목표에서 멀리 벗어나지는 않는다〔心誠求之 雖不中 不遠矣〕.'라고 하였으니, 이는 '려(慮)'와 '득(得)'을 말한 것이다. 팔조목의 치국(治國) 이하는 제가(齊家)의 도에서 벗어나지 않는다. 그러므로 이 육사(六事)를 팔조목에 나누어 대조하면 의미가 매우 적합하여 부족함이 없게 된다."라고 하였다.[212]

내가 삼가 살펴보건대, 이 두 사람이 육사(六事)를 팔조목에 안배한 것은 참으로 옳다. 다만 황제비가 '려(慮)'와 '득(得)'을 제가·치국·평천하의 일로 삼은 것은 명확하지 않다. 또 이경협이 치국장(治國章)의 '심성구지(心誠求之)……'를 '려(慮)'와 '득(得)'에 붙인 것은 더욱 견강부

---

211 이는 『대학장구』 전 제8장 제1절의 "사람들은 자신이 친애하는 사람에 대해 치우친 감정을 갖고, 천히 여기고 미워하는 사람에 대해 치우친 감정을 갖고, 두려워하고 공경하는 사람에 대해 치우친 감정을 갖고, 불쌍히 여기고 긍휼히 여기는 사람에 대해 치우친 감정을 갖고, 오만하고 태만히 여기는 사람에 대해 치우친 감정을 갖는다〔人之其所親愛而辟焉, 之其所賤惡而辟焉, 之其所畏敬而辟焉, 之其所哀矜而辟焉, 之其所敖惰而辟焉〕."라고 한 구절을 간추려 언급한 것이다.

212 이 내용은 이병휴(李秉休)의 『정산집(貞山集)』(近畿實學淵源諸賢集四) 제11책에 수록된 『대학심해(大學心解)』에 실려 있는 내용과 유사하다. 이병휴의 『대학심해』에 실린 내용은 다음과 같다. "止於至善, 本是明明德之事. 故知止以下六事, 爲明明德之序, 而與下文八條約, 略相符. 知止貼格致, 格物致知, 將以知所止也. 有定貼正心, 正心傳所謂忿懥恐懼, 無所動焉, 非心之靜乎. 能安貼修身, 修身傳所謂視聽不錯, 愛惡無偏, 非身之安乎. 慮得並貼齊家以下, 治國在齊家傳所謂孝弟慈, 非慮得之至善, 而所謂心誠求之, 非慮得之謂乎. 平天下傳所謂絜矩, 亦慮得之意也."

회한 느낌이 든다.

● 제삼절(第三節)

내가 살펴보건대, 『대학장구』주자의 주에 명덕(明德)·신민(新民)을 '물유본말(物有本末)'로 삼고, 지지(知止)·능득(能得)을 '사유종시(事有終始)'로 삼은 것은 참으로 지극하다. 그러나 지금 내 생각으로는, 명덕(明德)·신민(新民) 네 자 가운데 덕(德)과 민(民)은 참으로 물(物)이지만, 명(明)과 신(新)은 분명 사(事)이다. 따라서 이를 혼칭하여 물(物)이라고 하는 것은 온당치 않은 듯하다. 이로 인하여 삼가 생각해 보건대, '물유본말 사유종시(物有本末 事有終始)' 2구는 오로지 명덕(明德)·신민(新民)으로 말한 것이다.

혹자는 '이와 같다면 이 제3절은 앞의 지지절(知止節 : 제2절)과 조응하지 않고 문리도 단절된다.'라고 의심한다. 그러나 이는 지지절에 비록 명덕과 신민을 말하지 않았지만 명덕과 신민의 의미가 참으로 그 안에 들어 있음을 전혀 모르는 것이다. 그러니 제2절은 이 제3절과 서로 조응하지 않은 적이 없으며, 문리가 단절됨이 있음을 아직까지 발견하지 못하겠다.

대개 제1절은 명명덕·신민·지어지선 삼강령을 통합해서 말하였고, 제2절은 지어지선을 주로 하여 말하면서 명덕과 신민을 포함하고 있으며, 이 제3절은 명덕과 신민을 주로 하여 말하면서 지어지선을 포함하고 있다. 그러니 그 문리가 정제되고 그 의미가 관통됨이 이와 같다.

'물유본말(物有本末)'에서는 덕(德)이 본(本)이 되고, 민(民)이 말(末)이 된다. '사유종시(事有終始)'에서는 명(明)이 시(始)가 되고, 신(新)이

종(終)이 된다. 혹자는 말하기를 "종(終)을 먼저 말하고 시(始)를 뒤에 말한 것은, 대개 명덕을 밝히는 일이 끝난 뒤에 백성을 새롭게 하는 일이 시작되니, 『예기(禮記)』에 이른바 '살아 있는 사람으로 섬기는 일이 끝나고 귀신으로 섬기는 것이 시작된다.'라고 한 것[213]과 『주역』에 이른바 '일이 끝나면 시작이 있다.'라고 한 것[214]과 같은 뜻이다."라고 하였다.

허재 채씨(虛齋蔡氏)가 말하기를 "'지지(知止)'의 '지(知)' 자는 뜻이 깊고, '지소선후(知所先後)'의 '지(知)' 자는 뜻이 얕다. 이 '지소선후(知所先後)'의 '지(知)' 자는 또한 '지지(知止)'의 앞에 있어야 한다."라고 하였다.[215]

또 옥계 노씨(玉溪盧氏)[216]가 말하기를 "이 절의 한 '선(先)' 자는 아래 제4절의 여섯 개의 '선(先)' 자를 일으켰고, 이 절의 하나의 '후(後)' 자는 아래 제5절의 일곱 개의 '후(後)' 자를 일으켰다. 이 제3절은 위의 2절을 결론지은 것일 뿐만 아니라, 또한 아래 2절의 의미를 일으키는 것이기도 하다."라고 하였다.[217]

내가 살펴보건대, '즉근도의(則近道矣)'의 '도(道)' 자는 지선(至善)을

---

213 이 내용은 『예기』, 「단궁 하(檀弓下)」에 보인다.
214 이 내용은 『주역』, 고괘(蠱卦) 단사(彖辭)에 보인다.
215 이 내용은 채청(蔡淸)의 『사서몽인(四書蒙引)』 권1, 『대학장구』 경일장 해석에 보인다.
216 옥계 노씨(玉溪盧氏) : 송말원초의 학자 노효손(盧孝孫)을 말함. 진덕수(眞德秀)의 문인이다.
217 이 내용은 『대학장구대전』 경일장 제3절의 소주에 보인다.

가리키는 것이다. 지선은 명덕(明德)이 일상의 온갖 일에 드러나서 각각 당연한 법칙이 있는 것이다. 지선을 가리켜 도라 하는 것은 바로 『중용』의 '본성을 해치지 않고 그대로 따르는 것을 도라 한다[率性之謂道].'고 한 의미이다.

주자가 말씀하기를 "진실로 본(本)과 시(始)를 먼저 하고, 말(末)과 종(終)을 뒤로 할 줄을 알면, 어떤 일에 나아갈 적에 차례가 있어서 도에 이르는 것이 멀지 않게 될 것이다."라고 하였다.[218]

● 제사절(第四節)

주자가 말씀하기를 "경일장 제4절에 이른바 '명명덕어천하자(明明德於天下者)'라고 한 것은 자기의 밝은 덕을 스스로 밝혀서 이를 미루어 백성을 새롭게 변화시켜 천하 사람들로 하여금 모두 그들의 명덕을 밝히게 함이 있는 것이다. 사람들이 모두 그들의 명덕을 밝힘이 있으면 각각 그의 마음속에 싹튼 생각을 선으로 가득 차게 하고, 각각 그들의 마음을 바르게 하고, 각각 그들의 몸을 닦아서 각각 그들의 친한 이를 친히 대하고, 각각 그들의 상관을 어른으로 공경하여 천하가 평치되지 않음이 없을 것이다. 그러나 천하의 근본은 나라[國]에 있기 때문에 천하를 평치하고자 하는 사람은 반드시 먼저 자기 나라를 잘 다스림이 있는 것이다. 또 나라의 근본은 집안[家]에 있기 때문에 나라를 잘 다스리고자 하는 사람은 반드시 먼저 자기 집안사람들을 균평히 대함이 있는 것이다. 또 집안의 근본은 자기 몸에 있기 때문에 자기 집안사람들을 균

---

218 이 내용은 주자의 『대학혹문』 경일장 해석에 보인다.

평히 대하고자 했던 사람은 반드시 먼저 자기 몸을 닦음이 있는 것이다. 몸의 주인에 이르러서는, 마음이 한 번이라도 그 본연의 바름을 얻지 않음이 있으면 몸이 주인으로 삼을 바가 없어서 비록 억지로 힘써 몸을 닦으려고 하지만 또한 닦을 수가 없다. 그러므로 몸을 닦고자 하는 사람은 반드시 먼저 그 마음을 바르게 함이 있는 것이다. 마음이 발하고 나서는, 생각에 하나라도 사욕이 있어서 그 속에 뒤섞이게 되어 선을 행하고 악을 제거하는 데 혹 충실하지 못함이 있게 되면, 마음이 얽매이는 바가 되어 억지로 힘써 그 마음을 바로잡으려 하더라도 바로잡을 수가 없다. 그러므로 마음을 바르게 하고자 하는 사람은 반드시 먼저 그 마음속에 싹튼 생각을 선으로 가득 차게 함이 있는 것이다. 지(知)의 경우에는, 마음의 신명(神明)이 온갖 이치를 묘합(妙合)하여 만물을 주재하는데, 그 마음을 가지지 않은 사람이 없지 않지만, 혹 그 표리(表裏)로 하여금 환하게 하여 어느 곳인들 극진하지 않음이 없게 할 수 없으면, 은밀하고 미세한 사이에 진실함과 망령됨이 뒤섞여서 억지로 힘써 그 생각을 선으로 가득 채우려 할지라도 그렇게 할 수가 없다. 그러므로 마음속에 싹튼 생각을 선으로 가득 채우고자 하는 사람은 반드시 먼저 그 앎을 극진히 함이 있는 것이다. '치(致)'는 미루어 극진히 한다는 말이니, '상을 당했을 때 슬픔을 극진히 한다〔喪致乎哀〕.'[219] 의 '치(致)' 자와 같은 뜻으로, 그것을 미루어 극진한 데 이르는 것을 말한다. 천하의 사물에 이르러서는 반드시 각각 소이연(所以然)의 연고와 소당연(所當然)의 법칙이 있으니, 이른바 리(理)라는 것이다. 사람들이 이 리를 알지 못하는 것은 아니지만, 혹 그 리의 정밀하고 거칠고 은미하고 드러난 것으로 하여금 그 궁극을 연구하여 남음이 없도록 할 수

---

219 이는 『논어』, 「자장(子張)」 제14장에 보이는 내용으로, 자유(子游)의 말이다.

없으면, 리에 미처 궁구하지 못한 것이 있어서 앎에 반드시 가려짐이 있게 될 것이다. 비록 억지로 힘써 그것을 극진히 하고자 하더라도 그렇게 할 수가 없다. 그러므로 앎을 극진히 하는 방도는 사물에 나아가 리를 살펴서 그 사물의 리를 이르게 하는 데 달려 있다. '격(格)'은 끝까지 이른다는 말로, '문조(文祖)에 이르다〔格于文祖〕'[220]의 '격(格)' 자와 같으니, 그것을 끝까지 하여 그 극에 이르는 것을 말하는 것이다."라고 하였다.[221]

동양 허씨(東陽許氏)가 말하기를 "'천하를 평치하려고 하는 자는 먼저 자기 나라를 다스린다〔欲平天下 先治其國〕.'라고 말하지 않고, '명덕을 밝힌다〔明明德〕.'라고 한 것은, '신민(新民)'이 명덕 속의 일임을 알게 하려고 한 것이며, 또한 신민은 사람들로 하여금 각각 그들의 명덕을 밝히게 하는 데에 불과할 뿐임을 알게 하려 한 것이다."라고 하였다.[222]

이경협(李景協)이 말하기를 "명덕(明德)은 천하 사람들이 함께 얻은 것으로, 나 혼자만 가지고 있는 것이 아니다. 스스로 자기의 덕을 밝히고서 미루어 백성에게 미치면 백성의 덕도 밝아지게 된다. 그러므로 『대학장구』 주자의 주에 '천하 사람들로 하여금 모두 그들의 명덕을 밝힘이 있게 한다.'라고 한 것이다. 그러나 주자는 이전에 비록 백성들이 모두 이 명덕을 가지고 있지만 스스로 그 명덕을 밝힐 수 없다고 말했다.[223]

---

220 이는 『서경』, 「순전(舜典)」에 보인다. 문조는 요 임금의 시조의 사당이다.
221 이 내용은 주자의 『대학혹문』 경일장 제4절의 해석에 보인다.
222 이는 『대학장구대전』 경일장 제4절 주자의 주 '개유이명기명덕야(皆有以明其明德也)' 아래 소주에 보인다.
223 주자는 …… 말했다 : 이는 주자가 『대학장구』의 주에 나오는 설을 확정하기 전에 말한

그런데 오늘 찬란히 천하에 명덕을 밝히는 것은 군주의 덕이 백성들에게 감계(鑑戒)한 바가 아닌 것이 없으니, 이는 필경 군주의 명덕이 천하에 밝혀지는 것이다.”라고 하였다.[224]

　내가 살펴보건대, 이는 평천하(平天下)를 ‘천하에 명덕을 밝히는 것〔明明德於天下〕’이라고 여긴 것이니, 이 앞의 ‘치국(治國)은 온 나라 안에 명덕을 밝히는 것이고, 제가(齊家)는 온 가정 안에 명덕을 밝히는 것이다.’라고 한 것을 사례로 하여 미루어 알 수 있다.

　이성호(李星湖)가 말씀하기를 “국(國)은 천자가 직접 다스리는 기내(畿內)의 사방 천 리 땅이니, 천자가 직접 다스리는 곳이다. 천하(天下)는 제후의 나라까지 통합하여 말한 것이니, 천자가 모두 직접 다스림이 있을 수 없기 때문에 제후들로 하여금 나누어서 다스리게 하되 천자에 통섭(統攝)되는 것이다. 그러므로 아래 문장에 ‘천하평(天下平)’이라고 말한 것이다. 평(平)은 저울대〔衡〕가 평평하여 중심을 잡는 것과 같은 것이다. 나라〔國〕가 이미 잘 다스려지면 천하의 여러 나라들도 그를 따라 잘 다스려져 높고 낮은 차별이 없을 것이니, 마치 저울이 사물을 저울질하여 저울대가 평평해지는 것과 같다.”라고 하였다.[225]

것으로, 『회암집(晦庵集)』 권15, 「경연강의－대학(經筵講義－大學)」에 보이는 내용을 가리키는 듯하다. 「경연강의－대학」에 “지금 내가 이미 다행히도 스스로 명덕을 밝힘이 있으면, 저 일반인들도 나와 똑같은 명덕을 얻었는데 스스로 그것을 밝힐 수 없는 것을 보고서〔今吾旣幸有以自明矣, 則視彼衆人之所同得乎此, 而不能自明者〕…….”라고 하였다.

[224] 이 내용은 이병휴(李秉休)의 『정산집(貞山集)』에서 확인할 수 없다.

[225] 이 내용은 이익(李瀷)의 『대학질서(大學疾書)』 경일장의 해석에 보인다.

내가 살펴보건대, 제가·치국·평천하 세 조목은 모두 신민(新民)으로 말한 것이다. 천하(天下)에 대해 '평(平)'이라 한 것은, 공평함으로써 백성들을 균등히 대하여 그들로 하여금 교화(化) 속에 들어오게 한 것이다. 국(國)에 대해 '치(治)'라 한 것은, 다스림으로써 그들을 바루어 그들로 하여금 교화를 어기지 않게 한 것이다. 가(家)에 대해 '제(齊)'라 한 것은, 가지런함으로써 그들을 균일하게 대하여 그들로 하여금 모두 자기의 도를 따르게 한 것이다. 평(平)으로부터 치(治)·제(齊)로 거꾸로 미루어 나가면 한 글자의 긴박(緊迫)함이 그 한 글자처럼 느껴진다. 제(齊)로부터 치(治)·평(平)으로 순리에 따라 미루어 나가면 한 글자의 광활(廣闊)함이 그 한 글자처럼 느껴진다. 혼합해서 말하면, 평(平) 자는 가(家)·국(國)에 함께 베풀 수 있고, 제(齊)·치(治)는 천하(天下)에 함께 베풀 수 있다. 그러나 나누어 말하면, 평(平)·치(治)·제(齊) 세 자는 서로 바꿀 수 없다.

의(意)는 심(心)에 통섭(統攝)되고, 심과 의는 모두 신(身)에 통섭된다. 홀로 수신(修身)만을 말하면 정심(正心)·성의(誠意)를 갖출 수 있고, 홀로 정심만을 말하면 또한 성의를 갖출 수 있다. 그러나 지금 이미 수신·정심·성의 세 조목을 나누어 말했으니, 각각 스스로 의미를 갖는다. 수신은 오로지 외면을 단정히 하여 예의를 어기지 않는 것으로 말한 것이고, 정심은 오로지 이면의 마음을 붙잡고 보존하는 것으로 말한 것이고, 성의는 마음이 생각을 발하는 지점에 나아가 그 속이는 것을 방지하는 것이다. 따라서 세 조목은 의미가 또한 저절로 분별된다. 아래 여러 전문(傳文)을 상고하면 그런 점을 알 수 있다.

이성호(李星湖)는 말씀하기를 "성의(誠意)는 자수(自修)의 싹[226]이다.

마음속에 싹튼 생각이 아직 선으로 가득 차지 아니하여 마음이 바르지 않은 경우도 있고……."라고 하였다.[227] ─ 별록(別錄)을 상고함. ─

이성호가 또 말씀하기를 "마음이 갖추어 싣고 있는 것이 성(性)인데, 성(性)은 곧 리(理)이다……."라고 하였다.[228] ─ 별록(別錄)을 상고함. ─

내가 살펴보건대, 주자가 팔조목의 뜻을 해석한 것은 참으로 지극하다. 다만 주자가 격물(格物)·치지(致知)를 해석한 것에 대해, 나의 견해로는 오히려 의심할 만한 곳이 있다. 지금 살펴보건대, 이 제4절이 제2절·제3절의 다음에 있으니, 이 절의 '격물(格物)'의 '물(物)' 자는 제3절의 '물유본말(物有本末)'의 '물(物)' 자에 연결되고, 이 절의 '치지(致知)'의 '지(知)' 자는 제2절의 '지지(知止)'의 '지(知)' 자에 연결된다. 이는 또한 제2절 '지지(知止)'의 '지(止)' 자가 제1절의 '지어지선(止於至善)'의 '지(止)' 자에 연결되는 것과 같다.

---

226 이익의 『대학질서』에는 '수(首)'로 되어 있다.
227 이 내용은 이익의 『대학질서』 경일장 해석에 보이는데, "성의는 자수(自修)의 첫머리이다. 마음속에 싹튼 생각이 아직 선으로 가득 차지 아니하여 마음이 바르지 않은 경우도 있고, 마음속에 싹튼 생각이 선으로 가득 찼는데도 마음이 바르지 않은 경우가 있다〔誠意者, 自修之首也. 有意未誠而心不正者, 有意已誠而心不正〕……."라고 하였다.
228 이 내용도 이익의 『대학질서』 경일장 해석에 보이는데, "심은 통합해서 말한 것이다. …… 마음이 갖추어 싣고 있는 것은 성인데, 성은 곧 리이다. 리는 조작이 없이 기를 타고 베풀어진다. 그러므로 '성이 발하여 정이 되며, 심이 발하여 의(意)가 된다.'고 하는 것이다. 만약 의가 없다면 정은 발용할 바가 없게 된다. 정과 의는 저절로 분리될 수 없는 것이다. 그러므로 주자는 말씀하기를 '정은 발하여 나오는 것이고, 의는 주장을 하는 것이다.'라고 하였다〔心者, 統說也. ……心所該載者, 性. 性, 卽理也. 理無造作, 乘氣以敷施, 故曰性發爲情, 心發爲意. 若無意, 則情無所發用也. 情與意, 自是離不得之物. 故朱子曰, 情是發出恁地, 意是主張恁地〕."라고 하였다.

제3절의 '물유본말(物有本末)'은 이미 명덕(明德)·신민(新民)으로 말한 것이니, 이 절의 '격물(格物)'은 그 명덕과 신민의 차서(次序)를 바르게 함을 말한다. 제2절의 '지지(知止)'는 이미 그 지선(至善)을 아는 것으로 말한 것이니, 이 절의 '치지(致知)'는 그 지선(至善)의 이치를 궁구함을 말한다.

대개 자기의 마음속에 싹튼 생각[意]을 선으로 가득 채우려고 하면서도 지선(至善)의 소재를 알지 못하면, 그 선을 진심으로 좋아하고 그 악을 진심으로 미워할 방법이 없어서 마음속에 싹튼 생각이 선으로 가득찰 수가 없다. 이것이 바로 성의(誠意)는 그 앎을 먼저 극진히 하는 것을 필요로 하는 까닭이다.

앎을 극진히 하고자 하면서도 명덕과 신민의 본·말의 차서를 분변하지 못하면, 자신에게 절실하고 가까운 데서 생각하여 그 일상생활 속의 당연한 본체를 징험할 방법이 없게 된다. 그러므로 사물에 나아가 명덕이 본이 되고 신민이 말이 됨을 안 뒤에야 바야흐로 앎을 극진히 하여 그것을 밝히는 공부를 시작할 수 있다. 이것이 또한 치지(致知)가 격물(格物)에 달려 있는 까닭이다.

'치지(致知)'의 '치(致)' 자에 대해, 주자가 '상치호애(喪致乎哀)'[229]의 '치(致)' 자와 같다고 한 것[230]은 진실로 옳다. 다만 '치(致)' 자를 훈해하면서 '미루어 극진히 하다[推極]'라고 해석한 것은 의심할 만하다. '상치

---

229 이 문구는 『논어』, 「자장(子張)」에 보인다.
230 주자가 …… 것 : 이는 주자의 『대학혹문』 경일장 해석에 보이는 내용으로, 주자는 "치(致)는 미루어 극진히 하는 것이니, '상치호애(喪致乎哀)'의 '치(致)' 자와 같다. 그것을 미루어 극진한 데에 이르는 것을 말한다[致者, 推致之謂, 如喪致乎哀之致, 言推之而至於盡也]."라고 하였다.

호애(喪致乎哀)'는 '그가 슬픔을 극진히 함'을 말한 것일 뿐이니, '미루어 극진히 하다'라는 의미가 그 문구 속에 있는 것을 발견하지 못하겠다. '치지(致知)'의 '치(致)' 자도 그러하다. 주자는 '치지(致知)'를 '자기가 이미 알고 있는 것을 인하여 그것을 미루어 극진히 한다.'라고 해석하였다.[231] 그러므로 '치(致)' 자를 훈해한 것이 이와 같은 것이다. 그러나 경문(經文)의 의미는 반드시 그렇지는 않은 듯하다. 정자(程子)는 '극진히 하다〔盡〕'로 '치(致)' 자를 훈해하였으니, 이 설이 올바른 의미를 얻은 듯하다.

'격물(格物)'의 '격(格)' 자에 대해, 주자는 '이르다〔至〕'로 훈해하였다. '격(格)' 자는 본래 '이르다〔至〕'와 '바르게 하다〔正〕'의 두 가지 의미가 있다. 그런데 지금 만약 '격물(格物)'의 '물(物)' 자를 제3절 '물유본말(物有本末)'의 '물(物)' 자에 연결하면, 이 '격(格)' 자는 또한 '바르게 하다〔正〕'로 훈해한 뒤에야 제3절에 '지소선후(知所先後)'라고 한 것과 서로 합치된다. '바르게 하다〔正〕'라는 것은 '그 선후의 차서를 문란하게 하지 않는다.'는 뜻이다.

제3절에서는 '물(物)'과 '사(事)'를 함께 열거하였는데, 제4절의 '격물(格物)'에서는 홀로 '물(物)' 자만 붙인 것은 어째서인가? 사(事)는 본디 물(物)을 인하여 있는 것이다. 그러므로 물(物)을 말하면 사(事)는 그 속에 포함되게 된다.

격물은 팔조목의 처음이 된다. 대학에서 최초로 공부를 하는 것은,

---

231 이 내용은 주자의 『대학장구』 전 제5장의 보망한 글에 보인다.

오직 명덕과 신민의 차서를 분변하여 수신으로 근본을 삼는 데 있다. 이 것이 이른바 '옛날의 학자들은 자신을 위한 실질적인 학문을 하였다.'[232] 라고 하는 것이다.

　이성호(李星湖)가 말씀하기를 "'치지는 격물에 달려 있다〔致知在格物〕.'에서 '선(先)' 자를 쓰지 않은 것은……."라고 하였다.[233] ― 별록(別錄) 을 상고함.―

　내가 살펴보건대, 주자는 이 여덟 가지로 대학의 조목(條目)을 삼았 다. 조목은 강령(綱領)의 조목을 말한다. 팔조목의 격물(格物)은 명덕(明 德)과 신민(新民)의 차서를 분변하는 것이고, 치지(致知)는 지선(至善)의 이치를 궁구하는 것이니, 격물·치지는 강령으로 말한 것이다. 이 점은 참으로 의심이 없다. 팔조목의 성의(誠意)·정심(正心)·수신(修身)에 이르러서는, 자기에게 있는 것으로써 말한 것이니, 이는 명덕의 일이다. 그리고 팔조목의 제가(齊家)·치국(治國)·평천하(平天下)는 남에게 베 푸는 것으로써 말한 것이니, 이는 신민의 일이다.
　그런데 전문(傳文)에 성의를 해석한 것은 선(善)·불선(不善)으로 말 을 하는 데 불과하니, 뒤의 정심·수신도 그 선을 행하는 공부를 완전히 할 따름이다. 이는 명덕이 지선(至善)의 경지에 이르러 머무는 것이다. 전문에는 제가·치국·평천하 세 조목에 대해 모두 효(孝)·제(弟)·자 (慈)로써 말을 하였으니, 효·제·자는 곧 선의 실상이다. 이는 신민이 지선의 경지에 이르러 머무는 것이다.

---

232 이 내용은 『논어』, 「헌문(憲問)」에 보인다.
233 이 내용은 출전이 자세하지 않다.

이 여섯 조목이 강령과 서로 조응이 되는 것 또한 그러하다. 대개 앞의 격물·치지 두 조목은 지(知)에 속하고, 뒤의 여섯 조목은 행(行)에 속하는데, 모두 강령에 나아가서 의미를 삼은 것이다. 대학의 도는 단지 삼강령에 있다. 그러므로 지(知)는 이 강령을 아는 것일 따름이고, 행(行)은 이 강령을 행하는 것일 따름이다.

만약 주자의 『대학장구』 주에서 격물치지를 해석한 것처럼 범범하게 천하 만물에 나아가 말하면 강령의 뜻에 조응하지 못할 듯하다. 무릇 널리 만물을 궁구하되 혹 절실하고 긴요한 공부가 아니면 한만(汗漫)한 데로 흐르기 쉽다. 이 점이 내가 『대학장구』 주의 격물과 치지를 해석한 것에 대해서는 감히 의심하지 않을 수 없는 이유이다. 아래의 글에 상세히 언급하였다.

● 제오절(第五節)

쌍봉 요씨(雙峯饒氏)가 말하기를 "위의 1절[234]은 역추공부(逆推工夫)[235]이고, 아래 1절[236]은 순추효험(順推效驗)[237]이다."라고 하였다.[238]

내가 살펴보건대, '사물의 이치가 이른 뒤에 앎이 지극해진다〔物格而

---

234 위의 1절 : 『대학장구』 경일장 제4절을 말함.
235 역추공부(逆推工夫) : 팔조목의 공부에 대해 평천하부터 거꾸로 거슬러 올라간 것을 말함. 공부는 자신이 노력하여 하는 것이다.
236 아래 1절 : 『대학장구』 경일장 제5절을 말함.
237 순추효험(順推效驗) : 『대학장구대전』 소주 쌍봉 요씨의 설에는 순추공효(順推功效)로 되어 있다. 공효는 공부를 통해 얻어지는 효과를 말한다. 순추공효는 팔조목의 공효를 물격(物格)으로부터 순리에 따라 말한 것을 가리킨다.
238 이는 『대학장구대전』 경일장 제5절 소주에 보이는데, 글자가 약간 다르다.

知至).'라고 한 것은, 단지 앎이 지극해지는 것이 사물의 이치가 이른 뒤에 있다는 것을 말한 것이지, 사물의 이치가 이른 뒤에는 앎을 극진히 하기를 기다리지 않아도 앎이 저절로 지극해진다는 것을 말한 것은 아니다. '지지이후의성(知至而後意誠)' 이하도 그 의미가 이와 같다.

『주자어류(朱子語類)』에 "평소에는 '지지(知至)'의 '지(至)' 자를 '진(盡)' 자의 뜻으로 해석했는데, 근래에는 '절지(切至)'의 '지(至)' 자와 합한 것으로 보게 되었다."라고 한 설이 있다.[239] 이패림(李沛霖)의 『사서주자이동조변(四書朱子異同條辨)』에는 이로 인하여 마침내 '지지(知至)'의 '지(至)' 자는 '절지(切至)'의 의미라는 설을 주장하였다.[240] 그러나 지금 '치지(致知)'의 '치(致)' 자를 살펴보건대, 극(極)의 의미가 있다. 그 앎을 지극히 하여 앎이 그 지극한 경지에 도달하는 데 이르면, 그것을 '지지(知至)'라고 한다. 그러므로 '지(至)' 자는 극진하다는 의미가 된 뒤에야 '치(致)' 자와 조화가 된다. 주자가 '절지(切至)'의 '지(至)' 자의 뜻으로 말씀한 것은 혹 한때에 언급한 바로서 한 가지 의미를 갖추어 말씀하신 것일 것이니, 이에 의거하여 정론(定論)으로 삼을 수 있는 것은 아니다.

주자가 말씀하기를 "큰 요체는 단지 치지(致知)·격물(格物) 위에 있다. 만약 물격(物格)과 지지(知至) 위에서 거칠면 비록 이치를 터득한 것이 작을 듯하지만 그 병폐는 도리어 크다. 팔조목의 수신(修身) 이후로

는 단지 대나무를 쪼갤 때의 형세처럼 절(節)을 따라 저절로 분명히 나갈 수 있다. 요즘 사람들은 이치를 터득하는 것을 어려운 듯이 여기지만 그 실제는 도리어 쉽다. 사람이 덕에 들어가는 곳은 오로지 치지·격물에 달려 있다."라고 하였다.[241]

주자가 또 말씀하기를 "의성(意誠)·심정(心正)도 이 관문(關門)[242]을 지나가야 의리가 바야흐로 온전해진다. 그렇지 않으면 10분의 7은 소인의 경지에 남아 있게 된다."라고 하였다.[243] 주자가 또 말씀하기를 "마음속에 싹튼 생각이 선으로 가득 차지 않은 것은 사적인 생각이 지나친 경우이고, 마음이 바르지 않은 것은 공적인 생각이 지나친 것이다."라고 하였다.[244]

주자가 또 말씀하기를 "물격(物格)·지지(知至)가 한 단락의 일이고, 의성(意誠)·심정(心正)·신수(身修)가 한 단락의 일이며, 가제(家齊)·국치(國治)[245]·천하평(天下平)이 한 단락의 일이다. 지지로부터 성의(誠意)로 넘어가는 곳이 또 하나의 지나가야 할 관문이고, 신수로부터 제가(齊家)로 넘어가는 곳이 또 하나의 지나가야 할 관문이다."라고 하였다.[246]

---

241 이 내용은 『주자어류』 권15, 「대학2」, '경하(經下)'에 보인다.
242 이 관문(關門) : 성의(誠意)의 관문을 말함. 주자는 격물치지를 몽각관(夢覺關)으로, 성의를 선악관(善惡關) 또는 인귀관(人鬼關)으로 여겨 중시했는데, 이 내용은 성의·정심의 공부를 통해 나타난 의성·정심을 말하고 있기 때문에 선악관을 가리키는 것으로 보인다.
243 이 내용은 『주자어류』 권15, 「대학2」, '경하(經下)'에 보인다.
244 위와 같음.
245 가제(家齊)·국치(國治) : 『주자어류』에는 '가제국치(家齊國治)'로 되어 있다.
246 이 내용은 『주자어류』 권15, 「대학2」, '경하(經下)'에 보인다.

● 총론(摠論)

내가 살펴보건대, 주자가 『대학』의 경문(經文)과 전문(傳文)을 나눌 적에, 대개 이 경일장(經一章)이 삼강령·팔조목을 통합하여 논하고 있기 때문에 아래의 여러 장은 이 경일장의 의미를 해석한 것으로 생각하였다. 그러므로 삼강령·팔조목을 통합하여 논한 것으로 경문을 삼고, 해석한 것으로 전문을 삼은 것이다. 그러나 별도로 근거한 바가 있어서 그렇게 나눈 것은 아니다.

주자가 또 말씀하기를 "경문은 아마도 공자(孔子)의 말씀인데 증자(曾子)가 기술한 듯하고, 전문은 증자의 의사(意思)인데 증자의 문인이 기록한 것이다〔經, 蓋孔子之言, 而曾子述之, 傳則曾子之意, 而門人記之〕."라고 하였다.[247] 여기서 '개(蓋)' 자는 추정하는 말이고, '즉(則)' 자는 결단하는 말이다. 대개 전문에 '증자왈(曾子曰)'이라고 하는 말이 있으니, 전문은 증자의 문하에서 지어진 것이지 증자가 스스로 지은 것이 아님을 알 수 있다. 경문에 이르면, 이는 전문이 근본으로 한 바이니, 마땅히 증자의 문인들이 조종(祖宗)으로 여겼을 것이다. 그러므로 주자는 경문이 증자에 의해 기술된 것으로 추정한 것이다. 증자가 공자에게서 배웠기 때문에 또 그가 공자의 말씀을 기술한 것으로 추정한 것이다. 그러나 경문의 말은 간혹 공자에게서 처음 나온 것이 아니라 선민(先民)에게서 나온 것도 있으며, 기술한 사람이 반드시 증자가 아니라 또한 증자의 문인에게서 나온 것도 있다. 이 모두 명확한 근거가 없으니 지금은 어떻게 알 수가 없다.

---

247 이 내용은 주자의 『대학장구』 경일장 장하주(章下註)에 보인다.

주자는 경일장 제5절 아래에 '자천자(自天子)……'[248] 1절과 '기본란 (其本亂)……'[249] 1절의 두 절을 연관시켜 통합해 경일장으로 삼았다. 그 러나 지금 나의 소견으로는, '기본란' 1절은 '차위지본 차위지지지야(此 謂知本 此謂知之至也)'[250] 2구로써 결론을 지었으니, 이는 격물치지(格物 致知)를 해석한 것인 듯하다. '자천자(自天子)……' 1절은 '수신위본(修身 爲本)'으로 결론을 지었고, 또 다음 절의 '기본란(其本亂)……'이라 한 것 과 연관되니, 이 2절에 나오는 2개의 '본(本)'[251] 자는 서로 연관되어 나 눌 수가 없다. 그러므로 나는 의심스러운 점을 기록하여 이『대학후설』 을 지었다. '자천자(自天子)……'와 '기본란(其本亂)……' 2절을 경문에서 분리하여 격물치지전(格物致知傳)으로 삼고, 경일장은 제5절에서 끝을 맺었다.

『사서설약(四書說約)』[252]에 말하기를 "『대학』 전체의 모든 장은 단지 하나의 명명덕(明明德)일 뿐이다. 신민(新民)은 곧 명덕의 분량(分量)이 고, 지어지선(止於至善)은 곧 명덕의 결과〔究竟〕이다. 지지(知止)는 이 명덕을 아는 것이며, 능득(能得)은 이 명덕을 얻는 것이다. 제(齊)·치

---

248 주자의『대학장구』경일장 제6절의 "자천자 이지어서인 일시개이수신위본(自天子, 以至 於庶人, 壹是皆以修身爲本)."을 말한다. 신후담은『고본대학』의 편차에 따라 이 절 이하 3절을 한 장으로 보아 격물치지를 해석한 것으로 삼았다.

249 주자의『대학장구』경일장 제7절의 "기본란이말치자 부의 기소후자박 이기소박자후 미 지유야(其本亂而末治者, 否矣. 其所厚者薄, 而其所薄者厚, 未之有也)."를 말한다. 신후 담은『고본대학』의 편차에 따라 앞과 이 절 및 다음을 합해 격물치지를 해석한 장으로 삼았다.

250 『고본대학』의 편차에 따르면 '기본란(其本亂)……' 다음 절에 '차위지본 차위지지지야(此 謂知本, 此謂知之至也)'가 나온다.

251 '수신위본(修身爲本)'의 '본(本)' 자와 '기본란(其本亂)'의 '본(本)' 자를 말한다.

252 명나라 말기의 녹선계(鹿善繼)가『사서설약(四書說約)』33권을 지었다고 한다.

(治)·평(平)은 가(家)·국(國)·천하(天下)에 명덕을 밝히는 것이며, 격(格)·치(致)·성(誠)·정(正)·수(修)는 자기 몸에 명덕을 밝히는 것이다. '수신위본(修身爲本)'을 귀결처로 중시하였으니, 바로 명명덕이 본이 됨을 알 수 있다."라고 하였다.

이경협(李景協)이 말하기를 "삼가 경문을 보건대, 저절로 두 단락의 글로 되어 있다. 상단은 단지 삼강령만을 말했고, 하단은 바야흐로 팔조목을 서술하였다. 그러므로 비록 자세함과 소략함의 같지 않은 점은 있지만, 상단과 하단 모두 하나의 도리를 말한 것이다. 그러므로 반복해서 참고하여 연구하면 단지 이는 한 가지의 말로 원래 합하지 않음이 없다. 맨 앞의 '대학지도(大學之道)'로부터 '물유본말(物有本末)'까지가 한 단락이 되고, '고지욕명명덕어천하(古之欲明明德於天下)'로부터 '기본란(其本亂)'까지가 또 한 단락이 되는데, 아래 단락은 위의 단락을 해석한 것이다. 상단의 제1절에 삼강령의 공부를 말하였으니, 하단의 제1절에 또한 팔조목의 공부를 말한 것이다. 상단의 제2절에 육사(六事)의 공효(功效)를 말하였으니, 하단의 제2절에 또한 팔조목의 공효를 말한 것이다. 상단의 제3절에 본말(本末)과 종시(終始)를 말하였으니, 하단의 제3절과 제4절에 또한 본말의 의미를 말한 것이다. 마치 전주(箋註)가 경문을 해석한 것과 같은 점이 있어서 그 조리가 분명하게 되니, 그 연관성을 무시할 수 없다."라고 하였다.

내가 살펴보건대, 『사서설약(四書說約)』 및 이경협(李景協)이 경일장을 논한 것은 주자의 『대학장구』에 실린 정론에 근거하여 말한 것이다. 그러므로 나의 설과 같지 않다. 그런데 『사서설약』에 이른바 '『대학』 전체의 모든 장은 단지 하나의 명명덕일 뿐이다.'라고 한 설과 이경협이 이른바 '상단과 하단 모두 하나의 도리를 말한 것이다.'라고 한 설은 대의(大意)를 얻은 설이 되기 때문에 삼가 기록해 놓는다.

　주자가 『대학』을 경문과 전문으로 나눈 것은, 『고본대학』을 고찰해 보면 명확한 근거가 있지 않다. 그러므로 지금 나의 『대학후설』은 단지 제1장 · 제2장으로 장(章)의 차례를 기록하여 『중용』의 사례와 같이 하였다.[253]

---

[253] 이 말은 주자처럼 경문과 전문으로 나누지 않고 전체를 차례대로 장별로 분류하였다는 것이다. 저자 신후담은 『고본대학』의 차서를 그대로 따라서 전체를 7장으로 분장하였다.

5

제이장(第二章) 석격물치지(釋格物致知)

● 제일절(第一節)²⁵⁴

『한서(漢書)』, 「평제본기(平帝本記)」에는 '일체(一切)'²⁵⁵에 대한 안사고
(顔師古)²⁵⁶의 주에 "일체(一切)는 칼로 사물을 절단하는 것과 같이 가지
런하게 정돈하는 의미를 취한 것이다."라고 하였다.

  육가서(陸稼書)가 말하기를 "'수신(修身)'²⁵⁷ 두 자는 단지 '스스로 자기
의 명덕(明德)을 밝힌다.'는 뜻이 된다. 앞의 단락과 같은 경우는 명덕을
본(本)으로 하였는데 이 단락에서는 수신을 본으로 하였으니, 곧 두 단락
으로 나눈 것이다. 대개 수신이 본이 되는 것은 곧 명덕이 본이 되는
것이다. 다만 앞 단락은 삼강령에 나아가 말하여 그 차서가 바뀔 수 없음
을 드러내 보였고, 이 단락에서는 팔조목에 나아가 말하면서 인하여 그
차서가 바뀔 수 없음을 드러내 보인 것이다. 이 절의 '본(本)' 자는 가
(家)ㆍ국(國)ㆍ천하(天下)와 상대적으로 말한 것이니, 물(物)ㆍ지(知)ㆍ

---

254 제일절(第一節) : 저자 신후담은 『고본대학』의 편차를 따라 분장(分章)을 하였는데, 주자
의 『대학장구』 경일장 제6절과 제7절 및 '차위지본 차위지지지야(此謂知本, 此謂知之至
也).' 1절을 합해 격물치지를 해석한 장으로 분류하였다. 여기서 말하는 '제일절'은 주자
의 『대학장구』 경일장 제6절에 해당하는 '자천자 이지어서인 일시개이수신위본(自天子,
以至於庶人, 壹是皆以修身爲本).' 1절을 가리킨다.

255 일체(一切) : 『대학장구』 경일장 제6절의 '일시(壹是)'를 주자가 '일체(一切)'로 해석한
것을 가리킨다.

256 안사고(顔師古, 581~645) : 중국 당나라 초기의 학자로서, 『한서(漢書)』에 주석을 달
았다.

257 수신(修身) : 주자의 『대학장구』 경일장 제6절 '이수신위본(以修身爲本)'의 '수신(修身)'
을 가리킨다.

심(心)·의(意)와 상대적으로 말할 수는 없다.[258]"라고 하였다.[259]

    내가 살펴보건대, 경일장의 '옛날 천하에 명덕을 밝히고자 했던 사람은[古之欲明明德於天下者]'이라고 한 문장을 보면, 대개 천자(天子)를 위주로 하는 사고에 근거하고 있다. 그러나 천자는 이미 스스로 자기의 명덕을 밝히는 것뿐 아니라 그의 덕을 미루어 백성들을 새롭게 하며, 나아가 천하 사람들로 하여금 각자 그들의 명덕을 밝히게 해야 하니, 그 노력을 기울이는 절도가 의당 귀천으로 차이를 두지 말아야 한다. 그러므로 천자로부터 서인에 이르기까지 모두 수신으로 근본을 삼는 것이다. 신(身)은 천하(天下)·국(國)·가(家)의 근본이다. 대부(大夫)·사(士)·서인(庶人)으로서 수신을 하지 않으면 자기 집안사람들을 균평히 대할 방법이 없게 된다. 제후로서 수신을 하지 않으면 자기 집안사람들을 균평히 대하여 나라를 잘 다스리는 데에 이를 방법이 없다. 천자로서 수신을 하지 않으면 집안사람들을 균평히 대하고 나라를 잘 다스려서 천하를 평치(平治)하는 데에 이를 방법이 없다. 이것이 모든 사람이 수신을 근본으로 삼는 이유이다. 수신은 곧 명덕이다. 수신은 집안사람을 균평하게 대하고 나라를 잘 다스리며 천하를 평치하는 근본이니, 곧 명덕이 신민의 근본이 되는 것이다. 팔조목의 성의·정심·수신은 모두 명덕의 일인데, 수신은 실로 성의·정심을 통섭하기 때문에 유독 이 수신을 들어서 말한 것이다.

---

258 이 절의 …… 없다 : 이 절에서 말하는 수신(修身)은 팔조목의 하나인 수신이 아니라, 격물·치지·성의·정심·수신을 모두 포함하는 의미의 수신이기 때문에 그렇게 말한 것이다.
259 이 내용은 이패림의 『사서주자이동조변─대학』 경일장 제7절 해석에 보인다.

● 제이절(第二節)[260]

내가 살펴보건대, 나는 삼가 일찍이 '팔조목의 격물(格物)은 명덕과 신민의 본·말을 아는 것을 말한 것이다.'라고 생각하였다. 그러므로 이 글에서는 도리어 본과 말로 격물을 해석하고 반복해 상호 증명하였으니, 그 뜻이 또한 묘하다. 이른바 '지선(至善)'은 떳떳한 인륜의 마땅히 행해야 할 도리에 불과하며, 도가 행해지는 것은 반드시 친한 이로부터 시작한다. 그러므로 "사랑하는 마음을 세우는 것은 어버이로부터 시작하며, 공경하는 마음을 세우는 것은 어른으로부터 시작한다."[261]라고 한 것이다. 지금 '후하게 대해야 할 사람에게 박하게 대한다〔所厚者薄〕.'고 한 것은, 어버이에게 베푸는 것이다.

이미 그 도를 상실하여 자기의 도를 미루어 소원한 사람에게 미칠 방도는 없지만, 후하게 대해야 할 사람에게 박하게 대하는 것이 지선(至善)이 아닌 것을 안다면 지선의 소재를 알 수 있을 것이다. 후하게 대해야 할 사람에게 박하게 대하는 것이 자기의 도를 미루어 박하게 대해야 할 사람에게 미칠 방도가 없다는 것을 안다면, 선을 행하는 것이 반드시 어버이로부터 시작된다는 것을 알 수 있을 것이다. 또한 그 도리를 어버이에게 베풀 뿐만이 아니라 미루어 소원한 사람에게까지 미치는 것을 귀하게 여길 것이다. 그 지선을 논한 것이 소원한 듯하지만 실은 친밀하

---

260 여기서는 말하는 '제이절'은 주자의 『대학장구』 경일장 제7절에 해당하는 '기본란이말치자 부의 기소후자박 이기소박자후 미지유야〔其本亂而末治者, 否矣. 其所厚者薄, 而其所薄者厚, 未之有也〕.' 1절을 가리킨다.
261 사랑하는 …… 시작한다 : 『예기』, 「제의(祭義)」에 "공자께서 말씀하시기를 '사랑하는 마음을 세우는 것은 어버이로부터 시작하니 백성들에게 화목을 가르치고, 공경하는 마음을 세우는 것은 어른으로부터 시작하니 백성들에게 순종을 가르친다〔子曰, 立愛自親始, 敎民睦也. 立敬自長始, 敎民順也〕."라고 하였다.

며, 소략한 듯하지만 실은 잘 갖추어져 있다. 뒤의 제가·치국·평천하의 전문에 시종 효(孝)·제(悌)·자(慈)로써 말한 것은 여기에서 비롯되었을 것이다.

● 총론(總論)

내가 생각건대, 주자는 이 격물치지장의 두 절[262]을 경일장의 결어로 삼고, 그 다음 절의 '차위지본(此謂知本)'과 '차위지지지야(此謂知之至也)' 2구를 분할하여 '차위지본'은 청송장(聽訟章)[263] 아래에 두고, '차위지지지야'는 격물치지전의 결어로 보아 격물치지전에 궐문(闕文)이 있다고 하였다.

대체로 주자는 '격물(格物)'의 '물(物)'은 '물유본말(物有本末)'의 '물(物)'과 다르게 보고, '치지(致知)'의 '지(知)'를 '지지(知止)'의 '지(知)'와 다르게 보았다. 그러므로 그 설이 이와 같은 것이다. 지금 나의 소견은, 이 두 개의 '물(物)' 자가 서로 연관이 있고 두 개의 '지(知)' 자가 서로 연관이 있다면, 격물(格物)은 단지 명덕과 신민의 본·말의 차서를 분별하는 것일 따름이며, 치지(致知)는 단지 지선(至善)의 이치를 궁구하여 그 앎을 극진히 하는 것일 따름이다.

이 격물치지(格物致知)를 해석한 제2장의 제1절에 이른바 '수신(修身)'이라고 한 것은 곧 명덕(明德)의 일이니, '수신으로 근본을 삼는다〔以修身爲本〕.'고 한 것은 곧 명덕(明德)과 신민(新民)의 본·말을 분변해서

---

262 두 절 : '자천자 이지어서인(自天子, 以至於庶人)' 1절과 '기본란이말치자(其本亂而末治者)' 1절을 가리킨다.
263 청송장(聽訟章) : 주자의 『대학장구』 전 제4장을 가리킨다.

사물에 나아가는 것이다. 그리고 자기 몸을 닦는 방법은 지선(至善)의 도리에서 벗어나지 않으니, '수신으로 근본을 삼는다.'는 것은 반드시 지선(至善)의 도리를 능히 궁구하여 그 앎을 극진히 하는 것이다. 그러나 단지 '수신을 근본으로 삼는다.'라고만 말하면 그 의미가 오히려 명확하게 드러나지 않는다. 그러므로 그 다음 절에 곧 '근본이 어지러우면 말단도 잘 다스려지지 않는다.'는 점을 말하여 남을 다스리는 일은 반드시 수신에 근본을 두어야 함을 밝히고, 또 '후하게 대할 사람에게 박하게 대해서는 안 된다.'는 점을 말하여 지선(至善)의 실상을 거론해서 수신의 도를 보여 주었다. 그런 뒤에 '차위지본 차위지지지야(此謂知本 此謂知之至也)' 2구로써 결론을 맺어 제1절의 '수신위본(修身爲本)' 1구에 돌아가 접하게 해서 '수신위본'이 과연 격물(格物)과 치지(致知) 두 가지 의미를 구비하고 있다는 점을 밝혔으니, 저자가 사람들에게 드러내 보인 것이 또한 분명하고도 절실하다.

전문(傳文)의 격물치지장(格物致知章)[264]은 다른 장에 비하여 매우 간략하다. 여기에는 그렇게 된 까닭이 있다. 대개 경문(經文)에 이미 '명덕(明德)'·'신민(新民)'을 말하고서 또 '물유본말(物有本末)'·'지소선후(知所先後)'를 말하였으며, 이미 '지어지선(止於至善)'을 말하고서 또 '지지(知止)'를 말하였으니 격물(格物)의 의미가 대략 이미 밝혀졌다. 그러니 이 장에서 언급한 것이 비록 간략하지만 그 의미를 해석한 것은 절로 명료할 수 있다.

정자(程子)와 주자(朱子)는 격물치지(格物致知)를 해석하면서, 만물의

---

[264] 격물치지장(格物致知章) : 저자가 분장한 격물치지장을 가리킨다.

이치를 궁구하여 내 마음의 앎을 극진히 한 것으로 풀이하였다. '만물의 이치를 궁구하여 내 마음의 앎을 극진히 하는 것'이라는 풀이는 그 이치가 참으로 옳다. 그러나 그 해석을 가지고 이 대목에서 논해 보면 의심할 만하다. 대체로 만물의 이치는 그것을 궁구할 적에 나의 앎이 절로 극진해지는 것이지, 이미 그 사물의 이치를 궁구한 뒤에 다시 앎을 극진히 하는 공부가 있는 것은 아니니 격물치지(格物致知)는 단지 한 건의 일일 뿐이다. 뒤에 치지(致知) 이후 다시 성의(誠意)의 공부가 있고, 성의 이후 다시 정심(正心)의 공부가 있는 것과는 사례를 달리한다. 경문(經文)에서는 이 격물치지에 대해 유독 한 가지 일로써 보았는데, 이를 억지로 분류해 두 조목으로 보는 것은 과연 무슨 설이란 말인가?

팔조목은 명명덕(明明德)·신민(新民)·지어지선(止於至善) 삼강령에 나아가 세분하여 공부를 하는 절차를 보여 준 것이다. 명명덕과 신민은 본(本)·말(末)과 선(先)·후(後)의 차서가 있으니, 이것이 공부할 적에 가장 먼저 분변해야 할 점이다. 그러므로 맨 먼저 '격물(格物)'을 말하여 '물유본말(物有本末)'의 문장에 연관시킨 것이다. 명명덕·신민은 모두 지어지선으로 준적(準的)을 삼으니, 본·말을 분변한 뒤에는 곧 지선(至善)의 이치를 알아 행(行)을 극진히 해야 한다. 그러므로 억지로 치지(致知)를 말하여 '지지(知止)'의 문장과 연관시킨 것이다.   •

치지(致知)하여 아는 바는 단지 지선(至善)일 뿐이다. 그러므로 그 다음은 성의(誠意)가 된다. 그러나 성의장(誠意章) 전문은 오로지 선(善)·불선(不善)으로 말을 하였다. 이른바 '지선(至善)'이라는 것은 단지 일상생활 속에서 마땅히 행해야 할 인륜으로, '문왕경지(文王敬止)'[265]의 단락

---

265 문왕경지(文王敬止) : 주자의 『대학장구』 전 제3장 제3절의 '목목문왕 오집희경지(穆穆文王, 於緝熙敬止).'라고 한 것을 말함. 신후담은 『고본대학』의 편차를 따라 이 절을

에 열거한 '인(仁)'·'경(敬)'·'효(孝)'·'자(慈)'·'신(信)'과 같은 것들이 그것이다. 그러므로 뒤의 제가(齊家)·치국(治國)·평천하(平天下)의 전문에서 또한 '효(孝)'·'제(弟)'·'자(慈)'로써 결론을 지은 것이다. 그 의미맥락이 서로 연관되는 것이 이와 같다.

지금 주자의 『대학장구』의 설과 같은 경우는, 격물(格物)을 만물의 이치를 널리 궁구하는 것으로 여겨 앞의 '물유본말(物有本末)'과 서로 연관시키지 않았으니, 이는 팔조목 안에서 명명덕·신민의 차서를 먼저 분변하는 의사(意思)를 빠뜨린 것이다. 그래서 학자들은 공부를 하는 초기에 수기(修己)·치인(治人) 가운데 어느 것을 먼저 하고 어느 것을 나중에 해야 하는지를 혹 알지 못하게 된다. 가령 "이미 '물유본말(物有本末)'이라는 문장이 있으니, '격물(格物)'은 비록 다른 의미가 되더라도 피차서로 보완할 수 있다."라고 말할 것이지만, 팔조목은 대강(大綱)을 말한 삼강령과 같지 않다. 팔조목은 곧 조목을 세분하여 그 공부하는 절차를 밝힌 것이니, 어찌 유독 최초의 긴요한 의미에 대해 빠뜨려 거론하지 않으면서 굳이 다른 단락을 기다려 그 뜻을 보충하겠는가?

또 치지(致知)를 만물의 이치를 궁구하여 그 앎을 극진히 하는 것으로 여기고 앞의 '지지(知止)'와 서로 연관시키지 않았으니, 모든 사물의 넓고 가늘며 크고 작은 것에 궁극이 없게 되었다. 가령 "인륜의 일상생활 속의 이치가 또한 참여하여 그 가운데에 있다."라고 말할지라도, 이미 범범하게 '물(物)'이라 말하고서 어떤 '물(物)'인지 적확하게 지적함이 없으면, 초학자들이 어찌 능히 그 수많은 어지러운 가운데에 나아가 그 절실하게 필요한 것을 택하여 그것을 궁구할 수 있겠는가? 만약 그들로 하여금 절실하게 필요한 것의 여부를 따지지 않고 어느 사물이든 궁구

성의장에 포함시켰다.

하지 않음이 없게 한다면, 이는 또한 성인이 '먼저 해야 할 일을 급급히 하고, 모든 사람을 두루 사랑하지는 않는다.'[266]라고 한 의미가 아니다. 하물며 '치지(致知)'의 조목에 대해 '지선(至善)'이 준적이 됨을 거론하지 않았으니, 뒤의 전문에서 언급한 선(善)·불선(不善)과 '효(孝)'·'제(弟)'·'자(慈)' 등의 설은 근거하여 이어받을 바가 없게 되었다. 이는 모두 참고하고 반복해 궁구하더라도 미안한 점이다.

주자는 또 격물(格物)·치지(致知)를 만물의 이치를 널리 궁구하는 것으로 해석하였다. 그러므로 전문(傳文) 가운데 이와 같이 해석한 것이 없어서, 주자는 격물치지전을 궐문(闕文)으로 의심하였다. 지금 이미 격물(格物)을 명덕과 신민의 차서를 분변하는 것으로 삼고 치지(致知)를 지선(至善)의 이치를 궁구하는 것으로 삼았으니, 이 제2장의 수신(修身)을 논하면서 '기본란(其本亂)……'과 '소후자박(所厚者薄)……'으로 설을 삼은 것이 격물치지전(格物致知傳)이 되는 데에 의심이 없다. 그 상세한 내용은 위에 보인다. 뿐만 아니라 성의전(誠意傳)에 삼강령을 거론한 설이 모두 격물치지의 의미와 서로 조응이 되니, 이미 상세하게 말했다고 하더라도 또한 괜찮을 것이다. 그러니 어찌 궐문이 있겠는가?

그러므로 내가 격물(格物)·치지(致知) 두 조목을 해석한 것은 경문(經文)과 전문(傳文)에 대해 모두 근거하는 바가 있으니 무리한 설은 되지 않을 듯하다. 그 때문에 삼가 이와 같이 서술한다.

정자(程子)의 어록(語錄)에 "치지(致知)의 요점은 지선(至善)의 소재를 마땅히 아는 것이니, 아버지는 자애(慈愛)에 머물고 자식은 효도에 머무는 유형과 같은 것이다. 만약 이를 힘쓰지 않고 단지[267] 범연히 만물의

---

266 이 내용은 『맹자집주』, 「진심 상(盡心上)」 제46장에 보인다.

이치를 관찰하고자 하면, 나는 대군(大軍)의 유격대 기병(騎兵)이 군진(軍陣)을 나간 것이 너무 멀어 돌아올 바가 없는 것처럼 될까 염려스럽다."라고 한 말씀이 있다.[268] 정자가 비록 만물의 이치를 궁구해 지극히 한다는 의미로 격물치지를 해석하였으나, 그것이 범범하게 만물의 이치를 궁구하는 것이어서 자신에게 간절하지 않은 폐단이 있음을 끝내 느낀 것이다. 그러므로 그 가운데 나아가 지선을 아는 것이 치지의 요점이 되는 점을 거론한 것이다.

주자의 의도도 그러하다. 그렇기 때문에 특별히 『대학혹문』 중에 이 조목을 끌어내어 학자들에게 보여 준 것이다.[269] 그러므로 정자와 주자가 격물치지의 문의(文義)를 해석한 것은 비록 한때 살피지 못한 것이지만, 그 공부하는 절차를 논함에 이르러서는 일찍이 지선을 아는 것을 위주로 하지 않은 적이 없다. 이 점은 학자들이 마땅히 알아야 할 바이다.

정자의 말씀에 또 "한 가지 사물에는 반드시 한 가지 이치가 있다. 그 이치를 궁구하여 지극히 하는 것이 이른바 '격물(格物)'이라는 것이다. 그러나 격물은 또한 한 가지 단서만이 아니다. 예컨대 혹 책을 읽으면서 도의(道義)를 강론하여 밝히기도 하고, 혹 고금의 인물을 논하면서 그 시비를 변별하기도 하고, 혹 사물을 응접하면서 그 마땅함과 부당함을 조처하기도 한다. 이런 것들이 모두 이치를 궁구하는 것이다."[270]라고 한 것이 있다. 이 조목도 『대학혹문』 중에 보인다. 정자가 격물(格物)을 궁리(窮理)에 해당시킨 것은 비록 본문을 혹 살피지 못한 것이지만,

---

267 단지 : 주자의 『대학혹문』에는 '범연(汎然)' 앞에 '도욕(徒欲)' 2자가 실려 있다.
268 이 내용은 주자의 『대학혹문』 전 제5장의 해석에 보인다.
269 이는 주자의 『대학혹문』 전 제5장 해석에 정자(程子)의 말을 인용한 것을 가리킨다.
270 이 내용은 주자의 『대학혹문』 전 제5장 해석에 보인다.

그가 궁리공부(窮理工夫)를 논한 것은 지극히 상세하고 절실한 것이 된다. 지금 학자들은 지선의 이치를 궁구하고자 하지만, 공부를 하는 절차가 어긋나서 정자의 이런 조목을 알지 못한다.

『대학혹문』 격물치지장의 해석 중에 정자의 여러 조목과 주자가 미루어 연역해 논석(論釋)해 놓은 것을 인용한 것이 가장 상세하다. 격물치지의 문의(文義)를 잘못 살핀 것을 제외하면, 그 궁리공부를 논한 것이 진실로 대부분 절실하고 지극하다. 그러니 학자들은 익숙히 완미하고 깊이 체득해야 할 것이다.

6

제삼장(第三章) 석성의(釋誠意)

● 제일절(第一節)[271]

주자가 말씀하기를 "'성기의(誠其意)'는 단지 그 싹튼 생각을 가득 채우는 것일 뿐이니, '성(誠)' 자는 하나의 허자(虛字)가 되는 것으로 보아야 한다. 이는 '정심(正心)'의 '정(正)' 자와 같은 유형이다."라고 하였다.[272]

만촌 여씨(晚村呂氏)가 말하기를 "『대학』의 '성(誠)' 자는 『중용』의 '성(誠)' 자와 같지 않다. 『중용』의 '성(誠)' 자는 단독으로 거론할 수 있으니, 바로 실리(實理)와 실심(實心)과 실덕(實德)의 아름다운 명칭이다. 이는 『대학』의 성의(誠意)의 성(誠), 정심(正心)의 정(正), 수신(修身)의 수(修) 등의 의미를 겸한 것이다. 『대학』의 '성(誠)' 자는 '의(意)' 자와 연관되어 정해진 것으로 단독으로 거론할 수 없다. 단지 '실(實)' 자의 의미로 해석될 뿐이다."라고 하였다.[273]

내가 생각하건대, '의(意)'는 단지 마음이 발한 것인데, 반드시 처음 발하는 것으로 말한 것은 아니다. 아래에 보이는 '호(好)'·'오(惡)' 자가 곧 '의(意)'이다. 이는 선을 좋아하고 악을 미워하는 것이 이와 같을 뿐이라고 범범하게 말하는 것일 뿐이다. 어찌 일찍이 단지 호·오의 처음만을 말하고서 그 끝을 언급하지 않은 적이 있었던가?

---

271 주자의 『대학장구』 전 제6장(성의장) 제1절을 가리킨다.
272 이 내용은 『주자어류』 권16, 「대학3」, '전육장석성의(傳六章釋誠意)'에 보인다.
273 이 내용은 이패림의 『사서주자이동조변-대학』 전 제6장 해석에 보인다.

정(情) · 지(志) · 의(意) 세 자는 모두 마음이 발하는 것으로 말한 것인데, 그 뜻이 대략은 같지만 세부적으로는 다르다. 마음이 발한 것을 범범하게 가리켜 정(情)이라고 하며, 마음이 발하여 주로 고집하는 것이 있는 것을 가리켜 지(志)라고 하며, 마음이 발하여 은밀한 의도를 머금고 있는 것을 가리켜 의(意)라고 한다. 성의(誠意)의 공부는 그가 심술(心術)의 은밀한 지점에서 선을 채우기를 극진히 하여 외면으로 수양한 바와 서로 부합되게 하고자 하는 것이다. 그러니 '의(意)' 자가 '은밀한 의도를 머금은 생각'이라는 뜻은 매우 친절한 것이 된다. 그러므로 이 장에서 '의(意)'를 말하고, 정(情) · 지(志)를 말하지 않은 것이다.

『설문(說文)』을 살펴보건대, "심(心)과 음(音)이 합해서 의(意) 자가 되었는데, 의(意)는 '억(抑)' 자와 같은 뜻이다. 말이 나오려고 하는 것을 머금고서 억지하는 것이다."라고 하였다.[274] 여기에서 '의(意)' 자에 은밀한 의도를 머금는다는 의미가 있는 것을 볼 수 있다.

의(意) · 정(情) · 지(志) 세 자를 나누어 말하면 참으로 이와 같다. 그러나 이 모두 마음이 발한 것으로, 그 의미는 일찍이 서로 통용되지 않은 적이 없다. 그러므로 속언에 으레 정의(情義) · 지의(志意)와 같이 말하는 것이다. 이 단락의 '호(好)' · '오(惡)'는 의(意)라고 말할 수 있을 뿐 아니라 정(情)이라고 말할 수도 있고, 또 지(志)라고 말할 수도 있다.

운봉 호씨(雲峰胡氏)가 말하기를 "'무자기(毋自欺)' 세 자는 '성의(誠意)' 두 자를 해석한 것이다. '자(自)' 자는 '의(意)' 자와 서로 조응하고,

---

274 이 내용은 남당(南唐) 때 서개(徐鍇)가 지은 『설문계전(說文繫傳)』 권35, '의(意)' 자의 소주에 보인다.

'기(欺)'자는 '성(誠)'자와 서로 반대된다."라고 하였다.[275]

　　주자가 말씀하기를 "이른바 '자기(自欺)'라는 것은 이 사람이 본래 선을 행하고 악을 제거하기를 바라지 않는 것을 말하는 것이 아니다. 단지 이 생각이 발하는 데에 따라 항상 한 생각이 마음속에 가로막고 머물러 있는 것이 있어서, 겉과 안을 한결같게 하는 데 이르지 못하는 것이다."라고 하였다.[276]

　　주자가 또 말씀하기를 "'자기(自欺)'는 그 설이 남과 더불어 말할 때에 아직 도달하지 않는 것이라야 바야흐로 '자기(自欺)'라고 말한다. 다만 자신은 선이 좋은 것임을 알아 선을 행하고자 하지만, 마음속에 도리어 조금이라도 긴요하지 않은 의사(意思)가 있는 것을 느끼면 바로 자신을 속이는 것이고, 바로 허위(虛僞)여서 선한 생각이 가득 차지 않는다."라고 하였다.[277]

　　주자가 인하여 자기(自欺)와 기인(欺人)에 대해 논하여 말씀하기를 "기인(欺人)도 자기(自欺)이니, 이는 또한 자기(自欺)가 심한 것이다. 만약 자기(自欺)의 세밀한 점을 논하면 다음과 같다. 만약 선을 행하고자 하면 자신이 마땅히 해야 할 바를 알고서 또한 힘써서 그 일을 해 나가야 한다. 단지 마음속에 이와 같은 생각이 조금도 없어지지 않고, 이와 같이 노력하는 것이 또한 해롭지 않다는 의사가 있어야 한다. 만약 불선

275　이 내용은 『대학장구대전』전 제6장 제1절 주자의 주 '심지소발유미실야(心之所發有未實也)' 아래 소주에 보인다.
276　이 내용은 『주자어류』권16, 「대학3」, '전육장석성의(傳六章釋誠意)'에 보인다.
277　위와 같음.

한 짓을 하지 않고자 한다면 마음속으로 마땅히 하지 말아야 할 바를 알아서 하지 않아야 한다. 비록 불선한 짓을 하지 않지만 마음속에 또한 조금이라도 불선한 짓을 하는 것이 무방하다는 의사가 있게 되면 이는 바로 자기(自欺)이며, 곧 싹튼 생각이 선으로 가득 차지 않게 된다.”라고 하였다.[278]

북계 진씨(北溪陳氏)가 말하기를 “본문에 ‘악을 미워하기를 악취를 싫어하는 것과 같이 하며, 선을 좋아하기를 예쁜 여색을 좋아하는 것과 같이 한다〔如惡惡臭 如好好色〕.’라고 말한 것은, 인정의 분명한 점에 나아가서 비유한 것이다.”라고 하였다.[279]

내가 살펴보건대, ‘악을 미워하기를 악취를 싫어하는 것과 같이 하며, 선을 좋아하기를 예쁜 여색을 좋아하는 것과 같이 한다.’는 구절에서, 악을 미워하는 점을 먼저 말하고 선을 좋아하는 점을 뒤에 말한 것은, 대개 사람이 선을 행할 수 없는 이유는 악을 말미암아 자신을 해치기 때문이다. 그러므로 선을 행하고자 하면 반드시 먼저 그 악을 제거해야 한다. 예컨대 순(舜) 임금이 우(禹) 임금에게 심법을 전해 줄 적에 먼저 인심(人心)을 말하고 뒤에 도심(道心)을 말한 것[280]도 이런 의미이다.

---

278 이 내용은 본디 『주자어류』 권18, 「대학5」, ‘전육장(傳六章)’에 보이는 것인데, 『대학장구대전』 전 제6장 제1절 주자의 주 아래 소주에 간추려 인용해 놓은 것이다. 따라서 중간에 생략된 부분이 있다.
279 이 내용은 『대학장구대전』 전 제6장 제1절 소주에 보인다.
280 이는 『서경』, 우서(虞書), 「대우모(大禹謨)」에 “인심은 오직 위태롭고 도심은 오직 미미하니, 앎을 정밀하게 하고 마음을 전일하게 해야 진실로 그 중도를 잡을 수 있다〔人心惟危, 道心惟微, 惟精惟一, 允執厥中〕.”라고 말한 것을 가리킨다.

『대학장구』주자의 주에는, '겸(慊)'을 훈해하여 '쾌하다〔快〕'·'족하다
〔足〕'라고 하였다.[281] '선을 좋아하기를 예쁜 여색을 좋아하는 것과 같이
하고, 악을 미워하기를 악취를 싫어하는 것과 같이 한다.'는 점은 그 의
미가 진실하고 절실하여 털끝만큼의 허위도 없으니, 이 경우는 절로 쾌
족하다는 뜻이 된다. 그러나 만약 털끝만큼이라도 허위가 거기에 뒤섞
이면 마음속에 부족한 점이 있음을 스스로 자각하게 될 것이니 어찌 쾌
족함을 느낄 수 있겠는가?[282]

북계 진씨(北溪陳氏)가 말하기를 "'예쁜 여색을 좋아하는 것과 같다
〔如好好色〕.'는 것은 반드시 그것을 얻기를 구하는 것이고, '악취를 싫어
하는 것과 같다〔如惡惡臭〕.'는 것은 반드시 그것을 제거하기를 구하는
것이다. 그런 뒤에야 쾌족하게 된다."라고 하였다.[283]

나의 의견으로 지금 살펴보건대, 본문의 '호(好)'·'오(惡)'와 북계 진
씨가 말한 '구득(求得)'·'구거(求去)'는 오히려 두 층의 의사(意思)이다.
본문에서는 또한 호오가 진실하고 절실한 것을 스스로 쾌족하게 여긴다
는 뜻으로 삼았으니, 북계 진씨의 설처럼 '선은 반드시 얻기를 구하고,
악은 반드시 제거하길 구한다.'라고 말한 점은 보이지 않는다. 따라서
북계 진씨의 설은 의심할 만하다. 그러나 『대학장구』주자의 주에 이른
바 '결단코 제거하기를 힘쓰고 반드시 얻기를 구하여 자신에게 스스로
쾌족하게 하는 것이다.'라고 말한 것에도 그런 의미가 있다. 그러니 다
시 살펴보아야 하겠다.

---

281 주자의 『대학장구』전 제6장 제1절 주에 "겸(慊)은 유쾌한 것이고, 만족한 것이다〔謙,
　　快也, 足也〕."라고 하였다.
282 만약 …… 있겠는가 : 이 내용은 『대학장구대전』전 제6장 제1절 소주에 실린 북계 진씨
　　의 설에 보인다.
283 이 내용은 『대학장구대전』전 제6장 제1절 소주 북계 진씨의 설에 보인다.

『대학혹문』에는 다음과 같은 말이 있다. 혹자가 묻기를 "'겸(慊)' 자(字)의 자의(字義)에 대해, 어떤 사람은 '적다〔少〕'는 뜻이라 하고 어떤 사람은 '한스럽다〔恨〕'는 뜻이라 하는데, 그대는 이와 달리 '쾌(快)'·'족(足)'의 의미로 해석하니, 어째서입니까?"라고 하자, 주자는 답하기를 "'겸(慊)' 자에는 '겸(嗛)' 자의 의미가 있으며, 자서(字書)에는 '입이 음식물을 물고 있는 모양'이라고 하였습니다. 그렇다면 겸(慊) 자는 '마음에 머금고 있는 것이 있다.'는 뜻이 될 뿐만 아니라, '유쾌하다〔快〕'는 뜻도 되고, '만족하다〔足〕'는 뜻도 되고, '한스럽다〔恨〕'는 뜻도 되고, '적다〔少〕'는 뜻도 되니, 머금고 있는 바가 다른 것으로써 변별되는 것입니다. 맹자가 이른바 '마음에 머금고 있다〔慊於心〕.'[284]고 한 것과 악의(樂毅)가 이른바 '심지에 머금고 있다〔慊於志〕.'[285]고 한 것은 유쾌하고 만족한 생각을 머금고 있다는 것으로 말한 것이며, 맹자가 이른바 '내가 어찌 머금고 있으리오〔吾何慊〕.'[286]라고 한 것과 『한서(漢書)』에 이른바 '율희(栗姬)에게 한을 품고 있다〔嗛栗姬〕.'[287]고 한 것은 한스럽고 적게 여기는 생각을 품고 있다는 것으로 말한 것입니다. 자서(字書)에 또한 '겸(慊)' 자를 '유쾌하다〔快〕'·'만족하다〔足〕'의 의미로 훈해한 것은 협(愜) 자와 같은 뜻으로 읽으라는 것이니, 그 의미는 더욱 밝지만 음은 또한 다릅니다. 그러니 더욱 분별이 없음을 걱정하지 않아도 됩니다."라고 하였다.[288]

284　이 구는 『맹자』, 「공손추 상(公孫丑上)」 제2장에 보인다.
285　이 구는 『사기』 권80, 「악의열전(樂毅列傳)」에 보인다.
286　이 구는 『맹자』, 「공손추 하」 제2장에 보인다.
287　이 구는 『사기』 권125, 「영행열전(佞幸列傳)」에 보인다.
288　이 내용은 주자의 『대학혹문』 전 제6장 해석에 보인다.

이성호(李星湖)가 말씀하기를 "주자가 '겸(慊)' 자를 훈해하면서 '쾌족(快足)'이라고 말하지 않고 '유쾌하다[快也]'·'만족하다[足也]'라고 한 것은, 호선(好善)·오악(惡惡)을 다 포함한 것이다. 그러므로 두 가지 의미를 겸하여 해석한 것이다. 『맹자』,「공손추 상」, '오하겸호재(吾何慊乎哉)'의 주자의 주에 '겸(慊)은 한스럽다[恨]·적다[少]는 뜻이다.'라고 한 것도 부·귀를 포함하여 해석한 것이다. 그러므로 이 두 가지 의미를 겸한다. 주자가 '겸(慊)' 자를 해석하면서 쾌(快)·족(足)이라 한 것과 한(恨)·소(少)라고 한 것은, 훈해는 다르지만 의미는 같다. 『대학혹문』안에 상세히 언급하고 있다.[289] 한(恨)은 유쾌하지 않은 것이고, 소(少)는 만족하지 않은 것이다. 마음을 유쾌하게 하는 것으로는 귀(貴)만한 것이 없으며, 재용(財用)을 넉넉히 하는 것으로는 부(富)만한 것이 없다. 그러나 『맹자』,「공손추 하」에 '저 사람이 그의 작위로써 하면 나는 나의 의로써 하겠다[彼以其爵, 我以吾義].'는 것은 양귀(良貴)이다. 그러니 저 사람의 귀함에 비하여 무엇이 한스럽겠는가. 또 '저 사람이 그의 부유함으로써 하면 나는 나의 어짊으로써 하겠다[彼以其富, 我以吾仁].'는 것은 양부(良富)이다. 그러니 저 사람의 부유함에 비해 무엇이 부족하겠는가. 이 장의 해석은, 호선(好善)은 눈[目]에 비유하고, 오악(惡惡)을 코[鼻]에 비유하였다. 눈이 참으로 예쁜 여색을 좋아하는 것은, 마치 문이 사방으로 뚫려 막히고 가리는 바가 없는 것과 같으니, 이것이 이른바 '유쾌하다[快]'고 한 경우이다. 코가 참으로 악취를 싫어하는 것은, 마치 그릇이 스스로 가득 차서 외물을 받아들이지 못하는 것과 같으니, 이것이 이른바 '만족하다[足]'고 한 경우이다. 그러므로 『대학혹문』에 '선을 좋아하되 마음속에 선을 좋아하지 않는 마음이 없으면, 이는 그가 선을

---

289 이 내용은 주자의 『대학혹문』 전 제6장 해석에 보인다.

좋아하는 것이 마치 예쁜 여색을 좋아하는 것과 같이 진심이어서 자기의 눈을 유쾌하게 하고자 할 것이다. 악을 미워하되 마음속에 악을 미워하지 않는 마음이 없으면, 이는 그가 악을 미워하는 것이 마치 악취를 싫어하는 것과 같이 진심이어서 자기의 코를 만족하게 하려고 할 것이다.'라고 하였으니[290] 그 의미가 이미 극진함을 다하였다. 그런데 신안 진씨(新安陳氏)는 말하기를 '이 설은 대개 상대적으로 거론하여 상호 그 의미를 충족시킨 것이다.'[291]라고 하였으니, 이는 실로 온당하지 않다." 라고 하였다.[292]

내가 살펴보건대, 성호가 쾌(快)·족(足) 두 자를 호(好)·오(惡)에 나누어 붙여 해석하였으니, 그 의미를 보고 터득한 것이 매우 상세하다. 그러나 『주자어류』에 '단지 유쾌한 생각이 조금 줄어들어야 바야흐로 마음속이 충만하게 된다.'[293]고 한 말로 살펴보면, 주자가 '겸(慊)' 자를 풀이한 '쾌(快)'·'족(足)' 두 자는 또한 서로 충족시켜 주는 의미가 없지 않다. 따라서 위의 두 설 가운데 어느 한 가지 설을 치우치게 주장하거나 폐지할 수는 없는 듯하다.

허재 채씨(虛齋蔡氏)가 말하기를 "이 대목의 공부는 지극히 세밀하다. 만약 10분의 9의 의리(義理)가 있더라도 10분의 1의 사의(私意)가 있으

---

290 이 내용은 주자의 『대학혹문』 전 제6장의 해석에 보인다.
291 이 내용은 주자의 『대학혹문』 전 제6장 해석 소주에 보이는데, 전문은 다음과 같다.
  "겸(慊) 자는 유쾌하고 만족하다는 의미를 겸하고 있다. 이는 유쾌와 만족으로 호(好)와 오(惡)에 나누어 소속시켜 말한 것이니, 대개 상대적으로 거론하여 상호 그 뜻을 구비한 것이다〔慊字, 兼快足之義. 此以快與足, 分屬好惡, 言之. 蓋對舉而互相備也〕."
292 이 내용은 이익(李瀷)의 『대학질서』 전 제6장 해석에 보인다.
293 이 내용은 『주자어류』 권16, 「대학3」, '전육장석성의(傳六章釋誠意)'에 보인다.

면 바로 스스로 자신을 속이는 것이다. 그러니 아래 문장의 소인의 일294을 가져다가 비교할 필요도 없다. 아래 문장에서 말한 것은 또한 그 자기(自欺)가 심한 경우이다. 그러므로 전문을 지은 이가 특별히 이를 거론하여 경계로 삼은 것이다. '스스로 자신을 속이지 말라〔毋自欺〕.'라고 한 것은 마음속에 싹튼 생각을 선으로 가득 채우는 것이다. 그러니 '자겸(自慊)'은 마음속에 싹튼 생각이 선으로 가득 찬 것이다. 또한 공부(工夫)와 공효(功效)를 나눌 필요도 없이 곧장 심광체반(心廣體胖)의 경지에 이르렀으니,295 이는 바로 공효를 드러낸 것이다."라고 하였다.296

내가 살펴보건대, '신기독(愼其獨)'의 '독(獨)' 자는 아래 문장의 '한거(閒居)' 자와 서로 연관이 되니, 곧 혼자 처해 있는 것을 가리켜 말한 것이다. 혼자 처해 있는 곳은 남들이 보지 못하는 바이니 일반인의 심정으로는 소홀히 하기 쉬운 바이다. 군자는 이럴 때에 반드시 그 삼가는 것을 극진히 하니, 마음을 수립한 것이 거짓이 없어서 그 마음속에 싹튼 생각이 선으로 가득 차기를 극진히 하는 것이다. 『중용』과 『대학』 두 책에는 모두 '신독(愼獨)'으로 학문의 요체와 근본을 삼았는데, 모두 성(誠)을 주로 하였다.

---

294 소인의 일 : 『대학장구』 전 제6장 제2절의 "소인이 한가로이 거처할 적에는 불선한 짓을 하되 어느 곳인들 이르지 않음이 없다가 군자를 본 뒤에는 슬그머니 자신의 불선을 숨기고 선을 드러낸다. 그러니 남들이 자기를 볼 적에 마치 자신의 속마음을 들여다보는 것처럼 여기게 된다. 그렇다면 무엇이 유익하겠는가〔小人閒居, 爲不善, 無所不至, 見君子而后, 厭然揜其不善, 而著其善. 人之視己, 如見其肺肝, 然則何益矣〕."라고 한 것을 가리킨다.
295 또한 …… 이르렀으니 : 『대학장구』 전 제6장은 제1절~제3절에서 공부를 말하다가 제4절에 이르러 곧장 공효에 해당하는 '심광체반(心廣體胖)'을 말하였다.
296 이 내용은 채청(蔡淸)의 『사서몽인』 권2, 『대학장구』 전 제6장 해석에 보인다.

『대학장구』주자의 주에는 '신기독(愼其獨)'의 '독(獨)'자를 '남들은 알지 못하고 자기 혼자서만 알고 있는 바의 경지〔人所不知而己所獨知之地〕'라고 해석하였다. 이는 마음속에서 싹튼 생각이 아직 말하고 행동하는 데에 드러나지 않은 것으로 말한 것이다. 이 점은 남을 대할 때에도 그러한 점이 있으니, 반드시 혼자 처해 있을 때만 그렇게 되는 것이 아니다. 그러나 『중용』에 『시경』의 '불괴옥루(不愧屋漏)'를 인용하여 '신독(愼獨)'을 증명한 것[297]을 보면, 분명히 이는 홀로 거처함으로써 말한 것이다. 『중용』에 이미 이와 같이 말하였으니 『대학』도 의당 다른 사례는 아닐 것이다.

신독(愼獨)은 바로 성의(誠意)의 공력을 기울이는 지점이다. 대개 성의는 스스로 자신을 속이는 것을 금지하는 것에 불과하다. 그런데 스스로 자신을 속이는 것을 금지하는 방법은 요점이 신독에 달려 있을 뿐이다. 홀로 있으면서 능히 삼가면 선을 행하는 것이 성심(誠心)에서 나오니, 어찌 스스로 자신을 속이는 근심이 있겠는가?

격물치지장[298]에서 '수신으로 근본을 삼는다〔修身爲本〕.'고 말하였으니, 수신의 공부는 이미 성의(誠意)의 앞에서 시작한 것이다. 그러므로 이 성의장에서는 성의와 수신의 의미가 서로 이어지고 있는 점을 논한 것이다. '자기(自欺)'는 밖으로 비록 선을 행하고 악을 제거하여 그 몸을 닦지만, 안으로는 선을 좋아하고 악을 미워하는 의사(意思)가 실로 없어

---

297 『중용』에 …… 것 : 이는 주자의 『중용장구』제33장 제3절에 보인다.
298 격물치지장 : 저자 신후담이 분류한 제2장을 말하는 것으로, 주자의 『대학장구』경일장 제6절 · 제7절 및 '차위지본 차위지지지야(此謂知本 此謂知之至也)' 1절을 합한 것이다.

서 안으로 밖을 속이게 되는 점을 말한 것이다. '자겸(自慊)'은 실제로 선을 좋아하고 악을 미워하여 내면의 의사와 외면의 닦은 바가 서로 부합함을 말한 것이다. 그러므로 그 마음이 쾌족하여 부족한 바가 없는 것이다. '신독(愼獨)'에 이르러서는, 또한 단지 수신 위에 나아가 성의의 공부를 하여 몸을 닦아 홀로 처해 있을 때에 삼가는 것이니, 곧 자기 마음속에 싹튼 생각을 선으로 가득 차게 하는 것이다. 여기에서 몸과 마음의 표리가 하나로 합치되는 점을 보게 된다.

마음속에 싹튼 생각이 아직 선으로 가득 차지 않았을 때에는 모름지기 홀로 처해 있을 때를 삼가서 선을 가득 채우기를 극진히 해야 한다. 마음속의 생각이 선으로 가득 찬 뒤에는 모름지기 홀로 처해 있을 때를 삼가서 선으로 가득 찬 생각을 보존해야 한다. 신독(愼獨)은 수신공부(修身工夫)니 성의(誠意)의 전과 후를 따지지 않고 모두 필요한 것이다.

자기(自欺)는 마음속에 싹튼 생각이 선으로 가득 차지 않은 자의 일이고, 자겸(自慊)은 마음속에 싹튼 생각이 선으로 가득 찬 사람의 일이며, 신독(愼獨)은 그의 마음속에 싹튼 생각을 선으로 가득 차게 하는 방법이다. 선으로 가득 찼는지, 아직 가득 차지 않았는지의 구분을 먼저 말하고, 뒤에 선으로 가득 차게 하는 방법을 말하였다. 그러니 성의(誠意)를 논하는 것이 매우 잘 갖추어졌다.

마음속에 싹튼 생각이 선으로 가득 차지 않으면 스스로 자신을 속이게 되고, 마음속에 싹튼 생각이 선으로 가득 차면 스스로 만족하게 되는데, 이는 모두 자기에게 속한 것으로 남과는 상관이 없는 별개이다. 그러므로 마음속에 싹튼 생각을 선으로 가득 차게 하고자 하는 자는 비록 혼자 처해 있는 지경에서도 반드시 스스로 삼가는 것을 극진히 하고, 남들이 보지 않는 곳이라고 하여 소홀히 해서는 안 된다. 그 두 개의 '자(自)' 자[299]와 하나의 '독(獨)' 자는 서로 연관된 것이 심히 긴밀하다. '기(欺)'·'겸(慊)'·'신(愼)' 세 자는 모두 마음 위에 나아가 말한 것으로, 그 의미가 매우 긴요하고 절실하니, 독자들은 이 점을 살펴야 할 것이다.

● 제이절(第二節)[300]

내가 살펴보건대, '한(閒)'은 단지 '깊숙이 홀로 처해 있다〔幽獨〕.'는 의미이다. 『사서주자이동조변(四書朱子異同條辨)』에 "'한(閒)'은 '거리낌 없이 제멋대로 한다〔放肆〕.'는 의미가 있다. 소인이 홀로 거처하는 때에 반드시 거리낌 없이 제멋대로 하기 때문에 '한거(閒居)'라고 말한 것이다."라고 하였는데,[301] 이 설은 심히 천착되어 있다. 만약 이 설과 같다면, 『예기』에 이른바 '중니한거(仲尼閒居)'라고 한 것은 또한 장차 어떻게 해석할 것인가?

이성호(李星湖)가 말씀하기를 "살펴보건대 『주자어류』에 '〈공의 말과 같다면〉 사전(私錢)을 주조하거나 관청에서 만든 지폐를 위조해야 〈바야흐로 자기(自欺)가 됩니다.〉 이런 매우 못된 자들은 형편없는 소인들이니, 어찌 자기(自欺)를 말하겠습니까? 이 대목의 공부는 지극히 세밀하여, 설이 저 거친 곳에 도달하는 것이 타당치 않습니다. 전후로 학자들의 설에 오류가 많았던 까닭은, 자기(自欺)를 아래 절의 소인한거(小

---

299 두 개의 '자(自)' 자 : 『대학장구』 전 제6장의 '자기(自欺)'의 '자(自)' 자와 '자겸(自慊)'의 '자(自)' 자를 가리킨다.
300 주자의 『대학장구』 전 제6장(성의장) 제2절을 가리킨다.
301 이 내용은 이패림의 『사서주자이동조변－대학』 전 제6장 제2절 해석에 보인다.

人閒居) 1절과 잘못 연관시켜 보았기 때문입니다. 그러므로 차이가 생긴 것입니다.'라고 하였으며,[302] 또 혹자가 또 묻기를 '자기(自欺)와 아래 절의 슬그머니 그의 불선을 숨기고 그의 선을 드러낸다〔厭然揜其不善而著其善〕고 한 경우에는 분별이 있는 것입니까?'라고 하여, 주자가 답하기를 '자기(自欺)는 이치상 흠이 있어 만족하지 않은 것입니다. 10분의 9는 선을 좋아하고 악을 싫어하되 10분의 1이 선을 좋아하지 않고 악을 미워하지 않는다면 바로 스스로 자신을 속이는 것입니다. 슬그머니 그의 불선을 숨기고 선을 드러내는 때에 이르면, 또한 자신을 속이는 것이 심한 것입니다.'라고 하였다.[303] 이 설에 의거하면, 저 슬그머니 불선을 숨기고 선을 드러내는 소인은 스스로 자신을 속이는 것〔自欺〕이라 말할 수 없다. 그러나 주자는 또한 말씀하기를 '은미한 가운데에서는 악을 행하고, 드러나고 밝은 곳에서는 선을 거짓으로 드러내는 것은 자신을 속여서 남까지 속이는 것입니다.'라고 하였다.[304] 그렇다면 슬그머니 그의 불선을 숨기고 그의 선을 드러내는 소인도 또한 자신을 속이는 것〔自欺〕일 따름이다. 이 두 설은 같지 않은 듯하다. 나의 생각으로 미루어보건대, '자기(自欺)'는 외면은 은(銀)이고 내면은 쇠〔鐵〕인 한 덩어리의 물체와 같다. 성의장 제1절의 공부는 지극히 세밀하여 설이 거친 데에 이르지 않았다. 비유하자면, 외면의 10분의 9는 은이고, 그 속에 10분의 1만 쇠가 내재되어 있는 것을 면치 못한 경우이다. 아래의 제2절에서 말한 것은, 선은 마땅히 행해야 하고 악은 마땅히 제거해야 한다는 점을 알지 못하는 것은 아니니, 10분의 1일지라도 선을 좋

---

302 이 내용은 『주자어류』 권16, 「대학3」, '전육장석성의(傳六章釋誠意)'에 보인다.
303 위와 같음.
304 위와 같음.

아하고 악을 미워하는 마음이 없다고 말할 수는 없다. 그러므로 주자는 말씀하기를 "소인은 한가로이 거처할 적에 불선한 짓을 하다가〔小人閒居爲不善〕'라고 한 한 단락은 바로 이것이 자기(自欺)이다. 또 '소인이 한가로이 거처할 적에 불선한 짓을 하다'는 바로 악을 미워하는 것이 제1절의 '악취를 싫어하는 것과 같이 한다〔如惡惡臭〕'고 한 것만 못하다. 그리고 '그의 불선을 숨기고 그의 선을 드러내는〔揜其不善而著其善〕'이라고 한 한 단락은 바로 선을 좋아하는 것이 제1절의 '예쁜 여색을 좋아하는 것과 같이 한다〔如好好色〕'고 한 것만 못하다.'고 하였다. 이는 비유컨대 외면의 10분의 1은 은이고, 내면은 도리어 10분의 9가 모두 쇠인 것과 같다. 그래서 필경 균일하게 자기(自欺)가 된다. 만약 공부의 세밀한 점을 논한다면, 모름지기 10분의 1의 쇠 위에서 그것이 한 덩어리로 변해서 극진하게 되기를 구해야 한다. 이것이 바로 거칠게 말할 수 없는 까닭이다. 세상에는 사전(私錢)을 주조하거나 관청에서 만든 지폐를 위조하는 사람이 절로 있다. 한결같은 생각으로 악을 행하면, 이는 안팎 전체가 모두 쇠인 경우이니, 이는 과연 자기(自欺)가 아니다. 한가로이 거처하는 소인과 같은 경우는, 사사로이 거처할 적에는 비록 사전을 주조하거나 관청에서 만든 지폐를 위조하는 등의 일을 할지라도, 군자를 만나게 되면 반드시 슬그머니 그의 불선을 숨기고 또 그의 선을 드러내니, 10분의 1일지라도 그의 일을 부끄럽게 여기는 생각이 없지 않으며, 10분의 1일지라도 군자를 기뻐하고 사모하는 생각이 없지 않다. 그리하여 어느 곳인들 이르지 않음이 없으면서 바야흐로 계책을 얻었다고 스스로 생각하는 자와는 차이가 있다. 학자들이 제1절의 '자기(自欺)'를 아래 제2절과 연관된 것으로 잘못 보아서, 단지 어느 곳인들 이르지 않음이 없으면서도 부끄러움을 알지 못하는 것을 자기(自欺)라고 여기고 있는데, 이는 제2절의 정채(精彩)가 '슬그머니 그의 불선을 숨기고 그의 선을 드러낸다〔厭然揜其不善而著其善〕.'고 하는 구절에 있는 것을 전혀 모르는 것이다. 그러므로 주자가 그 점을 밝힌 것이다."라고 하였다.[305]

내가 살펴보건대, 성호(星湖)는 주자의 설에 따라 자기(自欺)의 대략적인 면과 세밀한 면을 분석하였으니, 그 설이 매우 긴절하다. 다만 주자가 이른바 '슬그머니 그의 불선을 가리고 그의 선을 드러낼 때는 또한 그 자기(自欺)가 심한 것이다.'라고 한 말은, 그 어의를 살펴보건대 '슬그머니 그의 불선을 숨기고 그의 선을 드러내는 것'으로 자기(自欺)가 심한 경우를 삼아 그렇게 말한 것이니, 그것이 자기(自欺)가 아니라고 말한 것은 아니다. 그러니 뒤에 말한 '자신을 속이고 남까지 속인다〔自欺以欺人〕.'[306]고 한 설과 다른 의미가 있는 것은 아니다. 다시 살펴보아야 하겠다.

이성호(李星湖)가 말씀하기를 "봄·가을을 말하면 사계절이 모두 거론되고, 폐·간을 말하면 오장(五藏)이 모두 거론된다. …… 제2절의 '폐간(肺肝)'은 '중(中)' 자[307]와 서로 조응된다."라고 하였다.[308]

내가 살펴보건대, '남들이 나를 보는 것이……〔人之視己云云〕'라고 한 구절은 위의 '군자를 만난 뒤에는……〔見君子而後云云〕'이라고 한 구절을

---

305 이 내용은 이익의 『대학질서』 전 제6장의 해석에 보인다.
306 이 내용은 『주자어류』 권16, 「대학3」, '전육장석성의(傳六章釋誠意)'에 보인다.
307 이는 『대학장구』 전 제6장 제2절 '성어중 형어외(誠於中 形於外)'의 '중(中)' 자를 가리킨다.
308 이 내용은 이익의 『대학질서』 전 제6장 해석에 보인다.

이은 것이니, '인(人)' 자는 '군자(君子)'를 가리켜 말한 것이다. 만약 군자가 아니라면 소인의 심술(心術)을 살피는 것이 반드시 이와 같이 밝지는 않을 것이다.

만촌 여씨(晚村呂氏)가 말하기를 "성의장 제2절의 '여견(如見)'은 진견(眞見)이 아니다. 그것은 남들이 아직 보지 못했거나, 보았더라도 반드시 다 본 것은 아닌 상태에 있는 것이니, 곧 소인이 슬그머니 그의 불선을 숨기는 지점에서 남들이 자기를 보는 것이 이와 같을 것이라고 여기는 것이다. 그러니 자신의 불선을 용납할 곳이 없다."라고 하였다.[309]

『사서주자이동조변(四書朱子異同條辨)』에 말하기를 "지금 사람들은 책을 볼 적에 위·아래의 맥락을 함께 보지 않으니 괴이할 만하다. '군자를 본 뒤에는 슬그머니 그의 불선을 숨기고 그의 선을 드러낸다〔見君子 而后揜其不善而著其善〕.'라고 한 것은 이미 외면으로 드러난 것이고, '남들이 자기를 보는 것이 마치 자기의 폐와 간을 들여다보는 것과 같이 여긴다〔人之視己 如見其肺肝然〕.'라고 한 것은 또한 그 요점이 소인의 심리에 있는 것이다. 그런데 만촌 여씨의 설에는 도리어 '남들이 반드시 본 것이 아니고, 보았더라도 반드시 다 본 것은 아니다. 이는 소인이 슬그머니 그의 불선을 숨기는 지점에서 남들이 자기를 보는 것이 이와 같을 것이라고 여기는 것이다.'라고 하였으니, 그는 심각하게 여기면서 도리어 느슨하게 해석해야 함을 알지 못한 것이다. 그러니 『대학장구』 주자의 주에 '악을 숨기고자 하지만 끝내 숨길 수 없고, 거짓으로 선을 하고자 하지만 끝내 속일 수 없으니 무슨 유익함이 있겠는

---

309 이 내용은 이패림의 『사서주자이동조변 – 대학』 전 제6장 해석에 보인다.

가?'³¹⁰라고 한 설에 대해, 그는 어찌하겠는가? 만촌 여씨의 설과 같다면, '중(中)' 자와 '외(外)' 자³¹¹ 두 자는 모두 확실하고 분명하지 않다."라고 하였다.³¹²

　　내가 살펴보건대, '성어중 형어외(誠於中 形於外)'에 대해, 주자는 '마음이 악을 행하는 데에 성심으로 한다〔誠於爲惡〕.'라고 해석하였다.³¹³ 지금 살펴보건대, '성어중(誠於中)'의 '성(誠)' 자는 '성의(誠意)'의 '성(誠)' 자를 근본으로 해서 나온 말이니 '성어위악(誠於爲惡)'의 뜻이 되기는 어려울 듯하다. 주자는 이 구절이 위 문장의 '소인한거위불선(小人閒居爲不善)'을 이었기 때문에 그렇게 말한 것이라고 생각한 것이다. 그러나 위 문장에서 말한 것은 바로 선이 마음속에 가득 차지 않아서 그 선을 드러내고자 해도 드러낼 수 없음을 말한 것이다. 그러므로 이 구절에서는 반대로 결론지어 "이는 '선이 반드시 마음속에 가득 채워진 뒤에라야 바야흐로 밖으로 드러날 수 있다.'는 점을 말한 것이다."라고 하였다. 이와 같이 보면 아마도 불가함이 없을 듯하다.

310　주자의 『대학장구』 전 제6장 제2절 주에 "그러나 그 악을 엄폐하려고 해도 끝내 숨길 수 없으며, 거짓으로 선을 행하려 하지만 끝내 속일 수 없으니, 또한 무슨 유익함이 있으리오〔然欲揜其惡而卒不可揜, 欲詐爲善而卒不可詐, 則亦何益之有哉〕."라고 하였다.

311　이는 『대학장구』 전 제6장 제2절의 '성어중 형어외(誠於中 形於外)'의 '중(中)'과 '외(外)'를 말한다.

312　이 설은 이패림의 『사서주자이동조변－대학』 전 제6장 해석에 보인다.

313　주자는 …… 해석하였다 : 이는 『대학장구대전』 전 제6장 제2절 소주 주자의 설에 "'소인한거 위불선(小人閒居, 爲不善)'은 성심으로 불선한 짓을 하는 것이고, '엄기불선이저기선(揜其不善而著其善)'은 선을 행하는 것이 성실하지 않은 것이다〔小人閒居, 爲不善, 是誠心爲不善也. 揜其不善而著其善, 是爲善不誠也〕."라고 한 것을 가리키는 듯하다. 이 소주의 설은 『주자어류』 권64, 「중용」에 있는 설을 옮겨 놓은 것이다.

또 살펴보건대, 정심장(正心章)의 앞 2절에서는 단지 '마음이 바르지 않은 사람은 자신의 몸을 닦을 수 없다.'는 점을 말하였는데, 마지막 절에 이르러서는 반대로 결론지어 "이것을 일러 '몸을 닦는 것은 그의 마음을 바르게 하는 데 달려 있다.'라고 말하는 것이다〔此謂修身在正其心〕."라고 하였으니, '성어중 형어외(誠於中 形於外)'라고 한 것이 이 구절과 더불어 또한 어찌 다른 사례이겠는가?

'성어중(誠於中)'의 '성(誠)' 자는 '성의(誠意)'의 '성(誠)'에 근본을 둔다. 그러나 곧장 '성어중(誠於中)'으로 성의(誠意)를 삼으면, '형어외(形於外)'는 단지 생각이 드러난 것이 될 뿐이어서 그 뜻이 완전하지 않고 위·아래의 문장과도 조응이 되지 않는다. '성어중(誠於中)'은 선이 마음속에 가득 찬 것을 말하고, '형어외(形於外)'는 선이 밖으로 드러나는 것이다. 제4절의 '덕윤신(德潤身)'이 바로 '성어중 형어외(誠於中 形於外)'와 서로 연관되니, '덕(德)'이 곧 '성어중(誠於中)'이고, '윤신(潤身)'이 곧 '형어외(形於外)'이다.

자기(自欺)의 폐단은 반드시 몰래 악을 행하면서 겉으로는 선한 척하는 데 이르며, 자겸(自慊)의 효과는 반드시 마음속에 선이 가득 차서 밖으로 드러나는 데 이른다. 위·아래가 물이 흘러드는 듯하여 문장의 의미가 매우 긴밀하다. 지금 '성어중(誠於中)'에 대해 소인이 악을 행하는 일이 되는 것까지 함께 지칭한다면, 그 의미가 도리어 치우치고 고립되어 위의 절과 조응이 되지 않을 것이다.

● 제삼절(第三節)[314]

한 사람은 혹 속일 수 있지만 여러 사람은 끝내 속일 수 없다. 그러므로
굳이 '십목(十目)'과 '십수(十手)'를 말한 것이다. '엄(嚴)'은 그것이 두려
워할 만한 것임을 말한 것이다.

● 제사절(第四節)[315]

내가 살펴보건대, '덕윤신 심광체반(德潤身 心廣體胖)'은 분명히 '성어중
형어외(誠於中 形於外)'의 일을 말한 것이니, 위와 아래가 서로 조응이
된다. 이로써 '성어중 형어외'가 선(善)의 한 측면을 주로 하여 말한 것
임을 알 수 있다. '십목(十目)'을 말한 제3절은 제2절의 '엄기불선이저기
선(揜其不善而著其善)'과 조응하고, 이 제4절은 제2절의 '성어중 형어외
(誠於中 形於外)'와 조응한다. '엄기불선(揜其不善)' 1구와 '성어중(誠於
中)' 1구를 뒤의 제3절ㆍ제4절에 나누어 소속시키면 뜻이 더욱 정밀해
진다.

   신안 진씨(新安陳氏)가 말하기를 "제4절은 '부윤옥(富潤屋)'을 빌려서
아래의 '덕윤신(德潤身)'의 의미를 일으켰다. '덕(德)'은 맹자가 이른바
'〈군자가 본성으로 하는 것은〉 인의예지(仁義禮智)가 마음에 근본을 두
고……'라고 한 것[316]과 같고, '윤신(潤身)'은 맹자가 이른바 '그것이 겉으
로 드러나는 것은 순수하여 얼굴에 나타나고, 등에 넘쳐흐르고 〈사지에

---

314 주자의 『대학장구』 전 제6장(성의장) 제3절을 가리킨다.
315 주자의 『대학장구』 전 제6장(성의장) 제4절을 가리킨다.
316 맹자가 …… 것 : 이 구절은 『맹자』, 「진심 상」 제21장에 보인다.

베풀어진다.〉'라고 한 것[317]과 같은 것이 그것이다. 아래 문장의 '심광체반(心廣體胖)'은 곧 이 점을 거듭 말한 것이다."라고 하였다.[318]

쌍봉 요씨(雙峰饒氏)가 말하기를 "마음이 바르지 않으면 어떻게 마음의 덕을 넓게 할 수 있겠으며, 몸이 닦여지지 않으면 어떻게 신체를 넉넉히 덕스럽게 할 수 있겠는가? '심광체반(心廣體胖)'은 곧 마음이 바루어지고 몸이 닦여진 징험이니, 심광체반을 능히 할 수 있는 바는 단지 자신의 마음속에 싹튼 생각을 선으로 가득 채우는 데 달려 있을 뿐이다. 이로써 성의(誠意)가 정심(正心)·수신(修身)의 요체가 되는 것을 알 수 있다."라고 하였다.[319]

『사서주자이동조변』에 말하기를 "명명덕(明明德)의 공부가 성의(誠意)에 이르면, 이미 자신에게 실제로 얻어진 것이다. 그러므로 비로소 '덕(德)' 자를 쓴 것이다. 그러나 명명덕의 공부가 여기에 이르면 그 공부를 이미 극진히 하여 다시는 정심(正心)·수신(修身)의 공부가 없다고는 도리어 말할 수 없다. 쌍봉 요씨가 아래 성의장을 해석하면서 정심장·수신장 두 장의 공부를 없애 버린 것은 참으로 옳지 않다. 신안 진씨의 설에 나아가 보아도 맹자가 이른바 '그 덕이 겉으로 드러나 얼굴에 나타나고 등에 흘러넘친다.'[320]라고 한 것으로 그 점을 형용한 것도 자

317 맹자가 …… 것 : 이 구절도 『맹자』, 「진심 상」 제21장에 보인다.
318 이 내용은 『대학장구대전』 전 제6장 제4절 주자의 주 '덕즉능윤신의(德則能潤身矣)' 아래 소주에 보인다.
319 이 내용은 『대학장구대전』 전 제6장 제4절 주자의 주 '우언차이결지(又言此以結之)' 아래 소주에 보인다.
320 이는 『맹자』, 「진심 상」 제21장에 보이는 "군자가 본성으로 하는 바는 인의예지가 마음에 근본하여 그것이 겉으로 드러날 적에는 순수하게 얼굴에 나타나고, 등에 흘러넘

세하지 않다. 『맹자』에는 도리어 '선을 내 몸에 가득 채워 빛이 있게 하는 것〔充實而有光輝〕' 이후의 일에 대해서도 말을 하고 있으니,[321] 이는 대체로 이미 정심·수신을 겸해서 말한 것이다."라고 하였다.[322]

내가 살펴보건대, 명명덕의 공부는 성의(誠意)로 기본을 삼고, 정심(正心)·수신(修身)은 성의를 인하여 그것을 완성할 따름이다. 그러므로 여기서 성의를 논하면서 정심·수신의 일을 아울러 언급하여 그 의미를 드러내 보인 것이다. 쌍봉 요씨와 신안 진씨 두 사람의 설은 모두 옳다. 『사서주자이동조변』에 '덕윤신 심광체반(德潤身 心廣體胖)' 1구를 가지고 오히려 명명덕의 공부가 아직 극진하지 못한 것으로 여겨 정심·수신과 변별해 놓은 것은 전혀 이해할 수 없다.

또한 묻건대, 명덕의 공부가 극진하지 않다면 덕이 어떻게 능히 몸을 윤택하게 할 수 있겠으며, 마음이 바루어지지 않으면 마음을 어찌 능히 넓어지게 할 수 있겠으며, 몸이 닦여지지 않으면 신체를 어찌 능히 넉넉히 덕스럽게 할 수 있겠는가? 이는 전문(傳文)에 성의로써 정심·수신을 포함하게 한 본지(本旨)를 알지 못해서 성의를 정심·수신과 나란

치며, 사지에 베풀어져서 사지는 말하지 않아도 저절로 깨닫는다〔君子所性, 仁義禮智 根於心, 其生色也, 睟然見於面, 盎於背, 施於四體, 四體不言而喩〕."라고 한 것을 줄여서 쓴 것이다.

[321] 『맹자』, 「진심 하」 제25장에 "하염직한 것을 선(善)이라 하며, 그 선을 내 몸에 소유한 것은 신(信)이라 하며, 그 신을 가득 채운 것을 미(美)라 하고, 그것을 가득 채워 밖으로 빛이 나는 것을 대(大)라 하며, 대하고서 저절로 조화하는 것을 성(聖)이라 하며, 성하여서 사람들이 알 수 없는 것을 신(神)이라 한다〔可欲之謂善, 有諸己之謂信, 充實之謂美, 充實而有光輝之謂大, 大而化之之謂聖, 聖而不可知之之謂神〕."라고 하였다. 내 몸에 덕을 가득 채워 밖으로 빛이 드러나는 것을 대(大)라고 하고, 그 뒤에 그보다 더 높은 경지로 성(聖)과 신(神)을 언급하고 있다.

[322] 이 내용은 이패림의 『사서주자이동조변－대학』 전 제6장 해석에 보인다.

히 여긴 것인 듯하다. 그러므로 구구하게 분석하여 이런 오류가 있게 된 것이다.

'덕윤신(德潤身)……'과 앞 장[323]의 '수신위본(修身爲本)'은 서로 조응 한다. '수신위본'은 처음으로 수신에 종사하는 것이다. '덕윤신'은 수신을 하여 공을 이룩한 것이다.

이상 4단락[324]은 성의(誠意)의 종시(終始)를 논하면서 성(誠)·불성 (不誠)을 가지고 상대적으로 말했는데, 한편으로는 권면(勸勉)을 극진히 하였고, 한편으로는 경계(警戒)를 극진히 하였다. 그러나 그 문장은 이 두 가지를 하나로 꿰뚫어 설을 펴서 일찍이 평면적으로 대조하지 않았 다. 그러므로 제1단락에서는 '자기(自欺)'와 '자겸(自慊)'을 상대적으로 거론하였는데, 단지 무자기(毋自欺) 위에서 성의(誠意)를 말하였을 따름 이니 자겸(自慊)이 성의가 되는 것은 말을 하지 않아도 드러난다.

그리고 자겸에 대해 '악을 미워함은 악취를 싫어하는 것과 같이 하고, 선을 좋아하는 것은 예쁜 여색을 좋아하는 것과 같이 한다[如惡惡臭 如 好好色].'는 점을 말하였으니, 자기(自欺)가 악을 미워함은 악취를 싫어 하는 것과 같이 하고, 선을 좋아하는 것은 예쁜 여색을 좋아하는 것과 같이 할 수 없음은 말을 하지 않아도 드러난다. '무자기야(毋自欺也)' 아 래에 곧바로 '여오악취 여호호색(如惡惡臭 如好好色)……'으로써 이은 것 은, 또한 스스로 자신을 속이지 않음이 곧 자겸(自慊)임을 드러낸 것이

---

323 앞 장 : 저자인 신후담이 격물치지를 해석한 것으로 본 제2장을 말한다.
324 4단락 : 주자의 『대학장구』 전 제6장(성의장)에 해당하는 4절을 가리킨다. 신후담은 『고 본대학』의 편차에 따라 해석했기 때문에 성의를 해석한 것으로 본 제3장이 『대학장구』 전 제6장 및 전 제1장~제4장까지를 모두 포함하고 있다.

니, 두 층이 있는 것은 아니다.

제2절의 '즉하익의(則何益矣)' 이상은 오로지 자기(自欺)의 증험을 말한 것이고, '차위성어중형어외(此謂誠於中形於外)' 1구는 도리어 자겸(自慊)의 효과로써 그것을 이은 것이다. 이 또한 군자가 선을 행함은 반드시 저 한가로이 거처하는 때로부터 비롯되고, 소인이 불선을 숨기고 선을 드러내는 것은 그가 능히 마음속에 선을 가득 채울 수 없음을 말미암는다는 점을 드러낸 것이다. 이 두 가지 의미가 서로 인하여 드러난 것이다.

제3절 · 제4절은 이 두 가지 의미를 나누어 말한 것인데, '필성기의(必誠其意)'로써 오로지 제4절을 결론지었으니, 그의 마음속에 싹튼 생각을 선으로 가득 채우지 못함을 경계하는 의미가 그 속에 들어 있다. 대개 그 권면하고 경계하는 것이 서로 극진하여 의미의 맥락이 흘러 통하니, 독자들은 잠심하여 음미해야 할 것이다.

제1절은 선을 좋아하고 악을 미워함의 성(誠) · 불성(不誠)을 말하였으니, 바로 성의(誠意)의 일을 논한 것이다. 제2절은 선을 행하는 것의 성 · 불성을 말하였으니, 곧 성의로부터 미루어 한 걸음 더 나아가서 그 효험을 말한 것이다. 제3절 · 제4절은 곧 제2절의 의미를 거듭 말한 것이다. 제3절의 '십목소시(十目所視)……'와 제2절의 '여견폐간(如見肺肝)'이 서로 연관되어 있고, 제4절의 '덕윤신(德潤身)……'과 제2절의 '성어중형어외(誠於中 形於外)'가 서로 연관되어 있는 것을 보면 그런 점을 알 수 있다.

제1절에서 '소위성기의자(所謂誠其意者)'로 시작한 것은, 이 장 전체 절의 의미를 맨 앞에 둔 것이다. 대개 성의는 자겸(自慊)하여 스스로 자

신을 속이지 말라는 것을 말하는 데에 불과하다. 제4절에서 '필성기의
(必誠其意)'로 결론지은 것은 제2절과 제3절의 의미를 포괄한 것이다.
대개 성의는 선을 극진히 한 것이 마음속에 가득 차 밖으로 드러나서
몰래 악을 행하면서 겉으로만 선한 척하는 폐단이 없는 것이다.

옥계 노씨(玉溪盧氏)가 말하기를 "앞에서 두 번이나 '필신기독(必愼其
獨)'을 말하고, 제4절에서 거듭 '필성기의(必誠其意)'라고 하였다. 세 번
이나 '필(必)' 자를 말하여 사람들에게 보인 것이, 진실하고 절실하다고
이를 만하다."라고 하였다.[325]

주자가 말씀하기를 "성의(誠意)는, 위로는 치지(致知)·격물(格物)에
연관되고, 아래로는 정심(正心)·수신(修身)·제가(齊家)·치국(治國)·
평천하(平天下)의 4~5항목에 연관된다. 성의는 모름지기 치지(致知)를
해야 하니, 〈능히 앎을 극진히 하여〉 앎이 이미 지극해져야 마음속에
싹튼 생각을 선으로 가득 채울 수 있다. 그리고 마음속에 싹튼 생각이
선으로 가득 차는 데에 이르면 바로 큰 관문을 통과하게 되어 바야흐로
몸〔身〕과 마음〔心〕을 관리할 수 있다. 만약 마음속에 싹튼 생각이 선으
로 가득 차지 않으면 바로 스스로 자신을 속이게 되고, 그러면 바로 소
인이다. 이 관문을 지나가면 바로 군자이다. 마음속에 싹튼 생각이 선으
로 가득 차면 바로 온전히 천리(天理) 위에서 행하게 되고, 마음속에 싹
튼 생각이 선으로 가득 차기 전에는 오히려 골몰히 인욕(人慾) 속에 빠
져 있게 된다."라고 하였다.[326]

---

325 이 내용은 『대학장구대전』 전 제6장 제4절 주자의 주 '우언차이결지(又言此以結之)' 아래
소주에 보인다.

쌍봉 요씨(雙峰饒氏)가 말하기를 "전문의 모든 장은 경문의 팔조목(八條目)의 일을 해석한 것이다. 매 장마다 모두 팔조목 가운데 두 조목씩 연관해서 말했는데, 유독 이 제6장만은 성의(誠意)를 단독으로 거론했다. 이는 대체로 지지(知至)와 성의(誠意), 성의와 의성(意誠)은 참으로 서로 인한다. 그러나 치지는 지(知)에 속하고 성의는 행(行)에 속한다. 지(知) · 행(行)은 필경 두 가지 일이니 마땅히 각자 스스로 힘을 써야 한다. 따라서 알고 나면 바로 자연히 능히 행한다고 말할 수 없다. 성의장이 치지와 연관시키지 않고 별도로 말한 까닭이 이 때문이다. 정심(正心) · 성의(誠意)가 비록 모두 행(行)에 속하지만, 성의(誠意)는 정심(正心)의 요체일 뿐만 아니라, 수신(修身)으로부터 평천하(平天下)에 이르기까지 모두 이 성의로써 요체를 삼는다. 그러므로 정자(程子)가 천덕(天德) · 왕도(王道)를 논하면서 모두 '그 요점은 단지 근독(謹獨)에 있다.'고 했다. 천덕은 곧 심정(心正) · 신수(身修)를 말하고, 왕도는 곧 제가(齊家) · 치국(治國) · 평천하(平天下)를 말하며, 근독은 곧 성의의 요지이다. 만약 성의를 단지 정심(正心)과 연관해 말한다면 그 의미가 촉박하고 협소해서 그 공용(功用)의 광대함이 이와 같은 점을 드러낼 방법이 없게 된다. 이 전 제6장은 바로 『대학』전 편의 긴요한 대목이다. 전문을 지은 사람이 이 장에 대해 말한 것이 매우 통렬하고 절실하다. 처음에는 근독(謹獨)을 말하였으니, 성의의 방법이다. 중간에는 소인의 마음에 싹튼 생각이 선으로 가득 차지 않은 점을 말하였으니, 경계를 한 것이다. 마지막에는 성의의 효험을 말했으니, 권면을 한 것이다."라고 하였다.[327]

---

326 이 내용은 『주자어류』권16, 「대학3」, '전육장석성의(傳六章釋誠意)'에 보인다.
327 이 내용은 『대학장구대전』전 제6장 주자의 주 '우전지육장석성의(右傳之六章釋誠意)'

내가 살펴보건대, 주자는 이 4절³²⁸을 성의장(전 제6장)의 전문(全文)으로 삼고서 청송절(聽訟節) 밑으로 옮겨 두었다. 지금 나의 어리석은 소견으로는, 이 아래 문장 '시운첨피기욱(詩云瞻彼淇澳)'으로부터 청송절에 이르기까지 모두 이 성의장 4절의 의미를 이어서 미루어 연역해 말한 것이다. 따라서 이를 모두 통합하여 성의의 전문으로 삼아야 마땅하며, 단독으로 이 4절만을 가지고서 성의의 전문(全文)으로 삼는 것은 불가한 듯하다. 더구나 고본(古本)의 차서는 옮겨 바꾸어 놓을 수 없으니, 이 4절을 청송절 밑으로 옮기는 것은 끝내 온당하지 못하게 된다. 지금 나의 설은 이 4절 아래의 문장과 모두 연결하여 한 장으로 삼았으니, 도리어 고본에 의거하여 말한 것이다.

● 제오절(第五節)³²⁹

이성호(李星湖)가 말씀하기를 "『시경』의 시를 살펴보면, '녹(菉)' 자가 '녹(綠)' 자로 되어 있는데, 그 주에 '녹(綠)은 색(色)이다.'라고 하였다.³³⁰ 이미 녹(綠)을 색이라고 해석했기 때문에 아래 장 '녹죽청청(綠竹青青)'³³¹의 주에 '청청(青青)은 견고하고 굳세고 무성한 모양이다.'라고 하였다.³³² 그러나 『대학』에는 '녹(菉)' 자로 썼으니, 녹(綠)과 녹(菉)은 통용된다. 『시경』, 소아(小雅)에 '아침 내내 녹(綠)을 캤다〔終朝采

아래 소주에 보인다.

328 4절 : 주자의 『대학장구』 전 제6장 4절을 가리킨다.

329 저자 신후담이 성의장의 제5절로 삼은 것은 주자의 『대학장구』 전 제3장 제4절로 본 '시운 첨피기욱(詩云, 瞻彼淇澳) …… 민지불능망야(民之不能忘也).' 1절을 가리킨다.

330 이는 주자의 『시집전』, 위풍(衛風), 「기욱(淇澳)」 제1장의 주에 보인다.

331 이 구는 『시경』, 위풍, 「기욱」 제2장에 보인다.

332 이는 주자의 『시집전』, 위풍, 「기욱」 제2장의 주에 보인다.

綠].'³³³는 구(句)가 있는데, '녹(綠)' 자를 색으로 훈해할 수 없기 때문에 그 주에 『이아(爾雅)』에 의거하여 '녹(綠)은 왕추(王芻)이다.'라고 하였다.³³⁴

살펴보건대, 『이아』에 '녹(菉)은 왕추(王芻)이다.'라고 하였는데,³³⁵ 곽박(郭璞)의 주에 '녹(菉)은 욕(蓐)이다. 지금은 저각사(邸脚莎)라고 부른다.'라고 하였다. 대개 『이아』의 문구는 '녹(綠)'으로 되어 있지 않다. 만약 '녹(綠)' 자와 '녹(菉)' 자가 통용되지 않는다면, 어찌 유독 '채록(采綠)'의 '녹(綠)' 자를 훈해하면서 '녹(綠)은 왕추(王芻)이다.'라고 하였겠는가? 이는 그 의미가 상세하지 못한 점이 있다.

살펴보건대, 『모전(毛傳)』에 "'녹(綠)은 왕추(王芻)이고, 죽(竹)은 편죽(篇竹)이다.'라고 하였는데,³³⁶ 이는 모두 『이아』에 의거하여 해석한 것이다. 『이아』에 '죽(竹)은 편축(萹蓄)이다.'라고 하였는데,³³⁷ 곽박의 주에 '이는 소려(小藜)와 유사한데, 줄기의 마디는 붉고, 길가에 잘 자라며, 식용할 수 있다.'라고 하였다. 『본초강목(本草綱目)』³³⁸에는 '녹(綠)은 땅에 퍼져 살며, 마디 사이는 희고, 줄기와 잎은 가늘고 푸른색인데, 사람들은 편죽(萹竹)이라 한다. 대개 우리나라에서 마흘초(馬齕草)라고 하는 것이 이것이다.'라고 하였다. 또 『초목소(草木疏)』³³⁹에는 '풀 중에 대나무와 같이 높이가 대여섯 자가 되는 풀이 기수(淇水) 가에서 자생하는

---

333 이 구는 『시경』, 소아, 「채록(采綠)」 제1장에 보인다.
334 이 내용도 주자의 『시집전』, 소아, 「채록」 제1장 주에 보인다.
335 이는 『이아』, 「석초제십삼(釋草第十三)」에 보인다.
336 이는 『모시(毛詩)』, 위풍(衛風), 「기욱(淇澳)」 제1장 정현(鄭玄)의 전(箋)에 보인다.
337 이는 『이아』, 「석초제십삼」에 보인다.
338 『본초강목(本草綱目)』: 명나라 때 이시진(李時珍)이 편찬한 약학서.
339 『초목소(草木疏)』: 중국 삼국시대 육기(陸璣)가 지은 『모시초목조수충어소(毛詩草木鳥獸蟲魚疏)』를 말한다.

데, 사람들이 녹죽(綠竹)이라고 부른다.'라고 하였다. 주자는 또 『한서(漢書)』의 '기원지죽(淇園之竹)'으로 증거를 삼았다. 이런 설들은 모두 일리가 있다. 그러나 모름지기 고서(古書)를 믿어야 하니 『이아』를 따르는 것이 옳다."라고 하였다.[340]

『대학혹문』에 말하기를 "'여절여차(如切如磋)'는 그 학문을 강구하는 것이 정밀해지면 더욱 정밀하기를 구하는 점을 말한 것이다. '여탁여마(如琢如磨)'는 그 자신을 수양하는 것이 주밀해지면 더욱 주밀해지길 구하는 점을 말한 것이다. 이것이 선을 택하여 굳게 잡고서 일취월장하여 지선(至善)의 경지에 이르러 머물게 될 수 있는 이유이다. '준률(恂慄)'은 엄정심과 공경심이 내면에 보존되어 있는 것이고, '위의(威儀)'는 그 빛이 밖으로 드러난 것이다. 이는 얼굴에 드러나고 등에 드러나 사지에 다 베풀어진 것으로,[341] 지선의 경지에 이르러 머물게 되는 징험이다. '성덕지선 민지불능망(盛德至善 民之不能忘)'은, 대개 인심이 다 같이 그렇게 여기는 것을 성인이 먼저 얻어서 안으로 충만하게 하여 밖으로 드러난 것이 또한 이와 같으니, 그 때문에 백성들이 모두 그를 우러르며 잊지 못하는 것이다. '성덕(盛德)'은 몸이 얻은 바로써 말한 것이고, '지선(至善)'은 이치가 지극한 바로써 말한 것이다. '절차탁마(切磋琢磨)'는 그가 지선의 경지에 이르기를 구하는 것일 따름이다."라고 하였다.[342]

『대학혹문』에 또 말하기를 "혹자가 묻기를 '절차탁마(切磋琢磨)'는 무

---

340 이 내용은 이익의 『대학질서』 전 제3장의 해석에 보인다.
341 이 내용은 『맹자』, 「진심 상」 제21장에 보인다.
342 이 내용은 주자의 『대학혹문』 전 제6장 해석에 보인다.

엇을 가지고 학문(學問)과 자수(自修)의 구별을 삼습니까?'라고 하여, 나는 답하기를 '뼈와 뿔은 결[脈理]을 찾을 수 있어서 자르고 다듬는 일이 쉬우니, 이른바 시조리(始條理)[343]라고 하는 일에 해당합니다. 옥과 돌은 한 덩어리로 되어 있는데다 단단하여 쪼개고 다듬는 일이 어려우니, 이른바 종조리(終條理)[344]라고 하는 일에 해당합니다.'라고 하였다."라고 하였다.[345]

이성호(李星湖)가 말씀하기를 "'착(鑿)'[346]은 참(鏨)이니, 곧 옥과 돌을 다듬는 쇠로 만든 정(釘)이다. '추(椎)'[347]는 추(槌)와 같으니, 두드리고 뚫는 도구이다. '려(鑢)'[348]는 연마하는 도구로서 혹 돌로 만들기도 하고 쇠로 만들기도 하는데, 그것들을 통칭하여 려(鑢)라고 한다. '탕(錫)'[349]은 본래 나무를 평평하게 하는 기구인데, 나무의 중간에 칼날을 드러내 만든 것이니, 지금의 변탕(邊錫)·면탕(面錫)과 같은 것들이 그것이다. '여절여차(如切如磋)' 이하는 『이아(爾雅)』에 보이는데, 대체로 고어(古語)에 서로 전해 오는 설이 이와 같다. 『이아』에 또 '뼈[骨]는 절(切)이라 하고, 상아[象]는 차(磋)라 하며, 옥(玉)은 탁(琢)이라 하고, 돌[石]은

---

343 시조리(始條理) : 『맹자』, 「만장 하」 제10장에 보인다.
344 종조리(終條理) : 『맹자』, 「만장 하」 제10장에 보인다.
345 이 내용은 주자의 『대학혹문』 전 제6장 해석에 보인다.
346 착(鑿) : 『대학장구』 전 제3장 제4절 주자의 주에 '탁이추착(琢以椎鑿)'이라고 한 '착(鑿)'을 가리킨다. 끌을 말한다.
347 추(椎) : 『대학장구』 전 제3장 제4절 주자의 주에 '탁이추착(琢以椎鑿)'이라고 한 '추(椎)'를 가리킨다. 망치를 말한다.
348 려(鑢) : 『대학장구』 전 제3장 제4절 주자의 주에 '차이려탕(磋以鑢錫)'이라고 한 '려(鑢)'를 가리킨다. 줄을 말한다.
349 탕(錫) : 『대학장구』 전 제3장 제4절 주자의 주에 '차이려탕(磋以鑢錫)'이라고 한 '탕(錫)'을 가리킨다. 대패를 말한다.

마(磨)라 한다.'라고 하였으니,[350] 이는 『대학장구』 주자의 해석과는 같
지 않다. 그러나 『대학장구』 주자의 해석이 지극히 정밀하니, 학자들은
삼가 그 설을 지켜야 할 것이다."라고 하였다.[351]

동양 허씨(東陽許氏)가 말하기를 "'강습토론(講習討論)'[352]은 이미 강
론을 한 뒤 또 거듭 익히고 다시 토론하는 것이다. 말이 점점 더 정밀해
진 것은 내면을 스스로 경계하는 것이다. '성찰(省察)'[353]은 정밀하게 살
피는 것이니, 이는 자기에게 선하지 않음이 있는 것을 구하는 것이다.
'극(克)'[354]은 극복해 나가는 것이고, '치(治)'[355]는 공평하게 하는 것이니,
이는 불선(不善)을 제거하여 선(善)을 따르는 것이다."라고 하였다.[356]

황씨 순요(黃氏洵饒)[357]가 말하기를 "'도학(道學)'[358]은 팔조목의 격물

---

350 이 내용은 『이아』, 「석기제육(釋器第六)」에 보인다.
351 이 내용은 이익의 『대학질서』 전 제3장 해석에 보인다.
352 강습토론(講習討論) : 이는 『대학장구』 전 제3장 제4절 주자의 주에 '학위강습토론지사
    (學謂講習討論之事)'라고 한 것을 가리킨다. 학(學)은 전 제3장 제4절 '도학야(道學也)'
    의 '학(學)'을 가리킨다.
353 성찰(省察) : 이는 『대학장구』 전 제3장 제4절 주자의 주에 "자수자 성찰극치지공(自修
    者, 省察克治之功)."이라고 한 구절의 '성찰(省察)'을 가리킨다.
354 극(克) : 이는 『대학장구』 전 제3장 제4절 주자의 주에 "자수자 성찰극치지공(自修者,
    省察克治之功)."이라고 한 구절의 '극(克)'을 가리킨다.
355 치(治) : 이는 『대학장구』 전 제3장 제4절 주자의 주에 "자수자 성찰극치지공(自修者,
    省察克治之功)."이라고 한 구절의 '치(治)'를 가리킨다.
356 이 내용은 원나라 때 학자 허겸(許謙, 1270~1337)의 『독사서총설(讀四書叢說)』 권1에
    보이는 설로, 이패림의 『사서주자이동조변－대학』 전 제3장 제4절 해석에 인용되어 있
    다. 저자 신후담이 말한 동양 허씨가 바로 허겸을 가리킨다.
357 황씨 순요(黃氏洵饒) : 황관(黃寬)을 말함. 순요는 그의 자이다. 복녕(福寧) 사람이다.
    『민중이학연원고(閩中理學淵源考)』 권40에 보인다.
358 도학(道學) : 주자의 『대학장구』 전 제3장 제4절 '여절여차자 도학야(如切如磋者, 道學

(格物)·치지(致知)이다. '자수(自修)'³⁵⁹는 성의(誠意)·정심(正心)·수신(修身)이다."라고 하였다. 그는 또 말하기를 "주자의 주에 보이는 '강습토론(講習討論)'은 격물(格物)·치지(致知)를 말하고, '성찰(省察)'은 성의(誠意)를 말하고, '극치(克治)'는 정심(正心)·수신(修身)을 말한다."라고 하였다.³⁶⁰

　　동양 허씨(東陽許氏)가 말하기를 "'엄밀(嚴密)'³⁶¹은 엄격하고 치밀하다는 뜻이고, '무의(武毅)'³⁶²는 강력하고 굳세다는 뜻이다. 전문에 '준률(恂慄)'로 '슬한(瑟僩)'을 해석하였는데,³⁶³ 주자(朱子)는 '준률(恂慄)은 엄숙하고 공경하는 마음이 내면에 보존되어 있는 것이다.'라고 했으며,³⁶⁴ 김인산(金仁山)³⁶⁵은 '지키는 바는 엄밀(嚴密)하고, 함양(涵養)하는 바는 강하고 굳센 것이다. 엄밀은 거칠고 성글지 않은 것이고, 무의(武毅)는 해이하고 게으르지 않은 것이다.'라고 하였다. 이런 해석을 가지고 이리

也)'의 '도학(道學)'을 가리킨다.

359 자수(自修) : 주자의 『대학장구』 전 제3장 제4절 '여탁여마자 자수야(如琢如磨者, 自修也)'의 '자수(自修)'를 가리킨다.

360 이 내용은 모두 이패림의 『사서주자이동조변－대학』 전 제3장 제4절 해석에 보인다.

361 엄밀(嚴密) : 이는 『대학장구』 전 제3장 제4절 주자의 주에 '슬 엄밀지모(瑟嚴密之貌)'라고 한 구절의 '엄밀(嚴密)'을 가리킨다.

362 무의(武毅) : 이는 『대학장구』 전 제3장 제4절 주자의 주에 '한 무의지모(僩武毅之貌)'라고 한 구절의 '무의(武毅)'를 가리킨다.

363 전문에 …… 해석하였는데 : 이는 『대학장구』 전 제3장 제4절에 "슬혜한혜자 준률야(瑟兮僩兮者, 恂慄也)."라고 한 것을 가리킨다.

364 주자는 …… 했으며 : 이 내용은 주자의 글에 보이지 않는다. 다만 『주자어류』 권16, 「대학3」 전 제3장 해석에 "슬혜한혜 즉성경존호중(瑟兮僩兮, 則誠敬存乎中)."이라는 말이 보인다.

365 김인산(金仁山) : 남송 말의 주자학자 김이상(金履詳, 1232~1303)을 말함. 자는 길부(吉夫), 호는 인산(仁山)이다. 절강성 난계(蘭谿) 사람으로 원나라가 들어서자 은거하였다.

저리 살펴보며 체인하면 '슬한(瑟僩)'의 의미를 알 수 있을 것이다."라고
하였다.[366]

서산 진씨(西山眞氏)[367]가 말하기를 "'위(威)'[368]는 의관을 바르게 하고
바라보는 시선을 존엄하게 하여 엄숙히 남들이 바라보며 그를 두려워하
는 것이니, 엄하고 사나움을 일삼는 것만은 아니다. '의(儀)'[369]는 행동을
하고 일을 주선할 때 예에 맞게 하는 것이니, 표정을 잘 짓고 외모를
잘 꾸미는 것을 일삼는 것만은 아니다."라고 하였다.[370]

신안 오씨(新安吳氏)[371]가 말하기를 "이치가 사물(事物)에 있으면 지
선(至善)[372]이 되며, 몸이 이 이치를 체인하여 터득하는 바가 있으면 성
덕(盛德)[373]이 된다. 예컨대 임금의 지선은 인(仁)이니, 능히 인을 극진

---

366 이 내용은 『대학장구대전』 전 제3장 제4절 주자의 주 '한 무의지모(僩, 武毅之貌)' 아래
     소주에 보인다.
367 서산 진씨(西山眞氏) : 남송 말의 학자 진덕수(眞德秀, 1178~1235)를 말함. 자는 경원
     (景元), 호는 서산이며, 복건성 건주(建州) 사람이다. 주자의 문인 첨체인(詹體仁)에게
     수학하였으며, 진사시에 합격하여 한림학사 등을 지냈다. 주자학을 발전시키는 데 크게
     공헌하였다. 저술로 『대학연의(大學衍義)』 등이 있다.
368 위(威) : 주자의 『대학장구』 전 제3장 제4절의 '혁혜훤혜자 위의야(赫兮喧兮者, 威儀也)'
     의 '위(威)'를 가리킨다.
369 의(儀) : 주자의 『대학장구』 전 제3장 제4절의 '혁혜훤혜자 위의야(赫兮喧兮者, 威儀也)'
     의 '의(儀)'를 가리킨다.
370 이 내용은 『대학장구대전』 전 제3장 제4절 주자의 주 '위가외야 의가상야(威可畏也,
     儀可象也)' 아래 소주에 보인다.
371 신안 오씨(新安吳氏) : 오호(吳浩)를 말함. 자는 의부(義夫)이다.
372 지선(至善) : 주자의 『대학장구』 전 제3장 제4절 '성덕지선(盛德至善)'의 '지선(至善)'을
     가리킨다.
373 성덕(盛德) : 주자의 『대학장구』 전 제3장 제4절 '성덕지선(盛德至善)'의 '성덕(盛德)'을
     가리킨다.

히 하는 것이 곧 임금의 성덕이다. 명덕(明德)은 하늘이 품부해 준 초기에 얻어지는 것이고, 성덕은 실천한 뒤에 얻어지는 것이다. 그러나 또한 단지 하나의 이치일 뿐이다."라고 하였다.[374]

만촌 여씨(晚村呂氏)가 말하기를 "고린사(顧麟士)[375]가 말하기를 '이 절에서 『시경』의 시를 해석한〔釋詩〕 한 단락은 곧 위 무공(衛武公)[376]에 연관시킨 것으로, 범범하게 언급한 것이 아니다. 위 제3절의 '위인군(爲人君)' 이하 5구는 문왕(文王)에 연관시켰고, 아래 제5절의 '현기현이친기친(賢其賢而親其親)' 이하 3구는 전왕(前王)에 연관시켰으니, 사례로 살펴보면 그런 점을 알 수 있다.'라고 하였다. 내가 살펴보건대, 이 논의는 지극히 잘못되었다. 『대학장구』전 제3장 안에는 모두 다섯 편의 시가 인용되어 있는데, 이 모두 시편의 어구(語句)를 빌려서 지어지선(止於至善)의 도리를 발명한 것이다. 예컨대, 제3절의 '경지(敬止)'의 '지(止)' 자는 『시경』본문에서는 어조사에 속하는데, 이 글에서는 마침내 실제의 의미를 가진 글자가 되었다. 그러니 인용한 시편의 어구는 또한 『시경』에서 정해진 해석을 고집하지 않는다. 그런데 하물며 그 어구가 가리키는 뜻이 사람의 일인 데 있어서랴? 고린사가 주장하는 것처럼 그런 사례에 의거한다면, '방기절(邦畿節)'[377]은 무정(武丁)의 손자(孫子)에

---

374 이 내용은 『대학장구대전』전 제3장 제4절 주자의 주 '탄미지야(歎美之也)' 아래 소주에 보인다.

375 고린사(顧麟士) : 육롱기(陸隴其, 1630~1693)의 『사서강의곤면록(四書講義困勉錄)』에 자주 등장하는 학자로 명말청초의 학자인 듯하다.

376 위 무공(衛武公) : 주나라 선왕(宣王) 16년 위(衛)나라의 제후가 되었다. 망국을 중흥시켜 민중의 지지를 받은 제후로, 『시경』에 그의 공덕을 칭찬한 시가 보인다.

377 방기절(邦畿節) : 주자의 『대학장구』전 제3장 제1절의 "시운 방기천리 유민소지(詩云, 邦畿千里, 惟民所止)……."라고 한 것을 가리킨다.

연관시켜 해석할 것이며,[378] 면만절(綿蠻節)[379]은 주나라가 쇠퇴한 뒤의 미천한 자에 연관시켜 해석할 것인가?[380] 그의 잘못은 모두 '석시(釋詩)' 두 자에 달려 있다. 『대학』은 원래 『시경』의 시로써 경(經)을 해석한 것으로, 애초 『시경』의 시를 해석하는 뜻은 없다. 그런데 지금 시를 해석한 것으로 여긴다면 어찌 도리어 객이 주인이 된 것이 아니겠는가? 이러한 등등의 논의가 사람들을 그르치는 것이 작지 않다. 모름지기 이러한 경우는 시구에 나아가서 이러한 도리가 활발하게 유행하는 경지를 지적해 낼 줄 알아야 한다. 어찌 단지 위 무공만이 그에 해당하기에 부족할 뿐이겠는가? 곧 인용한 시의 내용도 어찌 족히 극진하겠는가?"라고 하였다.[381]

『사서주자이동조변(四書朱子異同條辨)』에 말하기를 "인용한 「기욱(淇澳)」은 경문(經文)에서 지어지선(止於至善)을 말한 것에 합치되는 의미가 있다. 그러므로 「기욱」의 시구를 인용해 그 점을 해석한 것이다. 그러니 「기욱」의 시를 해석한 뒤에 명명덕(明明德)이 지선(至善)의 경지에 이르러 머무는 의미를 드러내는 것은 아니다. 다만 『대학』 전체 장의 대의(大意)로써 논한다면, 전문(傳文)을 지은 사람이 경문을 해석하는

---

378 방기절(邦畿節)은 …… 것이며 : 방기절은 『시경』, 상송(商頌), 「현조(玄鳥)」에서 인용한 구절로, 「현조」는 상나라 무정(武丁)의 손자들이 선조가 천명을 받은 복을 누린다는 내용이다.

379 면만절(綿蠻節) : 주자의 『대학장구』 전 제3장 제2절의 "시운 면만황조 지우구우(詩云, 緜蠻黃鳥, 止于丘隅)……"라고 한 것을 가리킨다. 『시경』, 소아(小雅), 「면만(綿蠻)」에는 '면만(綿蠻)'으로 되어 있다.

380 면만절(綿蠻節)은 …… 것인가 : 면만절은 『시경』, 소아, 「면만」에서 인용한 구절로, 「면만」은 주나라의 정치가 쇠미해진 뒤 미천한 사람이 수고롭고 괴로워서 의탁할 바가 있기를 생각한 시이다.

381 이 내용은 이패림의 『사서주자이동조변-대학』 전 제3장 제4절 해석에 보인다.

데 의도를 두었지, 어찌 『시경』의 시를 논하는 데에 의도를 두었겠는가? 만약 이 제4절로써 논한다면, 여러 개의 '자(者)' 자[382]와 '야(也)' 자[383]는 바로 위 무공(衛武公)의 몸에 나아가, 그것을 얻게 된 까닭과 덕스러운 용모의 표리(表裏)가 성대함과 다른 사람이 볼 적에도 반드시 모두 이탈하는 것으로 오묘함을 삼는 것이 아니라는 점을 지적해 낸 것이다. 여만촌(呂晩村)의 견해가 비록 높다 하더라도, 또한 조금 타당하지 못한 점이 있다."라고 하였다.[384]

내가 살펴보건대, "주자의 『대학장구』에서는 이 단락[385]을 '지어신(止於信)'[386]의 아래로 옮겨 두고서, 명명덕(明明德)이 지선(至善)의 경지에 이르러 머문 것을 해석한 것이라고 하였다. 이는 대개 이 단락의 끝에 '성덕지선(盛德至善)'이라는 글자가 있기 때문에 그렇게 해석한 것이다. 그러나 '성덕지선(盛德至善)'의 '덕(德)' 자는 실로 성의장(誠意章) 제4단락[387] '덕윤신(德潤身)'의 '덕(德)' 자와 서로 연관된다. 덕을 기른 것을

---

382 '자(者)' 자 : 주자의 『대학장구』 전 제3장 제4절 "여절여차자 도학야 여탁여마자 자수야 슬혜한혜자 준률야 혁혜훤혜자 위의야 유비군자 종불가훤혜자 도성덕지선 민지불능망야(如切如磋者, 道學也. 如琢如磨者, 自修也. 瑟兮僩兮者, 恂慄也. 赫兮喧兮者, 威儀也. 有斐君子, 終不可諼兮者, 道盛德至善, 民之不能忘也)."의 진하게 표시한 '자(者)' 자를 가리킨다.

383 '야(也)' 자 : 주자의 『대학장구』 전 제3장 제4절 "여절여차자 도학야 여탁여마자 자수야 슬혜한혜자 준률야 혁혜훤혜자 위의야 유비군자 종불가훤혜자 도성덕지선 민지불능망야(如切如磋者, 道學也, 如琢如磨者, 自修也. 瑟兮僩兮者, 恂慄也. 赫兮喧兮者, 威儀也. 有斐君子, 終不可諼兮者, 道盛德至善, 民之不能忘也)."의 진하게 표시한 '야(也)' 자를 가리킨다.

384 이는 이패림의 『사서주자이동조변―대학』 전 제3장 제4절 해석에 보이는데, 이정(李禎)의 설이다.

385 이 단락 : 주자의 『대학장구』 전 제3장 제4절을 가리킨다.

386 '지어신(止於信)' : 이 구는 주자의 『대학장구』 전 제3장 제3절 마지막 구이다.

성덕(盛德)이라 하니, 곧 덕이 몸을 윤택하게 한다는 것으로써 말한 것이 아니겠는가? 선(善)을 기른 것을 지선(至善)이라 하니, 곧 선(善)이 마음속에 가득 차서 밖으로 드러나는 것으로써 말한 것이 아니겠는가? '자수(自修)'에 이르면, 이는 곧 성의장 '무자기(毋自欺)'의 일이다. '준률(恂慄)'은 곧 성의장 신독(愼獨)의 일이다. '준률(恂慄)'과 '위의(威儀)'는 표리(表裏)가 모두 성대한 것이니, 또한 성의장 '심광체반(心廣體胖)'의 기상(氣象)을 볼 수 있다. 이는 분명 성의장의 의미에 따라 미루어 연역해 설을 편 것이다. '도학(道學)'으로써 먼저 말하여 성의(誠意)의 앞에 격물치지(格物致知)의 공부가 있어야 함을 드러내 보였고, '민지불능망(民之不能忘)'으로써 끝을 맺어 성의의 뒤에 신민(新民)의 공효(功效)가 있음을 드러내 보였다.

이처럼 반드시 성의장의 내용을 겸하여 말한 것은 어째서인가? 대개 격물치지를 하여 안 것은 성의에 이른 뒤에 비로소 실제로 자기에게 있게 된다. 신민이 널리 온 천하에 미치는 것은 반드시 성의로부터 그것을 이룩하는 것이다. 그러니 성의가 가장 긴요하고 중요한 것이 되는 까닭이다. 전문을 지은 사람의 깊은 의도가 이와 같다. 아마도 고본을 따라야 마땅할 듯하니, 이 절을 다른 곳으로 옮겨 둘 필요가 없다.

이 절의 '성덕지선 민불능망(盛德至善 民不能忘)' 여덟 자에는 삼강령의 의미가 갖추어져 있다. 여기에서 대학의 도가 오로지 성의로써 기본을 삼은 것을 알 수 있다.

---

387 성의장(誠意章) 제4단락 : 주자의 『대학장구』 전 제6장 제4절에 "부윤옥 덕윤신 심광체반 고군자필성기의(富潤屋, 德潤身, 心廣體胖, 故君子必誠其意)."라고 한 것을 말한다.

● 제육절(第六節)[388]

신안 진씨(新安陳氏)가 말하기를 "'후대의 현인은 전왕의 어짊을 어질게 여기고, 후대의 왕은 전왕의 친함을 친히 여긴다〔後賢賢其賢 後王親其親〕.'[389]에서, 뒤의 '현(賢)' 자와 '친(親)' 자 2자는 전왕의 몸을 가리킨다. '후대의 백성들은 전왕이 즐겁게 해준 것을 즐거워하고, 전왕이 이롭게 해준 것을 이롭게 여긴다〔後民樂其樂 而利其利〕.'에서, 뒤의 '락(樂)' 자와 '이(利)' 자 2자는 전왕의 은택을 가리킨다."라고 하였다.[390]

이성호(李星湖)가 말씀하기를 "주자가 이 절의 글 뜻을 해석한 것에는 의심할 만한 점이 있다. '현(賢)'·'친(親)' 2자는 전왕(前王)에 소속시키고, '락(樂)'·'이(利)' 2자는 후민(後民)에 소속시켜 어세(語勢)가 같지 않다. 이것이 첫 번째 의심스러운 점이다. 전왕이 비록 부덕하더라도 후왕이 어찌 그 친한 점을 친히 여기는 것이 합당치 않겠는가? 후왕이 그 친한 점을 친히 여기는 것은 전왕의 현(賢)·부(否)에 관계된 것이 아니다. 이것이 두 번째 의심스러운 점이다. '락기락(樂其樂)'·'이기이(利其利)'에서 앞의 락(樂)·이(利) 2자를 떼어내고, 단지 '기락(其樂)'·'기이(其利)' 4자만 보게 되면, '그분이 사람들로 하여금 즐겁게 해주고 이롭게 해주었다.'는 화법임을 볼 수가 없다. 이것이 세 번째 의심

---

388 주자의 『대학장구』 전 제3장 제5절의 "시운 오호 전왕불망(詩云, 於戲, 前王不忘)……." 1절을 가리킨다.

389 이 구는 『대학장구』 전 제3장 제4절 "군자 현기현이친기친(君子, 賢其賢而親其親)."을 주자가 해석하면서 '군자(君子)'는 '후현(後賢)'과 '후왕(後王)'을 가리킨다고 한 것에 따라, 저자가 '군자'를 '후현'과 '후왕'으로 바꾸어 놓은 것이다.

390 이 내용은 『대학장구대전』 전 제3장 제4절 주자의 주 '유구이불망야(愈久而不忘也)' 아래 소주에 보인다.

스러운 점이다. 삼가 생각해 보건대, '현기현(賢其賢)'·'친기친(親其親)'
은 『중용』의 '존현(尊賢)'·'친친(親親)'391과 같다. 전왕의 신민의 공효
가, 능히 군자로 하여금 어진 이는 어질게 여기고, 친한 이는 친하게 여
기게 하며, 능히 소인으로 하여금 즐거운 것은 즐겁게 여기고, 이로운
것은 이롭게 여기게 하여, 한 사람도 제자리를 얻지 않음이 없어서 오
랜 세월이 흘러도 그 덕이 쇠하지 않으니, 어찌 그분을 잊을 수 있겠는
가? 여기서 말한 '군자(君子)'는 소인(小人)과 상대적인 명칭으로, 두 가
지 의미가 있다. 만약 불초(不肖)한 자를 가리켜 소인이라고 하면 그
상대는 현자가 되며, 지위(地位)가 없는 이를 가리켜 소인이라고 하면
그 상대는 지위가 있는 사람이 된다. 여기서는 지위로 말한 것은 아닌
듯하다. 『주역』에서 이른바 '군자는 표범처럼 내면까지 변하고, 소인은
겉으로 얼굴빛만 바꾼다〔君子豹變 小人革面〕.'392라고 한 의미와 같다.
군자는 신민의 교화를 입으면 표범처럼 변하는 실상이 있고, 소인은 능
히 크게 변혁하여 스스로 자신을 새롭게 하지는 못하지만 또한 그것을
즐거워하고 이롭게 여겨서 교화를 편안히 여기니, 이 모두 전왕을 잊지
못하는 것이다. 지금 주자의 본지를 살펴보건대, '소인(小人)'은 분명 지
위가 없는 소인이다. 그런데 '현기현(賢其賢)'에 대해 『대학혹문』에서는
'그 덕을 들어서 아는 것이다.'393라고 해석하였다. 그리고 '공자(孔子)
가 문왕(文王)·무왕(武王)의 은택을 앙모했다'394는 것을 인용하여 증

---

391 '존현(尊賢)'·'친친(親親)' : 이 구절은 『중용장구』 제20장에 보이는 말로, 구경(九經)의
　　하나이다.
392 이는 『주역』, 혁괘(革卦) 상육효(上六爻) 효사(爻辭)에 보인다.
393 이는 주자의 『대학혹문』 전 제3장 제4절 해석에 "'현기현(賢其賢)'은 들어서 아는 것이니,
　　그 덕업이 성대한 것을 우러른 것이다〔賢其賢者, 聞而知之, 仰其德業之盛也〕."라고 한
　　것을 가리킨다.
394 이는 『주자어류』 권16, 「대학3」, '전삼장석지어지선(傳三章釋止於至善)'에 보인다. 원문

거로 삼았으니, 도리어 이는 또한 현자로서의 군자이다. 이는 심히 의심할 만하다. 여기에 두 가지 의미가 있게 되었으니 어찌된 일인가? 상고시대에는 군자가 높은 자리에 거처하고 소인이 아랫자리에 있었으니, 어찌 다른 이름이 있었겠는가? 후세에 이르러 군자가 혹 낮은 자리에 있기도 하고, 소인이 혹 높은 자리에 거처하기도 하였다. 지위로써 말하면 군자의 지위이기 때문에 현(賢)·불초(不肖)를 막론하고 그 자리에 있는 사람을 '군자(君子)'라 일컬었으니, 소인의 지위도 또한 그러하였다. 사람의 덕으로써 말하면 혹 불초한 자가 존귀하여 현달하기도 하였다. 그러므로 그런 사람이 비록 높은 자리에 거처하지만 그를 '소인(小人)'이라 일컬었으니, 군자의 경우도 또한 그러하였다. 요컨대, 주로 삼아서 말하는 것이 무엇인지를 보아야 한다."라고 하였다.[395]

『사서주자이동조변』에 말하기를 "채청(蔡淸)의 『사서몽인(四書蒙引)』에서는 이 대목의 신민이 지선의 경지에 이르러 머문 것을 인하여 친(親)·현(賢)·락(樂)·이(利)를 겸하여 말하였다. 그리하고 드디어 경문 제1절의 '재신민(在新民)' 구에 대해 양민(養民)의 의미를 보충해 내려 하였다.[396] 그러나 그는 구염지오(舊染之汚)[397]를 제거함이 절로 신민

에는 "여공자앙문무지덕 시현기현(如孔子仰文武之德, 是賢其賢)."이라고 되어 있다.
395 이 내용은 이익의 『대학질서』 전 제3장 제4절 해석에 보인다.
396 채청의 『사서몽인』 권2, 『대학장구』 전 제3장 제4절 해석에 "즐거움과 이로움을 말한 것이 비록 모두 백성을 기르는 일이지만, 백성들로 하여금 즐거움과 이로움을 얻을 수 없게 한다면 어느 겨를에 예의를 다스리겠는가. 이것이 평천하장을 해석하면서 효성을 일으키고 공경을 일으키는 것으로 단서를 열고서 끝내 재용을 다스리고 인재를 등용하는 것으로 귀결한 이유이다. 더구나 선왕이 즐겁게 해준 것을 즐거워하고 이롭게 해준 것을 이롭게 여기면 노소가 각기 제 살 곳을 얻고 피차가 각기 그 분수를 얻은 것이니, 가르침이 또한 그런 가운데서 행해질 것이다. 또 백성들은 굶주리지 않고 헐벗지 않을 것이며, 노인들이 비단옷을 입고 고기를 먹으며 길을 갈 적에 물건을 이거나 지고 가지

의 의미와 더불어 절실하다는 점을 알지 못한 것이다.[398] 그러므로 경문
(經文)에서는 단지 '옛날 천하 사람들로 하여금 그들의 명덕을 밝히게
하고자 했던 사람은〔古之欲明明德於天下者〕'이라고 말했을 뿐이다. 이
전문(傳文) 제3장은 신민이 지선의 경지에 이르러 머무는 점에 나아가
서 미루어 그 점을 말한 것이니, 친(親)·현(賢)·락(樂)·이(利)는 신민
중의 일 아닌 것이 없다. 옛날 사람의 말에 '경문에는 경문의 뜻이 있
고, 전문에는 전문의 뜻이 있으니, 굳이 전문의 의미를 떼어다가 경문에
넣을 필요는 없다.'라고 한 것이 그런 의미이다'라고 하였다.[399]

내가 살펴보건대, 앞 단락 제5절이 비록 '성덕지선 민지불능망야(盛德
至善 民之不能忘也)'로써 끝을 맺었으나, 다만 그 제5절 전체 단락의 뜻
은 '성덕지선(盛德至善)'만을 상세히 언급하고 '민지불능망(民之不能忘)'
에 대해서는 단지 곁들여 말을 하였을 뿐이니, 백성들이 전왕을 잊지 못

않을 것이다. 그러니 즐거움과 이로움이 신민의 일이 되는 점은 의심할 바가 없을 듯하
다〔日樂利, 雖皆養民事, 然使不得樂利, 奚暇治禮義. 此釋平天下章, 所以開端言興孝興
弟, 而終歸之理財用人也. 況雖其樂其利, 則老少各得其所, 彼此各得其分, 敎亦行乎
其中矣. 黎民不饑不寒, 老者衣帛食肉, 而不負戴於道路矣. 樂利爲新民事, 似無所疑〕."
라고 하였다.

397 구염지오(舊染之汚): 주자가 『대학장구』 경일장 제1절 '신민(新民)'을 해석하면서 "'신
(新)'은 그 옛날의 구습을 혁파하는 것을 말한다. 말하자면 이미 스스로 자기의 명덕을
밝혔으면 또한 그것을 미루어 남에게 미쳐서 그들로 하여금 그들의 예전에 물든 더러운
습속을 제거함이 있게 해야 한다는 말이다〔新者, 革其舊之謂也. 言旣自明其明德, 又當
推以及人, 使之亦有以去其舊染之汚也〕."라고 한 것을 가리킨다. 즉 주자는 백성들이
스스로 전에 물든 나쁜 습관을 바꾸는 것을 신민의 의미로 본 것이다.

398 그는 …… 것이다: 채청은 전 제3장 제4절의 '락기락이이기이(樂其樂而利其利)'가 전왕
이 백성들에게 은택을 끼친 것이므로 신민(新民)의 일이라 해석하였는데, 『사서주자이동
조변』을 지은 이패림은 이러한 채청의 해석에 문제가 있다고 지적한 것이다.

399 이 내용은 이패림의 『사서주자이동조변─대학』 전 제3장 제4절 해석에 보인다.

하는 실체가 어떠한 것이 되는지 알 수 없다. 그러므로 이 절에서 다시 『시경』, 주송(周頌), 「열문(烈文)」의 시를 인용해 해석하여, 그 백성들이 전왕을 잊지 못하는 이유가 이와 같다는 점을 밝혀서 앞 단락의 뜻을 충족시켰다.

이 절의 '전왕이 세상을 떠났는데도 잊지 못한다〔沒世不忘〕.'라고 한 것은, 곧 앞 절의 '백성들이 전왕을 잊지 못한다〔民之不能忘也〕.'라고 한 뜻이니, 이 두 단락은 저절로 상호 호응한다. 어떤 이는 이 두 단락을 나누어 '앞 단락은 당시 세상 사람들이 그 왕을 잊지 못한다는 뜻이고, 이 단락은 후세 사람들이 전왕을 잊지 못한다는 뜻이다. 앞 단락은 왕의 덕을 잊지 못하는 것이고, 이 단락은 왕의 은택을 잊지 못하는 것이다.' 라고 하는데, 이는 분석이 너무 천착된 것으로 따를 수 없다.

● 제칠절(第七節)[400]

주자가 말씀하기를 "이 절은 문왕이 능히 자기의 덕을 밝힌 것을 말한 것이다……."[401]라고 하였다. ─『대학혹문』을 상고함.─

---

400 주자의 『대학장구』전 제1장 제1절의 "강고왈 극명덕(康誥曰, 克明德.)"을 가리킨다.

401 주자의 『대학혹문』전 제1장 제1절의 해석에 "대개 사람은 덕을 밝혀야 함을 알아서 밝히려고 하지 않는 사람이 없습니다. 그러나 앞에서는 기품(氣稟)에 얽매이고, 뒤에서는 물욕(物欲)에 가려지기 때문에 비록 그 덕을 밝히고자 하지만 능히 밝히지 못함이 있는 것입니다. 문왕의 마음은 천리와 혼연일체가 되어 그 덕을 능히 밝히길 기다림이 없이도 저절로 밝아졌을 것입니다. 그러나 오히려 능히 그 덕을 밝히셨다고 말한 것은, 또한 문왕만이 그 덕을 능히 밝혔고 다른 사람은 능히 밝히지 못했음을 드러낸 것이며, 또한 그 덕을 능히 밝히지 못하는 자가 그 덕을 능히 밝히는 공부를 극진히 하지 않아서는 안 됨을 드러낸 것입니다〔蓋人莫不知德之當明而欲明之, 然氣稟拘之於前, 物欲蔽之於後. 是以, 雖欲明之, 而有不克也. 文王之心, 渾然天理, 亦無待於克之而自明矣. 然猶云爾者, 亦見其獨能明之, 而他人不能. 又以見夫未能明者之不可不致其克之之功也〕."라

주자가 또 말씀하기를 "이 '극(克)' 자는 비록 '능(能)' 자의 뜻으로 훈 해하지만, '극(克)' 자는 '능(能)' 자보다[402] 중요하다. '능(能)' 자는 힘이 없지만, '극(克)' 자는 힘이 있다. 〈다른 사람은 능히 할 수 없지만 문왕 만은 유독 그것을 능히 할 수 있다는 데에서 이 점을 알 수 있다.〉 만약 단지 '능히 덕을 밝히다[能明德]'라는 뜻이 된다면, 어의(語意)가 모두 약해진다. 무릇 글자에는 의미를 훈해하는 데는 동일한 점이 있지만 소 리의 울림은 문득 다르니, 힘이 있는 것과 힘이 없는 것의 구분을 바로 알 수 있다. 극(克) 자가 능(能) 자에 대한 경우와 같은 것이 그것이다. 예컨대, '극궐택심(克厥宅心)'[403]·'극명준덕(克明峻德)'[404]이라고 한 유형 에서 그런 점을 알 수 있다."라고 하였다.[405]

내가 살펴보건대, 위의 2절[406]은 삼강령이 팔조목의 성의(誠意)를 기 본으로 한다는 점을 말한 것이다. 이 절부터 이하는 또 위의 2절의 뜻 을 이어서 삼강령을 나누어 해석한 것이다. 이 절 이하 4절[407]은 명명덕

고 하였다.

[402] 보다 : 원문의 '여(如)' 자는 '어(於)' 자의 의미로 쓰였다. 여(如) 자에 어(於)의 뜻이 있다.

[403] 극궐택심(克厥宅心) : 이 구절은 『서경』, 주서(周書), 「입정(立政)」에 보이는데, 문왕이 그 택심(宅心)을 능히 하였다는 뜻이다. 택심(宅心)은 마음을 두는 것을 의미한다. 원문 의 '극택궐심(克宅厥心)'은 '극궐택심(克厥宅心)'의 오류이다.

[404] 극명준덕(克明峻德) : 이 구절은 『서경』, 우서(虞書), 「요전(堯典)」에 보이는데, 그 큰 덕을 능히 밝혔다는 뜻이다.

[405] 이 내용은 『주자어류』 권17, 「전일장(傳一章)」 해석에 보인다. 또한 『주자전서(朱子全 書)』 권9, 「대학3」, '논혹문(論或問)'에도 보인다. 『대학장구대전』 전 제1장 제1절 소주에 도 보이는데, 임의로 축약해 놓아 의미가 불분명하다.

[406] 위의 2절 : 주자의 『대학장구』 전 제3장 제3절과 제4절을 가리킨다. 저자 신후담은 『고본 대학』의 편차를 따랐기 때문에 이 2절은 주자가 전 제1장 1절로 본 "강고왈 극명덕(康誥 曰, 克明德.)" 1절의 위에 위치한다.

(明明德)의 일을 말한 것이고, 제11절 이하 4절[408]은 신민(新民)의 일을 말한 것이며, 제15절 이하 3절[409]은 지어지선(止於至善)의 일을 말한 것이다.

● 제팔절(第八節)[410]

주자가 말씀하기를 "'항상 눈을 그곳에 둔다〔常目在之〕.'[411]라고 한 것은 옛 사람의 주에 있는 말로, 지극히 좋다. 예컨대, 한 물건이 여기에 있는데, 사람들이 훔쳐갈까 두려워하여 두 눈이 항상 여기에 있는 물건을 보는 것과 그 의미가 서로 유사하다."라고 하였다.[412]

주자가 또 말씀하기를 "이 절의 위 · 아래 문장[413]에 모두 '명덕(明德)'을 말했는데, 이 절에서는 도리어 '명명(明命)'이라고 말했다. 대체로 하늘이 나에게 부여해 준 것은 바로 명명(明命)이고, 내가 하늘로부터 부

---

407 이 절 이하 4절 : 주자의 『대학장구』 전 제1장의 4절을 가리킨다. 신후담은 이 4절을 제3 성의장의 제7절~제10절로 삼았다.

408 제11절 이하 4절 : 주자의 『대학장구』 전 제2장의 4절을 가리킨다. 신후담은 이 4절을 제3 성의장의 제11절~제14절로 삼았다.

409 제15절 이하 3절 : 주자의 『대학장구』 전 제3장의 앞의 3절을 가리킨다. 신후담은 이 3절을 제3 성의장의 제15절~제17절로 삼았다.

410 주자의 『대학장구』 전 제1장 제2절 "태갑왈 고시천지명명(太甲曰, 顧諟天之明命)."을 가리킨다.

411 이 구절은 주자의 『대학장구』 전 제1장 제2절의 주에 "고 위상목재지야(顧, 謂常目在之也)."라고 한 것을 가리킨다.

412 이 내용은 『대학장구대전』 전 제1장 제2절 소주에 보인다. 『주자어류』 권16, 「대학3」, '전일장석명명덕(傳一章釋明明德)'에도 이와 유사한 내용이 보인다.

413 위 · 아래 문장 : 주자의 『대학장구』 전 제1장 제1절과 제3절을 가리킨다.

여받아 성품으로 삼은 것은 바로 명덕(明德)이다. 명(命)과 덕(德)에 모두 '명(明)'으로써 말하였으니, 이는 저 명명·명덕은 본래 저절로 빛이 나고 밝은 것인데 내가 스스로 혼매하여 그 밝은 빛을 가려 버린 것이다."라고 하였다.[414]

주자가 또 말씀하기를 "사람은 하늘과 땅의 중간에 천명을 받아 태어나기 때문에 사람의 명덕은 다른 것이 아니라 〈곧 하늘이 우리에게 명한 것으로, 지선(至善)이 보존된 바이다.〉"라고 하였다.[415] —『대학혹문』을 상고함.—

신안 진씨(新安陳氏)가 말하기를 "전문에 『서경』, 「강고(康誥)」·「제전(帝典)」의 '극명(克明)'을 인용한 것[416]은, 모두가 '명명덕(明明德)'의 앞에 있는 '명(明)' 자를 풀이한 것이니, 곧 '밝히다[明之]'의 '명(明)' 자의 뜻이며, 명덕(明德)의 본체는 일찍이 말하지 않았다. 오직 '하늘의 밝은 명령을 돌아보라[顧諟天之明命].'라는 것으로만 말을 했을 따름이다. 대체로 '명명(明命)'은 곧 명덕의 본원이고, '고시(顧諟)'는 곧 그것을 밝히는 공부이니, 천명과 자기의 덕을 관통하여 하나로 하는 것이다. 자사(子思)가 '하늘이 명한 것을 성(性)이라 한다[天命之謂性].'[417]라고 한 것도, 그 또한 이러한 의미를 조술(祖述)한 것일 것이다."라고 하

---

414 이 내용은 『대학장구대전』 전 제1장 제2절의 소주에 보이는데, 『주자어류』 권16, 「대학3」, '전일장석명명덕(傳一章釋明明德)'에 보이는 내용을 축약해 놓은 것이다.

415 이 내용은 『대학혹문』 전 제1장 제2절 해석에 보인다.

416 전문에 …… 것 : 『대학장구』 전 제1장 제1절 "강고왈 극명덕(康誥曰, 克明德)." 및 제3절 "제전왈 극명준덕(帝典曰, 克明峻德)."의 '극명(克明)'을 가리킨다.

417 이 구는 『중용장구』 제1장 제1절에 보인다.

였다.[418]

    허재 채씨(虛齋蔡氏)가 말하기를 "제1절의 '극명덕(克明德)'은 대략 말한 것이고, 제2절의 '고시천지명명(顧諟天之明命)'이라고 한 한 조목은 또한 비교적 힘을 주어 말한 것이다. 그러므로 주자의 『대학장구』 주에 '항상 눈이 거기에 있으면 어느 때인들 덕이 밝지 않음이 없을 것이다〔常目在之 則無時不明矣〕.'라고 한 것이다. '상목재지(常目在之)'의 이 '목(目)' 자는 마땅히 '재(在)' 자와 긴밀하게 연관되는 것으로 읽어야 하니, '목(目)' 자를 '상(常)' 자와 연관되는 것으로 읽지 말아야 살아 있는 글자가 된다. 그렇지 않으면 마땅히 '눈이 항상 거기에 있다〔目常在之〕.'라고 해야 한다. 이러한 의미를 사람들은 대부분 살피지 못한다."라고 하였다.[419]

    내가 살펴보건대, '상목재지(常目在之)'와 '목상재지(目常在之)'에 다른 뜻이 있는 것을 발견하지 못하겠다. '목(目)' 자에 대해, 그 글자가 반드시 활자(活字)가 되는 점도 발견하지 못하겠다. '목(目)' 자를 활자로 보아 '관찰하다〔觀視〕'의 뜻으로 해석하면, 아래의 '재지(在之)' 2자는 말이 이어지지 않는다. 따라서 채씨(蔡氏)의 설은 명확하지 않은 듯하다. '재(在)' 자는 두다〔置〕는 뜻과 같다. '상목재지(常目在之)'는 '항상 여기에 눈을 두다.'라는 말이다.

---

418 이 내용은 『대학장구대전』 전 제1장 제2절 소주에 보인다.
419 이 내용은 채청(蔡淸)의 『사서몽인(四書蒙引)』 권2, 『대학장구』 전 제1장 제2절 해석에 보인다.

● 제구절(第九節)[420]

신안 진씨(新安陳氏)가 말하기를 "경문의 '명덕(明德)'은 이 덕의 본체(本體)가 밝은 것으로써 말한 것이고, 이 절의 '준덕(峻德)'은 이 덕의 전체(全體)가 큰 것으로써 말한 것이니, 한 가지이다. 덕의 전체는 본래 한량이 없다. 능히 그 덕을 밝히는 것은, 자기의 본성을 극진히 해 관통하고 밝게 통해서 밝지 않은 곳이 없게 하여 전체가 모두 밝아진 것이다."라고 하였다.[421]

● 제십절(第十節)[422]

옥계 노씨(玉溪盧氏)가 말하기를 "'자명(自明)'은 '인(仁)을 하는 것은 나를 말미암는 것이니, 남을 말미암는 것이겠는가?'[423]라고 한 뜻이다. 밝히는 것도 스스로 밝히는 것이고, 어두워지는 것도 스스로 어두워지는 것이다. '자(自)' 한 자를 완미하면, 사람들로 하여금 자신을 경계하고 살피게 한다."라고 하였다.[424]

허재 채씨(虛齋蔡氏)가 말하기를 "이 한 구절을 붙여 명명덕과 신민을 분별한 것이다. 소주(小註)에 '인(仁)을 하는 것은 나를 말미암는 것이다〔爲仁由己〕.'라는 말을 인용하여 풀이했는데,[425] 본문에는 그러한 의미가

---

420 주자의 『대학장구』 전 제1장 제3절 "제전왈 극명준덕(帝典曰, 克明峻德)."이라고 한 것을 가리킨다.
421 이 내용은 『대학장구대전』 전 제1장 제3절 소주에 보인다.
422 주자의 『대학장구』 전 제1장 제4절 "개자명야(皆自明也)"를 가리킨다.
423 이 구절은 『논어』, 「안연(顏淵)」 제1장에 보인다.
424 이 내용은 『대학장구대전』 전 제1장 제4절 소주에 보인다.

없는 듯하다. 『대학장구』 주자의 주에 '기덕(己德)'이라고 한[426] 2자를 보면 그런 점을 알 수 있다."라고 하였다.[427]

내가 살펴보건대, '자명(自明)'의 뜻은 『대학장구』 주자의 주에 해석한 것을 완미하면 허재 채씨의 설이 옳은 듯하다. 그러나 옥계 노씨가 '자(自)' 자 한 자를 중시한 설도 한 가지의 뜻으로 갖추어지니, 지금 짐짓 두 가지 설을 모두 기록해 둔다.

『사서설약(四書說約)』에 말하기를 "이 전 제1장 4절은 경문의 '명명덕(明明德)'을 해석한 것이다. 「강고(康誥)」를 인용한 제1절에서 그 의미가 이미 극진하다. 그러나 그 덕이 하늘에서 나온 것을 사람들이 알지 못할까 염려했기 때문에 제2절에서 「태갑(太甲)」을 인용하였고, 그 덕의 큰 점을 사람들이 알지 못할까 염려했기 때문에 제3절에서 「제전(帝典)」을 인용한 것이다. 세 번이나 『서경』의 문구를 인용하였는데, 이는 세 분 성인들이 이룩한 모양을 서술하면서 아울러 그 분들이 스스로 자신의 덕을 밝힌 공부를 지적해 내어 사람들에게 보여 준 것이다."라고 하였다.

동양 허씨(東陽許氏)가 말하기를 "「강고」를 인용한 제1절에서는 명명덕을 평범하게 말했다. 「태갑」을 인용한 제2절에서 명덕을 밝혀 나가는

---

425 소주(小註)에 …… 풀이했는데 : 이는 앞에 보이는 옥계 노씨(玉溪盧氏)의 설을 가리킨다.
426 『대학장구』 전 제1장 제4절 주자의 주에 "결소인서 개언자명기덕지의(結所引書, 皆言自明己德之意)."라고 한 문장의 '기덕(己德)'을 가리킨다.
427 이 내용은 채청의 『사서몽인』 권2, 『대학장구』 전 제1장 제4절의 해석에 보인다.

공부를 말했으니, 학자들은 마땅히 전적으로 이 점을 본받아 공부에 힘써야 할 것이다. 「제전」을 인용한 제3절에서는 그 덕을 밝히는 점을 말하여 광대한 데까지 이르렀으니, 이는 명명덕의 지극한 공부이다."라고 하였다.[428]

임천 오씨(臨川吳氏)[429]가 말하기를 "「강고」를 인용한 제1절은 〈문왕이 홀로 그의 밝은 덕을 능히 밝힌 점을 말하여, 사람들이 마땅히 그 덕을 능히 밝히는 방법을 강구해야 함을 밝혔으니〉 명명덕의 단서를 드러낸 것이다. 「태갑」을 인용한 제2절은 〈위의 문장을 이어 그 덕을 능히 밝힐 수 있는 방법을 구하고자 하는 사람들은 반드시 하늘이 나에게 부여해 준 밝은 덕에 눈을 항상 두어야 함을 말하였으니〉 명명덕의 방법을 보인 것이다. 「제전」을 인용한 제3절은 〈위의 글을 이어서 하늘이 나에게 준 밝은 덕에 눈을 항상 두어서 밝혀 나가면 요 임금이 그 큰 덕을 능히 밝힌 것과 같이 될 수 있음을 말하였으니〉 명명덕의 공효를 드러낸 것이다. 그리하고 또 '이는 모두 스스로 그 덕을 밝히는 일이다.'라는 말로써 결론을 지었으니, 대개 '자명(自明)'은 스스로 자신의 덕을 새롭게 하는 것이다. 백성들로 하여금 모두 그들의 명덕을 밝힘이 있게 하는 것은 백성을 새롭게 하는 것이다. 그러나 백성들로 하여금 모두 그들의 명덕을 밝혀서 백성을 새롭게 함이 있고자 하면, 반드시 스스로 자신의 덕을 밝혀서 자신을 새롭게 함이 먼저 있어야 한다. 그러므로 '자명(自明)' 2자로써 명덕을 밝히는 것을 전한 위의 3절을 결론

---

428 이 내용은 『대학장구대전』 전 제1장 제4절 소주에 보인다.
429 임천 오씨(臨川吳氏) : 원나라 때 학자 오징(吳澄, 1249~1333)을 말함. 자는 유청(幼淸), 호는 초려(草廬)이며, 강서성 무주(撫州) 사람이다. 요로(饒魯)의 문인 정약용(程若庸)에게 배웠다. 한림학사 등을 지냈다. 저술로 『오경찬언(五經纂言)』이 있다.

짓고, 스스로 자신을 새롭게 한 의미가 있는 아래 장의 '탕지반명……(湯之盤銘……)'을 일으킨 것이다."라고 하였다.[430]

● 제십일절(第十一節)[431]

『대학혹문』에 말하기를 "혹자가 묻기를 '대야〔盤〕에 명(銘)이 있는 것은 어째서입니까?'라고 하니, 주자가 답하기를 '대야는 항상 사용하는 그릇입니다. …… 몸이 항상 청결하여 다시는 옛날 물든 더러움이 되지 않는 것입니다.'라고 하였다."라고 하였다.[432] 또 『대학혹문』에 "혹자가 또 묻기를 '이 전 제2장은 신민(新民)을 말한 것인데, 이 탕(湯) 임금의 반명(盤銘)을 인용한 것은 어째서입니까?'라고 하니, 주자가 답하기를 '이는 그 근본으로부터 그 점을 말한 것입니다. 대개 이로써 자신(自新)의 지극함을 삼은 것이니, 신민의 단서입니다.'라고 하였다."라고 하였다.[433]

　　신정 소씨(新定邵氏)[434]가 말하기를 "날마다 세수를 하는 것은 사람들이 다 같이 하는 것이다. 그러나 날마다 목욕하는 것은 반드시 그렇지는 않은 듯하다. 『예기』, 「내칙(內則)」에 '자식이 부모를 섬길 적에 5일에 한 번 몸을 씻겨 드리고, 3일에 한 번 머리를 감겨 드린다.'라고 기록되어 있을 뿐이다. 그러니 이 탕 임금의 반명은 아마도 세수하는 대야에

430　이 내용은 『대학장구대전』 전 제1장 제4절 소주에 보인다.
431　주자의 『대학장구』 전 제2장 제1절의 "탕지반명왈 구일신 일일신 우일신(湯之盤銘曰, 苟日新, 日日新, 又日新)."이라고 한 것을 가리킨다.
432　이 내용은 주자의 『대학혹문』 전 제2장의 해석에 보인다.
433　위와 같음.
434　신정 소씨(新定邵氏) : 송나라 때 학자 소갑(邵甲)을 말함. 자는 인중(仁仲)이며 수창(壽昌) 출신으로, 양간(楊簡)의 문인이다.

새겨 둔 것일 것이다."라고 하였다.[435]

　이성호(李星湖)가 말씀하기를 "신정 소씨는 『예기』, 「내칙」의 문구로 써 탕 임금의 반명을 증명했으나, 반드시 그렇지는 않다. 5일에 한 번 몸을 씻겨 드리고, 3일에 한 번 머리를 감겨 드리는 것은 주(周)나라 때 부터 생긴 풍속이다. 탕 임금 때에도 그렇게 했는지는 알지 못하겠다. 진실로 몸의 때는 다 씻어낼 수 없으니, 날마다 몸을 씻겨 드리고 머리 를 감겨 드린다고 한들 무엇이 해롭겠는가?"라고 하였다.[436]

　내가 살펴보건대, 『예기』의 주에 '명(銘)' 자를 훈해하여, "명(銘)은 문 구를 써서 그것을 새겨 어떤 일을 기록하는[437] 것이다."[438]라고만 하고 서, 그 글씨를 쓰고 새겨 그 일을 기록하는 것을 취한 바의 의미에 대해 서는 말하지 않았다. 또한 '명(銘)' 자를 훈해하여 '자기의 이름〔名〕을 써 서 〈선조의 아름다운 덕을 칭송하여 후세 사람들에게 분명히 드러내는 것이다.〉'라고만 하고서, 그 이름을 취한 바의 의미에 대해서는 말하지 않았다.[439]

　지금 나의 생각으로 그 뜻을 미루어 보면, '명(銘)' 자는 금(金)과 명

435　이 내용은 『대학장구대전』 전 제2장 제1절 소주에 보인다.
436　이 내용은 이익의 『대학질서』 전 제2장 해석에 보인다.
437　기록하는 : 『예기주소(禮記注疏)』, 「제통(祭統)」, "부정유명(夫鼎有銘)……" 아래 정현 (鄭玄)의 주에는 '지(識)'로 되어 있는데, 신후담은 이를 의미가 같은 '지(志)' 자로 썼다.
438　이는 『예기』, 「제통(祭統)」, "부정유명(夫鼎有銘)……" 아래 정현(鄭玄)의 주에 보인다.
439　또한 …… 않았다 : 이는 『예기』, 「제통」, "정(鼎)에는 명(銘)이 있다. 명(銘)은 스스로 이름하는 것이다. 스스로 이름하여 그 선조의 미덕을 칭송하여 후세에 밝게 드러내는 것이다〔夫鼎有銘. 銘者, 自名也. 自名以揚稱其先祖之美, 而明著之後世者也〕."라고 한 것을 가리킨다.

(名)이 합쳐진 글자이다. 금(金)은 물체에 새기는 것이니, 이는 본래 이름을 새기기 위하여 만든 것이다. 그러나 그 내용을 글씨로 쓴 뒤에 물체에 새길 수 있으니, 글씨를 쓰고 새기는 것은 모두 기록을 하는 것이다. 그러니 '서(書)' 자로 훈해하고 '지(志)' 자로 훈해하는 것도 이 때문이다. 그렇다면 이름을 새기는 법은 또한 어떻게 해서 시작되었는가? 이는 대개 옛날 그릇을 만들 때 그릇에 장인의 이름을 새겨 기록하여 그 그릇이 양호한지 불량한지를 살펴보고자 한 데에서 생겨난 것인데, 이로 인하여 그것을 가리켜 명(銘)이라 하였다.

예컨대, 『예기』, 「월령(月令)」에 '기물(器物)에 장인의 이름을 새긴다〔物勒工名〕.'라고 한 것이 바로 그런 풍속의 남은 제도이다. 상(喪)을 당했을 때의 명정(銘旌)과 같은 데에 이르러서는, 비록 이름을 새기지는 않지만 죽은 사람의 이름을 쓰기 때문에 그 의미를 빌려 명(銘)이라고 일컫는 것이니, 명(銘) 자의 바른 뜻은 아니다. 그 외 문구를 글씨로 쓰고 그 글씨를 새겨 어떤 일을 기록하는 모든 것들을 통칭하여 명(銘)이라고 하는데, 이는 모두 그 의미를 빌려서 쓰는 것이다.

탕 임금의 반명(盤銘)과 무왕(武王)의 검명(劍銘)·궁명(弓銘) 등과 같은 데에 이르면, 또한 문구를 쓰고 글씨를 새겨서 어떤 일을 기록한 것이니, 반드시 명(名)의 의미만을 취한 것은 아니다. 『대학장구』주자의 주에 이른바 '그 그릇을 이름하여〔名其器〕'라고 한 것은, '명(名)' 자의 의미를 빌어서 칭술(稱述)의 뜻을 삼은 것이다. 주자의 주에 〈명(銘)은〉 그 그릇을 이름하여 스스로 경계한 말이다〔銘 名其器以自警之辭〕.'라고 풀이한 것은, 그 그릇에 나아가 칭술하여 그로 인해 스스로 경계하는 것을 말한다.

예컨대, 대야〔盤〕는 몸을 씻고 머리를 감는 그릇이니, 이른바 '일신(日新)'·'우신(又新)'이라고 한 것은, 곧 몸을 씻고 머리를 감는 일에 나아가 그것을 칭술하여 스스로 경계하여, 날마다 자신의 덕을 새롭게 함이 있게 한 것이다. 그러나 이는 탕 임금의 반명을 해석한 것이기 때문에 이와 같이 말을 한 것이다. '명(銘)' 자의 본래 의미는 반드시 그 그릇을 칭술하는 것이 되지 않으며, 또 반드시 스스로 경계하는 뜻을 취하는 것도 아니다.

혹자가 말하기를 "상을 당했을 때 명(銘)이 있는 것은 죽은 자의 이름을 쓰는 것인데, 그것을 일러 명정(明旌)이라고 한다. 그러니 명(名)과 명(明)은 의미가 서로 통한다. 주자의 주에 보이는 '명기기(名其器)'의 '명(名)' 자는 명저(明著)의 뜻인 듯하다."라고 하였다.

지금 내가 살펴보건대, 명(銘)을 명정(明旌)으로 칭하는 것은, 그 이름을 새겨 그 덕을 밝게 드러내는 것을 말하는 것이다. 그러니 바로 '명(名)' 자를 가리켜 '명(明)' 자의 뜻으로 삼은 것은 아니다.

혹자가 또 말하기를 "옛날에는 문구를 쓰는 것을 가리켜 명(名)이라 하였다. '명(銘)' 자는 금(金)과 명(名)을 합쳐 놓은 것이니, 이는 대개 글자를 쓰고서 인하여 그것을 새기는 것을 말한다. 그렇다면 '명기기(名其器)'의 '명(名)' 자도 글자를 쓰는 것으로 말한 것이다."라고 하였다.

지금 내가 살펴보건대, 상을 당했을 때의 명(銘)은 죽은 자의 이름을 쓴 것에서 취한 것이니, '명(銘)' 자가 '명(名)' 자를 따른 본래의 뜻은 명호(名號)의 명(名)를 의미하는 듯하고, 문구를 쓴다는 뜻의 명(名)을 의미하는 것은 아닌 듯하다. 다시 살펴보아야 하겠다.

주자가 말씀하기를 "'구일신(苟日新)' 1구는 학문을 하는 첫머리이다. 그러니 오늘날 학문을 할 적에는 이 '구(苟)' 자의 뜻을 이해하려고 해야 할 것이다. 진실로 능히 날마다 자신을 새롭게 하기를 이와 같이 한다면, 아래 2구의 공부는 바야흐로 접속해 해 나갈 수 있을 것이다. 그러나 오늘날 학자들은 단지 일신(日新)만을 추구하고 도리어 '구(苟)' 자 위에서 공부를 해 나가지 않는다. '구일신(苟日新)'의 '구(苟)' 자는 '진실로〔誠〕'라는 뜻이다."라고 하였다.**440**

주자가 또 말씀하기를 "'구일신(苟日新)'의 '신(新)' 자는 '예전에 물든 더러움〔舊染之汚〕'**441**과 상대적으로 말한 것이다. '일일신(日日新)'과 '우일신(又日新)'은 단지 항상 이와 같이 해서 끊어짐이 없게 하고자 하는 것이다."라고 하였다.**442**

주자가 또 말씀하기를 "『서경』에 '처음부터 끝까지 오직 한결같이 하는 것, 이것이 바로 날로 자신을 새롭게 하는 것이다.'**443**라고 하였다. 이러한 도리는 항상 접속되어 끊어지지 않게 해야 바야흐로 날마다 자신을 새롭게 할 수 있다. 조금이라도 끊어짐이 있으면 바로 불가하다."라고 하였다.**444**

---

440 이 내용은 『주자어류』 권16, 「대학3」, '전이장석신민(傳二章釋新民)'에 보인다. 『대학장구대전』 전 제2장 제1절 소주에도 보인다.
441 『대학장구』 주자의 주에 경일장 제1절의 '신민(新民)'을 해석하면서 "'신(新)'은 그 옛날의 구습을 혁파는 것을 말한다. 말하자면 이미 스스로 자기의 명덕을 밝혔으면, 또한 그것을 미루어 남에게 미쳐서 그들로 하여금 그들의 예전에 물든 더러운 습속을 제거함이 있게 해야 한다는 말이다〔新者, 革其舊之謂也. 言旣自明其德, 又當推以及人, 使之亦有以去其舊染之汚也〕."라고 한 문장의 '구염지오(舊染之汚)'를 가리킨다.
442 이 내용은 『주자어류』 권16, 「대학3」, '전이장석신민(傳二章釋新民)'에 보인다. 『대학장구대전』 전 제2장 제1절 소주에도 보인다.
443 이 내용은 『서경』, 상서(商書), 「함유일덕(咸有一德)」에 보인다.
444 이 내용은 『주자어류』 권16, 「대학3」, '전이장석신민(傳二章釋新民)'에 보인다.

주자가 또 말씀하기를 "탕 임금의 〈공부는 전적으로 '경(敬)' 자 위에 있는 것으로〉 보아야 한다. 중요한 점은 탕 임금이 자신을 닦고 절제한 한 사람이라는 점이다. 그러므로 당시 사람들이 탕 임금의 공부한 점을 말하면서도 그 중요한 점만을 말한 것이다. 우(禹) 임금의 '나라의 일에 능히 부지런하고, 집안에서는 능히 검소했다.'[445]와 같은 경우도 그 대강만을 말한 것이다. 탕 임금에 이르러서는, 바로 '자신을 단속하되 미치지 못하는 듯이 하였다.'[446]라고 말한 것이다."라고 하였다.[447]

쌍봉 요씨(雙峯饒氏)가 말하기를 "새로워지는 것은 비록 백성에게 달려 있지만, 진작시켜 그들을 새롭게 하는 기미는 실로 나에게 달려 있다. 그러므로 자신(自新)은 신민(新民)의 근본이 된다. 내가 스스로 새롭게 하는 데에 끊어짐이 있으면 저들을 진작시켜 새롭게 하는 것도 끊어지게 된다. 그러므로 신민을 해석하면서 먼저 자신(自新)을 말한 것이니, 그것이 서로 연관되는 기미가 대개 이와 같다."라고 하였다.[448]

신안 진씨(新安陳氏)가 말하기를 "명명덕(明明德)은 본체가 되고 신민(新民)은 작용이 되니, 본체와 작용은 원래 서로 떨어질 수 없는 것이다. 그러므로 평천하(平天下)[449]에 대해 '명명덕어천하(明明德於天下)'[450]라고

---

445 이 내용은 『서경』, 「대우모(大禹謨)」에 보인다.
446 이 내용은 『서경』, 「이훈(伊訓)」에 보인다.
447 『주자어류』 권17, 「전이장(傳二章)」 해석에 보인다.
448 이 내용은 『대학장구대전』 전 제2장 제1절 소주에 보인다.
449 평천하(平天下) : 원문에는 '평천하(平天下)' 뒤에 '장(章)' 자가 있는데, 이는 저자 신후담이 잘못 쓴 것이다. 『대학장구대전』 전 제2장 제1절 소주 신안 진씨의 설에는 '장(章)' 자가 없다.
450 명명덕어천하(明明德於天下) : 이 구는 경일장 제4 본문의 '고지욕명명덕어천하자(古之

말한 것은 본체로부터 작용에 도달한 것으로, 명(明)을 동일하게 한 것이다. 그리고 백성을 새롭게 하는 단서에 대해 '날마다 자신을 새롭게 하고, 또 날마다 자신을 새롭게 한다〔日日新又日新〕.'라고 말한 것은 작용을 따라 그 본체에 근원한 것으로, 신(新)을 동일하게 한 것이다. '자기의 덕을 밝힌다〔明己德〕'의 '명(明)' 자를 옮겨 백성의 덕을 밝히는 점을 말했고, 또 '신민(新民)'의 '신(新)' 자를 옮겨 자기의 덕을 새롭게 하는 점을 말했으니, 본체와 작용이 서로 떨어질 수 없음을 여기서 알 수 있다."라고 하였다.[451]

● 제십이절(第十二節)[452]

내가 살펴보건대, 『대학장구』 주자의 주에는 '작신민(作新民)'을 해석하여 "스스로 새로워지는 백성을 떨쳐 일어나게 한다〔振起其自新之民〕."라고 하였는데, 이는 경일장의 '백성을 새롭게 한다〔新民〕'라고 한 의미와 합치되지 않는다. 『서경』, 「강고(康誥)」 채씨(蔡氏)의 주[453]에 '백성을 진작시켜 새롭게 한다〔作新乎民〕.'라고 한 것이 바른 본지를 얻은 듯하다. 명나라 이동양(李東陽)[454]의 설도 그렇다.

　'신민(新民)'이라고 말하는 데서 그치지 않고, '작신민(作新民)'이라고

欲明明德於天下者)'를 가리킨다.
451 이 내용은 『대학장구대전』 전 제2장 제1절 소주에 보인다.
452 주자의 『대학장구』 전 제2장 제2절의 "강고왈 작신민(康誥曰, 作新民)."을 가리킨다.
453 채씨(蔡氏)의 주 : 채침(蔡沈, 1167~1230)의 주를 말함. 『서경집전』은 주자가 「대우모(大禹謨)」까지 주석을 하고, 그 나머지는 문인 채침이 주석을 하였다.
454 이동양(李東陽, 1447~1516) : 명초의 학자로 자는 빈지(賓之), 호는 서애(西涯)이다.

180 ● 하빈 신후담의 대학후설과 사칠동이변

하여 다시 정채(精彩)를 더하였다. '작신(作新)'은 진작시켜 그들을 새롭게 한다는 뜻이다. 백성들은 반드시 윗사람이 진작시켜 일으켜 주기를 기다린 뒤에 감발하는 바가 있어서 선에 나아가게 된다.

● 제십삼절(第十三節)[455]

주자가 말씀하기를 "주나라가 나라를 세운 것이 후직(后稷)으로부터 1천여 년이 되었는데……."라고 하였다. ―『대학혹문』을 상고함.―

육가서(陸稼書)는 말하기를 "『대학장구』 주자의 주에 '문왕이 능히 그 덕을 새롭게 하여 백성들에게까지 미쳐서 비로소 천명을 받았다.'라고 하였으니, 그것이 곧 신민(新民)의 지선(至善)이다. 천명을 새롭게 했다는 점을 중시하지 않고, 단지 천명을 새롭게 한 이유를 중시했다. …… 만약 어리석게도 천명을 새롭게 한 점을 강론한다면, 그것은 바로 사람들로 하여금 천명을 도모하고 헤아리게 하는 것이다."라고 하였다.[456]

내가 살펴보건대, 하늘이 사람에게 명령한 것에는, 품부받을 적에 베풀어 준 것이 있으니, 앞의 전 제1장에서 말한 '천지명명(天之明命)'이 그것이다. 이는 이(理)로써 말한 것이다. 또 하늘이 사람에게 명한 것에는, 돌아보고 도와줄 적에 베풀어 주는 것이 있으니, 이 전 제2장에서 말한 '기명유신(其命惟新)'이 그것이다. 이는 기수(氣數)로써 말한 것이

---

455 주자의 『대학장구』 전 제2장 제3절의 "시왈 주수구방 기명유신(詩曰, 周雖舊邦, 其命維新)."이라고 한 것을 가리킨다.
456 이 내용은 이패림의 『사서주자이동조변－대학』 전 제2장 제3절의 해석에 보인다.

다. 주로 하여 말하는 것이 같지 않으나, 그것이 하늘에서 나온 점은 한 가지이다. 사람들이 능히 그 품부받은 천명을 체득하여 능히 천심(天心)을 받아들이면, 하늘은 반드시 돌아보고 도와주는 명을 거듭 그에게 내려 그의 덕에 보답할 것이다. 마치 신하가 임금에게 직책을 받아 능히 그 임무를 다하면 반드시 녹봉과 상을 내림이 있는 것과 같다. 이는 필연의 이치이다.

『중용』에 이른바 '대덕은 반드시 천명을 받는다〔大德必受命〕.'[457]라고 한 것이 곧 이런 의미이다. 그러므로 이로써 자신(自新)·신민(新民)의 조응을 밝힌 것이다. 그 말은 허구적인 듯하지만 그 이치는 매우 신실하다. 그러나 성인의 성덕(盛德)·지선(至善)이 아니면 이러한 조응을 이룩할 길이 없다. 그러므로 이로써 군자는 어느 곳인들 그 지극함을 쓰지 않음이 없음을 밝힌 것이다. 그 말이 우활한 듯하지만 그 뜻은 매우 긴밀하다. 독자들은 그 점을 살펴보아야 한다.

● 제십사절(第十四節)[458]

주자가 말씀하기를 "이 절은 위 문장의 『시경』과 『서경』에서 인용한 의미를 결론지은 것이다……."라고 하였다. ―『대학혹문』을 상고함.―

내가 살펴보건대, 주자는 "『시경』, 「문왕(文王)」은 자신(自新)과 신민(新民)의 지극함이다."라고 하였다.[459] 그러나 이는 자신(自新)·신민(新

---

457 이 구절은 『중용장구』 제17장 제5절에 보인다.
458 주자의 『대학장구』 전 제2장 제4절의 "시고 군자 무소불용기극(是故, 君子, 無所不用其極)."이라고 한 것을 가리킨다.
459 이 내용은 주자의 『대학혹문』 전 제2장의 해석에 보인다.

民)의 지극함을 말하여서 그 효과가 이와 같음을 말한 것이지, 자신·신민의 일이 이 때문에 지극하게 된다는 점을 말한 것은 아니다.

『사서주자이동조변』에 말하기를 "주자는 말씀하기를 '그 지극함을 쓴다는 것은 그가 지선(至善)의 경지에 이르러 머물기를 구하는 것일 따름이다〔用其極者 求其止于是而已〕.'라고 하였다.[460] 주자는 '지우시(止于是)' 위에 또 하나의 '구(求)' 자를 덧붙였으니, '용(用)' 자가 '지(止)' 자의 앞에 있는 것을 알 수 있다. 이는 지(止)를 구하는 공부이다."라고 하였다.[461]

황제비(黃際飛)가 말하기를 "'극(極)' 자는 경문의 '지선(至善)'의 '지(至)' 자이다. 『대학장구』 주자의 주에 '사리당연지극(事理當然之極)'[462]이라 하고, '천리지극(天理之極)'[463]이라 하여 '극(極)' 자의 뜻을 말한 것이 바로 이 절의 '극(極)' 자의 의미이다."라고 하였다.[464]

---

[460] 이 내용은 주자의 『대학혹문』 전 제2장 해석에 보인다.
[461] 이 내용은 이패림의 『사서주자이동조변-대학』 전 제2장 제4절 해석에 보인다.
[462] 이 구절은 『대학장구』 경일장 제1절 주자의 주에 보인다.
[463] 위와 같음.
[464] 이 내용은 이패림의 『사서주자이동조변-대학』 전 제2장 제4절의 해석에 보인다. 다만 저자 신후담이 황제비의 설을 축약하면서 약간 변형해 썼다. 원문은 다음과 같다. "'극(極)'은 경문의 '지선(至善)'의 '지(至)' 자의 뜻으로, 『대학장구』 주자의 주에 '사리당연지극(事理當然之極)', '천리지극(天理之極)', '추극오지지식(推極吾之知識)', '욕기극처무불도(欲其極處無不到)', '물리지극처무불도(物理之極處無不到)'라 하고, 또 보망장에 '이구지호기극(以求至乎其極)'이라 하여 '극(極)' 자가 허다한데, 모두 이 '극(極)' 자의 의미로 총체적으로 지선(至善)의 '지(至)' 자를 해석한 것이다. 그러므로 『주자어류』에 '선(善) 자는 가볍고, 지(至) 자는 무겁다.'고 한 것이다〔極字, 是經至善至字. 章句事理當然之極, 天理之極, 推極吾之知識, 欲其極處無不到, 物理之極處無不到, 補傳以求至乎其極, 許多極字, 皆是此極字, 總以解至善至字. 故語類曰, 善字輕, 至字重〕."

『사서설약(四書說約)』에 말하기를 "이 전 제2장의 4절에는 비록 자신(自新)·신민(新民)·신명(新命) 세 가지 항목이 있으나, 전체적으로는 신민으로 주를 삼았다. 자신(自新)은 신민(新民)의 근본이다. 신명(新命)은 신민의 조응이다. 마지막 절은 특별히 군자에게 책임을 지워 이룩하도록 한 것이다. 탕 임금·문왕·무왕[465]은 원래 그림자를 빌려 온 것이지, 반드시 정설(定說)을 붙여 놓은 것은 아니다."라고 하였다.

운봉 호씨(雲峰胡氏)가 말하기를 "위의 전 제1장은 명명덕(明明德)을 해석한 것이기 때문에 이 장의 첫머리에 '진실로 어느 날 자신을 새롭게 하기로 하였으면 날마다 자신을 새롭게 하고 또 날마다 새롭게 하라.'라고 하였으니, 이는 위 문장의 의미를 계승한 것이다. 아래 전 제3장은 지어지선(止於至善)을 해석한 것이기 때문에 이 장의 마지막 절에서 '어느 곳인들 그 지극함을 쓰지 않음이 없다.'라고 하였으니, 이는 또한 아래 장의 단서를 열어 준 것이다."라고 하였다.[466]

『사서주자이동조변』에 말하기를 "이 장은 신민(新民)을 해석한 것이니, 단지 '신민은 마땅히 그 지극함을 써야 한다.'라고 말하면 충분하다. 그런데 자신(自新)하고 신민할 적에 어느 곳인들 그 지극함을 쓰지 않음이 없다고 굳이 말을 한 것은, 자신(自新)하는 데에 그 지극함을 쓰지

---

465 탕 임금·문왕·무왕 : 『대학장구』 전 제2장 제1절 '탕지반명왈(湯之盤銘曰)……'은 탕 임금의 자신(自新)을 말한 것이므로 탕 임금을 거론한 것이고, 제2절 '강고왈(康誥曰)……'은 무왕이 아우 강숙(康叔)을 제후로 봉할 때 한 말이기 때문에 무왕을 거론한 것이고, 제3절 '시왈(詩曰)……'은 문왕의 덕을 노래한 것이기 때문에 문왕을 거론한 것이다.
466 이 내용은 『대학장구대전』 전 제2장 제4절 소주에 보인다.

않으면 결코 신민하는 데에도 능히 그 지극함을 쓸 이치가 없다는 점을 보인 것이다. 이는 곧 이른바 '명덕(明德)이 본이 되고, 신민(新民)이 말이 된다.'[467]는 뜻이다. 뒤의 전문 중 제가(齊家)·치국(治國)·평천하(平天下)를 해석한 장을 보면 모두 수신(修身)에서 벗어나지 않으니, 모두 이 의미이다."라고 하였다.[468]

● 제십오절(第十五節)[469]

주자가 말씀하기를 "이는 백성들이 수도 근처 기내(畿內) 지방에 머물러 사는 것으로써 만물에는 각기 그칠 바가 있다는 점을 밝힌 것이다."라고 하였다.[470]

동양 허씨(東陽許氏)가 말하기를 "천자가 거주하는 곳은 땅이 사방 천 리이니, 이를 왕기(王畿)라고 한다. 천자는 천하의 중앙에 거처하고, 사방의 사람들은 안을 향해 빙 둘러 주시한다. 모든 사람이 그 지역에 돌아가 머물기를 바라니, 일에 지선의 이치가 있어서 사람들이 마땅히 그곳에 머무는 것과 같다."라고 하였다.[471]

---

467 이 내용은 『대학장구』 경일장 제3절 주자의 주에 보인다.
468 이 내용은 이패림의 『사서주자이동조변－대학』 전 제2장 제4절 해석에 보인다.
469 주자의 『대학장구』 전 제3장 제1절의 "시운 방기천리 유민소지(詩云, 邦畿千里, 惟民所止)."라고 한 것을 가리킨다.
470 이는 주자의 『대학혹문』 전 제3장의 해석에 보인다.
471 이 내용은 『대학장구대전』 전 제3장 제1절 소주에 보인다.

● 제십육절(第十六節)[472]

주자가 말씀하기를 "이 절에는 『시경』, 「면만(緜蠻)」을 인용하고서 공자
께서 그 시를 해설하신 말씀을 붙여 놓았다. 이는 대개 '새도 그가 그치
고자 할 때에 마땅히 그쳐야 할 곳을 오히려 아는데, 어찌 만물의 영장
이 된 사람으로서 도리어 새가 그칠 바를 능히 알아서 그곳에 그치는
것만 못할 수 있겠는가?'라고 말씀하신 것이다. 사람은 마땅히 그칠 바
를 알아야 한다는 의리를 발명한 것이 또한 깊고도 절실하다."라고 하
였다.[473]

『사서설약(四書說約)』에 말하기를 "'어지(於止)'의 '지(止)' 자는 시간
으로써 말한 것이고, '소지(所止)'의 '지(止)' 자는 장소로써 말한 것이다.
'인이불여조(人而不如鳥)'는 결정해 선택하는 지혜에 나아가 말한 것이
다. 중점이 '지(知)' 자에 있다."라고 하였다.

---

472 주자의 『대학장구』 전 제3장 제1절의 "시운 면만황조 지우구우 자왈 어지 지기소지 가이
　　인이불여조호(詩云, 緜蠻黃鳥, 止于丘隅, 子曰, 於止, 知其所止, 可以人而不如鳥乎)."라
　　고 한 것을 가리킨다.
473 이 내용은 주자의 『대학혹문』 전 제3장 해석에 보인다. 『대학혹문』에는 다음과 같이
　　되어 있다. 혹자가 묻기를 "제2절에 『시경』, 「면만(綿蠻)」을 인용하고서 공자(孔子)의
　　말씀으로 연계시켜 놓았는데, 공자께서는 무엇 때문에 이런 말씀을 하신 것입니까?"라고
　　하여, 나는 답하기를 "이는 공자께서 『시경』의 시를 해설하신 말씀입니다. 대개 '새도
　　그가 그치고자 할 때에 마땅히 그쳐야 할 곳을 오히려 아는데, 어찌 만물의 영장이 된
　　사람으로서 도리어 새가 그칠 바를 능히 알아서 그곳에 그치는 것만 못할 수 있겠는가?'라
　　고 말씀하신 것입니다. 사람은 마땅히 그칠 바를 알아야 한다는 의리를 발명한 것이
　　또한 깊고도 절실합니다."라고 하였다〔曰, 引綿蠻之詩, 而系以孔子之言, 孔子, 何以有是
　　言也. 曰, 此, 夫子說詩之辭也. 蓋曰, 鳥於其欲止之時, 猶知其當止之處, 豈可人爲萬物
　　之靈, 而反不如鳥之能知所止而止之乎. 其所以發明人當知止之義, 亦深切矣〕."

내가 살펴보건대, 본문의 '그칠 곳에 그칠 줄을 안다〔於止知其所止〕.' 는 것은 '그가 그쳐야 할 곳에서 마땅히 그칠 줄을 안다.'는 것을 말한 것이니, '어지(於止)'의 '지(止)' 자는 참으로 '소지(所止)'의 '지(止)' 자가 장소로써 말한 것과는 같지 않다. 그러나 또한 그 '지(止)' 자가 반드시 시간으로써 말한 점을 볼 수 없다. 다시 살펴보아야 하겠다.

● 제십칠절(第十七節)[474]

주자가 말씀하기를 "이는 성인이 그친 바를 인하여 지선(至善)의 소재를 밝힌 것이다. …… 천하 후세 사람들로 하여금 취하여 본받을 수 있게 한 것이다."라고 하였다.[475]

혹자가 묻기를 "그대는 『시경』, 「문왕」을 해석하면서 '경지(敬止)'의 '지(止)' 자를 어조사로 해석했는데,[476] 이 『대학장구』에서 그 '지(止)' 자를 다시 '그칠 바〔所止〕'의 의미로 풀이한 것은 어째서입니까?"라고 하여, 주자가 답하기를 "옛날 사람들은 시를 인용할 적에는 단장취의하였고, 혹 그 문구를 빌려서 자기의 생각을 밝히기도 하였습니다. 그러니 반드시 본문의 뜻을 모두 취한 것은 아닙니다."라고 하였다.[477]

---

474 주자의 『대학장구』 전 제3장 제1절의 "시운 목목문왕 오집희경지 위인군 지어인 위인신 지어경 위인자 지어효 위인부 지어자 여국인교 지어신(詩云, 穆穆文王, 於緝熙敬止, 爲人君, 止於仁, 爲人臣, 止於敬, 爲人子, 止於孝, 爲人父, 止於慈, 與國人交, 止於信)." 이라고 한 것을 가리킨다.
475 이 내용은 주자의 『대학혹문』 전 제3장 해석에 보인다.
476 주자의 『시집전』에 대아(大雅), 「문왕(文王)」, '오집희경지(於緝熙敬止)'의 '지(止)' 자를 어조사로 해석한 것을 가리킨다.
477 이 내용은 주자의 『대학혹문』 전 제3장 해석에 보인다.

혹자가 묻기를 "『대학장구』 전 제3장 제3절의 다섯 가지 조목[478]은 말이 간략하면서도 뜻이 갖추어져 있습니다. 그런데 그대의 설에는 다시 〈'그 정미하게 온축된 의미를 궁구하고, 유형을 미루어 그 남은 뜻을 통달하라.'[479]라고 하였으니, 어찌 그 말을 부연하여 절실하지 않게 하였습니까?"라고 하자, 주자가 답하기를 운운이라고 하였다.〉[480] ―『대학혹문』을 상고함.―

서산 진씨(西山眞氏)가 말하기를 "'경지(敬止)'의 '경(敬)'은 전체를 들어 말한 것으로, '〈군자는〉 공경하지 않음이 없다〔無不敬〕.'[481]의 '경(敬)' 자이다. '신하가 되었을 때에는 공경에 그친다〔爲人臣 止于敬〕.'라고 한 '경(敬)'은 임금을 공경히 대하는 것을 오로지 가리키는 것으로, 경(敬)의 한 가지 일을 말한 것이다. 문왕의 경(敬)[482]은 인(仁)·경(敬)·효(孝)·자(慈)·신(信)을 모두 포함한다."라고 하였다.[483]

『사서설약(四書說約)』에 말하기를 "이 절은 문왕을 중시한 것이 아니

---

478 다섯 가지 조목 : 주자의 『대학장구』 전 제3장 제3절에 보이는 "위인군 지어인 위인신 지어경 위인자 지어효 위인부 지어자 여국인교 지어신(爲人君, 止於仁, 爲人臣, 止於敬, 爲人子, 止於孝, 爲人父, 止於慈, 與國人交, 止於信)."을 가리킨다.
479 이는 『대학장구』 전 제3장 제3절 주자의 주에 "학자들은 여기에서 그 정미함이 온축된 것을 궁구하고 또 유형을 미루어 그 남은 뜻을 극진히 해야 한다〔學者, 於此, 究其精微之蘊, 而又推類以盡其餘〕."라고 한 것을 약간 변형해 말한 것이다.
480 이 내용은 주자의 『대학혹문』 전 제3장 해석에 보인다.
481 이 문구는 『예기』, 「애공문(哀公問)」에 보인다.
482 문왕의 경(敬) : 『대학장구』 전 제3장 제3절 "시왈 목목문왕 오집희경지(詩曰, 穆穆文王, 於緝熙敬止)."의 '경(敬)' 자를 가리킨다.
483 이 내용은 『대학장구대전』 전 제3장 제3절 주자의 주 '안소지야(安所止也)' 아래 소주에 보인다.

다. 단지 문왕의 덕을 노래한 시를 인용해 갖추어 놓고서 마땅히 그쳐야 할 곳을 차례로 지적한 것이다. 모든 절을 통틀어 '경(敬)' 자가 강령이 된다. 그 아래 다섯 구는 모두 '경(敬)' 자로서 관통을 한 것이다. '경지(敬止)'의 '지(止)' 자는 만사가 이 '지(止)' 자를 통합된 본체[統體]로 하는 것이며, 그 아래 다섯 개의 '지(止)' 자는 한 가지 일에 각기 하나의 지(止)를 갖추고 있는 것이다. 인(仁)·경(敬)·효(孝)·자(慈)·신(信)은 나오는 바는 같지만 명칭은 다르니, 인·경·효·자·신을 하여 거기에 그치기를 구하는 것이 아니다."라고 하였다.

내가 살펴보건대, 이는 성인의 성덕(盛德)과 지선(至善)을 찬양한 것이다. 그러므로 다섯 가지 조목을 열거하면서 먼저 사람들이 어렵게 여기는 것을 먼저 거론한 뒤에 사람들이 쉽게 여기는 바에 미쳤다. 부자의 관계는 천륜에 속한 것이고 군신의 관계는 의리로써 합한 것이니, 인(仁)·경(敬)이 자(慈)·효(孝)보다 어렵다. 임금의 형세는 존귀하고 신하의 형세는 낮으니, 임금의 인(仁)은 또 신하의 경(敬)보다 어렵다. 길러 준 은혜는 무궁한데 부모를 친애하고 봉양하는 정성은 소홀하기 쉬우니, 자식의 효성[孝]은 또 아비의 자애[慈]보다 어렵다. 나라 사람들과의 교제에 이르러서는 위의 네 가지에 비해 더욱 가벼우니, 참으로 맨 뒤에 있어야 한다. 오륜 가운데 두 가지[484]를 거론하지 않은 것은 형을 섬기고 어른을 섬기는 것은 효(孝)·경(敬)을 미루어 나가는 것에 불과하기 때문이고, 또 처첩(妻妾) 및 어리고 젊은 사람들과의 관계는 인(仁)·자(慈)로써 포괄할 수 있기 때문이다.

---

484 두 가지: 장유유서(長幼有序)와 부부유별(夫婦有別)을 가리킨다.

'국인(國人)'에 대해, 혹자는 '국내에 사는 일반 백성들'이라고 하고, 혹자는 '서백(西伯)이 통솔하는 우방의 나라 임금'이라고 한다. 만약 앞의 설을 따른다면 이는 '위인군(爲人君)' 구와 서로 중첩되니, 뒤의 설이 옳은 데 가깝다.

『사서설약(四書說約)』에 말하기를 "이 장은 지어지선(止於至善)을 해석한 것이다. 제1절은 '방기(邦畿)'를 빌어서 '지(止)' 자를 끌어내 만물은 각기 그칠 바가 있음을 말하였다. 제2절은 '황조(黃鳥)'를 빌어서 '지(知)' 자를 끌어내 사람은 그칠 바를 마땅히 알아야 함을 말하였다. 제3절은 지선(至善)이 마땅히 그칠 바임을 바로 말하면서 문왕의 '경지(敬止)'를 거론하여 그칠 바의 지극함을 수립하였다."라고 하였다.

● 제십팔절(第十八節)[485]

내가 살펴보건대, 공자께서 이른바 '반드시 백성들로 하여금 소송을 없게 할 것이다〔必也使無訟〕.'라고 하신 것은, 공자가 기필코 소송을 없게 하겠다는 기약을 말한 것일 뿐이지, 백성들로 하여금 소송이 없게 하는 일에는 아직 미치지 않은 것이다. 증자가 해석한 '실정이 없는 자로 하여금 그 변명하는 말을 다할 수 없게 하는 것은 백성들의 심지(心志)를 크게 외복(畏服)시켰기 때문이다〔無情者 不得盡其辭 大畏民志〕.'라고 한 12자는 소송이 없게 하겠다는 일을 곧장 말한 것으로, '기필코〔必也〕'의

---

485 주자의 『대학장구』 전 제3장 제1절의 "자왈 청송 오유인야 필야사무송호 무정자 부득진 기사 대외민지 차위지본(子曰, 聽訟, 吾猶人也, 必也使無訟乎. 無情者, 不得盡其辭, 大畏民志, 此謂知本)."이라고 한 것을 가리킨다.

의미를 생략한 것이다. '차위지본(此謂知本)' 4자는 '필야사무송(必也使無訟)'에 돌아가 붙으니, '대외민지(大畏民志)'을 이어 말한 것이 아니다. 이는 대개 백성들의 심지를 크게 외복시켜서 그들로 하여금 그 실정이 없는 말을 다할 수 없게 한 것이다. 이는 자신의 덕을 밝혀서 백성들이 새로워짐을 극진히 한 것이니, 단지 명덕이 근본이 됨을 알 뿐만이 아니다. 오직 공자께서 반드시 소송이 없게 하는 것을 기약한 데에서, 근본을 안 것을 알 수 있다.

이 제3장(성의장) 안에서 삼강령을 나누어 해석한 것이 앞의 절에서 극진했다. 이 절에 이르러서는, 또 그 가운데 나아가 마땅히 명덕으로 근본을 삼아야 한다는 점을 말하였다. 그러니 사람들에게 보인 의도가 더욱 절실하다.

혹자가 묻기를 "그렇다면 청송(聽訟)과 무송(無訟)이 명명덕과 신민의 의리에 해당되는 바는 무엇입니까?"라고 하자, 주자가 답하기를 "성인은 덕이 성대하고 인(仁)이 익숙하니, 명덕을 스스로 밝힌 것은 모두 천하의 지선을 지극히 한 것이다."라고 하였다.[486] ―『대학혹문』을 상고함.―

옥계 노씨(玉溪盧氏)가 말하기를 "소송이 없는 것은 백성들이 새로워진 것이다. 백성들로 하여금 소송을 없게 하는 것은 오직 명덕을 밝힌 사람만이 능히 할 수 있다."라고 하였다.[487]

---

[486] 이 내용은 주자의 『대학혹문』 전 제4장 해석에 보인다.
[487] 이 내용은 『대학장구대전』 전 제4장 소주에 보인다.

만촌 여씨(晚村呂氏)가 말하기를 "'대외민지(大畏民志)'는 또한 신민의 일을 터득한 것일 뿐이다. 백성들의 심지를 크게 외복시킨 원인이 바야흐로 본(本)이고, 이 '대외민지'는 말(末)로부터 거꾸로 유추한 것이다."라고 하였다.[488]

만촌 여씨가 또 말하기를 "'사무송(使無訟)'은 신민의 한 가지 일이다. 그러나 '대외민지'라고 말하였으니, 이는 또한 명덕을 말미암지 않음이 없는 것이다. 이 말에 나아가면 본·말의 선·후를 알 수 있다."라고 하였다.[489]

『사서주자이동조변』에 말하기를 "살펴보건대, 쌍봉 요씨(雙峰饒氏)는 '청송(聽訟)'은 말(末)로, '사무송(使無訟)'은 그 본(本)을 다스리는 것으로 풀이했는데,[490] 그 말은 본래 짐작한 것이다. 대개 그 근본을 다스리는 것은 반드시 자신의 명덕을 스스로 밝히는 데에 달려 있다. 후인들은 대부분 이 구에서 '사(使)' 자를 빼고 '무송(無訟)'으로 본을 삼고, '청송(聽訟)'으로 말을 삼는다. '무송'은 단지 백성들의 덕이 새로워진 것만을 말할 수 있다는 점을 모르고서 한 말이니, 어떻게 본(本)을 말할 수 있겠는가? 채씨(蔡氏)의 『사서몽인(四書蒙引)』에는 '무송'을 말로, '사무송'을 본으로 삼았으니, 이 또한 잘못이다. 대개 '사무송' 3자는 원래 나눌 수 없는 말이다. 공자께서는 단지 '사무송'을 '청송'과 상대적으로 말씀하셨을 뿐이지, 일찍이 '사무송'이 한 층으로, '무송'이 또 한 층인 것

---

488 이 내용은 이패림의 『사서주자이동조변』 전 제4장 해석에 보인다.
489 위와 같음.
490 쌍봉 요씨(雙峰饒氏)는 …… 풀이했는데 : 이는 『대학장구대전』 전 제4장 소주에 보인다.

과 상대적으로 말씀하신 적이 없다. '청(聽)'은 윗사람이 그들의 말을 듣
는 것이고, '사(使)'도 윗사람이 그들을 부리는 것이다. 능히 자신의 명
덕을 밝혀서 백성들로 하여금 소송이 없게 하면, 이것이 근본을 아는
것이다. 그리고 단지 소송만을 판결하면서 백성들이 새로워지기를 구하
면, 이는 곧 말단을 힘쓰는 것이다. 이 '사무송'은 바로 '청송'과 본·말
로 나누어지는 것이지, 어찌 일찍이 '무송'과 본·말로 나누어진 적이
있던가? 혹자는 잘못 생각하여 '무정자(無情者)' 1구로 '무송'을 삼고, '대
외민지(大畏民志)' 1구로 '사무송'을 삼는데, 이는 이 2구가 단지 하나로
곧장 말한 것임을 모르고서 하는 말이다. 주자의 주 가운데 하나의 '개
(蓋)' 자[491]를 쓴 것이 곧 근원을 미루어 헤아리는 말이다. 말하자면 성
인이 능히 실정이 없는 사람으로 하여금 그의 허탄한 말을 다할 수 없
게 하신 것은, 나의 명덕이 이미 밝아져서 자연히 사람들의 심지를 외
복시킴이 있음을 말미암은 것이다. 주자의 주에 '성인능사무실지인(聖人
能使無實之人)'이라고 한 구절의 '능사(能使)' 2자를, 주자가 이미 원문의
'무정(無情)' 1구 위에 썼는데, 혹자는 오히려 그것을 나누어 붙이고자
한단 말인가?"라고 하였다.[492]

● **총론(總論)**

내가 살펴보건대, 성의장 한 장은 『대학』 한 책의 긴요한 대목이다. 그
러므로 전문을 지은 사람이 말을 한 것이 지극히 상세하고 절실하다. 제

---

491 '개(蓋)' 자 : 『대학장구』 전 제4장 주자의 주에 "대개 나의 명덕이 이미 밝아지면 자연히
백성들의 심지를 외복시킴이 있다〔蓋我之明德旣明, 自然有以畏服民之心志〕."라고 한
구절의 '개(蓋)' 자를 가리킨다.
492 이 내용은 이패림의 『사서주자이동조변－대학』 전 제4장 해석에 보인다.

1절과 제2절은 반복해서 신독(愼獨)을 말하여 성의(誠意)의 방법을 보여 주었다. 제3절과 제4절은 위의 문장을 계승하여 마음속에 싹튼 생각을 선으로 가득 채우느냐, 가득 채우지 못하느냐의 징험을 드러내 한편으로는 경계하고 한편으로는 권면하였다. 제5절과 제6절은 성의의 징험을 인하여 『시경』의 시를 인용해 영탄하면서 삼강령이 모두 여기에 기본함을 밝혔다. 제7절 이하 11절은 또다시 『시경』의 시와 『서경』의 문구를 뒤섞어 인용하면서 삼강령을 나누어 해석하였다. 제18절은 또 삼강령 가운데 나아가 본·말의 분별을 말하여 성의장 전체를 결론지었다. 또한 위의 격물치지전의 결어와 더불어 서로 조응이 되게 하였다. 그 의미가 매우 정밀하니, 독자들은 그 점을 살펴야 할 것이다.

주자는 이 성의장의 여러 절을 옮겨 바꾸었다. '강고왈 극명덕(康誥曰克明德)' 이하 12절을 이른바 '성기의(誠其意)'라고 한 위에 두었고, 또 '기욱(淇澳)' 이하 2절을 '지어신(止於信)' 아래와 '자왈청송(子曰聽訟)'의 위에 삽입하였으며, 또 "이른바 '성기의(誠其意)'라고 한 위에 격물치지전이 망실(亡失)되었다."라고 생각하여, 별도로 보망장(補亡章)을 지어서 보충해 놓았다.

지금 살펴보건대, '강고왈 극명덕(康誥曰克明德)' 이하 12절에서 삼강령을 말한 것은, 분명 '시운 첨피기욱(詩云瞻彼淇澳)' 1절의 '성덕지선 민지불능망(盛德至善 民之不能忘)'을 이어 말한 것이고, '시운 첨피기욱(詩云瞻彼淇澳)' 1절의 '성덕지선(盛德至善)'은 또 그 앞 절의 '덕윤신(德潤身)'을 이어 말한 것이니, 위·아래로 바꾸어 옮길 수 없음이 분명하다.

격물치지의 뜻을 '물유본말(物有本末)'의 '물(物)' 자 및 '지지(知止)'의 '지(知)' 자와 연관해서 보면, 앞 장[493]의 '자천자(自天子)' 이하 2절에서 해석한 것이 애초 부족함이 없다. 그러니 격물치지전에 잃어버려 보충할 만한 점이 있는지를 발견하지 못하겠다.

또한 고서에 문구가 상호 착간된 곳이 간혹 한두 절 있기는 하지만, 허다한 절이 상호 착간되어 이처럼 어지러울 리는 절대 없다. 또한 이른바 상호 착간되었다고 하는 것도 천년 뒤에 분명히 증명할 길이 달리 없다. 오직 문장의 의미가 통하느냐 통하지 않느냐 하는 것으로써 결정할 따름이다. 지금 문장의 의미가 이미 통할 수 있으니, 또한 무엇을 가지고 그것이 반드시 상호 착간된 것인 줄을 알겠는가?

주자가 이와 같이 해석을 한 것은 아마도 성의(誠意)가 팔조목의 하나이기 때문인 듯하다. 조목은 강령과 서로 뒤섞일 수 없다. 그러므로 이 성의장 안에서 강령을 논한 것을 빼내어 별도로 강령전을 만들고, 강령은 앞에 있어야 하고 조목은 뒤에 있어야 하기 때문에 또한 그를 위해 위·아래를 바꾸어 놓은 것이다.

비록 그렇지만 성의는 다른 조목과 같지 않다. 삼강령은 이 성의전에서 단서를 시작하지 않는 것이 없다. 특별히 삼강령을 성의장 안에서 거론한 것은 지극히 깊은 의미가 있으니, 이 점을 살피지 않을 수 없다. 보망장에 이르면, 나의 소견으로는 본문에 애초 보충할 만한 점이 없다. 주자가 보충해 놓은 바, 범범하게 만물의 이치를 궁구하여 내 마음의 앎을 극진히 하는 것을 격물치지로 본 것은, 본문에 본말의 분별을 바르게 하여 지선의 이치를 아는 것으로 격물치지를 삼은 것과 합치되지 않는다.

이 모두 어리석은 내가 감히 알 수 없는 점이다. 아마도 한결같이 구본(舊本)으로 정론을 삼아야 할 듯하다.

---

493 앞 장 : 저자 신후담이 격물치지를 해석한 제2장으로 본 장을 가리킨다.

● 제일절(第一節)

혹자가 묻기를 "'마음에 분치(忿懥)하고 공구(恐懼)하고 호요(好樂)하고 우환(憂患)하는 바가 있으면, 마음이 그 바름을 얻을 수 없다.'고 하니, 이 네 가지가 없기를 구하면 마음이 바르게 됩니까?"라고 하니, 정자(程子)가 답하기를 "이는 그런 마음이 아예 없는 것을 말하는 것이 아니라, 단지 이로써 그런 마음을 망동하지 않게 하는 것일 뿐이다. 학자들은 아직 마음이 움직이지 않는 곳에 이르지 않았으니, 모름지기 그 심지(心志)를 잡고 지킬 따름이다."라고 하였다.[495]

주자가 말씀하기를 "분치(忿懥)·공구(恐懼)·호요(好樂)·우환(憂患) 네 가지는 아무런 마음이 없는 곳으로부터 발하여 나오기를 구해야 하니, 먼저 어떤 감정이 있는 마음에서 나와서는 안 된다. 모름지기 '유소(有所)' 2자를 잘 보아야 한다. 만약 마음에 분노하는 바가 있으면, 어떤 사람에게 죄가 있는 것을 인하여 그를 매질하게 된다. 매질을 하고 나면 그 마음이 바로 평이해져서 그런 마음이 있지 않게 된다. 이와 같이 마음에는 항상 평이하지 않음이 있다."라고 하였다.[496]

---

494 이 장은 주자의 『대학장구』 전 제7장과 동일하다. 이 전 제7장 이하는 주자가 편차를 개정하지 않고 구본을 그대로 따랐기 때문에 신후담의 『대학후설』도 편차가 다르지 않다. 다만 신후담은 『대학장구』 전 제7장을 제4장으로, 전 제8장을 제5장으로, 전 제9장을 제6장으로, 전 제10장을 제7장으로 삼은 것이 다르다.
495 이 내용은 『이정유서(二程遺書)』 권19, 「양준도록(楊遵道錄)」에 보인다.
496 이 내용은 『대학장구대전』 전 제7장 제1절 소주에 보인다. 『주자어류』에 있는 말을 대전본을 편찬한 사람들이 이리저리 절취해서 모아 놓은 것이다.

주자가 또 말씀하기를 "이른바 '유소(有所)'라고 하는 것은 분치(忿懥) 등 네 가지 감정이 안에서 주관을 하게 되어, 마음이 도리어 그런 감정에 의해 움직여지는 것이다."라고 하였다.[497]

주자가 또 말씀하기를 "마음이 사물에 얽매이게[498] 되자마자 마음은 바로 그에 의해 움직여지게 된다. 마음이 사물에 얽매이는 것은 세 가지이다. 혹 일이 아직 다가오지 않았는데 스스로 먼저 그 일에 대해 기대하는 마음이 있는 경우, 혹 일이 이미 끝나 버렸는데 도리어 가슴속에 그 일에 대해 잊지 못하는 생각이 오래 남아 있는 경우, 혹 바로 어떤 일에 응접했을 때 생각이 치우치게 중점을 두는 것이 있는 경우이다. 이 모두 마음이 사물에 얽매이는 것이다. 마음이 사물에 얽매이게 되면 바로 그 물사(物事)가 마음에 있게 되니, 다른 일이 눈앞에 다가오더라도 그 일에 응접할 때 바로 어긋나게 된다. 그러니 어떻게 마음이 그 바름을 얻겠는가? 성인의 마음은 환히 텅 비고 밝아서 사물이 다가오는 것을 보면 큰 일이든 작은 일이든 사방팔방 어느 곳인들 사물에 따라 응하지 않음이 없으니, 이는 마음에 원래 그 물사가 있지 않기 때문이다."라고 하였다.[499]

내가 살펴보건대, 마음의 본체는 담담하여 텅 비고 밝다. 그것이 작용에 나타날 적에는 감응하는 바에 따라 응접하니, 이것이 마음의 바름이다. 기뻐하고〔喜〕 노여워하고〔怒〕 걱정하고〔憂〕 두려워하는〔懼〕 것

---

497 이 내용은 『주자어류』 권16, 「전칠장석정심수신(傳七章釋正心修身)」에 보인다.
498 얽매이게 : 『주자어류』에는 '계(係)' 자로 되어 있다.
499 이 내용은 『대학장구대전』 전 제7장 제1절 소주에 보인다. 『주자어류』 권16, 「전칠장석정심수신(傳七章釋正心修身)」에 보이는 내용을 간추려 놓은 것이다.

은 모두 마음이 사물에 감응한 것으로, 사람이면 의당 있는 것이다. 다만 그 감정에 '~하는 바가 있다〔有所〕'고 할 경우에는 그런 감정이 마음속에 머물러서 느끼는 바에 따라 순순히 응접할 수가 없으니, 여기에서 마음의 작용이 바름을 잃은 것을 알 수 있다. 이미 어떤 감정이 마음속에 머물게 되면 본래의 담담하게 텅 비고 밝은 것과 더불어 빠져들고 막히게 되니, 이럴 경우에도 본체가 바름을 얻을 수 없다. 대개 마음이 바름을 잃는 것은 반드시 스스로 자신의 생각대로 하여 시작하기 때문이다. 그러므로 기쁨과 노여움에 의거해 말한 것이다. 그리고 그 바름을 잃은 궁극에 이르면 작용을 말미암아 본체에 미치게 된다. 그러므로 '~하는 바가 있음〔有所〕'을 말하여 그에 해당시킨 것이다.

단지 작용의 측면에만 나아가 말한 것이라면 기뻐하고 노여워함의 치우치거나 지나침을 말할 따름이지, '~하는 바가 있음〔有所〕'을 말할 필요가 없다. 『대학』에서 마음을 논한 것은 대체로 본체와 작용을 전체적으로 거론하여 한쪽으로 치우친 데에 의지하지 않기 때문에 그 글을 쓴 것이 이와 같다. 『대학장구』 주자의 주는 '부득기정(不得其正)'을 해석하면서 오로지 작용의 한쪽 측면에만 나아가 말을 하였으니, 이것이 내가 알 수 없는 점이다.

『대학혹문』에 말하기를 "마음이 사물에 아직 감응하지 아니하였을 때는 〈지극히 허령하고 지극히 고요하여, 이른바 '거울처럼 텅 비고 저울대처럼 평평한 본체는〉 귀신이라 할지라도 그 경계를 엿볼 수 없음이 있다.'고 한 경지이니, 참으로 의논할 만한 득실(得失)이 없습니다."라고 하였다.[500] 또 『중용혹문』에 말하기를 "마음이 아직 발하지 아니하였을

---

500 이 내용은 주자의 『대학혹문』 전 제7장 해석에 보인다.

때에는 비록 과(過)·불급(不及)을 이를 만한 점이 있지 않지만, 과·불급이 없는 본체가 되는 것은 실로 여기에 있다."라고 하였다.[501]

지금 내가 살펴보건대, 과·불급이 없는 본체가 실로 미발지시(未發之時)에 있다면 미발지시에는 의논할 만한 득실이 없지 않다. 주자의 위두 설은 합치되지 않으니, 어느 설을 따라야 할지 모르겠다. 그러나『중용』에 중(中)을 극진히 하고 화(和)를 극진히 하는 두 조항의 공부에 대해 분명히 말했다.[502] 중(中)을 극진히 하는 것은 대본(大本)을 세우는 것으로 미발(未發)에 나아가 말한 것이며, 화(和)를 극진히 하는 것은 달도(達道)를 행하는 것으로 이발(已發)에 나아가 말한 것이다. 만약 이발에는 득실이 있고 미발에는 득실이 없다면, 단지 '화(和)' 한 자만을 말하는 것이 옳다. 그런데 군이 그렇게 말하지 않고 중(中)과 화(和)를 아울러 거론하였다. 이런 관점으로 말하자면, 마땅히『중용혹문』의 설을 정설(定說)로 삼아야 한다.『대학혹문』의 설은 주자의 초년의 설로 전적으로 정밀하고 정확한 것은 아닌 듯하다.

운봉 호씨(雲峰胡氏)의 "마음의 본체는 바르지 않음이 없다."라고 한 것[503]이나, 휘암 정씨(徽庵程氏)[504]의 "미발의 시점에는 〈기(氣)가 용사(用事)를 하지 않아〉 마음의 본체가 바름을 기다린 뒤에 바르게 되는 것이 아니다."라고 한 것[505]과 같은 설은, 모두 제대로 살피지 못한 것인

---

501 이 내용은 주자의『중용혹문』편제의 해석에 보인다.
502 이는『중용장구』제1장에 "희로애락의 감정이 아직 발하지 않은 것을 중(中)이라 하며, 희로애락의 감정이 발하여 모두 절도에 맞은 것은 화(和)라고 한다. 중이란 천하의 큰 근본이고, 화란 천하에 두루 통하는 도이다〔喜怒哀樂之未發, 謂之中, 發而皆中節, 謂之和. 中也者, 天下之大本, 和也者, 天下之達道也〕."라고 한 것을 가리킨다.
503 이는『대학장구대전』전 제7장 제1절 소주에 보인다.
504 휘암 정씨(徽庵程氏) : 남송 말의 학자 정약용(程若庸)을 말함. 자는 봉원(逢原), 호는 물재(勿齋)·휘암(徽庵)이며, 안휘성 휴녕(休寧) 출신이다. 요로(饒魯)의 문인이다.

듯하다. 이는 오직 진씨(陳氏)가 이른바 '본체는 미발의 앞에서 치우치지 않는다.'[506]라고 한 설이 가장 옳다. 보는 이들은 이 점을 살펴보아야 한다.

이성호(李星湖)가 말씀하기를 "정자(程子)는 이 절의 '신(身)' 자를 '심(心)' 자의 오류로 보았으니, 이는 참으로 지극한 설이다. 그러나 또한 이에는 다른 한 가지 설이 있다. 이지(李贄)[507]는 말하기를 '몸[身]에는 특별히 마음을 바르게 하는 방술이 없다.'라고 하였으니, 이 말은 헤아려 볼 만하다. 기뻐하고 노여워하고 걱정하고 두려워하는 것은 곧 이른바 '인심(人心)'이 발생한 바'라고 하는 것이다. '인(人)' 자는 신(身)에 속하고, '심(心)' 자는 기쁘고 노여워하고 걱정하고 두려워하는 감정을 주관한다. 그 감정이 몸에 순응하면 기쁘고, 몸에 거역하면 노여워한다. '～라는 바가 있다'라는 것은 곧 순응하고 거역하는 일이다. 〈……〉 몸에 '～하는 바가 있다'라고 하는 것은 곧 '인심유위(人心惟危)'의 기미이다. 대개 저 '분치(忿懥)' 등의 감정이 어디로부터 생겨나는가? '～라는 바가 있다'라는 것을 말미암기 때문이다."라고 하였다.[508]

---

505 이 설은 『대학혹문대전』 전 제6장 소주에 보인다.
506 이 내용은 『대학장구대전』 전 제7장 제3절 소주 신안 진씨(新安陳氏)의 설에 보인다.
507 이지(李贄, 1527~1602) : 명나라 때 혁신적인 사상가로, 금욕주의적 신분차별을 강요하는 예교(禮敎)를 부정하였다. 「동심설(童心說)」 등이 유명하며, 저술로 『분서(焚書)』 등이 있다.
508 이 내용은 이익의 『대학질서』 전 제7장 해석에 보인다.

● 제이절(第二節)

주자가 말씀하기를 "오직 이 마음의 신령스러움이 이미 일신의 주인이
된다……."라고 하였다. ─『대학혹문』을 상고함.─

허재 채씨(虛齋蔡氏)가 말하기를 "마음에 분치(忿懥)하는 바가 있어
서 그 바름을 얻지 못하면, 마음이 분치에 빼앗겨 나의 소유가 되지 않
으니, 이것이 '마음이 있지 않은 것[心不在]'이라고 하는 것이다."라고
하였다.[509]

이성호(李星湖)가 말씀하기를 "'심부재언(心不在焉)'은 마음이 보고 듣
는 데에 있지 않다는 것을 말하는 것이 아니라, 곧 마음이 오히려 뱃속
에 있지 않다는 것이다."라고 하였다.[510]

이성호가 또 말씀하기를 "눈은 사물을 보는 것이고, 귀는 소리를 듣
는 것이고, 입은 음식을 먹는 것이다. 이는 모두 몸[身]에 속한 것들이
다. 보고 듣고 맛을 아는 데에 이르는 것은 마음이 하는 일이다."라고
하였다.[511]

내가 살펴보건대, 마음이 존재하지 않음이 있으면 비록 소리·색
깔·냄새·맛의 거친 것에 대해서도 살피고 분변할 수 없는 점이 있다.
이것이 바로 『대학혹문』에 "고개를 들어 새 보기를 탐하고, 머리를 돌

---

[509] 이 내용은 채청의 『사서몽인(四書蒙引)』 권2, 『대학장구』 전 제7장 해석에 보인다.
[510] 이 내용은 이익의 『대학질서』 전 제7장 해석에 보인다.
[511] 위와 같다.

려 남에게 응하기를 번갈아 하네〔仰面貪看鳥 回頭錯應人〕."[512]라고 한 설이다.[513] 『사서주자이동조변』에는 "'시이불견(視而不見)'은 모든 색깔을 다 보지 못한다는 것을 말하는 것이 아니라, 단지 색깔 속의 의리가 〈어떤 것인지를〉 알지 못한다는 말이다. '청이불문(聽而不聞)'과 '식이부지기미(食而不知其味)'도 또한 그러하다……"라고 하였는데, 이 설은 너무 깊으니 『대학』 본문의 의미는 아닌 듯하다.[514]

앞 절에서는 마음이 바르지 않은 폐단을 말했고, 이 절에서는 마음이 바르지 않으면 자기의 몸을 수신할 방법이 없음을 말하였으니, 모두 차례가 있다. 앞 절의 '분치(忿懥)' 등 네 가지를 살펴보면, 모두 마음 위에 나아가 말한 것이니, 이 절의 '시(視)'·'청(聽)'·'식(食)' 세 가지는 모두 몸 위에 나아가 말한 것임을 알 수 있다. '심부재언(心不在焉)' 1구에 이르면 이 제2절의 머리에 위치하여 위의 문장과 접속하고 있다. 여기서 또한 '시이불견(視而不見)……'이라고 한 것은 마음이 부재한 데서 말미암고, 마음의 부재는 '분치'하는 바가 있는〔有所忿懥〕 감정 등에서 말미암아 그 바름을 얻지 못한다는 것을 알 수 있다. 그 문장의 의미를 완미하면 매우 분명하다.

『사서주자이동조변』에는 이에 대해 "'분치하는 바가 있는〔有所忿懥〕' 감정 등과 '보아도 보이지 않는다〔視而不見〕.'라고 운운한 것은 애초 두 가지 모양이 없다."라고 하였으니, 그러면 정심·수신의 차례는 분변할 수 없다. 또 『사서주자이동조변』에 "'~하는 바가 있는〔有所〕' 근원은 마

---

512 고개를 …… 하네 : 이 시구는 두보(杜甫)의 「만성 이수(漫成二首)」 가운데 두 번째 시에 보인다. 여기서는 주자가 단장취의하여 마음이 보존되지 않은 사례로 인용하였다.
513 이 내용은 주자의 『대학혹문』 전 제7장 해석에 보인다.
514 이 내용은 이패림의 『사서주자이동조변－대학』 전 제7장 해석에 보인다.

음이 부재한 데서 말미암는다."라고 하였으니, 그러면 본문은 바로 거꾸로 말한 것이 된다. 이 두 설은 모두 온당하지 못한 것이다.

비록 그렇지만 기뻐하고 노여워하고 걱정하고 두려워하는 바의 감정이 있는 것은 참으로 마음이 부재함을 초래함이 있기 때문이다. 마음이 부재하면 기뻐하고 노여워하고 걱정하고 두려워하는 감정이 반드시 다가와서 안에서 주관을 하게 된다. 이는 그 형세가 서로 인하는 것이니, 각각 하나의 설이 되더라도 해롭지 않다. 기뻐하고 노여워하고 걱정하고 두려워하는 것이 보고〔視〕 듣고〔聞〕 먹는〔食〕 것의 연관성에 대해서는, 끝내 이 정심·수신의 차례를 따라야 하니, 분명 한데 섞어서 말할 수 없다.

앞 절에서는 마음이 바르지 않은 폐단만을 말하고 마음을 바르게 하는 일을 말하지는 않았다. 그러나 마음에 기뻐하고 노여워하고 걱정하고 두려워하는 바가 있어서 그 바름을 잃는 것은, 단지 이 마음이 주재함이 없어서 외물에 빼앗겼기 때문이다. 그렇다면 지금 이를 면하고자 하는 사람은 오직 마음에 주재함이 있어서 안에서 안정되게 할 따름이다. 이는 공경으로써 안을 곧게 하지 않으면 불가하다. 이 절은 단지 마음의 부재함이 수신할 수 없음을 말하였을 뿐이니, 비록 마음의 존재함이 수신할 수 있음을 말하지 않더라도 그 의미는 또한 저절로 드러날 수 있다. 그러므로 『대학장구』 주자의 주에 이른바 '〈군자는〉 반드시 이 점을 살펴서 공경으로써 안을 곧게 해야 하니, 그런 뒤에 이 마음이 항상 보존되어 몸이 닦여지지 않음이 없을 것이다.'[515]라고 한 것은, 주자가 이미 말씀한 것을 인하여 아직 말하지 않은 점을 탐구하게 한 것

---

515 이 내용은 『대학장구』 전 제7장 제2절 주자의 주에 보인다.

이니, 전문(傳文)의 의미를 깊이 터득한 것이다.

　　허재 채씨(虛齋蔡氏)가 말하기를 "마음이 보존되지 않으면 자기의 몸을 검속할 방법이 없으니, 몸도 닦을 수가 없다. '검(檢)' 자는 마땅히 '수(修)' 자가 될 수 없다."라고 하였다.[516]

● 말절(末節)

위의 두 절은 마음이 바르지 않음이 수신을 할 수 없음을 말한 것이니, 수신은 그 마음을 바르게 하는 데에 달려 있음을 여기에서 알 수 있다. 그러므로 이와 같이[517] 결론을 지은 것이다.

● 총론(總論)

『사서설약(四書說約)』에 말하기를 "이 장은 모두 심체(心體)가 지극히 텅 비고 지극히 신령스러우니, 정심(正心)은 치우친 바가 있어서는 불가함을 드러낸 것이다. 제1절의 '유소(有所)'는 바로 심체가 텅 비지 않은 것을 말하고, 제2절은 오직 심체가 텅 비지 않아서 또한 심체가 신령스럽지 않은 점을 말한 것이다. 이 두 절은 모두 평범한 사람의 심정을 빌려서 형용한 것이다. 몸과 마음은 매우 상관된 곳이므로 정심공부(正心工夫)는 오로지 '분치(忿懥)' 등의 항목 위에서 노력하는 데 달렸고, 수

---

516 이 내용은 채청의 『사서몽인』 권2, 『대학장구』 전 제7장 해석에 보인다.
517 이와 같이 : 『대학장구』 전 제7장 제3절의 '차위수신재정기심(此謂修身在正其心)'이라고
　　 한 것을 가리킨다.

신공부(修身工夫)는 오로지 보고 듣고 먹는 데에서 힘쓰는 데 달렸다고 말할 수 있는 것이 아니다."라고 하였다.

주자가 말씀하기를 "마음속에 싹튼 생각이 이미 선으로 가득 찼을지라도 이 마음은 지키는 것이 견고하지 않기 때문에 망동함이 있다. 그경지에 이르러도 오히려 10분의 3은 저절로 소인의 마음가짐이 있으니, 바로 공부를 하는 것이 요구되는 것이다. 또한 마음속에 싹튼 생각이 아직 선으로 가득 차지 않았을 때는 비유컨대 사람이 사적인 죄를 범하는 것과 같으며, 마음속에 싹튼 생각이 선으로 가득 찼지만 마음은 오히려 망동함이 있는 것은 비유컨대 사람이 공적인 죄를 범하는 것과 같으니, 또한 매우 차이가 있다."라고 하였다.[518]

주자가 또 말씀하기를 "마음속에 싹튼 생각이 만약 선으로 가득 차지 않으면 비록 겉으로는 선을 하더라도 그 마음속 생각이 실제로는 그렇지 않을 것이다. 그렇다면 어떻게 다시 그 사람의 마음이 바른지 바르지 않은지를 묻겠는가? 마음속에 싹튼 생각이 이미 선으로 가득 찬 뒤에도 그의 마음에 혹 치우치거나 의지하는 바가 있으면 그 바름을 얻지 못한다. 그러므로 바야흐로 마음을 바르게 하는 공부를 해야 하는 것이다."라고 하였다.[519]

육가서(陸稼書)가 말하기를 "앞의 두 장에서는 지(知)를 말하고, 의(意)를 말했다. 비록 그것들이 모두 마음이지만, 지(知)는 마음이 지각

---

518 이 내용은 『주자어류』 권18, 「전칠장(傳七章)」에 보인다.
519 이 내용은 『주자어류』 권16, 「전칠장석정심수신(傳七章釋正心修身)」에 보인다.

(知覺)하는 지점에 나아가서 말한 것이고, 의(意)는 마음이 생각을 발하는 지점에 나아가 말한 것이다. 이 전 제7장에 이르러서야 바야흐로 마음의 전체(全體)를 곧바로 지적한 것이다."라고 하였다.[520]

---

[520] 이 내용은 이패림의 『사서주자이동조변─대학』 전 제7장 해석에 보인다.

제2편

『사칠동이변(四七同異辯)』

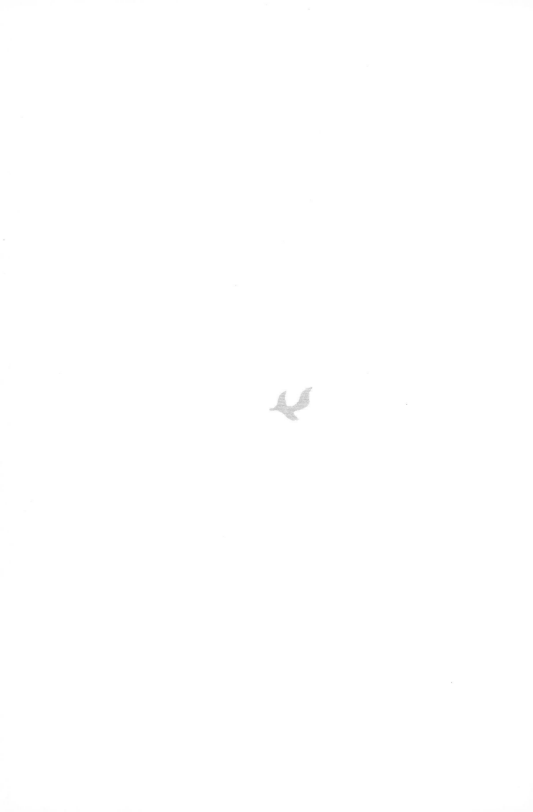

『사칠동이변(四七同異辯)』 해제[1]

정소이鄭素伊 | 서강대학교 종교학과 교수

I. 하빈(河濱), 『사칠동이변』의 특징

하빈 신후담의 『사칠동이변(四七同異辯)』은 퇴계(退溪)의 사칠론과 율곡(栗谷)의 사칠론 양쪽의 취지와 의의를 깊게 이해한 기반 위에 자신의 통찰을 바탕으로 정리하여 세운 독창적인 사칠론이다. 퇴계(退溪) - 성호(星湖) - 하빈(河濱) - 다산(茶山)으로 이어지는 사칠론의 계승과 굴곡은 조선 후기 심성론의 초점을 사람 내면의 본성에서 좀 더 경험적이고 구체적인 정감 그 자체와 그것의 지향점으로 옮겨가는 과정을 드러내준다. 성호는 35세 때 『사칠신편(四七新編)』을 지으면서 자신이 퇴계를 존숭하면서도 끝내 의심이 풀리지 않는 점을 기록하여 퇴계 · 성호 간의 굴곡점을 정확히 드러낸 바 있는데, 하빈 역시 『사칠동이변』에서 퇴계와 성호의 근본취지에 매우 동감하지만 끝내 좁힐 수 없는 몇 가지 견해

---

1 먼저 이 번역서는 2006년 아세아문화사에서 영인 간행한 『하빈선생전집(河濱先生全集)』 제2책 권9에 수록된 『사칠동이변(四七同異辯)』을 저본으로 한 것임을 밝혀 둔다.

를 상세하게 기록함으로써 영남 퇴계학파와는 다른 '성호학파'만의 주장과 특색을 분명히 제시하고 있다. 성호와 하빈, 그리고 다산에 이르기까지 경기남인에 속하는 학자들은 퇴계의 사칠론과는 사뭇 다른 전제로 사단(四端)과 칠정(七情)의 범위를 재설정하는데, 이 때문에 그들은 퇴계와 율곡을 절충한 이론을 내놓았다고 평가받기도 한다. 그러나 성호의 『사칠신편』에서도, 하빈의 『사칠동이변』에서도 그들은 분명 자신들이 퇴계의 설을 따르고 있으며, 율곡의 설과는 '근원에서부터 달라져' 주장하는 명제가 표층에서는 비록 비슷하게 보이는 점이 있더라도 결코 합치할 수는 없다는 점을 분명히 한다. 결국 하빈의 『사칠동이변』도 퇴계 사칠론의 변형으로 볼 수는 있어도 퇴계·율곡의 절충으로 볼 수는 없다는 뜻이다.

뒤에서 상세히 거론하겠지만, 하빈의 사칠설은 사단과 칠정의 현상적인 구분을 없애고 정감의 시발점과 지향점이 어디인가에 따라 '순수한 천지의 리(理)의 작용이며 인의예지(仁義禮智)의 성(性)에서 발한, 공(公)적인 가치를 지향하는 정감'과 '오행(五行)의 리의 작용이며 성색취미(聲色臭味)의 성에서 발한, 사(私)적인 가치를 지향하는 정감'으로 구분한다. 전자는 사단과 공칠정 혹은 성인의 희노(喜怒)이고, 후자는 일반인의 칠정이다. 공적인 정감과 사적인 정감은 그것의 구성요소인 리와 기의 상태부터 애초에 다르며, 그것이 기반하고 있는 인성 역시 다르다는 것이 하빈의 설명이다. 사단과 공칠정을 한 종류의 정감으로 묶고 있는 하빈은 스스로 고봉이나 율곡, 즉 칠정과 선한 사단을 동일시하는 학자들에게도 일면의 정당성이 있으며, 퇴계의 설에도 다소간의 출입(出入)이 없지 않다고 인정하고 있다. 그의 이러한 사칠론은 후의 정산 이병휴나 다산 정약용의 사칠론에도 큰 영향을 미친다.

Ⅱ. 하빈, 『사칠동이변』의 내용

1. 하빈, 『사칠동이변』의 구성

『사칠동이변』은 신유년(1741) 봄, 하빈이 40세 되던 해에 완성되었는데, 본래 총 네 장(章)으로 구성되었다. 이를 빌려 본 성호와 사칠론에 대한 견해를 주고받으며 편찬 이후 다섯 장이 새로이 추가되어 총 아홉 장으로 구성되어 있다. 원래의 네 장은 이 변(辯)을 쓰게 된 동기를 적은 「사칠동이변서(四七同異辯序)」, 사칠설의 근거가 되는 주자의 어록, 즉 "사단은 리의 발현이고 칠정은 기의 발현이다."[2]라는 구절을 실은 「사칠설원(四七說原)」, 그 전제에 동의한 퇴계의 편지와 고봉의 「후설(後說)」과 「총론(總論)」을 요약한 후 조목마다 자신의 평가와 견해를 붙인 「사칠설동(四七說同)」, 그 전제에 동의하지 않고 사단은 칠정 가운데 중절한 것이라고 주장한 율곡의 편지를 요약한 후 조목마다 자신의 비평을 곁들인 「사칠설이(四七說異)」 등 네 편으로 이루어져 있다. 하빈은 퇴계의 설이 '리와 기의 큰 구분에서 진실로 그 바름을 얻었다'고 인정하나, 여섯 조목을 들어 설명이 미진하거나 이해할 수 없는 점을 분명히 하고 있다. 하빈은 또 고봉의 「후설」과 「총론」이 초기의 견해를 고치고 퇴계를 따른 것으로, 퇴계는 이 설이 "툭 터놓아 시원스럽다."고 칭하였다고는 하지만, 이기(理氣)의 구분에 대해서 말한 것을 자세히 살펴보면 끝내 명확하지 못한 것이 있어 전체적으로 동의하기 어렵다고 설명한다. 율곡의 사칠론에 대해서는 그것이 이미 "강령에서 이미 달라졌기에 그 천언만어(千言萬語)가 한결같이 그르게 되었다."고 비판하며, 율곡의 사칠론 및 인심도심설 가운데 열여덟 조목을 들어 그 논리적 모순을 비판

---

2 『주자어류(朱子語類)』 권53-83.

하고 있다.

이상의 네 장으로 이루어진 『사칠동이변』에 다섯 장이 훗날 더해지는데, 그중 큰 부분은 성호의 『사칠신편』 총 16장 가운데 열 장을 뽑아 요약한 후 조목마다 자신의 의견과 평가를 보탠 「성호의 『사칠신편』과 관련하여 의심나는 것을 적다〔星湖李丈『四七新編』記疑〕」라는 부분이다. 성호는 『사칠동이변』을 본 후 그것에 대한 총체적인 감상과 약간의 비판을 곁들인 「사칠동이변후제(四七同異辯後題)」를 지어 보냈는데, 같은 해 겨울에 하빈의 뜻을 새로이 깨닫고 다시 자신의 의견을 개진하여 「사칠동이변중발(四七同異辯重跋)」이란 제목으로 새로운 글을 보낸다. 하빈은 성호의 사칠론과 자신의 사칠론이 달라지는 네 가지 조항을 간추려 보내는데 그것이 「성호에게 올리는 사칠론 별지〔上星湖論四七別祇〕」이며, 『사칠동이변』이 완성된 후 곤재(困齋) 정개청(鄭介淸)이 『맹자』에서 사단을, 『예기』에서 칠정을 취하였다는 설을 뒤늦게 보고 지은 논설이 「정곤재의 사칠설에 대한 의문을 기록함〔鄭困齋四七說記疑〕」이다.

2. 퇴계 사칠론과의 동이(同異)

「사칠설동(四七說同)」에서 하빈은 퇴계의 사칠론이 "사단은 리의 발현이고, 칠정은 기의 발현이다."라는 주자의 사칠론과 그 취지를 같이한다면서, 자신도 큰 맥락에서 이에 동의한다는 뜻을 분명히 한다.[3] 단지 퇴계의 사칠론 가운데 자신과 다른 몇 가지 점 역시 정확하게 짚고자 하는

---

3 말미에 하빈은 "퇴계는 리와 기의 큰 구분에서 진실로 그 바름을 얻었으나, 전후의 여러 설에 이르러서는 출입(出入)이 없지 않고, 또한 견해를 세운 것이 간혹 치우쳤다. 나는 이미 그 정밀하고 정확한 이론을 기술하였으나 그 의심되는 곳 또한 감히 억지로 동의하지는 못하니, 삼가 그것에 대해 변석함이 이와 같은 것이다."라고 적고 있다.

데, 이는 크게 두 가지로 구분된다. 첫 번째 종류는 하빈이 성호의 견해를 따라 퇴계의 설에 의문을 표하는 부분이고, 두 번째 종류는 퇴계의 설을 반박할 뿐만 아니라 성호의 설에도 동의할 수 없는 부분이다.

성호의 견해를 따른 부분은 사람의 성은 본연지성과 기질지성으로 판연히 나뉘는 것이 아니라, "리(理)가 기질 속에 있어 합하여 말하기를 '기질지성'이라고 하고, 기질을 골라내어 단지 리만을 말하는 것을 본연지성이라고 한다."는 것이다. 즉, 기질지성 외에 다른 성이 없다. 또 다른 부분은 사단이든 칠정이든 그 발하는 곳에 나아가 살펴보면 모두 리의 발현(혹은 리발기승)이라는 점이다. 이 때문에 하빈은 '칠정은 기발리승'이라는 퇴계의 설에 의문을 가진다.

하빈이 독자적으로 퇴계의 설에 반대하거나 의문을 표하는 부분은 우선 사단의 리와 칠정의 리가 다르다는 주장이다. 사단과 칠정은 모두 음양오행의 리에서 나왔으나 사단만이 순수한 천리와 인의예지의 덕에 근거를 두고 있다고 설명하며 사단과 칠정의 구분이 그 시발점에서부터 판연히 갈린다는 점을 명시한다. 또 다른 주장은 선하고 공적인 칠정, 즉 성인의 희노(喜怒)와 같은 칠정은 리의 발현으로 보아야 옳다는 신념이다. 하빈은 "퇴계는 이를 반드시 기발(氣發)이라고 하였는데, 끝내 이해하지 못한 바이다."라고 강한 의문을 표하고 있다.

그 외에도 사단의 부중절을 퇴계는 기가 시킨 것이라고 하였지만, 하빈은 발현하여 그 뜻을 이루지 못한 사단일지라도 여전히 리의 발현임을 잊지 말아야 한다고 첨언한다. 퇴계의 '사람이 말을 타는 비유'에 대해서도 하빈은 그의 독창적인 사단칠정론을 투영한다. 퇴계가 사단을 사람이 말을 타고 가는 것, 칠정을 말이 사람을 싣고 가는 것으로 비유하여 그 주로 하는 바는 다르지만 사단과 칠정 모두 같은 리와 기로 되어 있다고 주장하는 데 반해, 하빈은 사람은 사단이고 말은 칠정과 같아 사단과 칠정은 그 구성요소에서부터 서로 다름을 분명히 한다. 요컨대 사단은 순수한 천명의 리에 근거한 인의예지(仁義禮智)의 성에서 나온 것으로 지각의 기가 따르고, 칠정은 오행의 리에 근거한 성색취미(聲色臭味)의 성에서 나온 것으로 형기의 기가 따르는 것인즉, 사단과 칠정은 그 근원과 구성요소에서 확연히 차이가 난다는 것이 하빈 사칠론의 주장인 것이다.

3. 고봉 사칠론과의 동이(同異)

하빈은 고봉이 「후설」에서 "사단과 칠정의 이름과 의미가 진실로 각각 그러한 까닭이 있다는 것을 말하였으니, 이상의 한 절은 퇴계와 합치한다."고 인정한다. 그러나 곧이어 "칠정이 발하여 중절한 것은 사단과 다르지 않다."고 하는 고봉의 주장은 역시 명백히 틀린 것이라고 짚으면서 그 이유를 "칠정이 중절한 까닭은 특히 사단의 명령을 들은 것이기 때문"이라고 설명한다. 주자와 퇴계를 비롯한 기존 성리학자들은 기가 리를 따른다든지 인심이 도심을 따른다는 설명을 하였을 뿐, 사단과 칠정을 직접 주종관계로 놓은 적은 없었다. 그러나 하빈은 성호를 따라 어떤 사건에 직면하였을 때 사람의 마음속에는 사단과 칠정이 동시에 나올 수 있다는 점을 수용하였을 뿐만 아니라, 한 걸음 더 나아가 그 둘이 서로 영향을 미칠 수 있음을 주장하고 있다.

또한 고봉은 「총론」에서 「악기동정장」을 인용하여 성(性)의 욕(欲)으로써 칠정을 가리켜 말하였는데, 하빈은 이를 다음과 같이 비판한다. 「악기동정장」의 성은 혈기의 성이고, 인의예지의 성은 아니다. 사단과 칠정의 성은 그 근원이 다르다. 고봉은 또한 중절(中絶)된 칠정이 곧 사단과 다르지 않다고 하는데, 중절 여부와 발현(發) 여부는 다르다. 부중절한 사단이 칠정이 될 수 없듯이 중절된 칠정이 사단이 될 수 없다.

4. 율곡 사칠론과의 동이(同異)

앞서 밝혔듯이 하빈은 율곡의 사칠론에 강한 이의(異議)를 표한다. 성호 역시 그의 『사칠신편』에서 율곡의 사칠론 및 인심도심론 중 16조항을 들어 조목조목 반박하였는데 하빈은 18조항으로 율곡을 비판한다. 그 둘의 비판은 겹치는 것도 있고 아닌 것도 있다. 하빈의 비판은 율곡의 사칠론을 겨냥한 것, 인심도심론에 관한 것으로 나눌 수 있다.

먼저 율곡이 주장하는 사단칠정이 모두 기발〔氣發理乘一道〕이라는 몇 가지 설명에 대하여 하빈은 모든 작용은 리가 움직인 연후에야 기가 따르는 것〔理發氣隨〕이라고 반박한다. 율곡은 리를 마른 나무나 죽은 재처럼 취급하며, 또한 측은의 본체는 리인데 어떻게 측은지심이 기발이 될 수 있느냐고 비판한다.

또한 율곡은 사람에게는 두 가지의 인성이 있을 수 없고 인심과 도심에는 두 가지의 근원이 있을 수 없다고 주장하는데, 하빈은 사람에게 순수한 오행의 리 가운데 천명의 리가 있으며, 성색취미의 성 가운데 인의예지의 성이 있으니 비록 사람이 하나의 근원과 한 가지의 성을 갖추고 있다고 해도 그 사이의 구분은 있다고 설명한다.

율곡은 인심과 도심을 다양한 기준으로 나눈다. 사사로운 의념〔私意〕인가, 기에 가려진 바가 있는가, 자연스럽지 않은 계교(計較)에 의한 것인가, 기가 용사(用事)하는가, 형기에 가려 곧바로 완수(完遂)하지 못하였는가 등의 기준에 따라 그러하면 인심, 그렇지 않으면 도심이라고 설명한다. 이에 대해 하빈은 성인도 인심이 없을 수 없으니 율곡의 기준대로라면 성인 역시 사념과 기에 가려진 바가 있게 된다고 반박한다. 하빈에 따르면 인심은 오로지 형기(形氣)를 주로 하여 말한 것이고, 도심은 천명, 즉 인의(仁義)를 주로 하여 말한 것일 따름이다.

하빈은 고봉의 초기설과 율곡의 설에 전반적으로 동의하지는 않지만 그들의 설에도 따를 만한 일면이 있다고 인정한다. 즉, "칠정이 중절한 바가 사단과 다르지 않다."는 고봉과 율곡의 주장은 공칠정과 사단을 모두 같이 리발로 보는 하빈의 입장과 비슷한 부분이 없지 않다. 단지 이것들을 모두 기발로 본다는 것과 모든 정을 칠정으로 본다는 점 등 기본적인 전제에는 동의할 수 없기에 하빈을 절충론자, 즉 퇴계설과 율곡설을 고루 취한 학자로 볼 수는 없다.

5. 성호 사칠론과의 동이(同異)

하빈은 성호의 『사칠신편』을 대폭 발췌하여 자신의 감상과 비평을 곁들인다. 그것을 본 성호는 「후제(後題)」와 「중발(重發)」을 써서 보내고 하빈은 다시 성호의 사칠론과 자신의 사칠론이 달라지는 네 가지 조항을 「성호에게 올리는 사칠론 별지〔上星湖論四七別祇〕」에 요약하여 보낸다. 그 내용을 살펴보면 다음과 같다.

첫째, '기(氣)'에는 지각의 기와 형기의 기가 있다. 사단과 칠정에는 모두 지각의 기가 있으나, 칠정이 기발이 됨은 형기의 기를 가리킨다.

둘째, 호선오악(好善惡惡)과 같은 공칠정은 사단과 다르지 않은 리발(理發)이다.

셋째, 사단은 인의예지의 성에서 발하며, 인간만이 홀로 가진 것이다. 칠정은 성색취미의 성에서 발하며, 금수와 함께 가진 것이다.

넷째, 사단과 칠정은 모두 오행(五行)의 리에서 발하지만, 사단만이 인의예지인 순수한 천리에서 발한다.

이 중 첫 번째 조목은 성호가 「중발」을 보내어 하빈의 설을 수용하였고, 두 번째 조목에도 동의하였으나 다시 번복하여, 훗날 성호 좌·우파를 가르는 기제가 되었다.

위에서 언급한 네 가지 조목 외에도 하빈은 성호와는 다르게 인심과 도심은 어떤 일을 '응당 해야 마땅함' 혹은 '배우지 않고 능함'과 같은 기준으로 나눌 수 없다고 주장한다. 인심 역시 배고프면 마땅히 먹어야 하고, 사단 역시 배우지 않고 능할 수 있다고 성호의 설을 반박하면서, 인심과 도심을 나누는 기준은 그것이 주로 하는 것, 즉 형기와 인의의 차이일 뿐이라고 거듭 강조한다. 또한 사단은 사덕의 단서이므로 네 가지에 한정되지만 칠정은 반드시 일곱 가지일 필요가 없다는 성호의 설에 대해 하빈은 사단 역시 반드시 네 가지일 필요가 없다고 주장한다. 예의 단서는 공경(恭敬)이 될 수도, 사양(辭讓)이 될 수도 있다는 것이다. 이는 정산 이병휴나 다산 정약용의 사칠설에 직접적인 영향을 미친다.

Ⅲ. 하빈, 『사칠동이변』의 의의(意義)

하빈의 자유분방하고 자득적인 학문 성향과 태도에 대해서는 이미 여러 연구자들에 의해 연구된 바 있다. 그러나 그의 독창적인 해석은 기존의 학설에 대한 치밀한 분석과 깊은 이해의 바탕 위에서 이루어진 것이다. 『사칠동이변』은 퇴계·고봉·율곡·성호 등 당대 최고봉의 학자들의 학설을 자신만의 일관된 시선으로 요약하고 비판한 논변이다.

하빈의 사칠론은 세심함과 자유분방함을 고루 갖춘 그의 학문적 태도를 반영하듯이 거기에는 분석하고 쪼개는 측면과 통합하고 해체하는 측면이 골고루 보인다. 사단과 칠정의 근거 내지 구성요소인 이기론에 있어서 하빈은 음양오행의 리와 천명의 리, 지각의 기와 형기의 기 등의 새로운 범주를 제시하며 기존의 학설보다 더 분석적이고 세세하게 나누어 고찰한다. 그러나 사단과 칠정의 정감론에 있어서는 사단과 공칠정과 같이 모든 공(公)적인 감정을 리발(理發)인 도심(道心)으로, 일반적인 칠정과 같이 모든 사(私)적인 감정을 기발(氣發)인 인심(人心)으로 통폐합한다.

하빈의 이러한 이론은 성호학파에 깊은 영향을 주어 리와 기에 대한 기존의 인식을 바꾸어 놓는다. 하나의 추상적이고 막연한 원리였던 리는 음양오행의 리, 오상의 리, 천명의 리 등으로 세분화되어 논의되기 시작하였고, 기 역시 지각의 기, 형기의 기, 심기(心氣), 혈기(血氣) 등으로 각각의 역할과 기능이 다르게 인식되었다.

성호학파의 사칠론을 계승하는 다산 역시 하빈의 영향 아래 있었다. 그 역시 사단과 칠정에 대한 논의를 공사(公私)의 구분을 통하여 해체한 후 논의의 장을 인심도심론으로 옮겨온다. 리와 기를 세분화하고, 사단과 칠정 역시 그것의 성격과 지향점에 따라 세분화하는 것은 결국 이기론과 사단칠정론을 해체시켜 새로운 용어를 통해 인식의 지평을 여는 기폭제가 되었다고 할 수 있다.

『사칠동이변(四七同異辯)』

1 『사칠동이변』의 서문(四七同異辯序)

사단은 이발(理發)이고 칠정은 기발(氣發)이라는 설은 주자에게서 비롯되었다.[1] 우리나라에서는 퇴계 선생이 그것을 조술(祖述)하였는데, 고봉은 선생을 따라 취학한 자로, 처음에는 사단(四端)은 단지 칠정(七情) 가운데 있다고 의심하여 리(理)와 기(氣)로 분속할 수 없다고 변석하였으나, 끝에는 〈자신의 설〉을 번복하고 퇴계 선생의 설로 돌아가 합치〔歸一〕할 수 있었다. 율곡에 이르러서는 다시 고봉의 초견(初見)이 옳다고 주장함에 따라 사단칠정의 담론은 나뉘어 두 가지가 되어 오늘날까지도 완결되지 않은 주제이다. 무릇 마땅히 고찰해 보아야 할 것이다.

사단은 맹자가 "측은지심은 인(仁)의 단서이고, 수오지심은 의(義)의

---

[1] 『주자어류(朱子語類)』 권53-83에서 "사단은 리의 발현이고, 칠정은 기의 발현이다."라고 언급한 것을 말한다.

단서이며, 사양지심은 예(禮)의 단서이고, 시비지심은 지(智)의 단서이다."[2]라고 말한 데서 비롯되었다. 인의예지는 천리가 마음에 구비되어 있는 것이고, 측은 등 네 가지는 곧 그 실마리〔端〕이니, 사단을 이발(理發)로 여기는 것이 이 때문이다. 칠정은 『예기(禮記)』의 "사람의 정(情)이란 무엇을 이르는가? 기쁨〔喜〕·노여움〔怒〕·슬픔〔哀〕·두려움〔懼〕·사랑〔愛〕·미움〔惡〕·욕구〔欲〕 일곱 가지는 배우지 않아도 능히 할 수 있는 것이다."[3]는 말에서 처음 보인다. 합하여 말하면 단지 욕구하고〔欲〕 미워하는〔惡〕 두 가지에 그칠 것이니, 따라서 큰 단서〔大端〕라고 말한다. 무릇 칠정은 모두 욕(欲)·오(惡) 두 가지에서 비롯되는데, 먹고 마시고 사랑하고 싶은〔飮食男女〕 욕구와 죽고 망하고 빈천하고 고생스러움〔死亡貧苦〕을 싫어하는 미움은 형기에 나아가 말하는 것에 불과하다. 칠정으로 그것을 삼으니, 기발이라는 것이 이것이다. 그러나 사단과 칠정을 리와 기로 분속하는 것은 『맹자』나 『예기』 본문에서부터 그러하다. 주자는 본디 그것을 아울러 말하지는 않았으며, 퇴계 역시 주자와 억지로 같이하려고 하지 않았다.

그럼에도 불구하고 사단과 칠정의 본래 뜻은 이와 같다. 그러나 고봉과 율곡 두 사람의 이른바 "사단이 칠정 가운데 있다."는 것도 혹여 스스로 하나의 설을 구비하였다 할 수 있으니, 어찌하여 그러함을 밝히겠는가? 무릇 칠정이 기(氣)에서 발한 것은 진실로 그러하지만, 또한 천리를 따라 발하여 형기와 절대로 간섭하지 않는 것도 있으니, 선한 일을 보면 좋아하고 악한 일을 보면 노여워하며, 선한 사람을 사랑하고 악한

---

2 『맹자』, 「공손추 상(公孫丑上)」.
3 『예기(禮記)』, 「예운(禮運)」 편에서 보인다.

사람을 미워하며, 사람이 우환과 재해를 만난 것을 보면 슬프고 두려우며, 선한 사람과 선한 일을 보면 그를 따르고 싶은 욕구가 생기고, 사람이 우환과 재해를 만나면 구해 주고 싶은 욕구가 생기는 것과 같은 것에 있어서는 사단과 다른 점을 볼 수가 없다. 내가 고봉과 율곡 두 사람이 스스로 하나의 설을 세울 수 있었다고 말하는 것은 이러한 곳을 가리키는 것이다.

대저 주자와 퇴계가 사단칠정을 논한 것은 직접 경전 본문에 의거하여 대체(大體)를 논한 것이다. 고봉은 초기에 비록 다른 의견을 내었으나 말미에는 그것을 회복하였다. 율곡만이 홀로 고봉이 이미 버린 논지에 근거하여 퇴계와 다른 길을 가고도 종신토록 깨닫지 못하였으니, 그 오류가 매우 심하여 개탄할 일이다. 그러나 그 논설 가운데는 스스로 하나의 설명이 되어 큰 틀의 오류와 함께 섞여 흘러가지 않은 것들이 있다. 오늘 먼저 주자의 설을 기록하여 그 시발(始發)점을 보인 후에, 퇴계와 고봉·율곡 두 사람의 설을 나열하여 같고 다른〔同異〕점을 보이도록 하겠다. 같은 가운데서도 잘못된 점과 다른 가운데서도 맞는 말들을 역시 함께 기록하였고, 자신의 의견을 나열하여 그것들을 변석하였다. 도를 아는 군자들에게 질정을 받고자 하니, 과연 어떠할지 모르겠다.

2 　사칠설원(四七說原)

사단·칠정의 설은 주자에게서 비롯되었으므로, 따라서 '설원(說原)'이라
고 하였다.

　『주자어류』[4]에서 말하기를, "사단은 리의 발현이고, 칠정은 기의 발현
이다."라고 하였다. 이와 관련된 논설은 서문(序文)을 보라.

---

4 『주자어류』 권53-83.

사칠설동(四七說同)

주자〈의 취지〉와 같으므로 '설동(說同)'이라 하였다.

　퇴계 선생이 기고봉에게 준 편지[5]에서 말하였다. 사단과 칠정은 똑같은 정(情)인데 어찌하여 '사단'과 '칠정'이라는 다른 이름이 있게 되었습니까? 보내 준 편지에 이른바 '나아가서 말한 바가 같지 않다'는 것이 이것입니다. 무릇 리(理)와 기(氣)는 본래 서로 필요로 하여 체(體)가 되고, 서로 기다려서 용(用)이 되는 것이니, 진실로 리가 없는 기가 있지 않고, 또한 기가 없는 리도 있지 않습니다. 그러나 나아가 말한 바가 같지 않기에 또한 구분이 없을 수 없습니다. 측은(惻隱)·수오(羞惡)·사양(辭讓)·시비(是非)는 어디로부터 발현하는 것입니까? 인(仁)·의(義)·예(禮)·지(智)의 성에서 발합니다. 희(喜)·노(怒)·애(哀)·구(懼)·애(愛)·오(惡)·욕(欲)은 어디로부터 발현하는 것입니까? 외물이 그 형기에 접촉함에 따라 속에서 움직여서 환경에 따라 나오는 것입니다. 사단의 발현은 맹자가 이미 '마음〔心〕'이라고 일렀으니, 마음은 진실로 리와 기의 합(合)입니다. 그러나 가리켜 말한 바가 '리에 중점이 있다〔主於理〕.'고 하니, 어째서입니까? 이것은 인의예지의 성이 순수하게 속에 있다는 것이니, 네 가지는 그 실마리입니다. 칠정의 발현은 정자께서 '속에서 움직인다.'고 일렀고, 주자는 '각기 알맞은 바가 있다.'고 일렀으니, 진실로 또한 리와 기를 겸한 것입니다. 그러나 가리켜 말한 바가 '기에 있다'고 하니, 어째서입니까? 외물이 도래할 때 쉽게 느끼고〔感〕 먼저

---

5 퇴계가 고봉에게 준 제1서〔四端七情第一書〕.

움직이는 것이 형기만한 것이 없으니, 일곱 가지는 그 묘맥(苗脈)입니다. 어찌 안에 있을 때는 순수한 리인데 발하자마자 기와 섞이게 됨이 있겠으며, 밖으로부터 감응한 것은 형기인데,[6] 그 발현함이 도로 리가 되고 기가 되지 않음이 있겠습니까? 사단은 모두 선하기 때문에, "네 가지의 마음이 없으면 사람이 아니다."[7]라고 하셨고, 또 "그 정이라면 선하게 될 수 있다."[8]고 하셨습니다. 칠정은 본래 선하나 악에 흐르기 쉽기 때문에 그 발하여 중절한 것이 바로 '조화로움〔和〕'이라고 일렀습니다. 하나라도 살피지 못함이 있으면 마음은 이미 그 바름을 얻지 못한 것입니다. 이로부터 살펴보면 두 가지는 비록 모두 리와 기 바깥에 있을 수 없는 것이지만, 그 비롯된 바에 인하여 각기 중심이 되는 바를 가리켜 말한다면 어떤 것은 '리'가 되고 어떤 것은 '기'가 된다고 이르는 것이 어찌 안 될 것이 있겠습니까? 보내 주신 뜻을 가만히 살펴보면 리와 기가 서로 따르고 떨어질 수 없다는 것을 깊이 본 바가 있고, 그 설을 주장하는 데 매우 힘썼습니다. 따라서 리가 없는 기가 있지 않고 또한 기가 없는 리가 있지 않다고 여기어 사단과 칠정에도 다른 뜻이 없다고 일렀으니, 이것은 비록 맞는 듯하지만 성현의 뜻으로써 살펴본다면 아마도 합치하지 않는 바가 있는 듯합니다.

내가 생각건대, 퇴계는 이 조(條)에서 사단과 칠정, 리발과 기발을 논하였는데, 터득한 것이 매우 깊다. 주자의 본뜻이 단지 리만을 말하

---

6 이 뒤의 구절 "而其發顧爲理不爲氣耶?"가 원문에서는 "而其發爲理之本體耶?"로 되어 있다.
7 『맹자』, 「고자 상(告子上)」 제6장.
8 『맹자』, 「공손추 상(公孫丑上)」 제6장, "由是觀之, 無惻隱之心非人也; 無羞惡之心非人也; 無辭讓之心非人也; 無是非之心非人也."

려 한 것이 아니라 '성(性)'이란 한 글자를 나타내려 한 것이며, 기만을 말하려 한 것이 아니라 '형(形)'이란 한 글자를 나타내려 한 것이 더욱 명확하고 지극하게 되었다. 무릇 '사단은 리발'이라고 할 때의 '리(理)' 자는 성명(性命)을 말하는 것이고, '칠정은 기발'이라고 할 때의 '기(氣)' 자는 형기를 말하는 것이니, 보편적으로 이기(理氣)를 논하는 것과는 같지 않다. 만일 보편적으로 이기를 말한다면, 리가 어찌 기 없이 홀로 발한 것이겠으며, 기가 어찌 리 없이 홀로 발한 것이겠는가? 사단의 측은은 기이며, 측은해하는 까닭[所以]은 리이다. 칠정의 기쁨과 노여움은 기이며, 기뻐하고 노여워하는 까닭은 리이다. 이는 모두 리와 기를 겸하니, 사단과 칠정이 다르지 않다. 그러나 사단의 리는 성명(性命)의 본연(本然)에서 비롯하고, 칠정의 리는 형기의 사사로운 분별에서 드러난다. 인의예지의 성(性)과 성색취미(聲色臭味)의 성은, 그것이 성이 되는 것은 똑같으나 성색취미의 성을 군자는 성(性)으로 여기지 않으니, 이는 무엇 때문인가? 그것이 형기에 속하기 때문이다. 사단은 리에 속하고 칠정은 기에 속하니, 그 의미는 단지 이와 같다. 어찌 사단에 기가 없으며, 칠정에 리가 없다고 말할 수 있겠는가? 고봉은 무릇 리·기가 성(性)과 형(形)으로 말하는 것이라는 것을 살피지 못하고, 바로 보편적으로 말하는 리와 기를 대입하였기 때문에 그것을 나누어 속하게 하는 것을 의심하였고, 퇴계가 변석하여 말한 것 또한 분명하지 않았다. 칠정의 리는 사단의 리와 다르다. 이렇게 한다면 아마도 깨쳐야 할 사람들의 의혹도 없게 될 것이니, 내가 삼가 보는 바를 이와 같이 쓰는 것이다.

그러나 사단과 칠정에 과연 두 가지 이치[理]가 있는 것일까? 말하자면 리의 대본(大本)은 하나이나 그 나눔은 여러 가지이다. 어찌하여 그렇게 말하는가? 무릇 사람의 성(性)은 음양(陰陽)·오행(五行)의 리를 받았으니, 사단과 칠정 어떤 것이 이러한 리(理)에 근원하지 않은 것이 있겠는가? 예로 오행의 목(木)과 화(火)는 편안함〔舒〕을 주로 하는데, 사단의 측은(惻隱)·공경(恭敬)과 칠정의 기쁨〔喜〕·사랑〔愛〕에 속하는 것이 이것에서 발한 것이다. 금(金)과 수(水)는 참혹함〔慘〕을 주로 하는데, 사단의 수오(羞惡)·시비(是非), 칠정의 노여움〔怒〕·미움〔惡〕에 속하는 것이 이것에서 발한 것이다. 이것이 바로 리의 근본이 하나〔理一〕라는 것이 아니겠는가! 그러나 사단은 단지 편안함과 참혹함〔舒慘〕 등의 기질의 성만이 아니라 늘 인의예지의 덕을 그 뿌리로 삼고 있다. 칠정은 단지 형기상의 이해관계에 따른 것이므로 인의예지의 덕을 그 뿌리로 삼고 있지 않다. 이것이 오로지 리가 나뉘어 세분화된 것〔分殊〕이리라! 따라서 사단과 칠정을 모두 오행의 리로부터 발한 것이라고 하면 가(可)할 것이나, 모두 인의예지의 덕으로부터 발하였다고 말한다면 불가(不可)하다. 이는 마치 금수 역시 기쁘고 노여워하는 감정이 있으니 똑같이 오행의 리를 갖추고 있는 까닭이며, 오직 사단만이 없는 것은 그들이 사덕(四德)을 품수하지 못한 까닭인 것과 같다. 그러나 사덕과 오행은 또한 하나의 이치가 아니겠는가? 말하자면 사덕의 리가 어찌 오행의 리가 아닌 적이 있겠는가? 다만 사덕은 오행 본연의 순수한 본체〔體〕이므로 기질지성과 강유(剛柔)로써 말할 수 없을 뿐이다. 만일 그 기질지성을 보편적으로 논한다면 사단과 칠정만이 특수하게 이로부터 발하는 것이 아니다. 안으로는 오장육부〔臟腑〕에서부터 밖으로는 온갖 감각기관〔百體〕에 이르기까지, 운용(運用)하고 움직이는 것들 중 어떤 것이 오행의 리가 아니겠느냐마는, 이것으로써 사덕(四德)에 귀속시킬 수는 없는 것이다.

또 고봉에게 주는 편지[9]에서 말했다.: 사람의 한 몸은 리와 기가 합하여 생긴 것이다. 따라서 두 가지는 서로 발하여 작용하며[互發], 그 발할 때에는 또한 서로 필요로 한다[相須]. 서로 발하니 각기 주(主)로 하는 바가 있다는 것을 알 수가 있으며, 서로 필요로 하니 서로가 그 속에 있다는 것을 알 수 있다. 서로가 그 속에 있기 때문에 혼륜(渾淪)하여 말하는 자도 본디 있으며, 각기 주로 하는 바가 있기 때문에 그것을 나누어 구별해서 말해도 안 될 것이 없다. 성을 논하자면 리(理)는 기(氣) 가운데 있는데, 자사와 맹자는 도리어 본연지성을 짚어 내었고, 정자(程子)와 장횡거(張橫渠)는 기질지성을 짚어 내었다. 정(情)을 말하자면 성이 기질 속에 있는데도, 유독 각기 발한 것을 가지고 사단과 칠정이 나온 바를 나누는 게 옳지 않단 말인가?

내가 생각건대, 리와 기가 서로 발하는 것은 곧 사단이 이발(理發)이 되고 칠정이 기발(氣發)이 되는 것을 가리키는 것으로, 진실로 의심할 수가 없다. 사단에는 기가 없는 것이 아니지만 칠정과 같이 형기의 사사로움에서 생긴 것과는 다르다. 칠정은 리가 없는 것이 아니지만 사단과 같이 사덕(四德)의 이치에서 발현한 것과는 또 다르다. 넓게 지칭하여 서로 필요로 하고 서로 그 가운데 있다고 하는 것은 아마도 분별됨이 부족한 것 같다. 사단과 칠정의 구분을 본연지성과 기질지성으로 비유한 것에 이르러서는 미처 이해할 수 없는 바가 있다. 어찌 본연과 기질이라는 두 성이 있겠는가! 리(理)가 기질 속에 있어 합하여 말하기를 '기질지성'이라 하고, 기질을 골라내어 단지 리만을 말하는 것을 '본연지성'이라고 한다. 만일 사단과 칠정이라면 판연히 다른 두 길이다. 비록

9 퇴계가 고봉에게 준 제2서〔四端七情第二書〕.

합하여 말하고자 한다 하더라도 하지 못할 것이다. 오로지 기고봉과 이율곡 두 사람처럼 이른바 사단이 칠정 중에 있다고 한 연후에야 이렇게 말해 갈 수가 있는 것이다. 그러나 이는 『맹자』나 『예기』에서 논하는 사단과 칠정의 본의가 아니기에, 진실로 퇴계가 일찍이 그르다고 여긴 것이다.

또 고봉에게 주는 편지[10]에서 말했다.: 사단이 사물에 감(感)하여 움직이는 것은 진실로 칠정과 다를 것이 없으나, 단지 사단은 리가 발함에 기가 그것을 따르는 것이고, 칠정은 기가 발함에 리가 그것에 타는 것일 따름이다.

내가 생각건대, 이 '리(理)'라는 글자와 '기(氣)'라는 글자는 이제 성명과 형기로써 말하는 것이다. 칠정의 발현을 어찌 성명이 나아가 탄 것으로 보겠는가? 칠정은 그 하는 바가 제멋대로여서 간혹 악으로 흐를 뿐이니, 반드시 성명이 그것을 관리하고 이끌어야〔管攝〕 한다. 이와 같다면 진실로 리가 탄다고 이를 수 있겠으나, 이것 역시 절실한 때를 말한 것이지 발한 곳에서 논한 것이 아니다. 그리고 '리'와 '기'라는 글자를 넓게 논하자면 사단과 칠정은 모두 리와 기를 갖추고 있다고 하다면, 그 발현은 모두 리가 움직여 기가 따르는 것이다. 비록 칠정이라도 역시 어찌 기가 먼저 발하고 리가 그곳으로 가서 올라타겠는가?

또 고봉에게 주는 편지[11]에서 말했다.: 옛 사람은 사람이 말을 타고

---

10 위와 같음.
11 위와 같음.

출입(出入)하는 것으로써 리가 기를 탄다는 것을 비유하였다. 무릇 사람은 말이 아니면 출입하지 못하고, 말은 사람이 아니면 궤도를 잃으니 사람과 말은 서로 필요로 하고 서로 떨어지지 않는다. 사람은 이것을 가리켜 말하는 경우, 간혹 넓은 의미에서 그 가는 것을 가리킬 때는 사람과 말이 모두 그중에 있으니, 사단과 칠정을 혼륜(渾淪)하여 말하는 것이 이것이다. 간혹 사람이 가는 것을 가리켜 말할 때는 말을 아울러 말할 필요가 없으니, 사단이 이것이다. 간혹 말이 가는 것을 가리켜 말할 때는 사람을 아울러 말할 필요가 없으나, 사람이 가는 것이 그중에 있으니 칠정이 그것이다.

내가 생각건대, 사람이 말을 타는 비유로써 사단이 칠정을 관섭(管攝)하는 것을 비유한다면 가(可)할 것이다. 그 발하는 곳에서 말하자면, 사단과 칠정의 발현은 반드시 서로를 필요로 하지 않으니, 아마도 이렇게 비유해서는 안 될 것이다.

또 고봉에게 주는 편지[12]에서 말했다.: 사단 역시 부중절함이 있다는 논의는 비록 매우 새롭긴 하지만, 역시 맹자의 본지(本旨)는 아니다. 맹자의 뜻은 다만 순수하게 인의예지 위에서 발하여 나오는 것으로 말한 것을 가리켜 성(性)이 본래 선하다는 것을 보게 하였으니, 따라서 정(情) 역시 선한 뜻을 가졌을 뿐이다. 오늘날 이 정당한 본지를 버리고 끌어내리는 것은 곧 일반인의 정이 발함에 부중절한 곳과 섞어 말하려는 것이다. 사람이 마땅히 수오(羞惡)하지 않아야 할 때 수오하고, 마땅히 시비(是非)하지 않아야 할 때 시비하는 것은 모두 그 기가 어두워 그렇게 시

---

12 위와 같음.

킨 것으로, 어찌 이 어긋난 논설을 가리켜 사단이 순수하게 천리의 발현이 됨을 어지럽힐 수 있는가?

내가 생각건대, 주자 역시 일찍이 측은(惻隱)·수오(羞惡)와 같은 것은 중절(中節)한 것도 있고 부중절한 것도 있다고 하였으니, 사단 역시 부중절함이 있다는 논지는 고봉에게 귀결되지 않는다. 사단이 이미 리에서 발하였는데, 그것이 간혹 부중절하게 되는 바는 어째서인가? 퇴계는 기(氣)가 어두워 그렇게 시킨 것이라고 했는데, 이는 매우 적확하다. 리는 반드시 기를 타고 나아가니, 기가 어두우면 리는 간혹 드러나지 않는다. 그러나 이것으로 곧 사단이 리에서 발현하지 않았다고 이르면 가(可)하겠는가? 예를 들어 사람이 발[簾籬]을 친 속에서 사물의 모양을 보면 흐릿하고 분명하지 못하여 풀을 나무로 보거나 옥(玉)을 돌로 보는 경우가 종종 있는 것과 같다. 그러나 그 자취는 사사로운 자신과 간섭(干涉)된 적이 없으니, 이 발현의 소이(所以)는 여전히 공정[公]한 것이다. 이렇게 말한다면 지당할 것이다.

맹자의 기쁨[13]과 순임금의 노여움,[14] 공자의 슬픔[15]과 기쁨[16]은 기(氣)

---

13 '맹자의 기쁨[孟子之喜]'은 하빈이 아래에서 설명하고 있는 '선한 사람이 정치를 하는 것을 기뻐하는 것'을 말한다. 노(魯)나라가 맹자의 선량한 제자인 악정자(樂正子)로 하여금 정치를 하게 하자 맹자가 그 소식을 듣고 '기뻐서 잠을 이루지 못했다[喜而不寐]'고 한다(『맹자』, 「고자 하(告子下)」).

14 '순임금의 노여움[舜之怒]'은 하빈이 아래에서 설명하고 있는 '네 흉악범이 죄를 짓는 것을 노여워한다'는 것을 말한다. 『서경(書經)』의 「순전(舜典)」에 따르면 "공공(共工)을 유주(幽州)로 유배 보내고, 환도(驩兜)를 숭산(崇山)으로 추방하였으며, 삼묘(三苗)를 삼위산(三危山) 쪽으로 축출하고, 곤(鯀)을 우산(羽山)에서 참살하였다."고 한다.

15 '공자의 슬픔[孔子之哀]'은 하빈이 아래에서 설명하고 있는 '안연의 죽음을 슬퍼하는 것'을 말한다. 『논어』의 「선진(先進)」편에 나온다.

가 리를 따라서 발현함에 조금의 장애도 없는 것으로, 따라서 리의 본체가 온전하다. 일반 사람이 부모를 보면 기뻐하고 죽음에 이르면 슬퍼하는 것 역시 기가 리를 따라서 발한 것이나, 그 기(氣)가 능히 가지런하지 못하기 때문에 리의 본체 역시 능히 순수하게 온전〔純全〕치 못하다. 이렇게 논한다면 비록 칠정이 기의 발현이라고 하더라도 역시 어찌 리의 본체를 해치겠는가?[17]

내가 생각건대, 선한 사람이 정치를 하는 것을 기뻐하고, 사흉(四凶)이 죄를 짓는 것을 노여워하며, 안연(顏淵)의 죽음을 슬퍼하고, 네 제자가 공자를 모시고 함께하는 것을 즐거워하는 것과, 일반 사람이 어버이를 보면 기뻐하고 죽음에 이르면 슬퍼하는 것은 모두 천리의 본연에서 발한 것으로, 형기와 서로 간섭하지 않는다. 이것이 바로 고봉이 이른바 칠정(七情) 중 리가 발한 한 쪽이라는 것이며, 사단과 내용은 같이하나 명칭은 다르다〔同實異名〕는 것이다. 『예기』에서 논한 바 칠정의 본뜻은 아니지만, 스스로 일설(一說)이 되는 것을 해치지 않는다. 퇴계는 이를 반드시 기발(氣發)이라고 하였는데, 끝내 이해하지 못한 바이다.

이평숙(李平叔)에게 주는 편지에서 말했다.: 사단은 도심이고, 칠정은 인심이다.

내가 생각건대, 도(道)는 곧 성명(性命)의 이치이다. 사람은 곧 사람

---

16 '공자의 기쁨〔孔子之樂〕'은 하빈이 아래에서 설명하고 있는 '네 제자가 공자를 모시고 함께하는 것을 즐거워하는 것'을 말한다. 『논어』의 「선진」편에서 자로·증석·염유·공서화 등 네 제자가 공자를 모시고 있을 때의 이야기를 가리킨다.
17 퇴계가 고봉에게 준 제2서〔四端七情第二書〕.

의 몸이며, 몸은 형기이다. 사단은 성명을 따라 발하는 까닭에 그것이 도심이 됨을 알 수 있다. 칠정은 형기를 따라 발하는 까닭에, 그것이 인심이 됨을 알 수 있다. 주자가 「중용장구서(中庸章句序)」에서 인심과 도심을 논하며 말하기를, "혹은 형기의 사사로움에서 생겨나고, 혹은 성명의 바름에 근원하니, 지각이 되는 바가 다르다."고 하였다. 이것과 사단은 리발(理發)이고 칠정은 기발(氣發)이라고 한 말은 아득하게 합쳐진다.

또 생각건대, 『주자어류』에서는 또 "측은·수오·사양·시비는 도심이다."[18]고 하였고, 또 "기쁨과 노여움은 인심이다."[19]고 하였다. 퇴계의 설은 대체로 이것에 근원을 둔 것이 아니겠는가.

이상은 퇴계의 설을 아우른 것이다. 퇴계는 리와 기의 큰 구분에서 진실로 그 바름을 얻었으나, 전후의 여러 설에 이르러서는 출입(出入)이 없지 않고, 또한 견해를 세운 것이 간혹 치우쳤다. 나는 이미 그 정밀하고 정확한 이론을 기술하였으나 그 의심되는 곳 또한 감히 억지로 동의하지는 못하니, 삼가 그것에 대해 변석함이 이와 같은 것이다.

기고봉이 퇴계 선생에게 올린 「후설後說」에서 말했다.: 사단칠정설에 대하여, 전에는 "칠정이 발하여 중절한 것은 사단과 다를 바가 없다"고 여겼기에 리와 기에 분속(分屬)되는 것에 의심을 품고, "정(情)의 발현은 리기를 겸하고 선과 악이 있는 것인데, 사단은 오로지 리(理)에서 발하여 선하지 않음이 없는 것을 가리켜 말하고, 칠정은 진실로 리기를 겸하

18 『주자어류』 권62-40.
19 『주자어류』 권78-196, "如喜怒, 人心也."

고 선악이 있는 것을 가리켜 말하는 것이다."라고 생각하였습니다. 만약 사단이 리(理)에 속하고 칠정이 기(氣)에 속한다면, 칠정 중의 리(理) 한 쪽은 도리어 사단이 차지하게 되고, 선·악이 있다고 하는 것은 단지 기에서 나온 것처럼 되니, 그러한 말 가운데 의심스러운 곳이 없을 수 없었습니다. 그러나 주자가 이른바 "사단은 리(理)가 발한 것이고 칠정은 기(氣)가 발한 것이다."[20]고 한 말을 반복하여 궁구해 보고서 끝내 부합하지 않는 곳이 있음을 깨달았습니다. 그로 인하여 다시 생각해 보니 곧 지난날의 설은 상세히 고찰하지 못하고 극진히 살피지 못하였다는 것을 알게 되었습니다.

맹자는 사단을 논하면서 "무릇 사단이 나에게 있음을 알아 전부 확충시킨다면"[21]이라고 하였는데, 이러한 사단이 있어 그것을 확충하고자 하는 것이라면, 사단은 리의 발현이란 말이 진실로 그러합니다. 정자(程子)는 칠정을 논하며 "정(情)은 세차게 타오를수록 더욱 방탕해져 그 성(性)을 해치니, 깨달은 자는 그 정(情)을 단속하여 절도에 맞게 한다."[22]고 하였습니다. 칠정이 세차게 타오르고 더욱 방탕해지므로 사람들로 하여금 그것을 단속하여 절도에 맞게 하도록 하였으니, 그렇다면 칠정은 기(氣)의 발현이란 말 또한 타당하지 않겠습니까? 이렇게 보면 사단과 칠정이 각각 리와 기에 분속되는 것은 의심의 여지가 없고, 사단과 칠정이라고 각각 이름 붙인 의미에도 진실로 그럴 만한 까닭이 있으니 살피지 않을 수 없습니다.

---

20 『주자어류』 권53-83.
21 『맹자』, 「공손추 상」.
22 『이정전서(二程全書)』 62, 「이천문집(伊川文集)」, '잡저(雜著)'.

그러나 칠정이 발하여 중절한 것은 애당초 사단과 다르지 않습니다. 칠정이 비록 기(氣)에 속하긴 하지만 리(理)가 진실로 그 가운데 있으니, 그것이 발하여 중절한 것은 바로 천명의 성[天命之性]이요, 본연의 체[本然之體]이니, 그렇다면 어찌 이것을 기(氣)의 발현이라 하여 사단과 다르다고 할 수가 있겠습니까? 보내 주신 글에서 "맹자의 희(喜), 순(舜)의 노(怒), 공자의 애(哀)와 락(樂)은 바로 기(氣)가 리(理)를 따라 발한 것이다." 및 "각각 소종래가 있다."는 등의 말은 모두 타당치 않은 듯합니다. "발하여 모두 절도에 맞는 것을 화(和)라 하며, 화(和)는 이른바 달도(達道)"[23]라고 하였는데, 만약 보내 오신 말씀대로라면 달도(達道) 역시 기(氣)의 발현이라 하겠습니까? 이것 또한 살피지 않을 수 없습니다.

주자가 일찍이 말하기를, "천지지성(天地之性)을 논하는 것은 오로지 리(理)만을 가리켜 말하는 것이고, 기질지성(氣質之性)을 논하는 것은 리와 기를 섞어서 말하는 것이다."[24]라고 하였으니, 이것이 바로 리발과 기발에 대한 논의입니다. 내가 일찍이 이 말을 인용하여 "리(理)의 발이라고 하는 것은 오로지 리(理)만을 가리켜 말한 것이고, 기(氣)의 발이라고 하는 것은 리와 기를 섞어서 말한 것이다."라고 하였던 것은 이치에 그렇게 어긋나지도 아니한데 선생께서 받아들이시지 않았고 그렇게 보이지 않는다는 말씀을 내리시지도 않았습니다.

보내 주신 변론에서 "정(情)에 사단과 칠정의 구분이 있는 것은 마치

---

23 『중용(中庸)』 제1장.
24 『주자어류』 권4-46, 「性理一・人物之性氣質之性」.

성(性)에 본성과 기품의 다름이 있는 것과 같다."고 하신 말씀은 저의 의견과 다르지 않은 것 같은데, 어찌하여 살피지 않고 "근본은 같으나 나아간 곳이 다르다[本同趨異]."고 하시는지 모르겠습니다. 이른바 기질지성(氣質之性)은 리와 기를 섞어서 말한 것이라고 한 것은, 대개 본연지성(本然之性)이 기질 가운데 떨어져 있기 때문에 '섞어서 말한다'는 것입니다. 그러나 기질지성 가운데 선한 것이 바로 본연지성이지 따로 하나의 성이 있는 것이 아닙니다. 그런즉 제가 말한 "칠정이 발하여 중절한 것은 사단과 내용은 같으면서 이름만이 다른 것"이라고 한 것 역시 아마도 이치에 해가 되지 않을 듯합니다.

내가 생각건대, 고봉은 이 조목에서 사단과 칠정의 이름과 의미가 진실로 각각 그러한 까닭이 있다는 것을 말하였으니, 이상의 한 절은 퇴계와 합치한다. 그 아래 이른바 칠정이 발하여 중절한 것은 사단과 다르지 않다고 하는 것은 역시 틀린 것이다. 칠정이 중절한 까닭은 특히 사단의 명령을 들은 것으로, 사단은 칠정이 아니고, 칠정은 사단이 아닌 것이 저절로 이와 같다. 마치 사람이 말을 몰면서 궤도를 따라 나아가게 하지만, 사람은 스스로 사람이고, 말은 스스로 말이니, 말을 가리켜 곧 사람이라고 해서는 안 될 것이다. 또한 『중용』에서 "발하여 모두 중절한 것을 일러 화(和)라고 한다."는 것을 인용하여 화(和)와 달도(達道)는 기의 발현이라고 이를 수 없다고 하였는데, 이제 생각해 보니 칠정은 비록 기발이나, 그 중절한 것은 바로 리(理)가 주재한 바의 달도(達道)로서 단지 리(理)가 주재한 곳을 들어 말하는 것이지 기가 발하는 곳을 들어 말한 것이 아니다. 그렇다면 또 어찌 이에 칠정이 기발이 아님을 의심하겠는가? 다만 『중용』에서 희로애락(喜怒哀樂)을 논한 것이 「예운」에서 음식(飲食)・사망(死亡)・욕오(欲惡)를 논한 것과 같지 않으니, 그것이 형기를 주로 하여 말한 것인지, 혹은 리발과 기발을 겸하여 사단이 그 가운데 포함되어 있는 것인지 여기서는 알 수 없을 뿐이다. 말미에 본성과 기질의 설은 내가 이미 위에서 논하였으니 여기서는 생략하기로 하겠다. 퇴계의 설은 출입(出入)하는 곳이 없지는 않으니, 이것이 고봉의 의혹을 해결할 수 없는 까닭이다.

또한 퇴계 선생에게 바치는 「총론(總論)」에서 말하였다.: 주자가 말하길, "사람은 천지의 중(中)을 받아 태어나므로, 감응하기 이전에는 순수하고 지극히 선하여 만 가지 이치[萬里]를 갖추고 있으니 이른바 '성(性)'이다. 그러나 사람에게 이 성이 있으면 바로 이 형(形)이 있게 되고 이 형이 있으면 바로 이 마음[心]이 있어 외물[物]에 감응하지 않을 수 없고, 외물에 감응하여 움직이면 성(性)의 욕(欲)이 생겨나 여기에서 선과 악이 갈라지는데, 성의 욕이란 바로 이른바 정(情)이다"[25]라고 하였습니다. 이 몇 마디의 말은 실로 『악기(樂記)』의 동정(動靜)에 대한 뜻을 해석한 것으로, 말은 비록 간략하나 이치는 모두 갖추어져 있으니 성정(性情)의 설에 대하여 남김없이 다하였다고 이를 수 있습니다.

그러나 이른바 '정(情)'이라는 것은 희(喜) · 노(怒) · 애(哀) · 구(懼) · 애(愛) · 오(惡) · 욕(欲)의 정(情)으로서, 『중용』에서 이른바 희로애락(喜怒哀樂)과 동일한 정(情)입니다. 이미 이 심(心)이 있어 외물(物)에 감(感)하지 않을 수 없으니 정(情)이 이기(理氣)를 겸하였다는 것을 알 수 있으며, 외물에 감(感)하여 움직임에 선과 악이 갈라지니 정(情)에 선과 악이 있다는 것 또한 알 수 있습니다. 희로애락이 발하여 모두 절도에

---

25 『주자대전(朱子大全)』 권67, 「악기동정설(樂記動靜說)」.

맞는 것을 이른바 리(理)라고 하고 선(善)이라고 하며, 발하여 절도에 맞지 않는 것은 바로 기품(氣稟)의 치우침으로 말미암아 불선(不善)이 있게 된 것입니다. 맹자가 말한 이른바 사단(四端)이라고 하는 것은, 정이 이기를 겸하고 선악이 있음에 나아가, 그중 리(理)에서 발하여 선하지 않음이 없는 것만을 떼어내어 말한 것입니다. 맹자는 성선(性善)의 이치를 밝힘에 있어 사단으로써 말하였으니, 그것이 리(理)에서 발하여 선하지 않음이 없다는 것을 또한 알 수 있습니다.

주자는 또한 말하길, "사단은 리(理)가 발한 것이고, 칠정은 기(氣)가 발한 것이다."[26]고 하였습니다. 사단은 리(理)에서 발하여 선하지 않음이 없는 것이므로 그것을 일러 리가 발한 것이라고 하는 것은 진실로 의심할 수 없습니다. 칠정은 이기(理氣)를 겸하고 선악이 있는 것이므로 그 발하는 것이 오로지 기(氣)만은 아니지만 기질의 섞임이 없지 않기 때문에 그것을 일러 기가 발한 것이라고 한 것인데, 이것이 바로 기질지성에 대한 설입니다. 성(性)이 본래 선하다 하더라도 기질 속에 떨어져 있으면 편벽됨이 없을 수 없기 때문에 그것을 기질지성(氣質之性)이라 이른 것입니다. 칠정이 비록 이기를 겸하였다고는 하지만 리(理)는 약하고 기(氣)는 강하여 리가 기를 통제할 수 없어 쉽게 악으로 빠져들기 때문에 그것을 기의 발현이라고 한 것입니다.

그러나 그것이 발하여 중절(中節)한 것은 곧 리(理)에서 발하여 선하지 않음이 없는 것이니, 이것은 사단(四端)과 애당초 다른 것이 아닙니다. 다만 사단은 오로지 리(理)의 발현이라고 한 맹자의 뜻은 사람들로

---

26 『주자어류』 권53-83.

하여금 바로 그것을 확충하도록 한 것이니, 배우는 자가 사단의 발함에서 체인(體認)하고 확충하지 않을 수 있겠습니까? 칠정은 리발과 기발을 함께 가지고 있지만, 리(理)가 발한 바가 기(氣)를 능히 주제하지 못하거나, 기(氣)가 흐르는 바가 도리어 이 리(理)를 가리는 것이 있으니, 배우는 자가 칠정의 발함에서 그것을 성찰하여 잘 다스리지 않아서야 되겠습니까? 이것이 또한 사단과 칠정의 이름과 뜻에 각각 그러한 까닭이 있는 것이니, 배우는 자는 참으로 이로 말미암아 능히 그것을 구할 수 있다면 얻는 바가 많을 것입니다.

또한 어떤 자가 "희・노・애・오・욕은 인의(仁義)와 비슷한 곳이 있는 것 같다."는 물음에 주자는 "진실로 비슷한 곳이 있다."[27]고 대답하였습니다. 단지 비슷한 곳이 있다고 말할 뿐 그 비슷한 것을 직접 말하지 않는 데는 진실로 깊은 뜻이 있을 것입니다. 그런데 이제 논자들은 대부분 희・노・애・락을 인・의・예・지에 배속시키고 있는데, 주자의 뜻은 과연 어떨지 모르겠습니다. 무릇 칠정과 사단의 설은 각각 하나의 뜻을 밝힌 것이니, 뒤섞어 한 가지 설로 만들어서는 안 될 듯합니다.

내가 생각건대, 이는 주자의 "사람은 천지의 중(中)을 받았다."는 단락으로써 『악기(樂記)』 동정(動靜)의 뜻을 해석한 것이다. 이제 『악기』의 본문을 들어 보면, "사람이 태어나서 고요한 것은 천지의 성(性)이다. 외물에 감하여 움직이는 것은 성(性)의 욕(欲)이다. 외물이 나의 지각에 이르러 그것을 안 연후에야 호오(好惡)가 생기는데, 호오가 안에서 절제함이 없고, 지각이 밖에서 유혹하여 다시 돌아볼 수 없다면 천리는 멸망

---

27 『주자어류』 권53-83.

한다."고 하였다. 여기서 이른바 성(性)은, 맹자가 논한 바 인의예지의 성이 아니고, 곧 형기의 성을 가리킨다. 비록 형기의 성이긴 하나, 하늘에서 막 받았던 처음에는 담백하고 고요하지만 외물과 서로 접한 연후에야 성은 이에 감(感)하여 움직이니, 눈은 색(色)을 원하고 귀는 소리를 원하며 입은 맛을 원하게 된다. 그 욕구로 인하여 좋아함과 싫어함〔好惡〕이 형성되는데, 호오가 안에서 절제하지 못하고 지각이 밖에서 유혹하여 외물을 탐하는 것에 부림을 받아 천성(天性)의 고요함을 잃는다면, 이것이 이른바 "다시 돌아보지 못하여 천리가 멸망한다."는 것이다.

인의예지의 성과 같은 것은 그 감(感)하는 바가 곧 측은(惻隱)이 되고 수오(羞惡)가 되며, 사양(辭讓)과 시비(是非)가 된다. 측은 등과 같은 네 가지는 진실로 '호오에 절제가 없다'는 데 해당하지 않고, 외부에 유혹됨을 우려하는 것에도 해당하지 않는다. 따라서 이 책의 아래 문장에서 또 말하기를, "무릇 백성들은 혈기(血氣)와 심지(心知)의 성을 가지고 있으며 애(哀)·락(樂)·희(喜)·노(怒)의 일정함이 없기에, 외물에 감응하여 움직인 연후에 마음의 작용〔心術〕이 형성되는 것이다."고 하였다. 이는 「악기동정장(樂記動靜章)」과 상응하여 곧바로 혈기(血氣)·심지(心知)로써 성(性)을 말하는 것으로, 「악기동정장」의 '성' 자(字)와 이 장(章)의 '성'자가 어찌 다른 뜻이 있겠는가? 이제 주자가 논한 바 순수하고 지극히 선하며 온갖 이치를 구비하고 있는 성(性)은 아마도 형기지성을 말하는 것이 아니니, 『악기』의 본뜻과는 다르다. 이미 순수하고 지극히 선한 것을 성이라고 하였으니, 그 이른바 성의 욕(欲)이란 것은 바로 사단(四端)에 속한 것이지, 눈이 색(色)을 원하고 귀가 아름다운 소리를 원하는 것이 아니다. 그 이른바 선악이 나뉜다고 하는 것 역시 사단의 중절함과 중절하지 못함을 가리키는 것이지, 호오(好惡)에 나아가서 말한 것이 아니다. 이는 대개 스스로 일설(一說)이 되니, 『악기』의 문의(文意)와 억지로 합할 수는 없다.

만일 고봉의 설처럼 성(性)의 욕(欲)으로써 칠정을 가리켜 말한다면, 이 역시 마땅히 칠정이 공리(公理)를 따라 발하여 선함(善)을 사랑하고 악(惡)을 미워하는 종류에 해당되는 것이지, 형기에서 발현한 칠정을 가리켜 지극히 선한 성에서 발하였다고 이르면 안 되는 것이다. 고봉이 칠정이 발하여 중절된 것을 리에서 발한 것이라고 일러 사단과 다르지 않다는 것에 이르러서 말하자면, 이는 또한 그렇지 않다. 발현[發]하는 것과 중절하는 것은 스스로 두 가지의 일이니 어찌 중절을 일러 발현이라고 하겠는가? 만일 칠정이 중절된 것을 일러 리에서 발하였고 사단과 다르지 않다고 한다면, 사단이 중절하지 않은 것은 또한 기에서 발하여 칠정과 다르지 않다고 하겠는가? 이렇다면 칠정과 리·기는 장차 분별되는 바가 없게 될 것이다.

「후설(後說)」·「총론(總論)」 두 편은 고봉이 그 초기의 견해를 고치고 퇴계를 따른 것으로, 퇴계가 툭 터놓아 시원스럽다고 칭하였다. 그러나 이제 그 설이 이기(理氣)의 구분에 대하여 말한 것을 상고하니 끝내 명확하지 못한 것이 있어, 퇴계 선생이 인허(認許)한 뜻을 더욱이 아직 이해하지 못하겠다. 고봉의 초기 설과 같은 것은 퇴계와 전혀 부합되지 않았는데, 고봉은 이미 스스로 그 잘못을 깨달아서 고쳐 퇴계를 따랐으니, 이제 그 득실을 의론하지 않고, 본문에도 역시 이를 취해 실을 필요가 없다. 후에 이율곡이 논한 바는 또한 고봉의 초기 의견에 천착하였으니, 나는 아래에서 별도로 그것을 변석(辨析)하기로 한다.

4 　사칠설이(四七說異)

주자〈의 취지〉와 다르므로 '설이(說異)'라고 하였다.

　이율곡이 인심과 도심을 논하며 말했다.: 칠정은 곧 인심과 도심, 선과 악의 총체적인 명칭[總名]이다. 맹자는 칠정 가운데 나아가 선한 한쪽을 골라내어 사단으로 절목을 삼았다. 사단은 곧 도심이요, 인심의 선한 것이다. 논자는 간혹 사단을 도심으로, 칠정을 인심으로 여기는데, 사단은 진실로 도심이라 이를 수 있으나, 칠정을 어찌 단지 인심으로만 이르겠는가? 칠정 밖에 다시 다른 정(情)은 없다. 만일 인심만을 치우쳐 가리킨다면 그 반쪽만 든 것이고 다른 반쪽은 버린 것이 된다.[28]

　내가 생각건대, 『예기(禮記)』에서 논한 칠정은 비록 형기를 주로 하여 말한 것이지만, 칠정 역시 공리(公理)를 따라 발한 것이 있으니, 율곡이 칠정을 인심과 도심의 총체적인 명칭으로 삼은 것은 스스로 하나의 논설이 됨을 해치지 않는다. 그러나 칠정의 선과 악에 이르러 그 중절하고 부중절함에 인하여 본다면, 칠정을 곧장 선악의 총명으로 삼는 것은 옳지 않다. 게다가 칠정 역시 공리(公理)에서 발하는 것이 있는데, 사단을 칠정 가운데 있다고 이르거나 혹은 선한 한 쪽에 치우친 것을 사단으로 여긴다면, 이것은 그렇지 않다. 비록 형기의 칠정이라도 중절하다면 곧 선한 것이다. 비록 사단이어도 역시 반드시 선하지는 않다. 마치 주자가 이른바 측은하지 않아야 마땅한 곳을 측은해하는 것은 곧 악(惡)이라고

---

28 『율곡전서』 권10, 「답성호원(答成浩原)」(율곡 2서). 하빈이 율곡의 편지글을 인용할 때에는 대폭 편집하여 축약한 것이 많음을 미리 밝혀 둔다.

하는 것이 이것이다. 어찌 단지 선하다고 해서 사단으로 여기겠는가? 게다가 사단은 인의예지(仁義禮智)의 단서로써 이름한 것으로, 어찌 그 선함으로써 이름하겠는가? 이 사단과 도심은 모두 리(理)에서 발한 것을 말하는 것으로, 사단이 곧 도심이라고 하는 것은 진실로 옳다. 그러나 인심은 분명 형기를 주로 하여 말하는 것인데, 사단을 인심의 선한 것이라고 한다면 옳겠는가? 사단을 인심의 선한 것으로 여긴다면, 역시 칠정 가운데 선한 한 쪽을 사단이라고 지칭하는 것과 같다. 칠정은 이기를 겸하는 것 같으나, 인심을 말한다면 끝내 리(理)라고 할 수 없으니 이 설명은 더욱 말이 되지 않는다. 이 칠정이 이기를 겸한다고 말하는 자는 역시 한 설에 편향되었을 뿐이다. 만일 『예기』의 본래 의미로 말하면 칠정은 진실로 형기를 주로 하여 말한 것이니, 형기를 주로 하는 것이 인심이 아니겠는가? 게다가 율곡은 사단을 인심의 선한 것으로 여겼는데, 인심 역시 이기를 겸하는 것으로, 사단과 칠정을 논한 것과 다르지 않다. 그리고 또 말하기를 "칠정은 인심으로만 말할 수 없다."고 하였으니, 그 설명의 전후가 마치 좌측에 있는 것과 같다.

율곡이 다른 사람에게 준 편지에서 말했다.: 퇴계가 입론(立論)하여 말하기를, "사단은 리가 발함에 기가 그것에 따르고, 칠정은 기가 발함에 리가 그것에 탄다."고 하였다. 이른바 기가 발하고 리가 그것에 탄다는 것은 옳으나, 특히 칠정만 그런 것은 아니라 사단 역시 기가 발하고 리가 그것에 타는 것이다. 리가 발하고 기가 그것에 따른다는 설명과 같은 것은 분명히 선후가 있는 것이다. 이것이 어찌 이치를 해치지 않겠는가![29]

---

29 『율곡전서』 권10, 「답성호원」(율곡 3서).

내가 생각건대, 이발(理發)과 기발(氣發)은 특별히 성명(性命)과 형기 (形氣)에 근거하여 나누어 말한 것으로, 실제로 칠정 역시 리(理)에 근본 하니, 비록 이발이라고 함께 일러도 불가(不可)할 것이 없다. 율곡이 말 하는 것은 단지 기발(氣發) 한 길뿐이라고 하는데, 이는 어째서인가? 이 기가 혼융(渾融)하여 선후를 가르기 어려우나, 오늘날 천하의 만물로 이 를 논하자면, 반드시 이 리(理)가 있는 연후에 이 기(氣)가 있는 것이다. 사람의 마음이 외물에 의해 움직이는 것에 이르러서도 역시 리(理)가 움 직인 연후에야 기가 거기에 따른다. 마치 측은과 수오는 진실로 기(氣) 이다. 그러나 만일 인(仁)과 의(義)의 리(理)가 움직이지 않았다면 저절 로 측은지심이 생기고 저절로 수오지심이 생기는 일은 없었을 것이다. 이것이 어찌 리가 발함에 기가 따르는 적확하고 경험적인 사실이 아니 겠는가! 따라서 주자는 또한 말하기를, "리와 기는 본래 선후를 말할 수 는 없지만 미루어 올라가다 보면 마치 리가 앞에 있고 기가 뒤에 있는 것과 같다."[30]고 하였다. 만일 이렇다면, 역시 선후가 있다고 해서 이치 를 해친다고 말할 수 있겠는가? 그러나 리가 발하고 기가 따른다고 한 것 역시 리(理)를 주로 한다는 것이지, 그것이 반드시 선후로 나뉜다는 주장은 아직 보지 못하였다.

또 말하였다.: 리(理)는 무위(無爲)하나 기(氣)는 유위(有爲)하니, 따 라서 기가 발하고 리가 타는 것이다.[31]

내가 생각건대, 리(理)라는 것은 이 기(氣)를 주재하는 것이다. 모두

30 『주자어류』 권1-12.
31 『율곡전서』 권10, 「답성호원」(율곡 4서).

응(應)하고 감(感)하는 사이, 어떤 것이 리가 움직이고 기가 거기에 따르는 것이 아니겠는가? 그러나 리는 형체와 자취가 없어 기에 인하여 드러난다. 율곡은 특히 리에 형체가 없는 것을 보아 그것이 발동(發動)할 수 없다고 의심하였기 때문에 곧 리를 무위(無爲)라고 이른 것이다. 만일 그 설과 같다면, 이른바 리는 아득하게 고요하여 하나의 공허한 사물이 되니, 반드시 기가 발하는 것을 기다린 연후에야 비로소 그것에 올라탈 뿐이다. 주자가 이른바 리는 마른 나무나 죽은 재와 같지 않으며, 반드시 움직이지 않고도 능히 움직이게 하는 것이라고 하였는데, 과연 어떤 것을 가리키는 것인가?

어린아이가 우물에 빠지는 것을 본 연후에야 바로 측은지심을 내게 된다. 보고 측은해하는 것은 기이다. 이것이 이른바 기가 발한다〔氣發〕는 것이다. 측은의 본체는 인(仁)이다. 이것이 이른바 리가 탄다〔理乘〕는 것이다.[32]

내가 생각건대, 측은을 기로 여기는 것은 옳다. 그러나 또 기의 발현으로 여기는 것은 옳지 않다. 측은의 기(氣)가 발현하여 측은의 기가 되는 것은 그 리(理)의 마땅한 여부를 막론하고 일단 말이 되지 않는다. 그러나 율곡은 또 말하기를, 측은의 본체(本體)는 곧 인(仁)이라 하였다. 이미 인(仁)이 본체라 하였는데, 본(本)이라는 것은 말(末)이 이곳에서 발현한 바이다. 측은이 인(仁)의 리가 발한 바가 아니면 또 무엇이겠는가?

---

32 『율곡전서』 권10, 「답성호원」(율곡 2서).

가만히 퇴계의 뜻을 상구해 보니, 사단은 마음에 말미암아 발현하는 것이고, 칠정은 외물에 감(感)하여 발하는 것이다. 천하에 어찌 감(感)하지 않고 속에서부터 저절로 발하는 이치가 있겠는가? 오늘 만약 외부에서 감하기를 기다리지 않고 속에서부터 저절로 발하는 것을 사단이라고 한다면, 아버지가 없어도 효심이 발하고, 군주가 없는데도 충심이 발하며, 형이 없어도 공경하는 마음이 발하는 것이니 어찌 사람의 진정한 정(情)이라고 할 수 있겠는가?[33]

내가 생각건대, 퇴계 역시 일찍이 말하기를, "사단은 외물에 감(感)하여 움직인 것으로, 칠정과 다르지 않다."[34]고 하였으니, 감하지 않고 저절로 발하는 것은 퇴계가 일찍이 말한 바가 아니다. 율곡은 어디를 따라서 이 황당무계한 말을 얻었는가? 황당무계한 말은 듣지 않음이 옳을 것이다.

칠정은 사단을 포함한다. 무릇 사람의 정은 기쁠 만한 일을 당하면 기뻐하고, 죽음을 맞으면 슬퍼하며, 어버이를 보면 사랑하고, 이치를 보면 그것을 궁구하려는 욕심이 나며, 현자를 보면 그와 같아지려고 하니 인(仁)의 단서이다. 마땅히 노여워해야 할 때 노여워하고, 마땅히 미워해야 할 때 미워하는 것은 의(義)의 단서이다. 존귀한 사람을 보고 경외하고 두려워하는 것은 예(禮)의 단서이다. 기쁘고 노엽고 슬프고 두려워할 만한 일을 당해 그것이 마땅히 기뻐할 만하고 노여워할 만하고 슬퍼할 만하고 두려워할 만한 일인지 알고, 또 기쁘고 노엽고 슬프고 두

---

33 『율곡전서』 권10, 「답성호원」(율곡 2서).
34 퇴계가 고봉에게 준 제2서〔四端七情第二書〕.

려워할 만한 일이 아닌 것을 아는 것은 지(智)의 단서이다. 선한 단서의 발현은 일일이 셀 수 없지만 대개 이와 같다. 칠정 외에 다시 사단이 있지 않다.[35]

내가 생각건대, 사단은 칠정 가운데 있다는 것에 대해서는 내가 역시 치우친 한 설이라고 이른 바 있으나, 그 설과 율곡의 이 조(條)는 또 다른 것이다. 나는 칠정 가운데 선한 것을 보면 기뻐하고, 악한 것을 보면 노여워하는 종류는 공리(公理)에서 발현하여 형기의 사사로움과 관섭(管攝)하지 않는 것이 사단과 다르지 않다고 하였다. 오늘 율곡은 무릇 기뻐할 만해서 기뻐하는 것은 인(仁)의 단서이고, 노여워할 만해서 노여워하는 것은 의(義)의 단서라고 하였는데, 단지 기뻐할 만하고 노여워할 만하다고 일컫는 것으로 어찌 그것이 반드시 공리(公理)가 됨을 볼 수 있겠는가? 비록 형기상의 일이라도 또한 기뻐할 만하고 노여워할 만한 일이 있으니, 배가 고픈데 먹을 것을 얻고 추운데 입을 것을 얻는 것과 같은 것은 기뻐할 만한 것이요, 옷과 먹을 것을 다른 사람에게 빼앗긴 것은 노여워할 만한 것이다. 이것이 인의(仁義)와 일찍이 어떤 상관이 있겠는가?

퇴계는 '서로 발한다〔互發〕' 두 글자에서는 리와 기가 서로 떨어지지 않는 오묘함을 깊이 볼 수가 없다. 성정(性情)에는 본래 리와 기가 서로 발하는 이치가 없고, 다만 기가 발하여 리가 타는 것뿐이다. 이를 제외하면 두 개의 성(性)이 있어 곧 두 개의 정(情)이 있을 뿐이다. 만약 퇴계의 설과 같다면, 본연지성은 동쪽에 있고 기질지성은 서쪽에 있어서

---

35 『율곡전서』 권10, 「답성호원」(율곡 3서).

동쪽으로부터 나온 것을 도심이라 이르고 서쪽으로부터 나온 것을 인심이라 이르니, 어찌 이럴 리가 있겠는가? 만일 성(性)이 하나라고 한다면, 또한 장차 성(性)으로부터 나온 것을 도심이라 이르고 성(性)이 없이 나온 것을 인심이라 이르니, 어찌 이럴 리가 있겠는가?[36]

내가 생각건대, 성이란 것은 리가 사물에 따라 갖추어진 것이다. 통괄해서 말하자면 천지만물이 동일한 리를 가졌으니, 비록 같다고 말했지만 하나의 성이라고 해도 가(可)하다. 나누어 말하자면 천지의 성은 건(健)이고 땅의 성은 순(順)이며 사람의 성은 인(仁)이니, 만물의 종류에 따라 그 성이 또한 각자 다르다. 마치 맹자가 논한 바, 개와 소와 사람의 성에서 볼 수 있다. 또 마치 해와 달과 오성(五星)은 다 같이 하나의 하늘에 있으나 그 성(性)은 모두 다르니, 뭉뚱그려 건(健)이라고 말할 수 없다. 산천과 다섯 종류의 나무는 다 같이 하나의 땅에 있으나 그 성은 모두 다르니, 뭉뚱그려 순(順)이라고 말할 수 없다. 오직 사람에게도 마찬가지이며, 내면의 오장육부와 외면의 백체가 각기 그 성을 가지고 있어 하나의 '인(仁)' 자로 개괄할 수 없다. 마치 맹자가 인의예지의 성을 말했을 뿐만 아니라, 또한 성색(聲色)·취미(臭味)의 성을 말한 것에서도 볼 수가 있다. 인의예지의 성은 곧 천명(天命)·본연(本然)의 이치로, 주자가 이른바 성명의 바름이 이것이다. 성색취미의 성은 곧 형체로 인하여 있게 되므로, 주자가 이른바 형기의 사사로움이 이것이다. 실제로 성명과 형기의 욕(欲)은 모두 성(性)이나, 형기는 사사로움에 속하기 때문에 진실로 그것이 본성(本性)이 됨은 같이할 수가 없기에, 단지 형기라고만 칭하여 성명(性命)과 구별하는 것이다. 그러한즉

---

36 『율곡전서』 권10, 「답성호원」(율곡 5서).

리(理)의 대본(貸本)은 비록 두 가지가 없다고 하나 그 구분의 다름은 이와 같으니, 오늘 성명과 형기의 구분을 들어 리와 기가 서로 발한다고 말하는 것에 어찌 불가함이 있겠는가? 인심은 비록 성(性) 없이 발하는 것이 아니나, 그 발하는 바의 성은 곧 형기의 성이니 어찌 성명에서 발하여 도심과 다름이 없다고 말할 수 있겠는가? 성명과 형기의 성은 그 발함이 정(情)이 되는데, 하나는 바름에 근원하고 하나는 사사로움에서 생겨나니 비록 이발(理發)과 기발(氣發)로 나누어 말하더라도 기(氣)는 이 리(理)를 떠난 적이 없고, 리는 이 기를 떠난 적이 없으니 어찌 리와 기가 서로 떨어짐을 우려하는가? 이른바 기질지성에 이르러서는 본성이 기질 속에 있는 것을 말하는 것이니, 형기의 성과는 가리키는 바가 또 다르다. 퇴계가 본성과 기질의 성으로 사단과 칠정이 리와 기로 나뉜다는 것을 비유한 것은 진실로 의심할 만하다는 것은 내가 이미 위에서 언급하였다.

리와 기가 서로 떨어지지 않으니, 인심과 도심 그 어느 것이 리(理)에서 근원한 것이 아니겠는가? 리와 기가 서로 떨어지지 않는다는 것을 만일 이미 훤히 안다면, 인심과 도심에 두 가지 근원이 없다는 것도 이것을 미루어 알 수 있을 따름이다. 오직 리와 기에 대해 아직 투철하지 못하여 혹 서로 떨어져 각각 다른 한 곳에 있을 수 있다고 생각하기 때문에 인심과 도심에 대해서 그것에 두 개의 근원이 있다고 의심할 뿐이다.[37]

내가 생각건대, 리와 기의 큰 이치를 논하자면 천지 만물이 하나의

---

37 『율곡전서』 권10, 「답성호원」(율곡 4서).

리에서 똑같이 나오므로 진실로 두 개의 근원이 없다. 그러나 그 나뉘어 다름을 논한다면 비록 한 몸 속이라도 성명의 리가 있고 또 형기의 리가 있으니, 인심과 도심이 말미암아 발하는 바를 두 가지 근원이라고 말해도 역시 가(可)할 것이다. 위의 조목을 참고해 보아라.

이른바 "혹은 성명에 근원하고 혹은 형기에서 생겨난다〔或原或生〕."고 하는 것은 마음이 이미 발한 것을 보고 논지를 세운 것이다. 마음의 발함이 의리를 위한 것이라면 그 까닭을 추구하여 봤을 때 어디로부터 이 의리의 마음이 나온 것인가? 이는 성명(性命)이 마음에 있음으로 말미암으니, 따라서 이 도심이 있게 된 것이다. 그 발함이 식색(食色)을 위한 것이라면 그 까닭을 추구하여 봤을 때 어디로부터 이 식색의 사념이 나온 것인가? 이는 혈기가 형체를 이루는 것으로부터 말미암으니, 따라서 이 인심이 있게 된 것이라고 말할 뿐이다. '호발의 설처럼 혹은 리가 발하고 혹은 기가 발하여 대본이 하나가 아닌 그런 것이 아니다.[38]

내가 생각건대, 이 논지는 거의 맞는 듯하다. 성명이 마음에 있는 것으로 말미암아 이 도심이 있는 것이니, 이것이 도심이 리(理)에서 발하는 것이 아니겠는가? 혈기가 형체를 이루는 것으로 말미암아 이 인심이 있는 것이니, 이것이 인심이 기(氣)에서 발하는 것이 아니겠는가? 그 미루어 설명한 것이 들어맞아 이로써 이발과 기발의 의미를 밝혀내었다. 그러나 이렇게 운운한 것은 반드시 퇴계와 다른 이론을 세우고자 한 것이니, 이로 인하여 주자의 가르침과 다르게 된다면 어찌하겠는가? 이발과 기발은 특히 성명과 형기에 의거하여 나누어 말한 것으로, 그 근본을

---

[38] 『율곡전서』 권10, 「답성호원」(율곡 2서).

미루어 보면 모두 오행(五行)의 이치이니, 어찌 대본이 하나가 되지 못함을 우려하겠는가? 위의 두 조목과 퇴계설을 변론한 제일(第一) 조목을 아울러 보길 바란다.

인심과 도심은 서로 끝과 시작[終始]이 된다. 이제 사람의 마음이 성명의 바름에서 곧바로 나왔더라도 혹 그것에 순응해서 이루지 못하고 사사로운 의념이 끼게 되면, 이것은 도심으로 시작했으나 인심으로 끝나는 것이다. 혹 형기에서 나왔더라도 바른 이치에 거스르지 않으면 진실로 도심에 어긋나지 않는다. 혹 바른 이치에 거스르더라도 그릇된 것을 알고 이겨내어 그 욕구를 따르지 않는다면, 이것은 인심으로 시작했으나 도심으로 끝나는 것이다.[39]

내가 생각건대, 인심은 악에 흐르기가 쉬울 뿐, 곧바로 악은 아니다. 따라서 상지(上智)라도 인심이 없을 수 없다고 한 것이다. 오늘 사사로운 의념이 끼고, 바른 이치에 거스르는 것이 인심이라고 한다면, 인심은 곧 악이 되는 것이고, 상지(上智)라도 악이 없을 수 없게 된다.

인심과 도심은 모두 성(性)에서 발하는데, 기에 의해 가려지는 것이 인심이 되고, 기에 의해 가려지지 않는 것이 도심이 된다.[40]

내가 생각건대, 인심과 도심을 어찌 기에 가려지고 기에 가려지지 않는 것으로 구분하여 말하는 것인가? 기에 가려지는 것은 특히 인심이

---

39 『율곡전서』권9, 「답성호원」(율곡 1서).
40 위와 같음.

그 마땅함을 잃은 것이다. 그 마땅함을 잃어 기에 가려지는 것이, 어찌 유독 인심만이 그러하겠는가? 비록 도심일지라도 마찬가지일 것이다. 마치 사단에 부중절함이 있는 것을 퇴계는 기가 어두워 그렇게 시켰다고 이른 것이 이것이다.

인심과 도심은 정(情)과 의(義)를 아울러 말한 것이요, 단지 정(情)만을 가리킨 것은 아니다. 정은 저절로 발하여 나오는 것으로, 헤아리고 비교하는 데〔計較〕미치지 못하니, 인심과 도심이 서로 끝과 시작이 되는 것과 같지 않다. 그러니 어찌 억지로 가까이하여 서로 기준이 될 수 있겠는가? 이제 양쪽으로 말하고자 한다면 마땅히 인심과 도심의 설을 따라야 하고, 선한 한 쪽을 말하고자 하면 마땅히 사단의 설을 따라야 하며, 선과 악을 아울러 말하고자 하면 마땅히 칠정의 설을 따라야 할 것이다.[41]

내가 생각건대, 의념은 헤아리고 비교하는 것〔計較〕을 이르는데, 인심과 도심을 계교를 겸한 것으로 말하고자 한다면, 그 근거가 어디에 있는지 모르겠다. 주자는, "기한통양(飢寒痛痒)은 인심이고, 측은수오(惻隱羞惡)는 도심이다."[42]라고 하였다. 이 저절로 곧바로 발하는 것에는 계교를 논할 만한 것이 없다. 율곡은 특히 사사로운 의념이 낀 것을 인심이라 여기고, 그것이 그릇된 것을 알아 이겨내는 것을 도심으로 여기기 때문에 그 설이 또 이와 같으니, 무릇 서로에 의해서 어긋난 것이다. '양쪽으로 말하는 것'이 선과 악이 각각 한 쪽에 있는 것이라면, 인심은 전

---

41 위와 같음.
42 『주자어류』 권62-40.

적으로 악한 한 쪽으로 귀속되니, 이미 사사로운 의념이 낀 것을 의심으로 여기는데다가, 인심을 악한 한 쪽으로 이해하니 역시 옳지 못하고 기이하다. 이른바 "선한 한 쪽을 말하고자 한다면 사단의 설을 따라야 한다."는 것은 곧 위에서 이른바 칠정 가운데 선한 한 쪽을 골라낸다는 것이고, 이른바 "선과 악을 아울러 말하고자 한다면 칠정의 설을 따라야 할 것이다."는 것은 곧 위에서 이른바 칠정이 곧 선악을 총괄하는 명칭이라는 것이다. 나는 이미 위에서 소략하게 변론(辨論)하였다. 나는 또 이성호가 이를 논하며, "칠정은 본래 당연지칙이 있으나, 간혹 형기에 의해 부림을 받아 쉽게 악(惡)으로 흐르는 것이다. 그 뜻이 이미 『대학장구』전 7장 및 8장의 주석에 보이니 취하여 참고할 수 있다. '악으로 흐르기 쉽다'고 하면 옳지만, 본래 선악을 아울렀다고 하면 옳지 않다. 성인 역시 칠정을 면치 못하는데, 성인 역시 선악을 아우른 정이 있다는 말인가? 또 선악을 아우르는 가운데, 그 선한 한 쪽을 사단이라고 한다면, 그 악한 한 쪽은 여전히 칠정의 본연인가?"[43]라고 한 것을 보았다. 이 설명은 특히 통쾌하여 삼가 여기에 적는다.

바른 이치에서 곧바로 발하여 기(氣)가 일을 수행하지〔用事〕[44] 않으면 도심이니, 칠정 중 선한 한 쪽이다. 발하는 사이에 기가 이미 용사하였으면 인심이니, 칠정이 선악을 합한 것이다. 기가 용사하는 것을 알아 정밀히 살피고 바른 이치를 좇는다면 인심이 도심의 명령을 듣는 것이다.[45]

---

43 성호(星湖), 『사칠신편(四七新編)』부록, 「독이율곡서기의(讀李栗谷書記疑)」.
44 '용사(用事)'는 일을 멋대로 행하는 것을 의미하며, 기가 제멋대로 흐르는 것을 지칭한다. 여기서는 '용사'의 어감을 살려 그대로 번역한다.
45 『율곡전서』권9, 「답성호원」(율곡 1서).

내가 생각건대, 위에서는 이미 인심과 도심을 양쪽으로 말하였고, 칠정을 선악을 아우른다고 설명하였을 뿐 아니라, 또한 인심을 칠정이 선악을 아우르는 것으로 여기는 것으로, 그 설은 좌측과 같다. 그러나 기가 용사하지 않는 것은 어찌 특히 도심만 그러하다고 하겠는가? 비록 인심일지라도 그것을 제어하는 이치에서 나는 기가 능히 용사하는 것을 보지 못하였다. 만약 기가 용사하지 않는 것을 모두 도심이라고 한다면, 즉 성현(聖賢)은 홀로 인심이 없겠는가? 게다가 기가 이미 용사한 후 정밀히 살펴 올바름을 좇는 것을 인심이 도심의 명령을 듣는 것으로 여긴다면, 필히 어두워지는 것을 기다린 연후에야 다시 밝아지며, 그러한 뒤에 비로소 인심이 도심의 명령을 듣게 되는 것이니, 이러한 설은 모두 주자가 「중용장구서」에서 논한 바와 판연하게 달라 두 설이 된다.

정(情)이 성명의 본연에서 곧바로 이루어진 것을 도심이라고 명목(名目)하며, 정이 형기에 가려 성명의 본연에서 곧바로 완수하지 못하는 것을 인심이라고 명목한다.[46]

내가 생각건대, 이는 위의 문장에서 '기에 가리고 가려지지 않는' 설을 이은 것으로, 곧바로 완수하였는가 곧바로 완수하지 못하였는가라는 전환점이 되는 말[轉語] 하나를 보태었다. 이 설과 같다면 비록 도심이라도 간혹 곧바로 완수할 수 없으니 장차 인심의 기한통양(飢寒痛痒)으로 바뀌게 되고, 비록 인심이라도 간혹 곧바로 완수할 수 있으니 장차 도심의 측은수오(惻隱羞惡)로 바뀌게 된다는 것이니, 어찌 이럴 리가 있겠는가! 율곡의 뜻은 처음 발하는 때에는 인심과 도심의 구분을 말할 것

---

46 『율곡전서』 권10, 「답성호원」(율곡 2서).

이 없으나, 일단 발한 이후에는 곧바로 완수하였는가의 여부로 그것을 구분한다는 것이다. 그렇다면 이는 주자·퇴계와 서로 위배되는 여부는 잠시 젖혀 두더라도, 스스로 말한 바 '그 발하는 것이 의리이고, 그 발하는 것이 식색이다.'라고 한 것에도 전후 모순이 되는 것이다.

진북계(陳北溪)의 설에서 말하기를, "이 지각은 리를 따라 발하는 것이 있고 기를 따라 발하는 것이 있다."고 하였다. 북계 진씨의 설은 주자의 뜻이 어디에 있는지를 역시 안 것인지 아직 모르겠다.[47]

내가 생각건대, 주자는 일찍이 「대우모(大禹謨)」의 주석에서, "마음은 인간의 지각으로, 속을 주로 하여 바깥에 응대하는 것이다. 그 형기에서 발하는 것을 가리켜 인심이라 이르고, 그 의리에서 발하는 것을 가리켜 도심이라고 이른다."고 하였고, 또 「중용장구서」에서, "혹은 형기의 사사로움에서 생겨나고, 혹은 성명의 바름에 근원하니 지각이 되는 것이 같지 않다."고 하였다. 이로 말미암아 말하자면, 진북계의 설명은 주자의 설명인 것이다. 이제 북계가 주자의 뜻이 어디 있는지 모른다고 한다면 옳겠는가?

천지의 조화(化)는 곧 내 마음이 발하는 것이다. 천지에 이미 이화(理化)와 기화(氣化)의 다름이 없으니, 내 마음에 어찌 이발과 기발의 다름이 있겠는가? 내 마음이 천지의 조화와 다르다고 한다면 이는 내가 아는 바가 아니다.[48]

---

47 위와 같음.
48 위와 같음.

내가 생각건대, 하늘과 사람은 진실로 두 가지 이치가 없다. 그러나 하늘이 고요히 운행함에 사람의 마음이 물에 응하여 생겨나는 것에 이르면, 어찌 억지로 비교하여 같게 만들 수 있겠는가? 따라서 연평(延平)이 주자의 편지에 답하기를, "천지의 본원(本源)과 인물에 나아가 미루어 보면 다르지 않을 수가 없다. 이는 '움직여 양을 낳는다'는 까닭으로, 희로애락이 이미 발한 것으로 말하기 어렵다. 천지에 있어서는 단지 리(理)일 뿐이다."라고 하였으니, 이 말은 합당하다. 만일 하늘과 사람이 조금의 다름이 없다면, 천도(天道) 역시 선악을 아우르며 선한 한 쪽의 정(情)이 있는 것인가? 역시 외물이 그 형기를 건드려 마음에서 동하는 것이 있는가? 게다가 율곡의 설처럼 반드시 천지의 조화를 리와 기로 나누어 말하고자 한다면, 천지의 한 번은 음(陰)이 되고 한 번은 양(陽)이 되는 것, 해가 지면 달이 뜨는 것, 추위가 오면 더위가 가는 것은 리(理)가 그렇게 시킨 것이 아니겠는가? 「홍범(洪範)」에 이른바 비 오고 볕 나고, 덥고 춥고, 바람 부는 것〔雨暘燠寒風〕은 기(氣)가 그렇게 시킨 것이 아니겠는가? 비 오고 볕 나고, 덥고 춥고, 바람 부는 것이 때에 맞으면 기가 그 리에 순응하는 것이 아니고 무엇이겠는가? 비 오고 볕 나고, 덥고 춥고, 바람 부는 것이 지속되면 기가 리에 순응하지 않는 것이 아니겠는가? 이로부터 말하자면, 천지의 조화 역시 리와 기로 나누어 말할 수 있는 것이다.

'기가 발함에 리가 타는 것'은 〈무엇인가?〉 음(陰)이 고요하고 양(陽)이 움직이는 것은 기틀〔機〕이 스스로 그러한 것이지 그것을 그렇게 하도록 시키는 것이 있는 것은 아니다. 양이 움직여 리가 움직임〔動〕에 올라타니 리가 움직이는 것이 아니고, 음이 고요하여 리가 고요함에 올라타니 리가 고요한 것이 아니다. 음이 고요하고 양이 움직이는 것은 그 기틀이 스스로 그런 것이나, 그 음이 고요하고 양이 움직이는 까닭은 리(理) 때문이다. 대저 이른바 "움직여 양을 낳고 고요하여 음을 낳는다."는 것은 저 미연(未然)[49]을 근원으로 하여 말한 것이고, 동정(動靜)이 타는 기틀이라는 것은 이미 그러한 것〔已然〕을 보고 말한 것이다. 리와 기의 유행은 오로지 이연(已然)일 따름이니, 어찌 미연의 때가 있겠는가? 이렇기 때문에 천지의 조화와 내 마음의 발현은 기가 발함에 리가 그것을 타지 않는 것이 없다.[50]

내가 생각건대, 주자가 말하기를, "봄과 여름은 양(陽)이 되고, 가을과 겨울은 음(陰)이 되니 예로부터 지금까지 그저 이 음양일 뿐인데, 누가 그렇게 시켰겠는가? 바로 도(道)이다."[51]라고 하였다. 이로부터 말한다면, 음양(陰陽)의 동정(動靜)은 리(理)가 시킨 바가 아닌 것이 없다. 율곡은 바로 그 기틀이 스스로 그러한 것이지 그것을 시키는 것이 있지 않다하였는데, 그 말의 근거가 무엇인지 모르겠다. 게다가 율곡이 태극이 움직여 양을 낳고, 고요해져 음을 낳는다는 것을 미연(未然)에 근원하여 말한 것이라고 한 것은 진실로 옳지만, 태극이 움직여 양을 낳고 고요하여 음을 낳는다는 것은 아주 먼 옛날부터 늘 그래왔던 것으로, 한번 낳고 곧 그치는 것이 아니다. 따라서 율곡이 또 이른바 "이기(理氣)의 유행은 모두 이연(已然)일 따름이니, 미연(未然)의 때가 있지 않다."는 것 역시 어떤 오류이다.

---

49 아직 그렇지 않은 것, 현상으로 나타나지 않은 것을 뜻한다.
50 『율곡전서』 권10, 「답성호원」(율곡 2서).
51 『주자어류』 권74-113.

그릇이 움직이면 물도 움직이는 것은 기가 발함에 리가 타는 것이다. 그릇과 물이 모두 움직이는데, 그릇이 움직이고 물이 움직이는 다름이 있지 않은 것은, 리와 기가 서로 번갈아 발하는 다름이 없는 것과 같다. 그릇이 움직이면 물은 반드시 움직이지만 물은 저절로 움직인 적이 없다는 것은, 리는 무위(無爲)하나 기는 유위(有爲)하다는 것이다.[52]

내가 생각건대, 그릇 안의 물은 물이 활발히 존재하는 것이 아니니 어찌 마땅히 리를 비유하기에 족하겠는가? 공자가 개울가에서 말씀하시길, "지나가는 것들은 이와 같아서 밤낮을 쉬지 않는다."[53]고 하였다. 성인이 물로써 리를 비유하는 것은 대개 이와 같다.

율곡의 설명은 퇴계와 강령에서 이미 달라졌기에 그 천언만어(千言萬語)가 한결같이 그르게 되었다. 고봉은 초반의 설이 잘못됨을 알아 그것을 고칠 수 있었다. 율곡은 고봉의 초기 견해를 이용하여 매우 힘써 주장하였으니, 종신토록 깨우칠 수 없었다. 그 견식의 높고 낮음은 고봉과 비교하여 과연 어떠할까. 잠시 그 큰 틀에서 약간의 조목을 짚어 경계하며 증명함을 오른쪽과 같이 하겠다.

---

52 『율곡전서』 권10, 「답성호원」(율곡 2서).
53 『논어』, 「자한」 16.

사단의 은(隱)[54]은 칠정의 애(哀)가 아니다. 은(隱)은 사물에 대해서 가엾어 하는 것이니 공(公)적인 것이지만, 애(哀)는 자기에 대해서 슬퍼하는 것이니 사(私)적인 것이다. 사단의 오(惡)[55]는 칠정의 오(惡)가 아니다. 사단의 오(惡)는 불선(不善)을 미워하는 것이니 공(公)적인 것이지만, 칠정의 오(惡)는 자기를 해치는 것을 미워하는 것이니 사(私)적인 것이다. 어떤 것[物]이 장차 죽으려 함을 보면 비록 가엾기는 하더라도 슬픈 것은 아니다. 우환과 질고(疾苦)에 있어서는 비록 슬프더라도 가엾은 것은 아니다. 이것이 은(隱)과 애(哀)의 구별이다. 사물이 나를 해치는 것을 미워함이 비록 중절하지 못하다 하더라도, 미워함은 미워함이니 이 오(惡)는 사단에 소속시킬 수 없다. 사물에 불선함이 있을 때 비록 나와 상관이 없더라도 반드시 장차 미워하게 되니 이 오(惡)는 칠정에 소속시킬 수 없다. 이것이 두 '오(惡)' 자의 구별이다.[56]

내가 생각건대, 이 논지에서는 사단과 칠정의 구분이 매우 명확하다. 단지 공(公)과 사(私) 두 글자 상에서 그것이 이발과 기발이 됨을 증험할 수 있다.

「예운(禮運)」에서 말하기를, 희(喜)·노(怒)·애(哀)·구(懼)·애(愛)·

---

54 측은(惻隱)지심의 애틋한 감정을 말한다.
55 수오(羞惡)지심의 미워하는[惡] 감정을 말한다.
56 이상은 『사칠신편』의 「사단자의(四端字義)」 제1에 나온 내용이다. 하빈은 성호의 문장을 대폭 줄여 인용하였음을 밝혀 둔다.

오(惡)·욕(欲)의 칠정은 배우지 않고도 능하다 하였다. 무릇 칠정은 배우지 않고도 능하다. 사단과 같은 것들은 배우지 않고도 능한 것이 아니다. 어찌 그렇게 말하는가? 이제 배우지 않은 사람이 있다고 하자. 그 사람도 처음엔 도심이 없을 수 없으나, 질곡(桎梏)이 반복되면 도심이 완전히 없어지게 된다. 따라서 고집 세고 어질지 못하거나, 사단의 마음이 전혀 드러나지 않는 사람도 있게 된다. 오직 기뻐함과 성냄 등의 종류는 하나라도 갖추어지지 않은 것이 없으니, 그것들은 배우고 배우지 않음에 달려 있지 않다. 다만 사적인 것에서 떠나지 않을 뿐이다.[57]

내가 생각건대, 맹자는 배우지 않고도 능하다[不學而能]는 것으로써 부모를 사랑하고 형을 존경하는 본심을 논하였다. '배우지 않고 능하다'는 말은 사단과 칠정에 다름이 있음을 보지 못한 것이다. 단지 그 끝이 반드시 어떠한가를 말하자면, 배우지 않은 자는 본심이 간혹 얽매이고 없어질지라도 희(喜)·노(怒)와 같은 종류는 하나도 갖추어지지 않음이 없다. 따라서 성호의 설이 비록 이와 같으나, 「예운」에서 이른바 배우지 않고도 능하다는 것은 그 끝이 반드시 어떠하다는 말을 하지 않은 것이다. 오늘날 이로써 칠정이 기에서 발한다는 것을 증명하려 하였으니, 정확하지 못한 것 같다. 다만 「예운」은 음식(飮食)·사망(死亡)으로써 욕오(欲惡)을 논하였으므로, 칠정이 형기를 주로 하는 것을 말한 것이다. 어찌 적절하지 않겠는가!

주자가 말하길, "측은은 선하나, 측은하지 않아야 할 곳에 대하여 측은해하는 것은 곧 악하다."[58]라고 하였다. 이것은 퇴계가 이른바 '기가

---

57 이상은 『사칠신편』의 「성현지칠정(聖賢之七情) 제4에 나온 내용이다.

어두워 그렇게 시켰다'는 것이다. 기가 어두우면 리가 드러나지 않는다. 예를 들어 사람이 발〔簾籬〕을 친 속에서 사물의 모양을 보면 흐릿하고 분명하지 못하여 풀을 나무로 보거나 옥(玉)을 돌로 보는 경우가 종종 있는 것과 같다. 그러나 '곧 악하다'고 하는 것은 자취에 나아가 논한 것이요, 측은(惻隱)을 가리켜 악이라 한 것이 아니다. 측은은 본래 인(仁)이 발한 것이니, 인이 어찌 선하지 않은 적이 있겠는가? 오직 그 불선의 죄과는 기(氣)에 있지 측은에 있는 것이 아니다. 그러므로 측은의 중절하지 못한 바가 있더라도 그 단서로 말미암아 확충해 나간다면, 기가 스스로 물러나서 〈리의 명령을〉 따를 것이요, 어디에 가더라도 선하지 않음이 없게 될 것이다. 따라서 단지 검속해야만 하고 풀어놓을 수는 없는 칠정과는 같지 않다.[59]

내가 생각건대, 여기서는 측은한 마음이 중절하지 못하더라도 그 단서로 말미암아 확충해 나간다면 어디로 가든 불선함이 없게 될 것을 말하고 있는데, 그 설 역시 옳다. 그러나 반드시 정밀하게 살피는〔精察〕 공부에 뜻을 더해야 그 부중절한 폐단을 방지할 수 있다. 그렇지 않다면 비록 사사로운 마음이 없을지라도 역시 이치에 들어맞지 못하니, 끝내 인(仁)을 이루지 못하게 된다.

어떤 사람이 "희 · 노 · 애 · 오 · 욕을 인의(仁義)와 비슷하다고 볼 수 있습니까?"라고 묻자 주자가 답하기를 "진실로 서로 비슷한 점이 있다."[60]

---

58 『주자어류』 권53-36.
59 이상은 『사칠신편』의 「사단유부중절정(四端有不中節情) 제3」에 나온 내용이다.
60 『주자어류』 권53-83.

하였다. 고봉(高峰)이 말하기를, "주자가 진실로 서로 비슷한 점이 있다고 말하고서 그 서로 비슷한 점을 정확하게 말하지 않은 것은 진실로 뜻이 있는 것이다."[61]라고 하였다. 어떤 사람이 "칠정은 모두 측은(惻隱)에서 발하는 것입니까?"라고 묻자, 주자가 답하기를, "애구(哀懼)는 무엇이 발한 것인가? 다만 측은이 발한 것으로 보인다. 구(懼)도 역시 깜짝 놀람〔怵惕〕이 심한 것이다."[62] 하였다. 퇴계(退溪)가 말하기를, "주자가 비록 일찍이 칠정을 측은과 수오의 양단(兩端)으로 분배하였지만 끝내 칠정을 사단에 분배할 수 없다고 하였으니, 대개 하나하나 분배하고자 한다면 견강부회함을 면치 못할 것이다."[63]라고 하였다. 다만 마땅히 선생의 말에 나아가 간략하면서도 융통성 있게 이해해야 할 것이다. 또 말하기를 "칠정(七情)은 발한 바와 속한 바가 스스로 두 항목의 일이다. 애(哀)는 상심하고 슬픔이 극진한 것이요, 구(懼)는 깜짝 놀람〔怵惕〕이 심한 것이다. 그러므로 이 두 가지는 측은(惻隱)이 발한 것임을 알 수 있다. 그러나 '애(哀)가 참절(慘切)한 것'과 '구(懼)하여 오싹하게 떨리는〔寒慄〕 것'을 모양과 유형에 따라 나누면 진실로 마땅히 수(水)에 소속시켜야 한다. 만일 목(木)에 소속시키면 전혀 상응하는 유형이 아니게 된다."라고 하였다. 나는 생각건대, 이상의 논의는 극진하다. 리(理)는 하나이지만 기(氣) 가운데 있는 까닭에 다섯 가지의 다름이 있는 것이다. 오행(五行)의 바탕〔質〕은 또한 각각 오행의 기(氣)를 갖추고 있으며, 리(理) 또한 갖추고 있다. 시험 삼아 정원에 있는 한 그루의 나무로 말하자면, 잎이 푸른 것은 목(木)이고, 꽃이 붉은 것은 화(火)이며, 열매가 누런 것

---

61 기고봉의 『사단칠정총론(四端七情叢論)』에 보인다.
62 『주자어류』 권87-85.
63 『퇴계선생문집(退溪先生文集)』 권22-18.

은 토(土)이다. 이것들은 모두 이 리(理)가 드러난 것이요, 기(氣)가 그 재료와 도구가 된 것이다. 사람의 형질도 본래 다섯 가지 기(氣)가 갖추어진 것이다. 따라서 리(理)가 기(氣) 가운데 떨어져 오성(五性)이 되는 것이요, 오성(五性)이 드러남이 사단(四端)이 되는 것이다. 만일 애초에 이 기(氣)의 다름이 없었다면, 성(性)은 무엇으로부터 다섯 가지 구별이 있겠는가? 형질도 또한 다만 이 기(氣)이다.

칠정(七情)도 또한 이 리(理)가 발한 것이다. 이 기(氣)를 따라 이 리(理)를 발현시킨 것이다. 그런데 사단(四端)의 밖에 또다시 여러 가지의 정(情)이 있는 것은 어째서인가? 대개 나뭇잎이 푸르고 꽃이 붉은 것의 류(類)는 바로 리(理)가 그 가운데 있어 스스로 낳고 낳기를 쉬지 않기 때문이다. 그러므로 감촉한 것에 따라 이러한 면모를 이루는 것이다. 간혹 도끼로 찍으면 갓풀(아교)이 생겨나고, 빗방울이 떨어지면 이끼가 생겨나며, 날씨가 푹푹 찌면 버섯이 피어나니, 이러한 것들은 기(氣)가 이미 형체를 이룬 다음 외물(外物)이 그 형질에 접촉하여 리(理)에 감(感)한 것이다. 따라서 리 역시 형질에 인하여 외물에 응하기도 한다. 이것이 주자의 이른바 "혹은 형기에서 생긴다."라는 것이고, 퇴계의 이른바 "경우에 따라 나온다."[64]는 것이다. 그 모양과 유형에 따라 나누자면, 갓풀이 단단하게 뭉친 것은 열매와 같으나 열매는 아니요, 이끼의 가늘게 초록빛이 나는 것은 잎과 같으나 잎은 아니요, 버섯의 피어나는 것은 꽃과 같으나 꽃은 아니다. 이러한 것들은 리(理)가 곧게 발한 것이 아니다. 따라서 서로 비슷한 곳이 있다고 하는 것은 옳지만, 반드시 일일이 분배하고자 한다면 견강부회하여 합치기 어려운 점이 있게 된다. 이것이 주

---

64 緣境而出 : 처한 상황이나 마주친 대상에 따라 다른 방식으로 나온다는 뜻.

자가 그렇게 말한 까닭이다. 비록 그러하나 사물은 국한되어 있고 사람
은 통해 있으며, 사물은 지각(知覺)이 없지만 사람은 지각이 있다. 갖풀
과 이끼, 버섯 등은 사물의 병든 것이지만, 칠정(七情)은 사람의 당연한
것이다. 사물을 가지고 사람을 비유하자니 진실로 깊이 닮지 않은 곳이
있다. 다만 그 안에 있는 리가 어떤 것은 곧게 감(感)하여 발하고, 어떤
것은 사물이 형체에 접촉한 뒤 경우에 따라서 발한다는 점은 사람이나
사물이나 애초부터 다르지 않다. 학자가 이것에 대해 주자의 혹생(或
生)·혹원(或原)의 학설을 참고하여 궁구한다면 터득하지 못함이 없게
될 것이다.

그런데 또 하나의 주장이 있으니, 주렴계(周濂溪)는 "애(愛)는 인(仁)
을 말한다."[65]고 하였고, 정자(程子)는 "인(仁)한 것은 진실로 널리 사랑
한다."[66]고 하였다. 애(愛)는 본래 칠정 중 하나인데, 간혹 이것으로 인
(仁)을 논하는 것은 어째서인가? 글자는 비록 같으나 의미는 실로 구별
되는 것이다. 마치 '사람을 사랑한다'거나 '사물을 사랑한다' 할 때의 애
(愛)는 곧 사단(四端)의 공(公)이니, 널리 하는 것을 귀하게 여긴다. 마
치 '따뜻한 것을 사랑한다'거나 '배부른 것을 사랑한다'고 할 때의 애(愛)
는 칠정의 사(私)이니, 여기에다 '박(博)'이란 글자를 붙일 수는 없다. 공
적인 것은 곧 측은지심이요, 사적인 것은 그저 자신의 편리하고 좋아하
는 것에 기인하여 생긴 것일 뿐이니 측은과는 스스로 다른 종류이다. 간
혹 늘상 미워하는 사물일지라도 그것이 장차 죽으려고 우는 소리를 들으
면 곧 측은한 마음이 생기니, 이것이 어찌 애(愛)와 간섭하겠는가? 간혹

---

65 주렴계의 『통서(通書)』에 나온다. "德: 愛曰仁, 宜曰義, 理曰禮, 通曰智, 守曰信."
66 『이정유서(二程遺書)』 권18, "仁者固博愛, 然便以博愛爲仁, 則不可."

좋아하는 장난감이 있어서 사랑하기를 지극히 한다고 해도 또 어찌 측은(惻隱)과 간섭하겠는가? 그러나 그 다른 가운데서도 같은 것이 없지 않으니, 칠정을 사단에 분배하자면 애(愛)는 진실로 마땅히 인(仁)에 소속시켜야 한다. 그러므로 맹자는 식색(食色)에 대한 난제에 입각하여 '불고기를 좋아한다'는 비유를 들었으니,[67] 이것은 또 다른 하나의 주장이다.[68]

내가 생각건대, 여기서 사단과 칠정이 똑같이 오행(五行)의 이치에서 발한다고 하는 것은 옳다. 그러나 단지 직접 감하여 발하고 경우에 따라 발하는 것을 사단과 칠정이 나뉘는 점으로 삼으려 한다면 아마도 미진한 점이 있는 듯하다. 이른바 오행의 리라는 것으로 말하면, 모두 그 목(木)의 펼쳐짐[舒], 금(金)의 수축됨[縮], 화(火)의 건조함[燥], 수(水)의 습한[濕] 성질로써 그것을 말하는 것이니, 사단과 칠정이 진실로 이에 함께 발한다고 말할 수 있다. 만일 그 순수하고 지선한 본체를 지칭하여 인의예지로 삼으면, 오직 사단이 말미암은 바일 것이다. 저 칠정이 어찌 이곳에서 발하겠는가? 이것이 사단과 칠정이 나뉘는 까닭이다.

칠정의 중절(中節)한 것은 사단이 주재(主宰)한 것이니, 곧 '인심이 도심에 즉(卽)하여 있다'는 뜻과 같다. 따라서 '사단에 즉(卽)하여 있다'고 하는 것은 옳지만, 만일 칠정의 바깥에 사단이 없다고 하면 옳지 못하다. 맹자가 말한 사단은 다른 한 설이다. 칠정의 선한 한 쪽을 제외하고도 또 순수한 천리(天理)의 발함이 있다. 초목(草木)은 정(情)이 없으니, 따라서 전부 막혀 통하지 않는다. 금수는 정(情)이 있으니, 따라서 혹은

---

67 『맹자』, 「고자 상(告子上)」.
68 이상은 『사칠신편』의 「사칠유상사처(四七有相似處) 제5」에 나온 내용이다.

한 길로 통한다. '혹은 통한다.'고 말하는 것은 리(理)를 말하는 것이다. 기린은 살아 있는 풀을 밟지 않으니, 측은(惻隱)의 리에 통한 것이다. 해치(獬豸)는 현명한 자와 악한 자를 구별할 수 있으니, 시비(是非)의 리에 통한 것이다. '간혹 통한다'고 이르는 것은 그 나머지에 대해서는 모두 막혔다는 것을 알 수 있다. 저 꿈틀꿈틀 날고 뛰는 것들에도 지각(知覺)의 정(情)은 없음이 없다. 지각이 오직 기(氣)의 작용만은 아니다. 그것은 또한 반드시 그 안에 있는 리(理)가 형기에 감촉하여 능히 이 지각을 이루는 것이다. 그런데도 막혔다고 하는 것은, 리(理)가 형기의 사사로움에 인하여 발하였으므로, 다시 순수한 천리의 발현이 아니기 때문이다.

이를 어떻게 증명할 것인가? 내가 본 것 중 크게는 금수로부터 작게는 곤충과 물고기에 이르기까지, 비록 사단은 없을지언정 칠정은 없는 것이 없다. 그러므로 '기에서 발한 한 길'은 갖추어지지 않음이 없으며, 리(理) 역시 그것을 타고 발한다. 그러나 이 발함은 특히 형기에 인한 것이므로 리(理)가 통한 것은 아니다. 이미 막혔다[塞]고 하였으니 그 지각의 정(情)은 비록 간혹 리(理)에 위배되지 않는다 하더라도 기(氣)의 발함이 아닌 것이 없다. 기린에게 인자함(仁)이 있고 해치에게 지혜(智慧)가 있는 것과 같은 종류는, 비록 측은(惻隱)과 시비(是非)의 단서가 있다 하더라도 그 발함이 어찌 한결같이 성인의 중절함과 같을 수가 있겠는가? 반드시 기(氣)에 국한됨이 있어 끝내 금수임을 면하지 못하는 것이다. 그러나 이 발함은 사실 리(理)가 통한 것이지 형기에 인한 것이 아니다. 이미 통했다고 하였으니 그 지각의 단서는 비록 간혹 기에 의해 국한되어도 리(理)의 발현이 아닌 것이 없다. 이것으로 보면, 사단과 칠정에 과연 다른 뜻이 없는 것인가? 사단은 없고 칠정은 있는 것으로부터 보면, 칠정의 근본은 다만 형기의 사사로움에서 발한 것이다. 저 금수와 곤충, 물고기의 칠정이 반드시 모두 사악(邪惡)한 것은 아니다. 먹는 것을 기뻐하여 나가서 구해 오고, 해로움을 두려워하여 깊은 곳에 숨으며, 때를 만나면 기뻐하고 장차 죽게 되면 슬퍼하니, 이것은 사람과 애초부터 다르지 않다. 천리(天理)가 드러나지 않았다고 하여 모두 사악하다고 귀결짓는 것은 옳지 못하다. 그러나 비록 사악하지는 않다 하더라도 진실로 조금도 사(私)적인 영역에서는 떠날 수 없다. 만일 곧 사단과 같다면, 스스로 천리(天理)이자 공(公)적인 것이다. 공(公)과 사(私)의 간격은 하나는 하늘이고 하나는 연못처럼 현격하게 구별되는 것이니, 현자를 기다리지 않고도 알 수 있는 것이다.[69]

내가 생각건대, 소위 "리(理)가 형기의 사사로움에 인하여 발하여 순수한 천리(天理)의 발현이 될 수 없다."고 한 것은 특별히 발하는 곳에 나아가 말한 것일 뿐이다. 실제로 형기에 인하여 발한 리는, 아직 발하지 않은〔未發〕 때도 진실로 사덕이 순수하게 천리인 것과 같지 않다. 금수의 칠정과 기린·해치의 인자함과 지혜를 인용하여 기발과 리발을 증명한 것은 매우 명확하다.

주자가 말하기를, "배고파하고 추위하고 아파하고 가려워하는 것〔飢寒痛痒〕은 인심(人心)이다. 측은해하고 부끄러워하거나 미워하고 시비를 분별하고 사양하고 겸손한 것은 도심(道心)이다."[70]라고 하였다. 그러나 사단은 곧 도심의 조목(條目)이지만, 칠정은 섣불리 인심의 조목이라고 말할 수 없다. 도는 곧 리이다. 그러므로 도심이란 사단이 그것이

---

69 이상은 『사칠신편』의 「사칠유이의(四七有異義)」 제7에 나온 내용이다.
70 『주자어류』 권62-40.

다. 사람[人]은 사람의 몸이요 몸은 형기로서, 먹지 않으면 배고프고, 입지 않으면 춥고, 때리면 아프고, 긁으면 가려운 것은 형기에 반드시 있는 것이다.

먼저 기한통양이 있은 이후에 욕망[欲]과 혐오[惡]가 형성된다. 욕(欲)과 오(惡)는 칠정의 큰 단서이다. 희로애락은 각각 그것을 얻느냐 잃느냐 따르느냐 어긋나느냐에 기인하여 발생한다. 따라서 주자가 인심을 논함에 칠정을 들지 않고 곧 기한통양의 종류로써 사단과 상대하여 말한 것이니, 그 취지가 은미하다. 그러나 칠정을 섣불리 인심으로 보아서는 안 된다고 말하는 것은 옳지만, 만약 칠정을 버리고 인심을 논한다면 옳지 못하다. 주자는 "형기의 사사로움에서 생긴 것은 위태롭고 불안하다."[71]고 하였는데, 소위 위태롭다고 하는 것은 칠정이 있기 때문이다.

만약 칠정의 타오름이 없다면, 나는 기한통양이 위태롭다는 것을 볼 수가 없다. 일반 사람[凡人]은 조금 배고프면 조금 배고파하는 마음이 있고, 매우 배고프면 매우 배고파하는 마음이 있으며, 조금 추우면 조금 추워하는 마음이 있고, 매우 추우면 매우 추워하는 마음이 있으니, 성인인들 이것을 면할 수 있겠는가? 던져 주는 밥을 먹지 않고 죽는 것은 삶을 바라고 죽음을 싫어하는 정(情)을 능히 제어한 것[72]이지, 그것이 매우 배고파하는 마음이 없는 것이겠는가? 옷을 거절하고 얼어 죽는 것[73]

---

71 「중용장구서(中庸章句序)」.
72 『맹자』, 「고자 상(告子上)」 제10장 참조.
73 성호는 이 말미에 '陳師道事'를 지칭한 것이라고 적고 있다. 진사도는 송나라 사람으로 후산선생이라고 불렸다. 날씨가 추워도 남의 옷을 빌려 입는 것을 싫어하여 마침내 한질

은 삶을 바라고 죽음을 싫어하는 정을 능히 제어한 것이지, 그것이 매우 추워하는 마음이 없는 것이겠는가? 오로지 배고프고 추워도 욕오(欲惡)의 정에 끌려가지 않으므로 능히 마음이 편안할 수 있고 즐거움이 저절로 그 안에 있는 것이다. 만일 간혹 하나라도 욕오의 정이 있는데 살피지 않는다면, 그것은 훨훨 타오르고 방탕해져 비록 배고픔과 추위를 참아 위태롭지 않게 하고자 한들 그럴 수 있겠는가? 이런 까닭에 위태한 것은 배고프고 추운 마음이지만, 그것을 위태롭게 하는 것은 욕오의 정이 촉발제가 된다.

따라서 다른 날에 주자가 또 인심도심의 다름을 논하며 말하기를, "삶을 원하고 죽음을 싫어하는 것은 인심이다. 의로움이 있는 곳만을 따르는 것은 도심이다."[74]고 하였다. 이러한 말들은 사단칠정에 대한 하나의 큰 지표가 되기에 족하며, 주자의 혹원·혹생의 이론[75] 역시 여기에 정확히 들어맞는 것이다. 이에 어떤 사람[76]이 말하기를, "사단과 칠정은 모두 기가 발함에 리가 탄 것이다. 어린아이가 우물에 빠지려는 것을 본 연후에 곧 측은지심이 발하는 것이니, 보고 측은해하는 것은 기이다. 이것이 소위 기가 발한다는 것[氣發]이다. 측은의 본체는 인(仁)이다. 이것이 소위 리가 탄다는 것[理乘]이다."[77]라고 하였다. 무릇 사물에 감하여 동하는 것은 사단과 칠정이 모두 그러하다. 감하는 것은 사물이 와서

(寒疾)로 죽었다 한다.

74 『사서집주(四書集註)』, 『맹자』, 「고자 상(告子上)」 편주(篇註) 참조.

75 주자가 「중용장구서」에서 어떤 것[인심]은 형기의 사사로움에서 생겨나고(혹생), 어떤 것[도심]은 성명의 바름에서 근원한다(혹원)는 구절을 말하는 것이다.

76 율곡을 가리킨다.

77 『율곡전서』 권10, 「답성호원」(율곡 2서).

나를 감하는 것이다.[78] '동(動)'이란 글자는 『중용』의 '발(發)'이란 글자와 다름이 없다.[79]

　'물(物)'이란 바깥 사물이고 '성(性)'이란 나의 본성이며, '형기(形氣)'는 나의 형기이다. 밖으로부터 와서 마음을 움직이는 것을 일러 '감(感)'이라 하며, 나로부터 움직이는 것[動]을 일러 '발(發)'이라 한다. 나의 본성이 바깥 사물에 감하여 움직일 때 나의 형기와 서로 간섭하지 않은 것은 이발(理發)에 소속시키고, 바깥 사물이 나의 형기에 접촉한 다음 나의 본성이 비로소 감하여 움직이는 것은 기발(氣發)에 소속시킨다. '리가 발함에 기가 따른다.'는 것은 리가 먼저 움직이고 기가 바야흐로 따라서 뒤를 따른다는 말이 아니라, 그 발함이 곧 나의 천리(天理)가 그렇게 한 것이라는 말이다. '기가 발함에 리가 탄다.'는 것은 기가 먼저 움직이고 리가 바야흐로 그것에 올라탄다는 말이 아니라, 그 발함이 곧 나의 형기가 그렇게 한 것이라는 말이다. 이것이 인심과 도심의 구분이 있게 된 까닭으로써, 주자가 전후에 논한 바가 이를 남김없이 밝혔다. 합해서 말하면 모두 이발(理發)이지만, 나누어 말하면 두 가지 다름이 있는 것이니, 저 이른바 단지 '기발 한 길[氣發一路]'만 있다고 하는 것은 어째서인가?

　어떻게 증명할 것인가? 주자는 "리(理)에 동정(動靜)이 있기 때문에 기(氣)에 동정이 있다. 만일 리에 동정이 없다면 기는 무엇으로부터 말미암아 동정이 있겠는가?"[80]라 하였다. 또 말하기를, "리와 기는 본래 선

78　이는 정자(程子)의 말이다.
79　『주자대전』 권42-6, 「답호광중(答胡廣仲)」.

후(先後)를 말할 수 없다. 단지 미루어 가다 보면 오히려 리가 먼저 있고 기가 뒤에 있는 것 같다."[81]고 하였으니, 이와 같은 종류는 일일이 다 열거할 수 없다. 리는 마른 나무나 꺼진 재와 같지 않다. 아직 측은하지 않을 때에도 반드시 측은의 이치가 있으니, 어린아이의 일이 마음을 움직이면, 이 이치[理]가 곧 참을 수 없게 되고 기(氣)가 따라 이 면모(面貌)를 이루니, 어디에 그 기발(氣發)이 있겠는가? 리(理)는 장수와 같고 기(氣)는 졸병과 같다. 비유하자면 육전(陸戰)에서는 장수가 장차 발함에 졸병이 명령에 응하여 장수를 에워싸고 육지를 향하여 가는 것과 같으며, 수전(水戰)에서는 장수가 장차 발함에 졸병이 명령에 의하여 장수를 에워싸고 물을 향하여 가는 것과 같으니, 이것이 어찌 이발(理發)이 아니겠는가? 만일 설자(說者 : 율곡)의 말과 같다면, 육전(陸戰)에서는 그 졸병이 장차 발함에 그 장수를 끌어내어 그 장수가 비로소 육지를 향하는 것이며, 수전(水戰)에서는 그 졸병이 장차 발함에 그 장수를 끌어내어 그 장수가 비로소 물을 향하는 것이니, 이러한 이치가 있겠는가? 비유컨대 정탐(偵探)과 첩보(捷報)는 사물이 마음을 움직이는 것이요, 장수가 장차 행하려 하는 것은 리(理)가 응(應)하는 것이며, 졸병이 장수를 에워싸고 가는 것은 기(氣)가 따르는 것이다. 이것은 사단의 설이나, 칠정의 리가 응(應)한 이후의 일은 이것과 마찬가지이다.

만약 다만 칠정만을 논한다면, 리(理)가 응(應)한 것 위에 또 한 층의 묘맥(苗脈)이 있다. 다른 사람이 와서 나를 때리면 형기가 아파 노여움이 생겨나고, 다른 사람이 와서 나를 부축하면 형기가 편안하여 기쁨이

---

80 『주자대전』 권56-43, 「답정자상(答鄭子上)」.
81 『주자어류』 권1-12.

생긴다. 이것 또한 리(理)가 발한 것은 같지만, 리가 형기에 인(因)하여 발한 것이다. 이것은 마치 졸병이 배고프면 장수는 졸병을 이끌고 곡식을 찾아 나서고, 졸병이 목마르면 장수는 졸병을 이끌고 물을 찾아나서는 것과 같으니, 장수의 명령이 아니라면 졸병이 스스로 행동할 수 없다. 그러나 이 나아가는 것은 그 사유〔由〕가 졸병에 있다. 이것이 칠정에 대한 설명으로, 또한 설자(說者 : 율곡)의 '기가 발하고 리가 탄다.'는 의미와 저절로 다르다. 오늘날 사람들은 반드시 인심(人心)과 칠정 두 가지를 나누어 설명하려고 하니, 따라서 그 말이 끝내 정착함이 없게 된다. 만약 이러한 난관을 뛰어넘으면, 그 사이 자잘한 절목 간에 서로 맞서 겨루던 것이 마침내 귀일(歸一)할 곳이 있게 될 것이다.[82]

내가 생각건대, 이것은 주자의 설을 인용하여 사단이 도심이 되고 칠정이 인심이 되는 것을 증명한 것으로, 그 설명이 매우 적확하다. 그러나 주자가 기한통양(飢寒痛痒)으로 인심(人心)을 논한 것은 특별히 인심이 형기에서 생겨나는 것을 밝히려 한 것일 뿐, 실제로 기한통양이 어찌 곧장 마음〔心〕이 될 수 있겠는가? 단지 형기에 기한통양이 있으니 마음은 그러함을 느끼는 것일 뿐이다. 기한통양으로 인하여 욕망과 혐오〔欲惡〕가 형성되니, 그 연후에야 비로소 마음이라고 말할 수 있다. 따라서 주자가 다른 날 또 말하기를, "삶을 욕망하고 죽음을 혐오하는 것은 인심(人心)이다."고 했으니, 독자가 이것을 참고하면 그 요지를 얻을 수 있을 것이다. 율곡이 사단과 칠정을 모두 기발로 여긴 것은 진실로 큰 오류이다. 성호가 그것을 변론한 것은 옳다. 그러나 성호의 뜻은 곧 사단과 칠정이 감(感)한 바의 성(性)은 같으나 단지 그것이 형기(形氣)와 접

---

82 이상은 『사칠신편』의 「칠정편시인심(七情便是人心) 제8」에 나온 내용이다.

촉하지 않았는지, 아니면 나의 형기와 접촉하였는지에 따라 리와 기가 구분된다고 여긴 것이다. 오늘날 자세히 살펴보면 성(性)은 일괄적으로 논할 수 있는 것이 아니다. 사단이 감(感)한 바의 성은 곧 맹자가 논한 바 인의예지의 성이며 천리(天理) 본연의 본체이고, 칠정이 감한 바의 성은 곧 맹자가 논한 바 성색취미(聲色臭味)의 성으로, 리(理)가 형기의 사사로움에 속한 것이니 아마도 넓게 섞어 이를 수 없을 것이다. 그러나 인의예지의 성과 성색취미의 성의 본체는 동일한 오행(五行)의 이치이니, 이것으로써 사단과 칠정이 하나의 성에서 발하였다고 이르면 옳을 것이다. 퇴계의 '리가 발함에 기가 따른다[理發氣隨].'와 '기가 발함에 리가 탄다[氣發理乘].'는 설명에는 의심이 없을 수 없다는 것을 나는 이미 위에서 언급하였다. 성호는 다시 장군과 졸병으로 비유하였는데, 이는 곧 리로써 기를 제어한다는 사항이니, 역시 그 발하는 곳에서 논한 바가 아니라는 것은 다시 상세하게 다루도록 한다.

어떤 사람이 묻기를, "성(性)은 선하고 정(情)은 불선(不善)합니까?" 정자(程子)가 답하기를, "정은 성의 움직임이다. 요컨대 바른 곳으로 돌아갈 뿐이니, 또한 어찌 '불선'이라고 이름할 수 있겠는가?"라고 하였고, 또 말하기를, "희로애락이 아직 발하지 않았으니, 어찌 불선한 적이 있겠는가? 발하여 중절(中節)하면 어디에 가든 불선함이 없을 것이다."[83] 라고 하였다. 대개 사단과 칠정을 막론하고 성이 없으면 정은 말미암아 발할 바가 없으니, 정이란 것은 성을 떠나서 나오는 것이 아니다. 본연의 이치는 드러남과 은미함에 사이가 없지만,[84] 형기에 인하지 않고도

---

83 『이정전서(二程全書)』 권22上.
84 정이천(程伊川)의 「역전서(易傳序)」, "體用一源, 顯微無間."

혹은 치우치고, 움직이지 않고도 간혹 끊어진다. 비유하자면 한 움큼의 실이 그릇 안에 있고 그 실마리는 밖에 비죽 나와 있는데, 그 가늘고 굵고 길고 짧은 실들을 하나하나 끌어당겨 보면 모두 원두처[原頭]에 닿아 있어 일찍이 그 뿌리에서 끊어진 적이 없는 것과 같다. 그러나 간혹 맥락(脈絡)이 분명하여 한결같이 곧게 나오는 경우도 있고, 혹은 그릇에 얽매여 어지럽게 엉켜 풀리지 않는 경우도 있다. 한결같이 곧게 나오는 것은 동쪽으로 끌어도 서쪽으로 당겨도 그 원두처가 곧 반응[應]하는데, 그릇에 얽매여 있는 것은 비록 원두처에 닿아 있기는 하나 끌어당기는 사이에 그릇에 구애되어 반응하는 것이 순조롭지 못하다. 따라서 조급하거나 거친 사람은 끝내 풀어내지 못하고, 그릇도 함께 뒤집혀 버린다. 그러나 안정되고 세밀하게 살피는 사람은 신묘한 손놀림으로 차근차근 느리게 끝까지 밀고 나가 곧장 그 원두처에 도달하니 그릇은 조금도 움직이지 않는다. 이것 또한 사단과 칠정이 구분되는 까닭이다.

따라서 비록 그릇에 얽매여 있는 것이라도 원두처에 닿아 있는 것은 애초에 곧게 나오는 것과 다르지 않다. 저 그릇과 함께 뒤집혀 버리는 것은 곧 조급하고 거친 사람의 잘못이지, 실의 이치가 본래 이와 같은 것은 아니다. 『대학』에서는 "성내는 바가 있으면 그 바름을 얻지 못하고, 두려워하는 바가 있으면 그 바름을 얻지 못하며, 좋아하고 즐기는 바가 있으면 그 바름을 얻지 못한다."[85]고 하였는데, 성냄은 노(怒)이고, 두려워함은 구(懼)이며, 좋아하고 즐기는 것은 희(喜)이다. 주자는 "욕망이 움직임에 정이 이겨서, 간혹 그 바름을 잃지 않을 수 없게 된다."[86]고

---

85 『대학(大學)』 전(傳) 7장.
86 『대학』 전 7장의 주자(朱子) 주(註).

하였다. 그러나 그 바름을 잃는 것은 정(情)의 마땅한 바가 아님을 알 수 있다. 또 말하기를, "사람은 그 친애하는 바에 편벽되고, 그 천하게 여기고 미워하는 바에 편벽되며, 그 애달파하는 바에 편벽된다."[87]고 하였으니, 친애는 애(愛)이고, 천하게 여기고 미워함은 오(惡)이며, 애달파하는 것은 애(哀)이다. 주자는 "본래 당연한 법칙이 있다."[88]고 하였다. 그렇다면 그 살피지 않고 편벽됨에 빠지는 것은 정(情)의 잘못이 아니다. 따라서 퇴계가 "칠정 역시 불선함이 없다."[89]고 논한 것은 정자(程子)의 설에 근거한 것으로, 군자(君子)의 자세하고 곡진하게 가르침을 세우고자 하는 뜻을 여기에서 볼 수 있다.[90]

내가 생각건대, 칠정에 불선함이 없다는 것은 진실로 옳다. 그러나 단지 칠정과 사단이 하나의 성(性)에서 나왔다고 하는 것은 끝내 그 구별됨이 부족하다. 나의 설명은 이미 위에 보인다.

칠정 또한 도심으로 인하여 발하는 것이 있다. 어린아이가 우물에 빠지는 것을 보면 반드시 깜짝 놀라 측은해하는 마음이 있게 된다. 측은한 마음이 심해지면 애(哀)가 생기는데, 이와 같은 종류는 형기의 사사로움과 간섭하지 않는 것과 같다. 이것이 옛날부터 사단과 칠정에 관한 논의가 둘로 갈라진 까닭이다. 특히 사단이 아직 발현하지 않을 때는 칠정은 따로 스스로 있는 것이며, 사단이 이미 발현하였다면 사물과 내가 정(情)을 같이한 까닭이라는 것을 모른다. 마치 어린아이가 우물에 빠지는

---

87 『대학』 전 8장.
88 『대학』 전 8장의 주자 주.
89 퇴계의 「심통성정도(心統性情圖)」 설(說).
90 이상은 『사칠신편』의 「칠정역무유불선(七情亦無有不善) 제10」에 나온 내용이다.

것과 같은 일은 맹자가 특별히 가장 위급하고 절실한 지경에 입각하여 사단이 드러나는 것을 들어 사람들을 깨우친 것이다. 천리가 이미 드러난 까닭에 슬프고〔哀〕두려운〔懼〕감정은 나에게 있다고 해서 늘어나거나, 남에게 있다고 해서 줄어드는 것은 아니다. 가장 위급하고 절실한 지경을 알려고 한다면, 사단이 이미 드러난 이후에는 칠정의 묘맥이 가장 천천히 나아가게 되므로, 사단이 아직 드러나기 전에 칠정을 미루어 나가면 될 것이다.

무릇 사람은 질병이 있으면 두려워하고, 배고프고 추우면 슬퍼하니, 이것이 칠정의 근본으로서 사단과 간섭되지 않는다. 내 아들이 질병을 앓으면 〈나〉 또한 두렵고, 배고프고 추우면 〈나〉 또한 슬프지만, 다른 사람의 아들에 있어서는 반드시 그렇지는 않다. 이 아버지와 아들은 동체(同體)로서 '사물과 나'라는 간격이 없기 때문에 내 아들의 슬픔과 두려움은 바로 나의 슬픔과 두려움인 것이다. 다른 사람의 아들에 있어서는 가장 천천히 나아가는 경우에 해당되기 때문에 '사물과 나'의 간격이 있게 되어 나의 슬픔과 두려움이 미루어지지 않는 것이다. 남의 아들이라도 병이 나고 배고프고 추워 장차 죽음에 이르려 한다면 또한 그것을 슬퍼하거나 두려워하게 된다. 이것은 가장 위급하고 절실한 지경에 당하였기 때문에 측은한 마음이 갑자기 드러나 '서(恕)'가 그에 미치니, 나의 슬픔과 두려움 역시 따라 미루어가게 되는 것이다. 그러나 '서'란 이 곳으로부터 미루어 가는 것이니 나의 아들과 비교해서는 경중(輕重)의 구별이 있음을 면할 수 없다. 오로지 어린아이가 기어서 우물에 빠지는 일은 한순간에 삶과 죽음이 판가름 나는 것이기 때문에 반드시 깜짝 놀라고 두려워하며, 측은해하고 슬퍼하게 된다. 이는 가장 위급하고 절실한 경우에 해당되므로, 이 잠깐 사이에는 사사로운 뜻이 싹트지 않고 천리(天理)가 크게 드러나는 것이 강둑이 터지는 것과 같고 비가 퍼붓는 것과 같아서 '사물과 나'라는 구분을 할 겨를이 없어 그 상심함이 나에게 있는 것처럼 여기게 되는 것이다.

어떻게 증명할 것인가? 세상에는 간혹 천리(天理)가 전부 막힌 자가 있어 어리석고 완고하여 어질지 못하니, 비록 자기 자식이 질병과 기한(飢寒)을 겪어도 역시 그것을 슬퍼하거나 두려워하지 않지만, 자신의 질병과 기한에는 일찍이 슬퍼하고 두려워하지 않음이 없다. 이와 같은 사람은 측은의 단서가 막히고 가려져 통하지 못하는 것이 자기 자식에게조차 미처 이르지 못한다. 오직 형기의 칠정이 천리(天理)가 열리고 막히며, 있고 없는 것에 기인하지 않는다. 이 때문에 천리가 굳게 막히면 칠정은 자신에게 그치고, 천리가 가까이 미치면 칠정 역시 가까운 곳에 이르며, 천리가 먼 곳까지 미치면 칠정 역시 먼 곳까지 이를 수 있다. 이로부터 본다면 사단이 막히고 가려져도 역시 이 칠정이 있고, 사단이 분명히 드러나도 역시 이 칠정이 있다. 이로부터 칠정은 별도의 하나의 존재로서 사단과는 관계가 없다는 것을 알 수 있다. 그러나 어린아이가 우물에 빠지는 것을 처음 보면 인(仁)의 이치가 곧바로 응하니 형기와는 상관이 없는 것이다. 이미 이러한 응함이 있다면 또한 곧 형기에 감촉(感觸)하여 슬퍼하고 두려워하는 정이 돌아 나오게 된다. 널리 보면 두 가지가 같은 것 같으나, 사실 사단은 리를 따라 곧게 완수된 것이고, 칠정은 바로 형기와 감촉됨에 발한 것이다. 정자(程子)가 어찌 "그 형기를 건드려 칠정이 나온다."[91]고 말하지 않았던가? 만일 다시 형기를 건드리지 않고 스스로 나오는 한 길이 있다면 정자(程子)가 정을 논한 것은 끝

---

91 정이천(程伊川)의 「안자소호하학론(顔子所好何學論)」.

내 미완성으로 남아 통하지 못하는 때가 있게 될 것이다.[92]

내가 생각건대, 사단이 막히고 가려져도 역시 이 칠정이 있고, 사단이 분명히 드러나도 역시 이 칠정이 있다는 것은 특히 형기상의 칠정으로, 마치 질병을 두려워하고 배고프고 추운 것[飢寒]을 슬퍼하는 종류와 같다. 공리(公理)를 따라 발하는 것[93]은 마치 어린아이가 우물에 빠지려는 것을 보고 깜짝 놀라 두려워하고 측은해하며 슬퍼하는 것은 절대로 사단이 막히고 가려진 자가 능히 할 수 있는 바가 아니다. 이로써 칠정에 과연 공(公)과 사(私)의 두 길이 있어, 강제로 하나로 만들 수 없음을 명확히 알 수 있다. 율곡이 이른바 칠정 밖에 따로 사단이 있는 것은 아니라는 것은 진실로 경훈(經訓)의 본래 뜻을 잃은 것이나, 성호가 공리(公理)상의 칠정도 형기에서 나온다고 같이 지칭한 것 역시 아직 보지 못한 것이니, 마땅히 다시 상세히 궁구해야 할 것이다. 정자가 이른바 "그 형기를 건드려 칠정이 나온다."고 한 것이 주로 한 바는 단지 형기상의 칠정으로, 「예운」에서 논하는 대체(大體)와 같은 뜻일 뿐, 공리(公理)상의 칠정과 함께 논한 적은 아직 없었다. 또한 어찌 그 미완(未完)됨을 염려하겠는가!

옛 사람들이 정(情)을 논한 것은 같지 않다. 예로부터 사단은 곧바로 사덕(四德)의 단서이기 때문에, 네 가지 이외에 다른 설명은 없다. 그러나 형기의 정과 같은 것은 모양과 의미의 차등이 한결같지 않다. 기뻐함과 노여움은 군자가 열심히 노력하는 큰 절목으로, 그 사이 어떤 것은

---

92 이상은 『사칠신편』의 「칠정역유인도심발(七情亦有因道心發) 제11」에 나온 내용이다.
93 공칠정을 뜻한다.

무겁고 어떤 것은 가벼우며, 어떤 것은 많고 어떤 것은 작으니, 각각 주로 하는 바가 애초부터 사단이 단지 이 수(數)일 뿐인 것과는 다르다. 따라서 『중용』에서 넷을 말한 것이 빠진 것이 아니고, 「예운」에서 일곱으로 늘린 것이 남는 것이 아니다. 만일 장차 하나하나 분배하여 사단과 칠정에 다른 뜻이 없다고 한다면, 칠정 가운데 하나를 더하고 하나를 빼는 것이 모두 말이 되지 않게 된다.[94]

내가 생각건대, 칠정을 사단으로 분배하지 못하는 것은 진실로 그러하다. 그러나 차등이 있어 한결같지 않은 것은 형기의 정만 그런 것이 아니다. 사덕(四德)의 단서라고 할지라도 유형을 따라 미루어 말하게 되면 이 네 가지에만 그치지 않는다. 마치 예(禮)의 일단(一端)을 어떨 때는 사양(辭讓)함으로 말하고, 어떨 때는 공경(恭敬)함으로 말하기도 하는 것에서 볼 수 있다. 형기의 정에 비록 차등이 있어 한결같지 않지만, 그 대강(大綱)을 논하자면 역시 오행(五行)으로 분속되며 각각의 조리가 있다. 단지 경전에서 정(情)을 논할 때에는 다만 열심히 간절하게 행하는 곳에 입각하여 말하니 오행을 두루 살필 필요가 없고, 따라서 가감(加減)의 고르지 않음이 있는 것이다.

움직임[動]으로 말미암아 보면 리(理)와 기(氣)는 선후를 말할 수 없으나, 고요함[靜]으로 말미암아 보면 반드시 움직임의 이치가 있는 연후에야 기(氣)가 비로소 움직이기 시작한다. 따라서 주자가 말하기를 "움직이지 않으나 능히 움직이게 하는 것이 리(理)이다."[95]라고 하였다.

---

94 이상은 『사칠신편』의 「고인론정부동(古人論情不同) 제12」에 나온 내용이다.
95 『주자어류』권5-87.

그렇다면 동정(動靜)하는 것은 비록 기(氣)이지만, 동정하는 소이(所以)는 리(理)이다. 사람에 있어서도 마찬가지이다. 정(情)은 성(性)이 움직인 것으로 기(氣)는 그것을 싣는 것이다. 싣는 것은 하나이나, 정이 되는 까닭이 둘인 것은 왜인가? 사람이 배를 타고 물에 있는 것에 비유하자면, 마치 파도가 고요할 때는 오직 뜻대로 나아가서 동쪽에 일이 있으면 사람은 능히 키를 돌려 배가 곧 동쪽으로 가고, 서쪽에 일이 있으면 사람은 키를 돌려서 배가 곧 서쪽으로 가는 것과 같다. 이렇게 가는 것은 비록 배가 가는 것이지만, 그 가는 까닭은 사람에게 있는 것이지 배로 말미암은 것이 아니다. 또한 파도가 격렬하게 칠 때에는 사람이 배를 위해 가기 때문에, 바람이 동쪽 뱃가를 때리면 사람은 능히 키를 돌려 배가 곧 서쪽으로 가고, 바람이 서쪽 뱃가를 때리면 사람은 능히 키를 돌려 배가 곧 동쪽으로 간다. 이렇게 가는 것은 비록 사람의 뜻이지만, 그 가는 까닭은 배에 있지 사람으로 말미암은 것이 아니다.

대저 사람은 리(理)와 같고, 배는 형기(形氣)와 같다. 일과 바람은 외물(外物)과 같고, 배가 동쪽과 서쪽으로 가는 것은 마치 기가 리를 실어서 사단과 칠정의 발함이 모두 기인 것과 같다. 사람이 키를 돌리는 것은 마치 리가 기를 주재하여 사단과 칠정이 발한 까닭이 모두 리인 것과 같다. 사람으로 말미암고 배로 말미암는다는 것은 마치 사단이 리에서 발하고 칠정이 기에서 발하는 것과 같다. 선악으로 말하자면 파도가 고요하여 오로지 사람이 나아가는 바인 경우도 있고, 또한 키를 조종하는 것이 마땅함을 잃어 가지 말아야 할 곳으로 나아가는 경우도 있다. 파도가 격렬하게 칠 때 정신을 차리고 키를 잡아 올바른 길을 잃지 않는 경우도 있고, 동쪽으로 찌그러지고 서쪽으로 삐걱대며 겨우 침몰함을 면하는 경우도 있다. 오로지 사람의 뜻대로 가는 바는 마치 사단의 발현과 같아 스스로 중절한 것이다. 가지 말아야 할 곳으로 가는 것은 사단이 비록 리의 발현이지만 기에 의해 어두워져 그 절도에 맞지 않는 것과 같다. 올바른 길을 잃지 않는 것은 칠정이 비록 기의 발현이지만 자신의 사사로움을 극복해 나가 악으로 흐르지 않는 것과 같다. 겨우 침몰하는 것을 면하는 것은 칠정이 넘치고 달려 제압할 수가 없게 되어 망령된〔狂妄〕 행동으로 흐르는 것과 같다. 배가 찌그러지고 삐걱대는데도 여전히 침몰하지 않는 것은 키를 잡은 사람이 그 안에 있는 까닭이다. 정이 넘치고 치달리지만 오히려 이 정이 나오도록 하는 것은 그 안에 리(理)가 있기 때문이다.[96]

내가 생각건대, 여기서 논한 바는 마치 사단과 칠정의 발현은 동일한 기(氣)이고 사단과 칠정이 발한 까닭은 하나의 리(理)이지만, 단지 사단은 리로 말미암아 발하고 칠정은 기로 말미암아 발하는 것이 다를 뿐이라는 것과 비슷하다. 그러나 만일 이렇게 말한다면, 사단의 발함이 말미암은 바는 비록 리(理)라고는 하지만 형기의 욕오(欲惡)와 떨어짐을 면할 수 없고, 칠정의 발함이 말미암은 바는 비록 기(氣)라고는 하지만 역시 성명(性命) 사덕(四德)의 바름에 근원할 수밖에 없어 판연하게 두 가지 길로 나뉨을 면할 수 없게 되니 옳겠는가! 내 견해로 말할 것 같으면 사단과 칠정의 발현은 비록 모두 이기(理氣)를 겸하나, 사단의 기(氣)는 지각(知覺)과 감동(感動)을 말하는 것으로, 칠정이 형기의 사사로움에 속한 것과 같지 않다. 칠정의 리(理)는 단지 음양과 기질지성을 말하는 것으로, 사단이 천명의 올바른 이치에 속한 것과 같지 않다. 상세한 것은 『사칠동이변』 중에 볼 수 있다.

---

96 이상은 『사칠신편』의 「승주유(乘舟喩) 제13」에 나온 내용이다.

퇴계는 "사람은 말이 아니면 출입(出入)하지 못하고, 말은 사람이 아니면 궤도를 잃는다."[97]고 하였는데, 이는 물을 담아도 새지 않을 이론이다. 그러나 논의를 끌어내고 모두 환히 밝히지 않아서 후에 의심하는 말이 있게 됨을 면치 못하였으니, 무릇 이것을 시험 삼아 논하고자 한다. 길을 가지 않으면 그만이지만, 간다면 사람과 말은 서로 떨어질 수가 없다. 예를 들어 사람을 실어 나르고 손님을 배웅해 주는 종류는 사람의 일이고, 풀을 뜯고 물을 마시는 종류는 말의 일이다. 사람을 실어 나르고 손님을 배웅하는 것은 사람이 말을 몰고 가는 것이고, 풀을 뜯고 물을 마시는 것은 사람이 말을 인도(引導)하여 가는 것이다. 사람을 실어 나르고 손님을 배웅하는 것은 말을 몲에 말이 사람을 싣고 가는 것이고, 풀을 뜯고 물을 마시는 것은 말을 인도함에 말이 사람을 싣고 가는 것이다. 가는 것은 모두 말이요, 가는 까닭은 모두 사람이다. 이것은 사단과 칠정이 모두 '리가 타고 기가 가는 것〔理乘氣行〕'을 합하여 말한 것이다. 사람을 실어 나르고 손님을 배웅하는 것은 말이 아닌 바가 아니라 단지 사람을 위해 모는 대로 가는 것이다. 풀을 뜯고 물을 마시는 것은 본래 말이 기뻐하는 것으로 단지 사람이 인도하는 대로 가는 것이다. 사람을 실어 나르고 손님을 배웅하는 것은 곧 사람이 발(發)함에 말이 따라서 싣는 것이요, 풀을 뜯고 물을 마시는 것은 곧 말이 발함에 사람이 타고 인도하는 것이다. 사람을 실어 나르고 손님을 배웅하는 것은 비록 말의 싣는 힘이지만, 그 누가 '말이 간다.'고 하겠는가? 풀을 뜯고 물을 마시는 것은 비록 사람이 인도한 공(功)이지만, 그 누가 '사람이 간다.'고 하겠는가? 이것은 사단과 칠정이 혹은 '리가 발함에 기가 싣는 것'이고, 혹은 '기가 발함에 리가 타는 것'을 말하는 것이다.

---

97 퇴계가 고봉에게 준 제2서〔四端七情第二書〕.

사람을 실어 나르고 손님을 배웅하는 데 간혹 그 합당함에 들어맞지 못하는 것은 사단의 부중절(不中節)함이다. 풀을 뜯고 물을 마시는 데 모두 그 합당함에 들어맞는 것은 칠정의 중절이다. 그러나 사람을 실어 나르고 손님을 배웅하는 것은 말이 사람의 일을 따르는 일이기 때문에 궤도를 벗어나는 경우가 적고, 풀을 뜯고 물을 마시는 것은 사람이 말을 따르는 일이기 때문에 쉽게 그 궤도를 벗어난다. 풀을 뜯는 사이에는 쉽게 가시덤불에 들어가기도 하고, 물을 마시는 사이에는 쉽게 깊은 흐름에 빠지기도 한다. 말이 물과 풀의 감미로움을 탐하여 조금이라도 절제하는 기틀을 잊는다면 넘어지고 빠지는 데 이르지 않는 경우가 적을 것이다. 이는 칠정이 악으로 빠지기 쉬운 것이다. 간혹 말이 지극히 순량하여 사람의 의향(意向)을 살펴서 감미로운 물과 풀이 있더라도 탐하여 취하려 하지 않는다면, 사람도 역시 말의 순량함 때문에 고삐를 죄어 당기지 않고 오로지 관섭(管攝)하기만 하는데도 스스로 궤도를 잃지 않는 경우가 있으니, 이것은 성인(聖人)이 '마음이 하고자 하는 바를 따르는 것'이다. 풀을 뜯고 물을 마시는 것은 말에 인하여 따라가는 것이지만, 만일 사람이 인도하지 않으면 말이 어찌 맛있는 풀과 단 물을 마실 수 있겠는가? 이와 같은 것은 모두 사람의 뜻이 시킨 것이니, 이는 칠정에 진실로 리(理)가 없으면 발할 수 없는 것이요, 칠정의 선한 한 쪽은 곧 사단(四端)과 배치되지 않는 것이다.

　　오늘의 설자(說者)[98]가 말하기를 "간혹 말이 사람의 뜻을 따라 나아가는 것이 있으니 바로 도심(道心)이요, 간혹 사람이 말의 발을 믿고 나아가는 것이 있으니 바로 인심(人心)이다."[99]라고 하였다. 오호! 생각하지

---

98 율곡을 말한다.

않고 그만두었구나. 사람이 말의 발을 믿는데 어찌 궤도를 잃지 않음이 있겠는가? 설혹 말이 달아나지 않아서 궤도를 잃지 않더라도 이는 특별하게, 우연히 사람의 뜻과 부합되었을 뿐이지 훌륭하게 통솔한 바가 아니다. 비록 상지(上智)라고 인심(人心)이 없을 수 없는 바, 인심은 쉽게 위태롭기 때문에 도심이 항상 그것을 관섭하여 인심이 항상 도심에게 통제받기를 잠시라도 끊임이 없게 하였으니, 어찌 '리가 기를 믿는 때'가 있겠는가? 설혹 기(氣)가 기어오르거나 고꾸라지지 않고 모두 순하고 바름에 말미암는다 하더라도, 다만 우연히 리(理)와 부합된 것이지 성인(聖人)의 마음이라서 그런 것이 아니다. 앞에서 이른바 '성인이 마음을 따른다.'는 것은 무엇인가? 성인은 이기(理氣)에 대해서 밝게 알고 있으므로, 기가 스스로 물러나서 〈리의 명령을〉 들으니, 특별히 노력하지 않아도 기는 항상 리에게 순종하는 것이다. 마치 요순이 재위(在位)할 때, 독실하고 공손하여 천하를 평안하게 한 것과 같다. 비록 부지런히 노력하고 통제하는 자취가 없더라도 그 독실하고 공손한 위엄과 덕망이 늘 천하에 통달하기 때문에 천하는 저절로 평안해지는 것이지, 요순이 천하를 전적으로 믿어 천하가 혼란에 빠지지 않은 것이 아니다.

하물며 성인(聖人)의 인심(人心)도 있고 학자의 인심도 있으며 불초자(不肖子)의 인심도 있으니 인심은 모두 매한가지이지만, 그렇다고 하여 한결같이 사람이 말의 발을 믿는다고 말할 수 있겠는가? 불초자의 마음은 쉽게 인욕(人慾)으로 흐르고, 학자는 마음을 존양(存養)하고 성찰(省察)하여 대인(大人)이 된다. 사람이 말의 발을 믿는다는 한 구절은 조용히 생각건대 아마도 둘 곳이 없을 것 같다. 가령 저 학설이 모두 옳다고

---

99 『율곡전서』 권9, 「답성호원」(율곡 1서).

하더라도, 오로지 성인이 마음을 따르는 것만이 혹여 비슷할까, 그 밖에
는 모두 서로 비슷하지도 않다. 그렇다면 성인만이 홀로 인심이 있고 학
자 이하의 사람들은 없다고 할 수 있겠는가?[100]

내가 생각건대, 사람이 말을 타고 말이 사람을 태우는 것으로 사단이
칠정을 제어하는 것을 비유하면 옳으나, 만약 사단과 칠정이 발한 곳에
대하여 논하는 것이라면 아마도 꼭 합치하지는 않을 것이다. 대개 사단
의 발현은 진실로 기를 타는 것이지만, 그 기는 칠정이 형기의 사사로
움에 속한 것과는 다른 것이다. 칠정의 발현은 진실로 리를 싣는 것이
지만, 그 리는 사단이 천명의 정리(正理)에 속하는 것과는 또 다른 것이
다. 나는 앞과 뒤에서 이미 이를 말하였다. "사람이 말의 발을 믿는다."
는 율곡의 비유는 진실로 큰 오류이다. 성호가 그것을 변석한 것은 마
땅하다.

사단과 칠정이 이발(理發)과 기발(氣發)로 분속되는 것은 마치 인심과
도심이 이발과 기발로 분속되는 것과 같다. 만일 마음에는 두 근본이 없
다고 하여 이발과 기발을 말하는 것이 모두 그르다고 하면 옳지만, 만일
저것은 그렇지만 이것은 그렇지 않다고 한다면 옳지 않다. 마치 장차
'저것도 역시 그르다.'고 한다면 청컨대 주자의 학설로써 이를 증명하겠
다. 주자가 채계통(蔡季通)에게 답한 편지에서 말하기를, "사람이 태어
남은 성(性)과 기(氣)를 합친 것뿐이다. 그러나 이미 합쳐진 것에 나아
가 분석하여 말하자면, 성은 리를 주로 하여 형체가 없고, 기는 형(形)을
주로 하여 질(質)이 있다. 리를 주로 하여 형체가 없기 때문에 공정(公)

---

100 이상은 『사칠신편』의 「연승마설(演乘馬說) 제15」에 나오는 내용이다.

하여 선하지 않음이 없지만, 형(形)을 주로 하여 질(質)이 있기 때문에 사사로워 간혹 선하지 않게 된다. 공정하고 선하기 때문에 그 발함은 모두 천리가 행하는 바이지만, 사사롭고 간혹 선하지 못하기 때문에 그 발함이 모두 인욕(人欲)이 지은 바이다. 대개 근본에서부터 이미 그런 것이지, 기(氣)가 하는 바에 과불급이 있은 연후에 인욕으로 흐른 것이 아니다. 「중용장구서」에서 서술한 것은 진실로 일찍이 형기의 발현을 곧 모두 불선함으로 여겨 그것에 청명(淸明)하고 순수한 때가 있음을 용납하지 않은 것이 아니다. 다만 여기서 이른바 청명하고 순수하다는 것은 이미 형기의 우연(偶然)에 속하므로, 역시 단지 리에서 떨어지지 않고 그것이 발휘되기를 도와줄 뿐, 바로 도심이라고 인정할 수는 없는 것이다."[101]라고 하였다.

그 "청명하고 순수한 것은 이미 기(氣)의 우연(偶然)한 것에 속한다."는 것은 형기는 반드시 모두 탁하고 거칠다는 것과 그 청명하고 순수한 것은 그 이치가 저절로 힘차고 곧게 완수되어 기에 구애받지 않으나, 끝내 형기에 소속되어 도심과는 서로 섞이지 않는 것을 말하는 것이다. 그 "단지 리에서 떨어지지 않고 그것이 발휘되기를 도와줄 뿐, 바로 도심이라고 인정할 수는 없다."는 것은 청명하고 순수하여 리가 조금도 구애되지 않으면 도심과 더불어 서로 구분되지 않을 것 같으나, 단지 도심에게 명령을 받을 뿐이요, 바로 도심으로 볼 수는 없다는 것을 말하는 것이다. 비유컨대 이 길이 저 길과 격리되지 않고 끝내 떨어지지 않는다고 하여 어찌 이 길을 저 길로 바꾸어 말할 수 있겠는가? 대개 위의 '근본에서부터 이미 그렇다'는 것을 결론지은 것이다. 형기(形氣)상 배고프고

---

101 『주자대전』 권44, 「답채계통(答蔡季通)」.

배부르고 춥고 따뜻한〔飢飽寒燠〕마음을 그것이 종신토록 〈리와〉 떨어지지 않았다고 해서 측은·수오·사양·시비라고 이른다면, 이는 말이 되지 않는 것이다. 주자가 훈석(訓釋)한 학설도 또한 '근본을 둘로 한다.'고 하여 배척할 수 있겠는가?

　만일 장차 도심은 사단이지만 인심은 칠정이 아니라고 한다면 또한 말이 될 것이다. 일곱 가지는 칠정의 큰 절목으로 필경 인심도심 중에 있는 바, 이미 도심에 속하지 않는다면 인심이 아니고 무엇이겠는가? 「예운」에서는 단지 음식남녀(飮食男女)·사망빈고(死亡貧苦)로써 칠정을 논하고 결론지어 말하기를 "욕망과 혐오는 마음의 큰 단서이다."라고 하였다. 음식남녀를 원하고 사망빈고를 싫어하는 것이 형기에서 생기지 않았다면 무엇이겠는가? 이미 형기에서 생겼으니 인심이 아니고 무엇이겠는가? 그 이른바 '음식·빈고'는 곧 주자가 이른바 '배고프고 배부르고 춥고 따뜻한 것'〔飢飽寒燠〕이며, 욕오(欲惡)란 바로 '배고프고 배부르고 춥고 따뜻한 것'에 대한 욕오이다. 무릇 형기의 마음이란 애초에는 그 말이 선악의 지점까지 이르지 않는다. 이 형기가 있으면 이 마음이 있으니, 이것이 바로 인심(人心)이다. 이미 이 마음이 있은 연후에, 순순히 따르는 것은 원하고 거슬리는 것은 미워하는 것과 같은 유(類)가 있으니, 바로 칠정이다. 욕오(欲惡)의 중절함과 부중절함에 선과 악이 비로소 나뉜다. 따라서 말하기를 "인심은 오직 위태롭다."고 한다. '배고프고 배부르고 춥고 따뜻한 것'은 성인과 우매한 사람이 함께 지니고 있는 것이다. 〈성인은〉 오직 리에 부합하면 자신을 해치더라도 미워하지 않고, 리에 어긋나면 자신에게 알맞아도 바라지 않는다. 따라서 "인심은 도심의 명령을 받는다."고 하는 것이다. 이것이 주자가 이른바 "희(喜)와 노(怒)는 인심이다. 그러나 기뻐함이 지나친 데 이르고, 노여움이 심한 데 이르는 것은 인심이 시킨 바요, 마땅히 기뻐할 것을 기뻐하고, 마땅히 노여워할 것을 노여워하는 것은 바로 도심이다."[102]는 것이다.

『좌씨전(左氏傳)』에서 대숙(大叔)이 이르기를, "백성들에게는 호오(好惡)·희로(喜怒)·애락(哀樂)이 있으니, 이것들은 여섯 가지의 기〔六氣〕[103]에서 생긴다. 그 법칙을 살피고 무리를 알맞게 하여 여섯 가지 마음가짐〔六志〕[104]을 통제한다. 슬프면 울고, 즐거우면 노래하고 춤추며, 기쁘면 베풀고, 노여우면 싸운다. 기쁨은 좋아함에서 생기고, 노여움은 싫어함에서 생긴다. 그 행실을 바르게 하고 명령을 미덥게 하며, 화복(禍福)과 상벌(賞罰)로써 죽음과 삶을 통제한다. 삶은 좋아하는 일이고 죽음은 싫어하는 것이다. 좋아하는 일은 즐거워하고, 싫어하는 일은 슬퍼한다. 슬픔과 기쁨이 〈그 법도를〉 잃지 않으면 곧 천지의 성(性)과 협력할 수 있다."[105] 하였다. 이 설은 「예운」과 서로 뜻을 밝혀 주면서도 그 도리가 현저하니, 논하는 자들은 거의 장차 이 백 마디 가운데 한 마디도 버릴 수 없을 것이다. 인심도심이 리발과 기발로 나뉘는 것은 이미 「대우모(大禹謨)」의 주석 가운데 드러났다. 따라서 삼가 주자의 여러 학설에 의거하여 먼저 「인심도심도」를 지어 사단칠정과 애초에 다른 뜻이 없음을 밝히고, 연후에 「사단칠정도」를 지어 두 가지가 섞일 수 없음을 밝히도록 하겠다.[106]

---

102 『주자어류』 권78-196.
103 여섯 가지의 기〔六氣〕는 음양(陰陽)·풍우(風雨)·회명(晦明)을 일컫는다.
104 여섯 가지의 마음가짐〔六志〕은 호오(好惡)와 희로애락(喜怒哀樂)을 일컫는다.
105 『춘추좌전』, 소공(김公) 25년조.
106 이상은 『사칠신편』의 「도설(圖說)」 제16에 나온 내용이다.

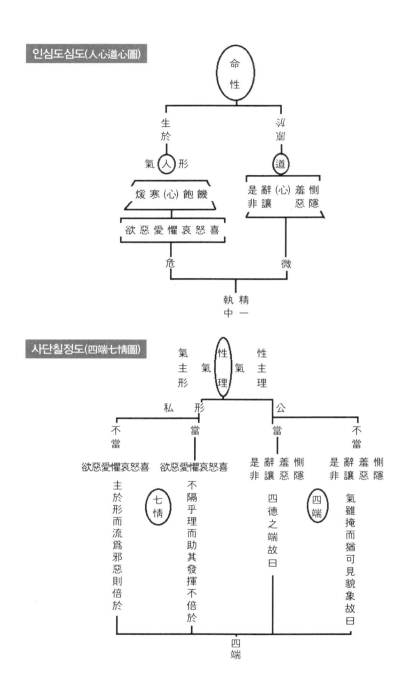

내가 생각건대, 이것은 주자의 여러 설과 『좌씨전』을 인용하여 사단과 칠정이 이발과 기발임을 증명한 것으로, 가장 명확하고 철저하다. 앞의 두 도표는 역시 분석함이 매우 정밀하여 후학들에게 있어 절실한 도움이 될 것이다. 따라서 삼가 여기에 구비하여 기록한다. 주자가 인심은 형기에서 생겨난다는 것을 논하며 말한 것을 보건대, 기(氣)는 형(形)을 주로 하여 질(質)이 있으니, 따라서 사사롭고 간혹 불선하다고 하였는데, 그 이른바 기라는 것은 형질의 사사로움에 나아가 말한 것이다. 마치 아래의 '배고프고 배부르고 따뜻하고 추운' 것과 같은 유형으로서, 이미 진실로 지각·감동의 기(氣)와는 섞어 지칭할 수 없는 것이다. 이 지각·감동의 기는 인심과 도심이 공유하는 바로,「중용장구서」에서 말하기를 "혹은 형기의 사사로움에서 생겨나고 혹은 성명의 바름에 근원하니, 지각이 되는 바가 다른 까닭"이다. 여기서 보건대 지각의 기는 형기의 사사로움에 치우쳐 분속될 수 없다. 그러니 사단이 발하는 곳에서 타는〔乘〕기(氣)는 지각의 기이고, '칠정은 기의 발현이다'라고 할 때의 기는 형기의 기이다. 두 '기(氣)'라는 글자가 주로 하는 바는 본래 달라서, 퇴계의 '리와 기는 서로 필요로 한다〔理氣相須〕.'는 설 이래 혼동을 면치 못하였고, 성호의 설 역시 마찬가지이다. 따라서 나는 위에서 간략하게 이미 변론을 하였으니, 보는 자는 이를 살펴보길 바란다. 기쁨과 노여움은 인심이며, 마땅히 기뻐해야 할 것을 기뻐하고 마땅히 노여워해야 할 것을 노여워하는 것 역시 인심이 도심에 즉(卽)하여 있다는 뜻으로, 그 기쁨과 노여움을 곧바로 도심이라고 하면 안 될 것이다. 『좌씨전』의 대숙(大叔)의 말과 「예운」은 합하여 볼 만하다. 옛 사람의 이론에서 칠정은 형기를 주로 하여 말한 것이나, 옛 사람이 논한 바 외에 또한 공리(公理) 상의 칠정 역시 있다. 이것이 내가 기고봉과 이율곡 두 사람을 편향된 한 설로 인허(認許)한 까닭이다.

신유년[107] 봄, 선생이 「사칠동이변」을 이미 지었다. 같은 해 가을, 성호가 이를 빌려 보았다. 무릇 「사칠동이변」에서 논한 것은 성호가 편찬한 『사칠신편(四七新編)』과 부합되지 않았는데, 성호는 처음에는 이것을 그르다고 생각하여 「사칠동이변 후제(後提)」를 지어 보내며 말하기를, "만약 그렇다면 모호하여 양쪽이 모두 맞게 되니, 결국 모두 궁구해 내는 때가 없을 것이다."고 하였고, "필히 가리킨 바가 있을 것이나, 이해할 수 없다." 하였다. 이는 「사칠동이변」에 미진한 곳이 있다고 이르는 것이었다. 같은 해 겨울, 성호는 거듭 생각하고 고민하다 비로소 홀연히 깨달은 바가 있어 다시 「사칠동이변 중발(重跋)」을 보내왔다. 대략 "이 뜻은 내 친구 신이로(慎耳老)가 얻은 것이다. 여택(麗澤)의 이로움[108]이 이러한가 보다."라고 하였고, 또 말하기를, "나는 예전에 『사칠신편』을 편찬하고는 망령되게도 유감이 없다고 여기었다. 이제 예순의 늙은 나이에 새로운 지식을 다시 깨닫게 되니, 비로소 의리(義理)의 무궁함을 깨닫겠다."고 하였으니, 여기에서 무릇 『사칠동이변』을 정당한 이론으로 이르는 것이다. 성호가 이미 세운 자신의 견해를 사사로이 하지 않고 다른 이의 선함을 말하는 것이 대개 이와 같다. 「후제」와 「중발」은 아래에 기록하기로 한다.

---

107 1741년(신후담 40세).

108 여택(麗澤)의 이로움 : 『주역(周易)』, 「태괘(兌卦)」에 "麗澤兌, 君子以朋友講習."이라 하니, 연접한 두 늪이 서로의 물을 윤택하게 하듯이 친구간에 서로 도와 학문을 강습하는 일을 뜻한다.

6 **사칠동이변후제(四七同異辯後題)**

이성호가 지어 말하였다. 보내온 논설에서 "사단이 발하는 곳에서 타는
기(氣)는 지각의 기이고, '칠정은 기의 발현이다'라고 할 때의 기는 형기
의 기이다. 두 '기(氣)'라는 글자가 주로 하는 바는 본래 달라서, 퇴계의
'리와 기는 서로 필요로 한다〔理氣相須〕.'는 설 이래 혼동을 면치 못하였
다."는 구절은 보아낸 바가 탁월하여 깊이 공경하고 찬탄할 만하다. 또
한 나의 설 역시 같은 곳으로 귀결하였는데 미처 살피지 못한 바가 있는
것 같으니, 주장하는 바의 분계점은 바로 여기에 있는 것 같다. '리가
발하고 기가 따르는 것〔理發氣隨〕'이라고 하는 것은 사단과 칠정이 같
다. 칠정이 기발(氣發)이라면, '이발기수' 위에 다시 한 층의 묘맥이 있는
것이 이것이다. 이 기(氣)는 형기이며, '이발기수'의 기(氣)와는 같지 않
다. '이발기수'의 지각은 형기에 인해 발하는 것이다. 최근 다른 사람의
편지에 답하면서 "기에는 대소(大小)가 있는데, 형기의 기는 몸〔身〕에
속하고, '기수'의 기는 마음〔心〕에 속한다."고 하였다. 형체는 크고 마음
은 작다. 이것은 깊숙이 마음에 품고 조용히 생각을 더한 것으로, 퇴계
의 이발기수·기발리승 두 구절과 본래 합치한다. 모든 입언(立言)한 도
를 생생하게 보는 것은 후학으로 하여금 이것으로 인하여 터득함이 있
게 하려는 것인데, 이는 아는 사람은 저절로 알고 모르는 사람은 반드시
엉뚱한 길로 들어서게 마련이니, 또한 변론하지 않을 수 없다.

나는 일찍이 아래처럼 '리가 발함에 기가 싣는다〔理發氣載〕'와 '기가
발함에 리가 탄다〔氣發理乘〕'라고 고쳤는데, 이 두 구절은 단지 하나의
뜻으로 곧 사단과 칠정이 함께 가지고 있는 것이다. 지각의 기에서 떠나
지 않는다는 것은 두 가지가 분계(分界)됨을 말한 것이 아니니, 반드시

따로 대소(大小)의 설을 세운 뒤에야 바야흐로 적절하고 실질이 있게 될 것이다. 만약 단지 퇴계의 설에만 의거한다면 끝내 호발(互發)의 의심을 피할 수 없을 뿐이다. 그 발함을 말한다면 어찌 기(氣)가 먼저 발하는 때를 논함이 있겠으며, 또한 그것이 「이평숙(李平叔)에게 답한 세 번째 서신」에 이르러서는 전에 말한 설과 큰 뜻에서 다른 것이겠는가? 고봉과 같은 곳으로 귀결되는 것 같으면 후학이 장차 어디에서 절충하겠는가? 신이로(愼耳老)는 홀로 능히 멀고 큰 강령을 볼 수 있어서 이렇게 설을 정정한데다가, 그 사이 출입(出入)이 있거나 의심나 보이는 곳을 보태어 스스로 해석하는 것이 시원하게 뚫리기에 이르렀다. 무릇 칠정이 리(理)와 합하는 것에는 양단(兩端)이 있으니, 형기에서 기뻐할 만하고 노여워할 만한 것들은 본래 저절로 이해하기 쉽지만, 순(舜)의 노여움이나 맹자의 기쁨 같은 유형은 사사로움과 간섭하지 않은 것처럼 보이니 고봉이 이를 이발(理發)이지 기발(氣發)이 아니라고 하였던 것이다. 이는 그 근원을 다 파악한 논설이 아니다.

신이로는 또 이것으로 인하여 사단이 칠정 가운데 있다는 것이 하나의 설이 된다고 하였는데, 만약 그렇다면 모호하여 양쪽이 모두 맞게 되니, 결국 모두 궁구해 내는 때가 없을 것이다. 마치 리가 방해되지 않는 것 역시 리가 발하는 것이라고 하여 진실로 의리에 해가 되지 않는다고 하고, 이것이 기(氣)에 속하는 것이 아니라고 단정한다면 사단이 칠정 가운데 있게 되니 어찌된 일인가? 시험 삼아 한 가족으로 말하자면 자신에게 있는 것은 사(私)적인 것이고 가족에게 있는 것은 공(公)적인 것이다. 한 나라로 말하자면 자신의 가족에게 있는 것은 사적인 것이고, 국민에게 있는 것은 공적인 것이다. 천하에 이르기까지 또한 그러하니, 성인(聖人)은 천하를 한 몸으로 삼아 기(氣)는 저절로 서로 관통하여 자기에게 속하지 않는 것이 없다. 따라서 천하의 사사로움을 성인은 받아들여 기뻐하고 노여워한다. '상심함이 자신에게 있는 것과 같다'는 것은 다른 사람의 질병과 통증을 자기의 몸을 찌르는 것처럼 여긴다는 것이니, 일반 사람들이 자기 자식을 사랑하는 것과 비슷하지 않겠는가! 그렇다면 자신이 그를 위해 끙끙대고 아파하는 것은 성인이 확충을 한 절실한 결과이지 칠정 본연의 모습은 아니다. 따라서 이는 결국 기발(氣發)인 것이다. 보내 주신 논설에서 또 말하기를, "형기에 인하여 발한 리는, 아직 발하지 않은〔未發〕 때도 진실로 사덕이 순수하게 천리인 것과 같지 않다."고 하였는데, 이 단락은 잘못되었다. 어찌 희로애락(喜怒哀樂)이 아직 발현되지 않은 것을 중(中)이라고 하지 않았겠는가? 중(中)이 언제 일찍이 순수하지 않은 적이 있겠는가? 신이로는 반드시 가리킨 바가 있을 것이나 이해할 수 없으니, 대면하여 분별하길 바란다.

7 ▌ 사칠동이변중발(四七同異辯重跋)

이성호는 다시 편지를 써서 말하였다. 사단과 칠정이 이발(理發)과 기발(氣發)이 됨은 지극하다. 사단은 형기에 인(因)하지 않고 곧장 발하니, 따라서 이발에 속한다. 칠정은 형기에 인하여 발하니 기발에 속하지만, 역시 어찌 리가 발한 것이 아니겠는가? 퇴계에 이르러서는 '리가 발함에 기가 따른다', '기가 발함에 리가 탄다'는 논의가 있었다. '기가 따른다'고 할 때의 기는 심(心)에 속하고, '기가 발한다'고 할 때의 기는 형기에 속한다. 저 '리가 탄다'는 것은 어디에 탄다는 것인가? 기에 타는 것일 뿐이다. 이 기는 즉 사단 기수(氣隨)의 기이지, 칠정 기발(氣發)의 기가 아니다. 리가 타는데 기가 따르지 않는다면, 또한 이 칠정이 이루어질 수 없다. '탄다[乘]'고 이르면 곧 '기가 따름'이 그 가운데 있는 것이다. '기가 발한다'고 할 때의 기는 분명 형기의 기이다. 이미 '기가 발한다'고 말하였는데, 또 이 형기를 타는 것이 가능한가? 나는 따라서 말하기를, 리가 발하고 기가 따르는 것은 사단과 칠정이 모두 같으나, 칠정의 경우에 있어서는 리가 발하는 위에 또 다른 한 층의 묘맥이 있으니, 이른바 '형기의 사사로움'이 이것이다. 이 뜻은 나의 친구 신이로(愼耳老)가 얻었다. 또한 맹자의 기쁨, 순 임금의 노여움과 같은 종류를 리의 발현으로 귀속시킨 것은 기고봉과 합치한다.

이로 인해 거듭 생각해 보니 이전의 논설이 오히려 자세하지 못했음을 깨닫게 되었다. 여택(麗澤)의 이로움이 이러한가 보다. 대개 측은지심이나 수오지심은 인(仁)과 의(義)의 발현이다. 자리를 잃고 위험에 빠져 죽게 되는 것을 보면 반드시 그를 측은하게 여기게 되고, 도를 어기고 함부로 행동하는 것을 보면 반드시 그것에 대해 분개하게 되니, 이것은 뜻대로 되지 않는 환경(逆境)으로서, 군자(君子)가 원하는 바가 아니요 상황으로 인하여 문득 발한 것이다. 진실로 그 자리를 얻는 것을 보거나 도에 합치하는 것을 보면 반드시 그것을 기뻐하고 즐거워하니, 이는 실로 천리(天理)가 순조롭게 되는 환경(順境)이다. 순조로우면 느슨해지고, 거슬리면 격렬해지는데, 격렬해진 다음에는 그 감촉됨이 더욱 깊어져 그 발하는 것 또한 더욱 절박해진다. 맹자는 그 가장 긴박한 것을 취해 사람을 깨우쳤으니, 이 때문에 측은이나 수오 등과 같은 것으로 밝힌 것이다. 그러나 저 무수히 많은 가운데 따라 느끼는 것에는 또한 어찌 순경(順境)에서 발한 것이 없겠는가? 그렇다면 그 자리를 얻는 것을 보거나 도에 합치되는 것을 보고 그것을 기뻐하고 즐거워하는 것을 인의(仁義)가 순경(順境)에서 발한 것이나 옛 사람이 이것을 강조해서 말하지 않았을 뿐이니, 비로소 성현(聖賢)이 사람을 위해 기뻐한 것이 진실로 역시 순경에서 인(仁)이 발한 것이요, 사람을 위해 노여워한 것은 불과 역경(逆境)의 수오지심인 것을 알 수 있다. 노(怒)와 오(惡)는 글자는 비록 다르지만 의미는 사실 서로 가까우니 이발에 속하는 것이 역시 알맞을 것이다. 예전에 이른바 기발이라고 했던 것은 곧 근원을 궁구한 논의로서, 생각건대 역시 그 리(理)가 존재하는 것 같다. 마치 사람이 죽어 장사지내는 것을 슬퍼함이 간혹 눈물을 흘리며 흐느끼기에 이르고, 사람이 빠지는 것을 두려워하는 것이 간혹 무서워서 벌벌 떠는 데 이르기도 한다. 다른 이의 기쁨을 기뻐하고, 다른 이의 노여움을 노여워하는 것은 모두 자신의 사사로움에 간여하는 것은 아니지만, 간혹 낯빛과 언사에 드러난다. 예를 들어 공자가 눈물을 흘리며 따르지 않은 것이나, 맹자가 기뻐서 잠을 이루지 못한 것들 역시 곧 형기에 감촉됨이 있어서 그랬던 것이다. 이렇지 않다면 성현이 다른 사람에 대하여 슬퍼하거나 기뻐할 뿐이니, 어찌 눈물을 흘리거나 잠을 이루지 못하는 데 이르겠는가?

「예운」에서는 장차 형기의 칠정을 논함에 반드시 먼저 '천하와 더불어 한 몸'이 됨을 말하였다. 그 뜻은 "기가 서로 더불어 관통하니 만물이 나에게 속한다. 다른 사람에게 기쁜 일이 있으면 반드시 그 이로움에 밝아 나도 역시 그것을 기뻐하게 되고, 다른 사람에게 노여운 일이 있으면 그 우환을 깨달아 나도 역시 그것을 노여워하게 된다. 저들의 이로움과 우환은 바늘[鍼]이 나를 찌르는 것과 같지 않음이 없다."는 것이다. 이것은 옛 사람이 입언(立言)한 요지이다. 저들은 이미 형기가 발한 것인데, 내가 그것과 더불어 몸을 함께하고 정을 같이하니, 이발(理發)에 귀속시킨다고 해도 아마 무방할 것이다. 비록 그렇지만, 이것은 단지 칠정만 그런 것이 아니고 측은이나 수오도 뜻을 같이하지 않음이 없다. 어진 사람의 마음에는 '생각 밖의 사물'이라는 것이 없으니, 측은과 수오 역시 모두 만물이 한 몸을 이루는 것에서부터 흘러나오는 것이다. 그 소이연(所以然)은 리(理)가 주가 되며, 형기에 속하지 않는다. 그러나 무릇 기쁨과 노여움이 자신의 사사로움과 간섭하지 않는 경우에는 이발이 아닌 것이 없고, 형기에서 생겨난 것과 혼칭해서는 안 된다. 나는 예전에 『사칠신편』을 찬술하고는, 경망하게도 유감(遺憾)이 없다고 여기었다. 오늘 예순의 나이에 새로운 깨달음을 다시 얻었으니, 비로소 의리(義理)의 무궁무진함을 깨닫는다. 거의 죽기 전에 다시 한 번 진일보(進一步)함이 있기를 바라며, 잠시 이전의 논설을 고쳐 바꾸지 않고 붕우(朋友)에게 경계의 증거로 삼고자 한다.

8 　성호에게 올리는 사칠론 별지(上星湖論四七別祇)

내가 『사칠동이변』에서 논한 바는 모두 『사칠신편』에 기술되어 있다. 그것과 구별하여 입론한 것은 대략 네 가지 조목이다.

한 조목은, "지각(知覺)의 기(氣)와 형기(形氣)의 기(氣)에서 두 '기 (氣)' 자는 같지 않다. 이른바 '칠정은 기의 발현이다'고 하는 것은 형기 의 기이지, 지각의 기가 아니다. 만약 지각의 기라면 사단과 칠정이 함 께 가지고 있는 바이다."라는 것이다.

한 조목은, "칠정이 기의 발현이라는 것은 진실로 그러하다. 그러나 선을 사랑하고 악을 미워하는 종류와 같은 공리(公理)에서의 칠정은 사단과 실제는 같이하나 이름만 다를 뿐이니 기발에 소속시키면 안 된 다. 따라서 기고봉과 이율곡 두 사람이 이른바 사단이 칠정 가운데 있 다고 하는 것은 스스로 일설(一說)이 됨을 해치지 않는다. 이것 역시 모름지기 가르침을 받아야 하는 것이니 오늘 다시 거론하지 않는다." 는 것이다.

또 다른 조목은, "형기상의 칠정일지라도 역시 말미암아 발하는 이치 가 있다. 그 이치는 형기의 사사로움에 속하는 것으로, 사단이 순수하게 천리인 것과는 같지 않다. 『사칠신편』에서 이른바 리가 형기로 인하여 발한다는 것은 다시 순수한 천리가 아니라 특별히 그 발하는 곳에 나아 가서 말하는 것으로, 실제로는 발하기 전부터 그러하다. 이것은 『사칠 왕복서』에서는 미처 깨우치지 않은 것이다. 이것으로 상세히 궁구해 보 건대, 사단은 오로지 사람만이 갖고 있는 것이고 금수에게는 그것이 없다. 칠정은 사람과 금수가 공통적으로 가지고 있는 바이다. 비록 금수의 칠정이라고 할지라도 역시 반드시 그것이 발한 이치가 있으나, 금수에게는 이미 사단이 없으니 인의(仁義)의 공리(公理)가 없음을 알 수 있다. 그렇다면 인의의 공리 외에 따로 칠정이 말미암아 발한 바의 이치가 있다는 것을 알 수 있는데, 그것이 아직 발하기 전부터 사사로운 것에 속하여 순수한 천리가 아닌 것이다. 하교(下敎)하신 말씀을 보면 희로애락이 아직 발하지 않은 중(中)에서는 순수함과 다를 바가 없다고 밝히셨는데, 이것은 진실로 그러하다. 그러나 『중용』의 희로애락은 반드시 전적으로 형기상에서 말한 것일 필요는 없으니, 그 이른바 중(中)이란 것은 곧 천리의 본연지칙(本然之則)인 것이다. 만일 오늘날 논한 바 기발(氣發)한 면만 특별히 들어 이른바 그 말미암아 발한 바의 이치역시 사사로움에 속하는 것을 지칭한다고 한다면, 맹자가 이른바 성색취미(聲色臭味)의 성과 같은 것이니, 가리키는 의미가 아마도 같지 않은 것 같다."는 것이다. 엎드려 바라건대 간절한 가르침을 다시 내려 주시길 바란다.

한 조목은, "사단과 칠정의 발현은 실제로 하나의 이치〔一理〕에 근본한다. 이른바 하나의 이치라는 것은 특히 오행(五行)과 질성(質性)의 큰 강령으로, 목(木)과 화(火)는 편안함〔舒〕을 주로 함에 사단(四端)의 측은지심과 공경지심, 칠정의 기쁨 · 사랑 등이 이에 속하고, 금(金)과 수(水)는 아픔〔慘〕을 주로 함에 사단의 수오지심과 시비지심, 그리고 칠정의 노여움과 슬픔이 이에 속하는 것이다. 인의예지(仁義禮智)가 천리의 순수한 본체임에 이르러서는, 오로지 사단이 발하는 바이지 칠정이 발하는 바가 아니다. 『사칠신편』에서는 리가 발하고 기가 따르는 것은 사단과 칠정이 같다고 하는데, 이는 진실로 그러하다. 단지 사단과 칠정이 오상(五常)의 공리(公理)에서만 발한다고 여긴다면, 이것은 아마도 그렇지 않은 것 같다."는 것이다. 이것은 이전의 가르침 중에 가부(可否)를 받지 못한 것으로, 여기서 다시 거론하여 이후의 가르침을 받고자 한다.

9   정곤재(鄭困齋)의 사칠설에 대한 의문을 기록함
(鄭困齋四七說記疑)

정곤재[109]가 말했다.: "측은 · 수오 · 사양 · 시비는 모두 바르고 선한[正善] 뜻을 가지고 있다. 맹자는 '측은지심은 인(仁)의 단서이고 수오지심은 의(義)의 단서이며, 사양지심은 예(禮)의 단서이고 시비지심은 지(智)의 단서이다.'라고 했으니, 이를 미루어 보면 그것이 리(理)의 발현임을 볼 수 있다. 따라서 그것이 발할 때는 잠시라도 사려(思慮)를 거치지 않으니, 마치 어린아이가 우물에 빠지려고 할 때 깜짝 놀라 측은한 마음을 내는 것이 교제를 맺고 명예를 구하고자 하는 등의 마음과 다른 것이 이것이다. 희(喜) · 노(怒) · 애(哀) · 구(懼) · 애(愛) · 오(惡) · 욕(欲)은 모두 위태로운 곳으로 흐르기 쉬운 뜻을 가지고 있다. 「예운」에서 말하기를, '식욕과 성욕은 사람이 크게 욕심내는 바이고, 사망(死亡)과 빈고(貧苦)는 사람이 매우 싫어하는 바이다. 욕망과 싫어함[欲惡]은 마음의 큰 단서이다.'고 하였다. 이로부터 미루어 보면, 기(氣)에 의해 발하는 것을 알 수 있다. 따라서 그 발현한 것은 사려하는 바가 있어 발하는 것이 마치 '분치(忿懥)하는 바가 있어 그 올바름을 얻지 못하는'[110] 종류와 같은 것이다. 그러나 사단이 중절하지 않으면 역시 불선함이 되고, 칠정이 중절하면 이 또한 선함이 된다. 중절과 부중절은 존양(存養)과 성찰(省

---

109 곤재 정개청(困齋 鄭介淸 : 1529~1591)의 자(字)는 의백(義伯), 시호(謚號)는 문청공(文淸公)이다. 나주 고성(固城) 출신으로 당시 호남지방에서 예학(禮學)과 성리학에 통달한 명유로 알려졌으며, 전생서주부(典牲署主簿) · 곡성현감을 지냈으나 기축옥사(己丑獄死)에 연루되어 죽임을 당했다. 그를 봉사하는 자산서원(紫山書院)은 집권당에 따라 수차례 치폐(置廢)를 겪었다. 저서에는 『우득록(愚得錄)』이 있다.
110 『대학』 전 7장.

察)의 절실함에 있을 뿐이니, 어찌하겠는가."

나는 이미 『사칠동이변』을 편찬한 이후에야 정곤재의 사칠설을 얻어
보게 되었는데, 『맹자』의 본문을 들어 사단이 이발이 됨을 밝히었고, 『예
기』의 본문을 들어 칠정이 기발이 됨을 밝히었으니, 내가 『사칠동이변』
서문에서 논한 바와 서로 들어맞는다. 선유들에게도 역시 이러한 논설이
있으나, 단지 사려하고 사려하지 않음에 따라 이발(理發)과 기발(氣發)을
나누는 것은 적확하지 않다. 이발과 기발은 공(公)과 사(私)로써만 판단
해야지, 사려(思慮) 여부에 얽매여서는 안 될 것이다.

부 록

『대학후설(大學後說)』 원문

『大學後說』, 讀『大學』時, 逐節箚疑, 因採程朱說及他先儒說, 兼取近日師友間所聞, 集成一部, 而後於朱子『章句』, 以成箚疑之說, 故目之曰後說云.

1 大學章句序

● 大學之書, 止敎人之法也

虛齋蔡氏曰, 大學二字, 兼經傳言, 章句者, 經傳之章句也. 本集註也, 不曰集註, 而曰章句者, 盖『論』『孟』二書, 言者, 非一事, 記者, 非一時, 皆更端之詞, 其章句, 盖有定. 而『大學』與『中庸』, 其言, 雖累千百, 而意義相承, 血脈貫通, 元只是一篇文字. 朱子則爲之區別其章句. 今之右經某章, 右第某章, 是已. 言章則句在其中矣.

李星湖曰, 大學之書, 此大學, 書名也. 古之大學, 此大學, 學名也. 古者, 三代盛時, 是也.

● 盖自天降, 止性之所有而全之也

朱子曰, 氣是那初稟底, 質是成這模樣了底, 與金之壙木之萌芽, 相似.

虛齋蔡氏曰, 凡單言氣, 自該得質, 如云氣稟清明, 無物欲之累, 是也. 單言質,
亦兼得氣, 如云聰明睿智, 生知之質, 是也. 此云氣質, 則兼擧而幷言之. 氣陽而
質陰也. 氣載於質, 而理寓於氣也.

新安陳氏曰, 性之所有, 則仁義禮智, 是也. 性, 無智愚賢不肖之殊. 唯氣有清濁,
清者, 能知, 而濁者, 不能知, 故不能皆知. 質有粹駁, 粹者, 能全, 而駁者, 不能
全, 故不能皆全. 知性之所有, 屬知, 全性之所有, 屬行. 知行二者, 該盡一部『大
學』, 意已寓於此矣.

● 一有聰明睿智, 止以復其性

新安陳氏曰, 聰明睿智, 生知之聖也, 與知其性, 相應. 能盡其性, 安行之聖也,
與全之, 相應. 常人, 必先知其性, 方可望以全其性. 故於中, 下一而字. 聖人,
合下生知安行, 不待知而方全. 故只平說.

問, 何處, 見得天命處. 朱子曰, 此也如何知得. 只是才生得一個恁地底人, 定是
爲億兆之君師, 便是天命之也. 他旣有許多氣魄才德, 決不但己, 必統御億兆之
衆人, 亦自是歸他. 如三代以前聖人, 都是如此. 及至孔子, 方不然. 然雖不爲帝
王, 也閒他不得, 也做出許多事來, 以敎天下後世, 是亦天命也.

虛齋蔡氏曰, 不曰使之敎之, 而曰使之治而敎之者, 君師之道, 一也. 然不曰敎
而治之, 而必先之以治者, 蓋不先有以治之, 則敎無由施也.

● 此伏羲神農, 止所由設也

雲峯胡氏曰, 司徒之職, 統敎百姓, 典樂之官, 專敎冑子.

新安陳氏曰, 上文, 說其理, 此, 實之以其事.

● 三代之隆, 止所以分也

愚按, 『周禮』,「師氏」, 居虎門之左, 敎國子弟, 凡國之貴遊子弟, 學焉. 註云,
虎門路寢門. 此卽王宮有學之証也. 『禮記』, 古之敎者, 家有塾, 黨有庠, 術有序,
國有學. 註, 古者, 二十五家爲閭, 共一巷, 巷首有門, 門邊有塾, 國謂天子所都
及諸侯國中. 此卽國都以及閭巷, 有學之証也.

李星湖言, 閭巷之制, 或謂八家共一巷, 或謂二十五家爲一閭, 同在一巷. 愚按, 此井田溝洫之異也. 井田, 夫三爲屋, 屋三爲井, 而中爲公田, 則八家, 所以同巷也. 溝洫, 五家爲隣, 五隣爲里, 則二十五家, 所以同巷也.

愚按, 小大學之制, 經傳所記, 不甚仔細. 「王制」曰, 有虞氏, 養國老於上庠, 養庶老於下庠. 夏后氏, 養國老於東序, 養庶老於西序. 殷人, 養國老於右學, 養庶老於左學. 周人, 養國老於東膠, 養庶老於虞庠, 虞庠, 在國之西郊. 註以爲, 上庠東序右學東膠, 太學也. 下庠西序左學虞庠, 小學也. 此則以天子之制言也. 又曰, 小學, 在公宮南之左, 大學, 在郊. 此則以諸侯之制言也. 長樂陳氏謂, 諸侯小學在內, 大學在外. 以其選士, 由內以升于外, 然後達于京故也. 天子小學居外, 大學居內, 以其選士, 由外以升于內, 然後達于朝故也. 此據『周禮』爲說. 若虞之上庠, 殷之右學, 註以爲, 皆在西郊, 則此又未知何義. 且「王制」此二條, 特論國學, 若所謂術序黨庠家塾及『周禮』「師氏」虎門之敎, 則未及焉. 陳氏說, 只擧選士一端, 若王公之子, 敎學之法, 又無見焉. 此皆爲未備也.

今更參考諸書, 則『大戴禮』, 古者, 王子年八歲, 而出就外舍, 學小藝焉, 履小節焉. 束髮而就大學, 學大藝焉, 履大節焉. 註引『白虎通』八歲入小學, 十五入大學, 以釋之, 而又以小學爲虎闈師保之學, 則是王子所學之小學, 與虞庠選士之小學, 不同. 惟大學則同焉. 故「王制」曰, 王太子王子郡后之太子卿大夫元士之適子國之俊選, 皆造焉. 凡入學以齒, 其所謂學, 卽大學也.

『尙書大傳』言諸侯國學之制曰, 使公卿之大子, 大夫元士之適子, 十有三年, 入小學, 二十, 入大學. 是則公子入學, 自其入小學, 而與諸臣之子同. 蓋殺於王子而然也. 又言家塾之制曰, 大夫七十而致仕, 老其鄕里, 大夫爲父師, 士爲少師. 歲事已畢, 餘子皆入學, 十五入小學, 十八入大學. 是則家塾, 亦有小學大學也. 上而國學, 下而家塾, 莫不兼有大小學, 則黨庠似當一例.

東陽許氏, 以閭里之塾, 專爲小學, 而鄕州以上之學, 皆爲大學. 虛齋蔡氏, 以王公子弟, 當入小學之時, 難於就閭里間爲疑. 蓋皆未攷乎此也. 雖然, 古制旣遠, 難得其詳. 今且識其大綱, 如此而已.

李星湖曰, 入學年數, 諸說不同. 程子曰, 古者, 八歲入小學, 十五入大學. 至四十, 方仕, 中間自有二十五年學. 今序文, 因程子之去就也.

愚按, 禮樂射御書數之文, 文, 以其著於外者言. 六藝, 皆至理所寓, 其精蘊, 非初學所及, 惟其文, 則可學也. 鄱陽齊氏謂, 文者, 名物之謂, 非其事也. 今按, 「內則」曰, 十年, 出就外傳, 學書計, 禮率初, 朝夕學幼儀. 十三, 學樂誦詩. 成童, 學射御. 二十而冠, 始學禮. 書數與樂, 在十三以前, 則其爲小學無疑. 射御與禮, 雖在成童之後, 而所謂十年就傳者, 旣與『白虎通』八歲入小學之云, 不同, 則安知成童之必爲入大學之時乎. 且二十學禮, 以禮之大者言. 若其小節, 則自帥初之時, 而固已習之. 然則六藝之事, 恐已習之於小學, 非但曉其名物而已. 故『或問』有曰禮樂射御書數之習, 變文言習, 則尤見其非名物也.

新安陳氏曰 凡民, 惟賢者, 得入大學, 不比小學則無貴賤賢愚皆得入也.

天子元子, 繼世有天下, 衆子, 建爲諸侯, 公卿大夫元士適子, 將有國家之責, 皆在所敎. 民之俊秀, 他日, 亦將用之, 以佐理天下國家者也.

虛齋蔡氏曰, 窮理二字, 該格物致知, 正心二字, 該誠意.

● 夫以學校之設, 止以盡其力

雲峰胡氏曰, 前說, 上之所以爲敎, 此說, 下之所以爲學.

新安陳氏曰, 性分固有, 卽仁義禮智, 是理是體, 職分當爲, 如子職分當孝, 臣職分當忠之類. 是事是用. 知性分職分, 是知之事, 俛焉盡力, 是行之事. 與前知性之所有而全之, 相照應.

● 此古昔盛時, 止節目之詳者也

問, 外極規模之大, 內盡節目之詳. 朱子曰, 這個須先識得外面一個規模如此大了, 而內做工夫以實之. 所謂規模之大, 人爲學, 便當以明明德新民止於至善及明明德於天下爲事, 不成只要獨善其身便了. 須是志於天下, 所謂志伊尹之所志, 學顔淵之所學也. 所以『大學』第二句, 便說在新民也.

東陽許氏曰, 以三綱八條對言, 則三綱爲規模, 八條爲節目, 謂八條卽三綱中事也. 獨以八條言之, 則平天下爲規模, 上七條爲節目. 平天下, 是大學之極功, 然須是有上七條, 節節做工夫, 行至于極, 然後可以天下平.

虛齋蔡氏曰, 據先儒說, 規模之大者, 明德新民而止於至善也, 此皆以大綱言, 故曰大. 節目之詳者, 明德裡面, 便有格物致知誠意正心修身許多節目, 新民裡面, 便有齊家治國平天下數端節目, 此皆大綱中之條件也, 故曰內. 此說, 恐未當, 依『語錄』及『或問』明白. 是以, 明明德於天下, 爲規模之大. 自格物致知以上, 節節做工夫, 至齊家治國處, 皆其節目之詳也. 此乃朱子自下筆, 自立意, 自解 說, 如此也. 蓋若只是三綱領爲規模, 則究其實, 便就是八條目矣, 又何爲規模, 何爲節目, 何爲大, 何爲詳哉.

李襄仲曰, 規模節目, 一也. 卽規模而節目在焉, 卽節目而規模在焉. 以外面大 體謂之規模, 裡面條理謂之節目, 元非規模之外, 又有一物, 別爲節目, 節目之 外, 又有一物, 別爲規模. 今曰若只以三綱領爲規模, 則究其實, 便就是八條目, 又何爲規模, 何爲節目哉. 此以規模節目判作兩件事, 而不知其不成事理矣.

● 三千之徒, 止以發其意

愚按, 曰曾氏, 則凡曾子門人皆擧, 非獨指曾子而已. 如云老氏, 非專指老聃, 凡 爲老聃學者, 皆謂之老氏. 故今傳義非曾子所作, 乃曾子之意而門人記之也. 篇 題孔氏字, 亦以此例看.

● 及孟子沒, 止過於大學而無實

新安陳氏曰, 老氏虛無, 佛氏寂滅.
雲峰胡氏曰, 此之虛, 虛而有, 彼之虛, 虛而無. 此之寂, 寂而感, 彼之寂, 寂而滅.

● 其他權謀術數, 止雜出乎其間

愚按, 百家衆技, 如「藝文志」所戴九流十家, 及詩賦兵刑術數方技諸家, 是也. 權 謀術數, 亦在百家之中, 而爲其一切就功名, 其入人最易, 而爲害尤大, 故特別出 而言之. 如管商孫吳, 皆所謂權謀術數以就功名者也. 就, 成也, 言不論道理, 而 專以成功爲主. 申子所謂事求可, 功求成, 是也.

● 使其君子, 止壞亂極矣

雲峰胡氏曰, 大道之要, 是『大學』書中所載者, 至治之澤, 是自『大學』中流出者.

上之人, 無能知此『大學』, 故君子不得聞大道之要, 上之人, 無能行此『大學』, 故
小人不得蒙至治之澤.

愚按, 周衰以來, 聖君雖不作, 而猶有聖人在下, 以先王遺法相傳, 故君子得聞大
道之要. 及孟子沒, 而其傳泯焉. 俗儒異端百家之屬, 紛然雜出, 擧世昏溺, 故君
子無從而聞其道. 此非特上之人不知『大學』之故也. 雲峰說恐偏.

此君子小人, 與本傳賢賢親親之君子, 樂樂利利之小人, 照看.

東陽許氏曰, 如月之晦, 如目之盲, 如氣之否, 如川之塞. 晦盲, 言不明, 否塞,
言不行. 反覆, 是展轉愈深, 而不可去底意, 沈, 如物沒於水而不可浮, 痼, 如病
着於身而不可愈.

- 天運循環. 止發其歸趣

新安陳氏曰, 至二程夫子, 始拔「大學」篇於『戴記』之中, 而尊信之. 又整頓其錯
亂之簡, 而發揮之.

- 然後古者. 止與有聞焉

新安陳氏曰, 孟子云, 予未得爲孔子徒也, 予私淑諸人也. 此用其語, 謂聞程子
之敎於延平諸公.

- 顧其爲書. 止補其闕略

愚按, 書, 卽程子所論『大學』之書. 補其闕略, 謂補程子之書所放失而闕略者也.
『大全』, 以朱子補傳之第五章, 當之者, 非是.

- 以俟後之君子. 止朱熹序

虛齋蔡氏曰 按, 此「序」, 作於淳熙己酉二月甲子, 距朱子所生紹興庚戌, 是爲六
十歲. 『中庸』, 亦序是年之三月戊申. 「年譜」註云, 二書之成, 久矣. 至是, 以穩
愜於心, 而始序之.

新安陳氏曰, 此序分六節, 精義尤在第二節 曰知其性之所有而全之, 曰敎之以
復其性, 是也. 朱子論學, 必以復性初, 爲綱領要歸. 『論語』首註學字, 曰人性皆

善, 曰明善而復其初. 小學題辭, 曰仁義禮智, 人性之綱, 曰德崇業廣, 乃復其初. 此書首釋明明德, 亦曰遂明之, 以復其初, 與此「序」, 凡四致意焉. 聖人盡性, 盡其本全者也, 學者復其性, 復而後能全也. 欲知性之所有, 在格物致知, 欲復全其性之所有, 在誠意正心修身, 以力於行而已. 讀此「序」此『書』者, 其以知性之所有與復其性初爲要領, 以知行爲工夫, 而融貫其旨云.

李星湖曰, 陳新安, 分「序」文爲六節, 不明言其起某止某. 學者, 或有依陳說分段, 玆錄于此. 第一節, 言大學立教之意. 自蓋自天降以下, 爲第二節, 言其始明於世. 自三代之隆以下, 爲第三節, 言大明於世. 自及周之衰以下, 爲第四節, 言始不明於世. 自自是以來以下, 爲第五節, 言大不明於世. 自天運循環以下, 爲第六節, 言復明於世.

虛齋蔡氏曰, 此「序」, 愚意, 作四大節者. 大學之書, 古之大學, 所以敎人之法也, 爲第一節, 蓋此一句, 乃此一書之大旨. 自蓋自天降生民, 至非後世之所能及也, 爲第二節, 乃備言古者敎人之法始末, 而兼小學在其中. 自及周之衰, 至作爲傳義, 以發其義, 爲第三節, 乃言大學之書所由作也. 自及孟子沒, 至篇末, 爲第四節, 則言『章句』之所由術也. 各節皆有個開合, 其末兩節開合意, 亦如孟子一治一亂, 每叙生民之害, 而歸功於禹與周公孔子及己之所以闢楊墨者, 學者詳之.

2 讀大學法

朱子曰, 『語』『孟』隨事問答, 難見要領. 惟『大學』, 是曾子述孔子說古人爲學之大方, 而門人, 又傳述, 以明其旨. 前後相因, 體統都具. 玩味此書, 知得古人爲學所向, 却讀『語』『孟』, 便易入. 後面工夫雖多, 而大體已立矣.

大學, 是爲學綱領, 先讀『大學』, 立定綱領. 他書, 皆雜說在裡許. 通得『大學』了, 去看他經, 方見得此是格物致知事, 此是誠意正心事, 此是修身事, 此是齊家治國平天下事.

今且熟讀『大學』, 作間架, 却以他書塡補去.

問, 欲專看一書, 以何爲. 曰, 先讀『大學』, 可見古人爲學首尾次第, 不比他書, 非一時所言, 非一人所記.

看『大學』, 固是着逐句看去. 也須先統讀傳文敎熟, 方好從頭仔細看. 若專不識傳文大義, 便看前頭, 亦難.

『大學』, 是一個腔子, 而今却要塡敎他實. 如他說格物, 自家須是去格物後塡敎他實着, 誠意亦然. 若只讀得空殼子, 亦無益也.

『大學』, 首尾貫通, 都無所疑, 然後可及『語』『孟』. 又無所疑, 然後可及『中庸』. 某要人先讀『大學』, 以定其規模, 次讀『論語』, 以立其根本, 次讀『孟子』, 以觀其發越, 次讀『中庸』, 以求古人之微妙.

『論』『孟』『中庸』, 待『大學』貫通浹洽, 無可得看後, 方看, 乃佳. 道學不明, 元來不是上面欠却工夫, 乃是下面元無根脚. 若信得及脚踏實地, 如此做去, 良心自然不放, 踐履自然純熟, 非但讀書一事也.

3　大學篇題

程子曰, 云云.

虛齋蔡氏曰, 如『論語』志於道章興於詩章, 『孟子』盡心知性章人有恒言章, 亦皆有次第. 但不如『大學』之規模全備而節目詳明, 故云次之也.

4　大學 第一章

● 第一節

晩村呂氏曰, 小學大學, 有地有制. 如朱子「序」中所云, 八歲入小學, 十五入大學者, 是也. 朱子序大學二字, 名目緣起, 〈故〉云爾. 其實此大學字, 却指爲學之學, 乃古者敎人之法之義. 故註云大人之學, 其非地制之大學, 可知. 須知「王制」大學中, 未嘗有此書. 曾子推論大人爲學, 當如是, 亦未嘗爲學宮補典故也.

愚按, 朱子釋小學爲小子之學, 大學爲大人之學. 所謂小子大人, 盖如大全公文中, 飢民小兒爲幾口, 大人爲幾口. 大人, 是汎指成長之人. 李氏『條辨』, 解爲聖人之盡得人分, 恐非朱子意.

東陽許氏曰, 大學之道, 是言大學中敎人修爲之方. 如君子深造之以道之道.

愚按, 『大戴禮』曰, 帝入大學, 承師問道, 退習而考於太傅. 太傅, 罰其不則, 而達其不及, 則德知長而治道得矣. 德知長, 治道得, 是則明德新民之事也. 罰其不則, 達其不及, 求以止於至善也. 此可以証大學之道在此三者矣.

此書, 本推明王者治天下之大道. 故首以大學之道, 在明明德, 在新民, 以見王者爲治, 必先明其德, 以爲新民之本也. 下文古之欲明明德於天下, 及傳文明德章, 皆引古之帝王爲說, 可見其意. 然旣以設學而敎人, 則凡入學者, 上自王公之子, 下至凡民俊秀, 非身有天下國家者, 則亦將用之, 以佐其治. 故這道理通乎上下, 皆當理會, 非特可爲帝王之事而已也.

朱子曰, 天道流行, 發育萬物, 其所以爲造化者, 陰陽五行而已云云. -攷『或問』-

明德者, 人之所得乎天, 而虛靈不昧, 以具衆理, 而應萬事者也.

陸稼書曰, 格致誠正修備, 然後謂之明. 此明字, 與『中庸』明善之明, 顓主知見言者, 不同.

黃際飛曰, 『大學』言心, 不言性. 此語, 最是鶻突, 何嘗不言性. 卽仁義禮智之理, 載在心裡, 所謂明德者也. 何嘗單言心. 有這道理, 在心裡, 乃始光明照徹, 乃爲明德. 若單言心, 則仁義禮智之性, 固載在心, 耳目口鼻四肢之欲, 亦出於心, 所以有道心人心之分也. 晚村謂, 『大學』無重心義, 以其本天也. 又曰, 心, 非卽明德. 心所具者, 乃明德. 最於朱子語, 看得分曉.

『條辨』曰, 在天, 便謂之明命, 在人得之, 便謂之明德. 故朱子推明明德爲人之所得乎天, 虛靈不昧, 是統體解明德. 具衆理, 應萬事, 是分說他體用. 惟虛, 故具衆理, 惟靈, 故應萬事. 具衆理, 應萬事, 只在虛靈不昧裡面. 故下以字而字. 乃胡雲峰輩, 俱以虛靈不昧爲心, 具衆理爲性, 應萬事爲情. 又或以虛靈不昧爲明, 具衆理應萬事爲德. 種種差謬, 豈知『語類』已明云, 主於一身者, 謂之心, 有得於天而光明正大者, 謂之明德. 又曰, 這個道理, 在心裡, 光明照徹, 無一毫不明. 觀此, 則只說心是承載這明德底. 何嘗以心混入明字義. 想彼只見得心是虛

靈底事物, 離却心說德, 便不見明字義耳. 豈知心離乎明德, 則無了道心, 只有
人心, 更何能虛靈, 亦幷無以具衆理而應萬事矣. 際飛於此句, 可謂發得分明.
愚按, 明德, 具於心而已, 非便是心也. 虛靈, 是心之體, 非所以論明德. 此, 『章
句』之可疑處也. 『條辨』謂心不混入明德字義, 則是矣. 猶强以虛靈論明德者,
何也.

按, 朱子於『語類』, 言靈底是心, 不是性. 又言明德便是仁義禮智之性, 則靈之
不可論明德. 此其斷案, 而『章句』之說, 猶如此, 未知兩說果孰先孰後也.

從古經典, 只言德一字, 『大學』就加明字, 義最親切. 盖德是理之得於心者, 可
以通言於人物. 至於明德, 則指其五性之燦然具備者, 此則非物之所與有也.

東陽許氏曰, 氣稟所拘, 就有生之初言之, 人欲所蔽, 就有知之後言之.

李星湖曰, 昧者, 自昧, 昏者, 爲他所昏. 昧字, 應明德之明, 昏字, 應明之之明.

朱子曰, 明德, 未嘗息, 時時發見於日用之間. 如見非義而羞惡, 見孺子入井而
惻隱, 見尊賢而恭敬, 見善事而歆慕, 皆明德之發見也. 如此推之, 極多. 但當因
其所發而推廣之.

『條辨』曰, 因其所發, 是初下手工夫, 遂明之, 便涵全體工夫, 以復其初, 便照止
於至善, 以該極盡地頭矣. 朱子一句, 能備全義, 如此.

或問, 程子之改親爲新, 何所據. 朱子曰, 親民云者, 以文義推之, 則無理. 新民
云者, 以傳文考之, 則有据. 程子於此, 其所以處之者, 審矣.

愚按, 古文親新字, 多通用. 如『春秋傳』親間舊, 可見. 非特『大學』親民爲然.

新安陳氏曰, 『書』云, 舊染汚俗, 咸與維新. 章句本此, 此釋新民.

李星湖曰, 舊染之汚, 出夏書, 謂義和之民, 被汚於惡俗也. 明明德, 從一身言,
新民, 擧天下言, 從一身, 則以德言, 擧天下, 則以俗言.

朱子曰, 說一個止字, 又說一個至字, 直是要到那極至處而後止.

問, 必至於是而不遷, 如何. 曰, 未至其地, 則求其至, 旣至其地, 則不當遷動而
之他也.

至善, 如言極好道理十分盡頭. 善在那裡, 自家須去止他. 止則善與我一. 未能
止, 善自善, 我自我.

『條辨』曰, 朱子謂道理十分盡頭, 無一毫不盡. 故曰至善, 此指一事而言, 是本

義正訓. 又謂十件事, 做得九件, 若一件不盡, 亦不是至善, 此恐是推說.

把至善, 放在事上看, 便是事理當然之極, 對人欲之私看, 便見其爲天理之極, 無有二也.

李星湖曰, 經, 只言止至善, 而不著其所以止. 故『章句』, 又推本以發其蘊曰, 苟非盡夫天理之極, 而無一毫人欲之私者, 不能如此也. 蓋止字, 兼至至善及不遷兩義. 故未盡夫天理之極, 則不可謂至至善. 有一毫人欲之私, 則不能不遷也. 今旣至至善而不遷, 則其盡天質[1]之極, 而無人欲之私者, 可以質言矣. 今版本云, 止於至善之地而不遷, 此止字, 乃至字之誤. 蓋兼至與不遷, 方爲止字之義. 今若旣云止, 又云不遷, 則便成剩語. 攷於中國版, 亦多如此. 獨於『朱子大全』, 『儀禮經傳』等, 盡得其本字, 乃知丁寧有錯.

問, 明德至善, 莫是一個否. 朱子曰, 至善, 是明德中, 有此極至處.

李景協 - 名舜休 - 曰, 至善者, 明德之實也. 經曰止於至善, 而傳以仁敬孝慈信, 當至善之目. 經曰明明德於天下, 而傳以孝弟慈爲明德之實. 由此觀之, 明德與至善, 初非二物, 可知也. 是故, 止至善, 雖在三綱之末, 而觀其指意, 則畢竟歸重於此. 知止一節, 乃承此句而言. 豈以明德難見, 而至善則有可執, 故先言明明德新民, 而必復指其明德之實, 要使人得以爲據依闡明之地歟.

愚按, 景協以明德至善, 爲非二物者, 亦是. 但明德, 是以理之得於己者, 言之, 至善, 是以理之公共在事上者, 言之, 此其別也.

朱子曰, 止至善, 包明德新民. 己也要止於至善, 民也要止於至善. 在他, 雖未能, 在我所以望他, 則不可不如是也.

問, 明明德, 是自己事, 可以做得到極好處. 若新民, 則在人, 如何得他到極好處.

曰, 且敎自家先明得盡, 然後漸民以仁, 摩民以義. 如『孟子』所謂勞之, 來之, 匡之, 直之, 輔之, 翼之, 又從而振德之. 如此變化他, 自解到極好處.

愚按, 『語類』云, 至善, 隨處皆有. 修身中也, 有至善, 齊家中也, 有至善. 『條辨』, 因此而謂八條各有止至善. 今按, 本經所謂止至善, 謂凡日用處事, 盡其當然之

---

1 天質: 이익의 『대학질서』에는 '천리(天理)'로 되어 있다. 이는 '천리(天理)'의 오자이다.

極. 如事父而止於孝, 事君而止於忠, 是也. 以是而體諸己, 則爲明德之止至善,
以是而推諸人, 則爲新民之止至善. 八條之格致誠正修五者, 屬明德, 齊治平三
者, 屬新民. 而明德五條, 則修身之前, 明德之工未完, 其所以體當然之道者, 猶
有未盡, 不可謂止至善. 至於修身而身修, 然後方能盡其當然之道, 而德無不明,
方可謂止至善. 故朱子但言修身中有至善, 而不擧正心以上四條. 至如新民三
條, 則齊家者, 新一家之人也, 治國者, 新一國之人也, 平天下者, 新天下之人也.
不論家國天下, 隨其所新, 而各有止至善. 此所以直就齊家而言至善. 見其不必
待治平, 然後方爲止至善也. 朱子之意, 精切如此, 『條辨』, 蓋不察矣.

追案, 朱子云, 明明德新民, 皆當止於至善, 固通. 又一說, 止至善, 本主明明德
而言, 新民則推其止至善者, 以及之, 有內外主客之分, 一例混說, 於義, 未安云.
更詳之.

● 第二節

問, 知止能得, 其間有工夫否. 朱子曰, 有次序, 無工夫. 纔知止, 自然相因而見.
只知止處, 便是工夫.

愚按, 朱子以知止一節, 謂無工夫者, 是也. 其云, 知止處, 便是工夫, 亦原其所
以能知止而言. 至觀本句本勢, 則是就旣知之後, 言之, 非論其工夫也.

止者, 所當止之地, 與上節止字, 不同.

按, 『或問』及『語類』, 釋有定, 爲事物各有定理. 恐不如章句志有定向句之穩.
『語類』又一處曰, 定於理云云, 此則謂志之定於理, 與章句之意, 合矣.

朱子曰, 靜, 就心上說, 安, 就身上說.

此心若不靜, 這裏坐, 也坐不得, 那裏坐, 也坐不得. 能安者, 以地位言. 在此則
此安, 在彼則彼安, 在富貴, 亦安, 在貧賤, 亦安.

問, 安而後能慮, 旣首言知止矣, 如何於此復說能慮. 曰, 旣知此理, 更須是審思
而行.

若知止了, 及臨時不能慮, 則安頓得不恰好. 且如知得事親當孝, 也知得恁地是
孝, 及至事親時不思慮, 則孝或不行, 而非孝者行矣.

知止後, 定靜安三者, 難分節次. 其實知止後, 皆容易進, 安而後能慮, 慮而後能

得, 此最是難進處. 安而後能慮, 非顔子, 不能之. 去得字地位, 雖甚近, 然只是難進. 挽弓, 到臨滿時,　分外難進.

問, 到能得處, 學之工夫盡否. 曰, 在己之功, 亦備矣. 又要明明德於天下, 不是只要了自家一身.

愚按, 知止等六事, 實與下面八條, 相應. 但有增減之異, 而意各有當. 盖知止者, 明於至善, 而知所止, 此非致知, 則不能. 有定者, 壹意爲善, 而有定向, 此非誠意, 則不能. 靜, 謂心不妄動於物, 安, 謂身隨所處而安, 此非正心修身, 則不能. 知止, 只應致知, 欠却前面格物一條, 而觀次節物有本末云云, 實以格物言, 則其意, 固相補矣. 能安之後, 次以慮得, 慮, 謂隨事度處, 得, 謂得其所止. 此皆就身上言, 隨安字而同屬修身. 修身, 於下面, 作一條說, 而此疊安慮得三字, 似若衍剩者. 修身, 可該安慮得三者, 安慮得三字, 不能相該, 必幷擧而足也. 且此節, 主明止至善全功, 止至善之功, 始於知止, 成於慮得. 如是, 然後其功方全, 而無偏闕之弊矣. 然此只應修身以上諸條, 而不及於齊治平三條者. 修身以上, 屬明德, 齊家以下, 屬新民. 新民, 不過擧明德以措之, 旣言明德, 則新民包於其中矣. 愚之爲此說, 蓋久, 而以無先儒定論, 爲未安矣. 近攷『條辨』中黃際飛說, 與愚略同. 又逢李景恊講此節, 及見其所著文字, 其立說, 亦然. 今載二家說於下, 而略爲之加評焉.

黃際飛說曰, 知止定靜安慮得, 分配物格八條, 『蒙引』非之. 愚謂不必〈定靜安慮得, 舍却物格知至意誠心正身修家齊國治天下平. 却定箇甚麼, 靜箇甚麼, 安慮得箇甚麼. 分配看, 亦未爲不是, 況〉物格知至則知所止矣. 後節『章句』, 分明以知止二字, 按物格知至. 本節章句, 志有定向, 志向字, 分明按意字. 有定向, 則意誠也. 心不妄動, 非謂心正乎. 所處而安, 非謂身修乎. 家國天下, 皆有事, 處事精詳, 以至於得, 非謂家齊國治天下平乎.

李景恊說曰, 此節六事, 有合於下文八條之義. 格致, 本於知止, 格物致知者, 欲其知所止也. 誠意, 本於有定, 如惡惡臭, 如好好色者, 非有定而能然乎. 正心, 本於能靜. 忿懥恐懼, 操存不動者, 非靜, 不能也. 修身, 本於能安. 視聽不錯, 愛惡無偏者, 非安, 不能也. 齊家, 本於能慮. 齊家之孝弟慈, 其可不慮而能得乎. 治國在齊家章曰, 心誠求之, 雖不中, 亦不遠, 此慮得之謂也. 自治國以下, 不出於齊家之道. 故以此六事, 分勘於八條, 而適足無餘欠也.

愚按, 二家之以六事按八條, 良是. 但際飛, 以慮得爲齊治平之事者, 未確. 景協, 以治國章心誠求之, 貼慮得, 尤覺牽强.

- 第三節

愚按, 朱子『章句』, 以明德新民, 爲物有本末, 知止能得, 爲事有終始, 固至矣. 然今以愚見, 則明德新民四字, 德與民, 固物也, 而明與新, 分明是事, 似不當混 指爲物也. 以此竊意, 物有本末, 事有終始兩句, 專以明德新民言. 或疑如此, 則 與知止節不應, 文理間斷. 殊不知知止節, 雖不言明德新民, 而明德新民之意, 固在其中, 則未嘗不與此節相應, 未見其有間斷也. 盖首節統言明德新民止至 善三者, 而次節主止至善言, 以包明德新民, 此節主明德新民言, 以包止至善. 其文理之齊整, 而旨意之貫通, 如此.

物有本末, 德爲本, 民爲末也. 事有終始, 明爲始, 新爲終也. 或曰, 先言終, 後言 始者, 盖明之之事終, 然後新之之事始, 如『禮』所謂生事終而鬼事始, 『易』所謂 終則有始也.

虛齋蔡氏曰, 知止知字深, 知所先後知字淺. 此知字, 又在知止之前.

玉溪盧氏曰, 一個先字, 起下文六個先字, 一個後字, 起下文七個後字. 非特結 上兩節, 亦所以起下文兩節之意.

愚按, 近道道字, 卽指至善. 至善, 是明德之見於日用萬事, 而各有當然之則者. 指至善爲道, 卽『中庸』率性謂道之意也.

朱子曰, 誠知先其本始而後其末終也, 則其進爲有序, 而至於道也, 爲不遠矣.

- 第四節

朱子曰, 所謂明明德於天下者, 自明其明德, 而推以新民, 使天下之人, 皆有以 明其明德也. 人皆有以明其明德, 則各誠其意, 各正其心, 各修其身, 各親其親, 各長其長, 而天下無不平矣. 然天下之本, 在國, 故欲平天下者, 必先有以治其 國. 國之本, 在家, 故欲治國者, 必先有以齊其家. 家之本, 在身, 故欲齊其家者, 必先有以修其身. 至於身之主, 則心也, 一有不得其本然之正, 則身無所主, 雖欲勉强以修之, 亦不可得而修矣. 故欲修身者, 必先有以正其心. 心之發, 則意也, 一有私欲, 雜乎其中, 而爲善去惡, 或有未實, 則心爲所累, 雖欲勉强以正之, 亦不可得而正矣. 故欲正心者, 必先有以誠其意. 若夫知, 則心之神明, 妙衆理而宰萬物者也. 人莫不有, 而或不能使其表裏, 洞然無所不盡, 則隱微之間, 眞妄錯雜, 雖欲勉强以誠之, 亦不可得而誠矣. 故欲誠意者, 必先有以致其知. 致者, 推致之謂, 如喪致乎哀之致, 言推之而至於盡也. 至於天下之物, 則必各有所以然之故, 與其所當然之則, 所謂理也. 人莫不知, 而或不能使其精粗隱顯, 究極無餘, 則理所未窮, 知必有蔽. 雖欲勉强以致之, 亦不可得而致矣. 故致知之道, 在乎卽事觀理, 以格夫物. 格者, 極至之謂, 如格于文祖之格, 言窮之而至其極也.

東陽許氏曰, 不曰欲平天下, 先治其國, 而曰明明德者, 是要見新民是明德中事, 又見新民不過使人各明其德而已.

李景協曰, 明德者, 天下之民所同得, 而非我之所獨有也. 自明其德, 而推以及民, 則民德亦明. 故章句曰, 使天下之人, 皆有以明其明德. 然向也, 雖曰民皆有是德, 而不能自明. 今日炳然明於天下者, 莫非君德之攸監, 則畢竟己之明德明於天下.

愚按, 此以平天下爲明明德於天下, 則前面治國, 是明明德於一國, 齊家, 是明明德於一家, 可以例推之.

李星湖曰, 國者, 天子畿內千里之地, 天子之所自治也. 天下者, 統言諸侯之國. 天子不能皆有以自治, 使諸侯分治, 而統於天子. 故下文言天下平, 平如衡之平中. 國旣治, 天下之國, 亦從而治, 無有高低之別, 如稱物而衡平也.

愚按, 齊家治國平天下三條, 皆以新民言, 而天下曰平, 平以均之, 使咸囿於化, 國曰治, 治以正之, 使不倍於敎, 家曰齊, 齊以一之, 使皆從己之道. 由平而逆推治齊, 一字緊, 似一字, 由齊而順推治平, 一字濶, 似一字. 混言之, 則平字可幷施於家國, 齊治可幷施於天下, 而分言之, 則三字不可相易.

意統於心, 心意幷統於身. 單言修身, 則可以該正心誠意, 單言正心, 亦可以該誠意, 而今旣分言三者, 則各自爲義. 修身, 專以外面修飭言, 正心, 專以裡面操存言, 誠意, 是就心之發念處, 防其欺僞. 義又自別. 攷諸傳文, 可見.

李星湖曰, 誠意者, 自修之苗也. 有意未誠而心不正者云云. -攷別錄-

心所該載者, 性. 性, 卽理也云云. -攷別錄-

愚按, 朱子釋八條之義, 固至矣. 但其釋格物致知者, 於愚見, 猶有可疑處. 今詳,
此節, 在第二第三節之次, 格物之物, 貼第三節物有本末之物, 致知之知, 貼第二
節知止之知, 亦猶第二節止字, 貼首節止至善之止也. 物有本末, 旣以明德新民
而言, 則格物, 謂正其明新之序也. 知止, 旣以知其至善而言, 則致知, 謂窮其至
善之理也. 蓋欲誠其意, 而不知至善之所在, 則無以眞好其善, 眞惡其惡, 而意
不可得以誠矣. 此誠意, 所以必先致其知者也. 欲致其知, 而不辨乎明新本末之
序, 則無以切己近思, 驗其日用當然之體也. 故必格物, 而知明德之爲本, 新民
之爲末, 然後方可致知, 而始其明之之功. 此又致知, 所以在格物者也.

致知之致, 朱子謂同喪致乎哀之致者, 固是. 而但訓致爲推極, 可疑. 喪致乎哀,
言其極乎哀而已, 未見有推極之義. 故致知之致, 亦然. 朱子, 以致知, 爲因其所
已知者而推極之. 故訓致字, 如此. 然經文之意, 恐未必爾也. 程子, 則以盡訓致,
恐得之.

格物之格, 朱子, 訓以至. 格字, 本有至正二義. 而今若以格物之物字, 貼第三節
物有本末之物字, 則格字, 亦訓以正, 然後與第三節知所先後云者, 相合. 正則
不紊其先後之序也.

第三節, 幷擧物與事, 而格物, 單貼物字, 何也. 事, 固因物而有者. 故言物, 則事
包於其中.

格物, 爲八條之始, 大學最初用功, 唯在辨明新之序, 而以修身爲本. 此所謂古
之學者, 爲己者也.

李星湖曰, 致知在格物, 不用先字云云. -攷別錄-

愚按, 朱子, 以此八者, 爲大學之條目. 條目者, 綱領之條目也. 格物, 以辨明新
之序, 致知, 以窮至善之理, 其以綱領言也. 固無疑. 至於誠正修, 以在己者言,
則明德事也. 齊治平, 以施於人者言, 則新民事也. 傳文解誠意, 不過以善不善
爲言, 則後面正心修身, 亦完其爲善之功而已. 此明德之止至善也. 傳於齊治平
三者, 皆以孝弟慈爲言, 孝弟慈, 卽善之實. 此新民之止至善也. 此六條之與綱
領相應, 亦然. 蓋前二條屬知, 後六條屬行, 而皆就綱領上爲義. 大學之道, 只在

三綱領. 故知, 是知此綱領而已, 行, 是行此綱領而已. 若如『章句』之解格致, 汎就天下萬物而言之, 則恐不應於綱領之義. 凡汎究萬物, 或非切要工夫, 易流於汗漫. 此愚所以於章句之解格致處, 則不敢不疑也. 詳下文.

● 第五節

雙峰饒氏曰, 上一節, 逆推工夫, 下一節, 順推效驗.

愚按, 物格而知至, 特謂知至在物格之後, 非謂物格之後, 則不待致知, 而知自至也. 知至而後意誠以下, 放此.

『語類』有云, 尋常只將知至之至, 作盡字說, 近來, 看得合作切至之至. 李氏『條辨』, 因此, 遂主切至之義. 然今詳致知之致, 有極之義, 極其知, 而至於知到其極, 則謂之知至. 故至字, 作極盡之義, 然後與致字叶. 切至之云, 或是一時所及, 以備一義, 未可據以爲定論也.

朱子曰, 大要, 只在致知格物上. 如物格知至上鹵莽, 〈雖〉見得似小, 其病却大. 自修〈身〉以往, 只是如破竹然, 逐節自分明去. 今人見得似難, 其實却易. 人入德處, 全在致知格物.

意誠心正, 過得此關, 義理方穩. 不然, 七分是小人在. 意不誠底, 是私過, 心不正底, 是公過.

物格知至, 是一截事, 意誠心正身修, 是一截事, 家國齊治天下平, 又是一截事. 自知至, 交誠意, 又是一個過接關子, 自身修, 交齊家, 又是一個過接關子.

● 摠論

愚按, 朱子之分『大學』經傳, 蓋以此章統論綱領條目, 而下面諸章, 解釋此章之意. 故以其統論者, 爲經, 解釋者, 爲傳. 非別有所據而然也. 朱子又謂, 經, 蓋孔子之言, 而曾子述之, 傳則曾子之意, 而門人記之. 蓋者, 疑辭也, 則者, 決辭也. 蓋傳文, 有曾子曰之云, 則可知其出於曾門, 而非曾子所自作也. 至於經, 則是傳文所本, 當是曾門所祖. 故疑其爲曾子所述, 而曾子學於孔子, 故又疑其述孔子之言. 然其言, 或非始出於孔子, 而出於先民, 其述之者, 或未必曾子, 而亦出於曾門. 皆無明據, 今不可得以知也.

朱子, 於此章第五節之下, 聯自天子云云其本亂云云二節, 統爲經一章. 而今以
愚見, 則其本亂節, 結以此謂知本此謂知之至也二句, 似是釋格物致知. 自天子
節, 結以修身爲本, 又與其本亂云云, 兩本字相聯, 不可分斷. 故愚之箚疑, 而爲
此『後說』也. 分自天子其本亂二節, 爲格物致知傳, 而經一章, 則止於第五節.
『說約』曰, 通章, 只是一個明明德. 新民, 卽明德之分量, 止至善, 卽明德之究竟.
知止, 知此明德也, 能得, 得此明德也. 齊治平, 明明德於家國天下也, 格致誠正
修, 明明德於身也. 歸重修身爲本, 正見明明德爲本耳.
李景協曰, 竊觀經文, 自是兩段文字, 而上段只說綱領, 下段方叙條目. 故雖有
詳略之不同, 然上下兩段, 都說得一個道理. 故反復參究, 則只是一般說話, 元
無有不合也. 自大學之道, 至物有本末, 爲一段, 自明明德於天下, 至其本亂, 復
爲一段, 而下段, 乃釋上段者也. 上段首節, 言三綱工夫, 則下段首節, 亦言八條
工夫. 上段次節, 言六事功效, 則下段次節, 亦言八條功效. 上段第三節, 言本末
終始, 則下段第三第四兩節, 亦言本末之義. 有若箋註之解經, 爲其條理之分明,
不可誣也.
愚按, 『說約』及李景協論經一章, 據『章句』所定而言. 故與愚說不同. 然『說約』
所謂通章只是一個明明德, 景協所謂上下兩段都說得一個道理者, 大意爲得,
故謹錄焉.
『大學』之分經傳, 攷於『古本』, 未有明據. 故今愚之『後說』, 則但以第一第二, 記
其章次, 如『中庸』之例云.

5 **第二章 釋格物致知**

● 第一節

『漢書』「平帝本記」, 一切, 顏師古註云, 猶以刀切物, 取其齊整.

陸稼書曰, 修身二字, 只作自明其明德. 若前本明德, 此又本修身, 便是兩截. 蓋
修身爲本, 卽是明德爲本. 但前就綱領言之, 而見其序之不可易, 此則就條目言
之, 而仍見其不可易. 本字, 對家國天下說, 不可對物知心意說.

愚按, 觀經一章古之欲明明德於天下之文, 則蓋據天子爲主也. 然天子旣不獨
自明其德, 而推以新民, 使天下之人, 各自明其明德, 則其用功之節, 宜不以貴賤
爲異. 故自天子, 以至庶人, 皆以修身爲本. 身者, 天下國家之本. 大夫士庶人而
不修身, 則無以齊其家. 諸侯而不修身, 則無以齊家, 以至於治國. 天子而不修
身, 則無以齊家治國, 以至於平天下. 此所以皆以修身爲本者也. 修身, 卽明德
也. 修身, 爲齊治平之本, 卽明德, 爲新民之本也. 八條之誠正修, 皆明德之事,
而修身, 實統誠正, 故獨擧而言之.

• 第二節

愚按, 竊嘗以爲八條格物, 言其知明德新民之本末也. 故於此, 還以本末釋格物,
反覆相証, 亦妙矣. 所謂至善者, 不過是彛倫當行之道, 而道之行, 必自親而始.
故曰, 立愛自親始, 立敬自長始. 今於所厚者薄, 則是施於親者. 已失其道, 而無
以推及於疎遠, 知所厚者薄非至善, 則可以知至善之所在. 知所厚者薄, 無以推
及所薄, 則可以知行善之必自親始, 而又不但施於親而已, 貴乎推及疎遠. 其所
以論至善者, 如疎而實密, 如略而實備. 後面齊治平傳, 終始以孝悌慈爲言者,
權輿於此歟.

• 總論

愚按, 朱子, 以此章兩節, 只作經一章結語, 而割此謂知本此謂知之至也二句, 置
聽訟章之下, 而謂格物致知傳闕文云. 蓋朱子, 以格物之物, 異於物有本末之物,
致知之知, 異於知止之知, 故其說如此. 今如愚見, 若以兩物字相貼, 兩知字相
貼, 則格物, 只是辨明德新民本末之序而已, 致知, 只是窮至善之理, 而極其知而
已. 此章首節所謂修身, 卽是明德之事, 則以修身爲本者, 卽是辨明新之本末,
而格乎物也. 所以修其身者, 不出於至善之道, 則以修身爲本者, 是必能窮至善
之理, 而致其知者也. 然只言以修身爲本, 其義猶未明著, 故次節, 卽言本亂而
末不治, 以明治人之必本乎修身, 又言所厚之不可薄, 擧至善之實, 而示修身之
道. 然後結之以此謂知本此謂知之至也二句, 回接修身爲本句, 以明修身爲本,
果備格致二義也, 其示人, 亦明且切矣.

傳文格致章, 比諸章, 最略. 此有所以然者. 蓋經文, 旣言明德新民, 而又言物有本末知所先後, 旣言止於至善, 而又言知止, 則格物之意, 大略已明. 此雖略, 釋義自可了.

程朱解格物致知, 爲窮萬物之理, 而極吾心之知. 夫窮萬物之理, 而極吾心之知者, 其理固是也. 然以論於此處, 則可疑. 夫物理窮時, 吾知自極, 非旣窮其物, 而復有極知之功, 則格物致知, 只是一件事. 與後面致知而後, 復有誠意之功, 誠意而後, 復有正心之功者, 異例. 經文於此, 獨以一事, 而强分爲二條者, 果何說哉. 八條, 只是就明德新民止至善三綱領而細分, 以示用功節次. 而明新有本末先後之序, 則此是用功之最先當辨者. 故首言格物, 以貼物有本末之文. 明新, 皆以止至善爲準的, 則本末旣辨之後, 卽當知至善之理, 以致於行. 故强言致知, 以貼知止之文. 而致知之所知者, 只是至善. 故其次爲誠意. 而誠意之傳, 專以善不善爲說. 所謂至善者, 只是人倫日用之當行, 如文王敬止段所列仁敬孝慈信, 是也. 故後面, 齊治平傳, 亦以孝弟慈終之. 其意脈之相串, 如此.

今如『章句』說, 以格物爲汎究萬物之理, 而不與物有本末相貼, 則是八條內, 闕却先辨明新次序底意思. 而學者用功之初, 或不知修己治人之孰當先孰當後矣. 假曰, 旣有物有本末之文, 則格物, 雖作他義, 而彼此, 可以相補. 然八條, 非如三綱之大綱說而已. 乃細分條目, 而明其用功之節, 則何獨於最初緊要之義, 闕而不擧, 必待他段而補之哉.

又以致知, 爲窮萬物之理, 以致其知, 而不與知止相貼, 則凡物之洪纖大小, 無有紀極. 假曰, 人倫日用之理, 亦參在其中, 而旣汎謂之物, 而未有以適指何物, 則蒙學之士, 安能就其有萬紛然之中, 知擇其切要者, 窮之哉. 若使之不論切要與否, 而無物不窮, 則又非聖人急先務不徧物之意. 況於致知條, 不擧至善爲的, 則後面, 善不善孝弟慈等說, 無所根承. 此皆參攷反復, 而未安者也.

且以格致爲汎究萬物之理. 故傳中無如此作解者, 而疑其闕文. 今旣以格物爲辨明新之序, 致知爲窮至善之理, 則此章之論修身, 而以其本亂所厚薄爲說者, 其爲格致傳, 無疑. 其詳見上. 非特此也, 誠意傳所擧三綱領之說, 皆與格致之義相應, 謂之已詳, 則可矣. 何闕之有哉. 故愚之解格致二條者, 於經傳, 皆有所據, 恐不爲無理之說. 故謹述如此.

程子語錄有曰, 致知之要, 當知至善之所在, 如父止於慈, 子止於孝之類. 若不務此, 而〈徒欲〉汎然以觀萬物之理, 則吾恐其如大軍之遊騎, 出太遠而無所歸也. 程子, 雖以窮至萬物, 解格致, 而終覺其汎窮萬物有不切於身之弊. 故就其中, 舉知至善爲要. 朱子之意, 亦然. 故特於『或問』中, 拈出此條, 以示學者. 故程朱解格致文義, 則雖或一時失勘, 而至論其用功之節, 未嘗不以知至善爲主. 此學者之所當知也.

程子又有曰, 一物, 必有一理. 窮而致之, 所謂格物者也. 然而格物, 亦非一端. 如或讀書講明道義, 或論古今人物而別其是非, 或應接事物而處其當否, 皆窮理也. 此條, 亦見於『或問』中. 其以格物當窮理者, 雖或失勘於本文, 而其論窮理工夫, 則極爲詳切. 今欲窮至善之理, 而其用功之節爾, 不得程子此條也. 『或問』格致章中, 所引程子諸條及朱子推演論釋, 最詳. 除格致文義失勘之外, 其論窮理工夫, 固多切至. 學者, 當熟玩而深體也.

6 **第三章 釋誠意**

● 第一節

朱子曰, 誠其意, 只是實其意, 只作〈一〉個虛字看. 如正字之類.

晩村呂氏曰, 『大學』誠字, 與『中庸』誠字, 不同. 『中庸』誠字, 可以單擧, 乃實理實心實德之美名也. 兼『大學』誠正修等義. 『大學』誠字, 貼定意字, 不可單擧. 但作實字解.

愚按, 意只是心之發, 不必以始發而言. 下面好惡字, 卽是意. 此汎言好善惡惡如此云爾. 何嘗只言好惡之始, 而不管其終耶.

情志意三字, 皆以心之發者而言, 其義大同小異. 汎指心之發而曰情, 指其發而有所主執曰志, 指其發而有所含隱曰意. 誠意之功, 欲其致實於心術隱微處, 而與外面所修者相副, 則含隱之義, 最爲襯切. 故言意, 而不言情志. 按『說文』曰, 心音爲意, 意, 猶抑也. 含其言欲出而抑之. 於此, 可見意字之有含隱之義也. 三字分言, 則固如此, 而俱是心之發, 其義, 未嘗不相通. 故俗言, 例猶情意志意.

此段好惡, 非獨可謂之意, 而亦可謂之情, 亦可謂之志也.

雲峰胡氏曰, 毋自欺三字, 釋誠意二字. 自字, 與意字, 相應, 欺字, 與誠字, 相反.

朱子曰, 所謂自欺者, 非謂此人本不欲爲善去惡. 但此意隨發, 常有一念在內阻隔住, 不放敎表裏如一.

自欺, 未說到與人說時, 方謂之自欺. 只是自家知得善好, 要爲善, 然心中却覺得微有些沒緊要底意思, 便是自欺, 便是虛僞不實矣.

因論自欺欺人曰, 欺人, 亦是自欺, 此又是自欺之甚者. 若論自欺細處. 且如爲善, 自家也知得是合當爲, 也勉强去做. 只是心裡又有些便不消如此做也不妨底意思. 如不爲不善, 心裡也知得不當爲而不爲, 雖是不爲. 然心中, 也又有些便爲也不妨底意思, 此便是自欺, 便是意不實矣.

北溪陳氏曰, 如惡惡臭, 如好好色, 是就人情分曉處, 譬之.

愚按, 如惡惡臭, 如好好色, 先惡惡而後好善, 盖人之所以不能爲善者, 由惡害之. 故欲爲善, 必先去其惡. 如舜之告禹也, 先言人心, 後言道心, 亦此意也.
『章句』, 訓慊爲快足. 如好好色, 如惡惡臭, 則其意眞切, 無一毫虛僞, 此爲自快足. 如或雜之以一毫虛僞, 則胸中自覺有欠缺處, 如何會快足. 陳北溪云, 如好好色, 則求必得之, 如惡惡臭, 則求必去之, 而後快足. 吾意今詳, 好惡與求得求去, 猶是兩層意思. 本文, 且以好惡眞切爲自快足, 未見以求必得必去而言. 北溪說, 可疑. 然『章句』所謂務決去而求必得之, 以自快足於己者, 亦似有是意. 更詳之.

『或問』慊之爲義, 或以爲少, 又以爲恨, 與此不同, 何也. 朱子曰, 慊之爲字, 有作嗛字, 而字書以爲口衔物也. 然則慊亦但爲心有所衔之義, 而其爲快爲足爲恨爲少, 則以所衔之異而別之耳. 孟子所謂慊於心, 樂毅所謂慊於志, 則以衔其快與足之意而言者也. 孟子所謂吾何慊, 『漢書』所謂嗛栗姬, 則以衔其恨與少之意而言者也. 字書, 又以其訓快與足者, 讀與愜同, 則義愈明而音又異, 尤不患於無別也.

李星湖曰, 慊字之訓, 不曰快足也, 而曰快也足也, 包好善惡惡, 故兼兩義爲解. 『孟子』曰, 吾何慊乎哉 註曰, 恨也, 少也, 亦包富與貴爲解, 故兼此兩義也. 其快足恨少, 訓異而義同, 則『或問』中, 詳之. 夫恨, 不快也, 少, 不足也. 快意, 莫

若貴, 足用, 莫若富. 然我以吾義, 則是良貴也, 比彼之貴, 何恨哉. 我以吾仁,
則是良富也. 比彼之富, 何少哉. 如此章之訓, 則好善喩乎目, 惡惡喩乎鼻. 目之
誠好色也, 如門之四達而無所障蔽. 所謂快也. 鼻之誠惡臭也, 如器之自滿而不
受外物, 所謂足也. 故『或問』曰, 好善而中無不好, 則是其好之也, 如好好色之
眞, 欲以快乎己之目. 惡惡而中無不惡, 則是其惡之也, 如惡惡臭之眞, 欲以足
乎己之鼻, 其義已竭盡. 陳氏云, 此說, 蓋對擧而互相足, 此實未安.

愚按, 星湖, 以快足二字, 分貼好惡, 看得極細. 然以『語類』只是快底意少間方
是充滿云者, 觀之, 則二字, 亦不無相足之意. 兩說, 恐不可偏廢.

虛齋蔡氏曰, 此處工夫極細. 如有九分義理, 一分私意, 便是自欺. 不必以下文
小人事來比. 下文所云, 又其甚者. 故傳者, 特擧以爲戒. 毋自欺, 所以誠其意
也. 自慊則意誠矣. 且不必便分功與效, 直至心廣體胖, 便見效.

愚按, 獨字, 與下文閒居字, 相貼, 卽指獨處而言. 獨處之地, 人所不見, 常情所
易忽者. 君子於此, 而必致其愼, 所以立心無僞而致其意之誠也. 『庸』『學』二書,
皆以愼獨爲學問要本, 皆以誠爲主也.

『章句』, 釋獨字, 以己所獨知. 此則以中心發念未形云爲者言. 此於對人時, 亦
有之, 不必獨處爲然. 然觀『中庸』之引『詩』不愧屋漏, 以証愼獨, 則分明是以獨
處言. 『中庸』旣如此, 則『大學』宜不異例.

愼獨, 正是誠意用功處. 蓋誠意, 不過禁止其自欺, 而所以禁止自欺者, 要在愼
獨而已. 獨而能愼, 則爲善, 出於誠心, 豈有自欺之患.

格致章, 言修身爲本, 則修身工夫, 已始於誠意之前也. 故此論誠意, 與修身之
義, 相承. 自欺者, 言外雖爲善去惡, 以修其身, 而內實無好善惡惡之意, 爲以內
欺外也. 自慊者, 言實然好善惡惡, 內意與外面所修, 相副. 故其心快足, 而無所
吝少也. 至於愼獨, 亦只就修身上, 做誠意之功, 修身而愼其獨, 卽所以誠其意.
此便見身與意, 表裡合一.

意未誠時, 須愼獨, 以致其誠. 意旣誠後, 須愼獨, 以保其誠. 愼獨, 是修身工夫,
不論誠意前與後也.

自欺, 意不誠者之事, 自慊, 意誠者之事, 而愼獨, 所以誠其意. 先言誠不誠之分,
後言誠之之道, 其所以論誠意者, 甚備. 不誠則自欺, 誠則自慊, 皆屬自己, 不干

別人. 故欲誠意者, 雖於獨處之地, 而必自致愼, 不可以人所不見而忽之. 其兩
自字一獨字, 相貼甚密, 而欺慊愼三字, 皆就心上說, 義甚緊切, 讀者, 察之.

● 第二節

愚按, 閒, 只是幽獨之意. 『條辨』謂閒有放肆之意. 小人獨處時, 必放肆, 故謂之
閒居, 其說甚鑿. 若然則禮記所謂仲尼閒居, 又將如何解耶.

李星湖曰, 按『語類』, 如鑄私錢, 假官會, 此是大故無狀小人, 豈自欺之謂耶. 此
處工夫極細, 未便說到粗處. 學者, 緣賺連下文小人閒居一節看了, 所以差也.
又問自欺與厭然揜其不善而著其善之類, 有分別否. 曰, 自欺, 只是於理上虧欠
不足. 九分好善惡惡, 一分不好不惡, 便是自欺. 到得厭然揜著之時, 又其甚者.
據此, 彼厭然揜著之小人, 不可爲自欺. 而朱子又曰, 爲惡於隱微之中, 而詐善
於顯明之地, 自欺以欺人也. 然則厭然揜著之小人, 又是自欺而已. 二說, 似不
同也. 以意推之, 自欺, 如一塊物, 外面是銀, 內面是鐵也. 上節工夫極細, 未說
到粗處. 比如外面九分銀, 這中間未免一分鐵藏在也. 下節所言, 非不知善之當
爲, 惡之當去, 則不可謂一分無好善惡惡之心. 故朱子曰, 小人閑居爲不善底一
段, 便是自欺, 便是惡惡, 不如惡惡臭. 揜不善著其善, 便是好善, 不如好好色也.
此比如外面一分銀, 而內面却渾是九分鐵, 畢竟均爲自欺也. 若論工夫細處, 則
須於一分鐵上, 求其渾化得盡, 所以不可粗說也. 世自有鑄私錢假官會底人. 一
意行惡, 則是內外十分皆鐵, 此果非自欺也. 若閒居小人者, 其私也, 雖爲鑄錢
假會等事, 而至見君子, 必厭然揜之, 又著其善, 則不無一分羞愧己事底意, 不無
一分悅慕君子底意. 與無所不至, 而方且自以爲得計者, 有間. 學者, 賺連下文
看, 只以無所不至, 不知愧怍者, 爲自欺, 而殊不知此節精彩, 在於厭然揜著之間
也. 故朱子明之.

愚按, 星湖因朱子說, 而分釋自欺粗細, 甚切. 但朱子所謂到得厭然揜著之時又
其甚者, 觀其語意, 以厭然揜著, 爲自欺之甚者云爾, 非謂非自欺也. 與後面自
欺欺人之說, 非有異義. 更詳之.

李星湖曰, 言春秋, 則四時擧矣, 言肺肝, 則五藏擧矣. 肺肝與中字, 相應.

愚按, 人之視己云云, 承上見君子而後云云, 則人字, 指君子言. 若非君子, 則其

察小人之心術, 未必若是洞然也.

晚村呂氏曰, 如見, 非眞見也. 在人或未見, 見亦不必盡, 卽小人厭然處, 見人之見如此, 眞無地可容.

『條辨』曰, 今人看書, 並不看上下脉絡, 可怪. 見君子而揜著, 已是外面了, 視己如見句, 却又要在小人心裡. 說反謂人未必見, 見亦未必盡. 是小人厭然處, 見人之見如此. 以爲深刻, 不知反寬鬆了. 他如何是卒不可揜, 卒不可詐哉. 如彼說, 則中外兩字, 都不實落分明.

愚按, 誠於中形於外, 朱子謂是誠於爲惡. 今詳, 此誠字, 根誠意之誠來, 恐難作誠於爲惡. 朱子以其承上文閒居爲不善, 故云然. 然上文云云, 正是言善之不誠於中, 欲其著見, 而不能得. 故於此, 反結之曰, 此謂善必誠於中, 然後方能形於外. 如此看, 恐無不可. 又按, 正心章前二節, 只言心不正之不可以修身, 而末節反結之曰, 此謂修身在正其心. 與此亦豈異例.

誠於中誠字, 根誠意之誠. 然直以誠中爲誠意, 則所謂形外者, 但爲意之形見, 其義未完, 與上下文, 不應. 誠中, 是謂善之誠於中, 形外, 則善之形著也. 第四節德潤身, 正與誠中形外相貼, 德卽誠中, 潤身卽形外也.

自欺之弊, 必於陰惡陽善, 自慊之效, 必至於誠中形外. 上下灌輸, 文義甚密. 今以誠中句, 並指爲小人爲惡之事, 則意却偏孤, 與上節不應.

● 第三節
一人, 或可欺, 而衆人, 終不可欺. 故必言十目十手. 嚴, 言其可畏也.

● 第四節
愚按, 德潤身, 心廣體胖, 分明言誠中形外之事, 上下相應. 以此, 知誠中形外之主善一邊言. 十目節, 應揜惡著善, 此節, 應誠中形外. 兩下分屬, 意益精密.

新安陳氏曰, 此借富潤屋, 以起下句德潤身之意. 德如孟子所謂仁義禮智根於心, 潤身如所謂其生色見面盎背, 是也. 下文心廣體胖, 乃申言之.

雙峰饒氏曰, 心不正, 何以能廣, 身不修, 何以能胖. 心廣體胖, 卽心正身修之驗, 所以能心廣體胖, 只在於誠其意. 以此, 見誠意爲正心修身之要.

『條辨』曰, 明明德工夫, 到誠意, 已是實得於己. 故始下個德字. 然却不可謂明明德到此, 已盡其功, 更無正心修身之功. 饒氏抹却下二章工夫, 固不是. 卽新安, 以生色見面盎背, 形之, 亦未仔細. 孟子却是說充實而有光輝以後事, 盖已兼正心修身而言之矣.

愚按, 明明德工夫, 以誠意爲基本, 而正心修身, 因誠意, 以成之而已. 故此論誠意, 而並及於正修之事, 以見其意. 饒陳二氏說, 皆是也. 『條辨』, 以德潤身心廣體胖, 爲猶未盡明明德之功, 而與正修有辨, 殊不可曉. 且問, 明德之功未盡, 而德何以能潤身乎, 心未正, 而能廣乎, 身未修, 而能胖乎. 此不知傳文以誠意該正修之本旨, 而恐誠意與正修混. 故區區分析, 有此誤謬.

德潤身云云, 與前章修身爲本, 相應. 修身爲本, 始從事於修身者也. 德潤身, 修身之成功者也.

以上四段, 論誠意終始, 以誠不誠對說, 一以致勉, 一以致戒. 然其文, 則以二者一串說來, 未嘗平對. 故首段, 以自欺自慊相對, 而但於毋自欺上, 言誠意, 則自慊之爲誠意者, 不言而見. 於自慊, 言如惡惡臭, 如好好色, 則自欺之不能如惡惡臭如好好色者, 不言而見. 毋自欺也之下, 直承以如好好色云云, 則又以見不自欺, 卽是自慊, 非有兩層. 第二節, 則何益矣以上, 專言自欺之驗, 而此謂誠於中形於外一句, 却以自慊之效承之. 此又見君子之爲善, 必自夫閒居之時, 而小人之揜著, 由其不能誠於中. 二義, 相因而發者也. 三節四節, 分言二義, 而必誠其意, 專結四節, 以致勉, 則其所以戒不誠其意者, 亦在其中. 盖其勉戒互盡, 而意脉流通, 讀者, 所宜潛玩.

首節言好善惡惡之誠不誠, 正論誠意之事也. 次節言爲善之誠不誠, 卽自誠意, 而推進一步言其效驗也. 三節四節, 卽申次節之意. 觀其十目所視云云, 與如見肺肝, 相貼, 德潤身云云, 與誠中形外, 相貼, 則可知矣.

首節起以所謂誠其意者, 冒全節之意. 盖誠意, 不過曰自慊而毋自欺也. 四節結以必誠其意, 包次節以下三節之意. 盖誠意所以致善之誠中形外, 而無陰惡陽善之弊也.

玉溪盧氏曰, 前兩言必愼其獨, 此申言必誠其意. 三言必字示人, 可謂眞切.

朱子曰, 誠意, 上面關着致知格物, 下面關着四五項上. 須是致知, 知之旣至, 方可以誠得意. 到得意誠, 便是過得個大關, 方始照管得個身心. 若意不誠, 便自欺, 便是小人. 過得這個關, 便是君子. 意誠, 便全然在天理上行, 意未誠以前, 則尙汨在人慾裏.

雙峰饒氏曰, 傳之諸章, 釋八事. 每章, 皆連兩事而言, 獨此章, 單擧誠意. 盖知至意誠, 固是相因, 然致知屬知, 誠意屬行. 知行, 畢竟是二事, 當各自用力. 不可謂知了, 便自然能行. 所以誠意章不連致知說者, 爲此. 正心誠意, 雖皆屬行, 然誠意, 不特爲正心之要, 自修身, 至平天下, 皆以此爲要. 故程子論天德與王道, 其要只在謹獨. 天德, 卽心正身修之謂, 王道, 卽齊家治國平天下之謂, 謹獨, 卽誠意之要旨. 若只連正心說, 則其意促狹, 無以見其功用之廣大如此也. 此章, 乃『大學』一篇之緊要處. 傳者, 於此章說得, 極痛切. 始言謹獨, 誠意之方也. 中言小人之意不誠, 所以爲戒也. 終言誠意之效驗, 所以爲勸也.

愚按, 朱子, 以此四節爲誠意章全文, 而移置於聽訟節之下. 今以愚見, 則下文詩云瞻彼淇澳, 以至聽訟節, 皆承此四節之意, 而推演爲說者也. 恐當通爲誠意傳, 不可單以此四節爲誠意傳全文, 而況古本次序, 不可移易, 則移此四節於聽訟節之下者, 終爲未安. 今愚之爲說, 則竝連下文, 爲一章, 而還依古本云.

● 第五節

李星湖曰, 按『詩』, 菉, 作綠, 註, 綠, 色也. 旣以綠爲色, 故至下章綠竹靑靑, 註云, 靑靑堅剛茂盛之貌. 然『大學』作菉, 則綠與菉通也. 小雅云, 終朝采綠, 不可訓色, 故註乃據『爾雅』云, 綠, 王芻也. 案, 『爾雅』菉王芻, 郭註云, 菉, 蓐也, 今呼邸脚莎. 盖『爾雅』之文, 非綠也. 若綠與菉不通, 則何獨訓采綠之綠爲王芻. 此其義有未詳者也. 按, 『毛傳』云, 綠, 王芻, 竹, 篇竹, 皆據『爾雅』爲解. 『爾雅』云, 竹, 萹蓄. 郭註云, 似小藜, 赤莖節, 好生道傍, 可食. 『本草』云, 布地而生, 節間白, 莖葉細綠, 人謂之萹竹. 盖我國馬齬草, 是也. 又『草木疏』云, 有草似竹, 高五六尺, 生淇水側, 人謂綠竹. 朱子, 又以漢書淇園之竹爲證. 皆似有理. 然須以古書爲信, 從爾雅爲是.

『或問』曰, 如切如磋, 言其所以講於學者, 已精, 而益求其精也. 如琢如磨, 言其所以修其身者, 已密, 而益求其密也. 此其所以擇善固執, 日就月將, 而得止於

至善之由也. 恂慄者, 嚴敬之存乎中也. 威儀者, 輝光之著乎外也. 此其所以睟
面盎背, 施于四體, 而爲止於至善之驗也. 盛德至善, 民不能忘, 蓋人心之所同
然, 聖人旣先得之, 而其充盛宣著, 又如此, 是以, 民皆仰之而不能忘也. 盛德,
以身之所得而言也, 至善, 以理之所極而言也. 切磋琢磨, 求其止于是而已矣.
切磋琢磨, 何以爲學問自修之別也. 曰, 骨角, 脈理可尋, 而切磋之功易, 所謂始
條理之事也. 玉石, 渾全堅確, 而琢磨之功難, 所謂終條理之事也.

李星湖曰, 鑿, 鏨, 乃攻玉石之鐵釘也. 椎, 同槌, 所以扣鑿者. 鑢, 磨錯之器,
或石或鐵爲之, 通謂之鑢也. 鍚, 本平木器, 於木套中, 露刃爲之, 今之邊鍚面鍚
之類, 是也. 自如切如磋以下, 見於『爾雅』, 蓋古語相傳, 如此也. 『爾雅』又云,
骨謂之切, 象謂之磋, 玉謂之琢, 石謂之磨, 此與『章句』不同. 然『章句』之解極
精, 學者, 當謹守之.

東陽許氏曰, 講習討論, 旣講之, 又重習之, 復討論之. 言之轉密者, 是內自警.
省察, 是密察精詳, 此求己有未善也. 克者, 勝去, 治者, 平之, 此去其不善, 以從
善也.

黃氏洵饒曰, 道學, 格物致知也. 自修, 誠意正心修身也. 又曰, 講習討論, 言格
物致知, 省察, 言誠意, 克治, 言正心修身.

東陽許氏曰, 嚴密, 是嚴厲縝密, 武毅, 是剛武彊毅. 以恂慄釋瑟僴, 而朱子謂恂
慄者, 嚴敬存乎中. 金仁山謂所守者, 嚴密, 所養者, 剛毅. 嚴密, 是不麤疏, 武毅,
是不頹惰. 以此展轉體認, 則瑟僴之義, 可見.

西山眞氏曰, 威者, 正衣冠尊瞻視, 儼然人望而畏之, 非徒事嚴猛而已. 儀者, 動
容周旋, 中禮, 非徒事容飾而已.

新安吳氏曰, 理在事物, 則爲至善, 身體此理, 而有所得, 則爲盛德. 如君之至善
是仁, 能極其仁, 卽君之盛德也. 明德是得于稟賦之初者, 盛德是得于踐履之後
者, 亦只一理而已.

晚村呂氏曰, 麟士云, 釋詩一段, 卽貼衛武公, 而不泛及. 以上節爲人君五句, 貼
文王, 下節親賢三句, 貼前王. 例觀而知之也. 按, 此論極謬. 章內五引詩, 皆借
詩之語句, 發明止至善道理耳. 如敬止, 止字, 『詩』文本屬語辭, 而此竟作實字,
則語句且不執定解. 況語句所指之人之事乎. 依渠例, 將邦畿節, 貼武丁孫子,

綿蠻節, 貼周衰賤者乎. 其誤緫, 在釋詩二字. 大學, 原以詩釋經, 初無釋詩之意.
今以爲釋詩, 豈不反客作主哉. 此等議論, 誤人不小. 須知此是就詩句上, 指出
這道理活潑潑地. 豈但衛武不足當, 卽詩言又豈足盡哉.

『條辯』曰, 「淇澳」之詩, 惟有合于經之言止至善, 故引之而釋之. 非釋詩而後, 見
明明德之止至善也. 但以全章大意論, 則傳者, 有意釋經, 豈有意論詩. 若以本
節論, 則數者字, 也字, 正就武公身上, 指出所以得之由, 與德容表裏之盛, 與人
看亦不必盡以離脫爲妙也. 晚村見解, 雖高, 亦微有過當處.

愚按, 『章句』, 以此段, 移置止於信之下, 以爲釋明明德之止於至善. 蓋以段末有
盛德至善字 而然也. 然此德字, 實與誠意第四段德潤身德, 相貼矣. 字德曰, 盛
德, 非卽以德之潤身者言乎. 善曰, 至善, 非卽以善之誠中形外者言乎. 至於自
修, 卽毋自欺之事也. 恂慄, 卽愼獨之事也. 恂慄威儀, 表裏俱盛, 又可見心廣體
胖之氣象. 此其分明因誠意章之意, 而推演爲說者也. 先之以道學, 以見誠意之
前, 有格致之功, 終之以民不能忘, 以見誠意之後, 有新民之效. 而必並說於誠意
章者, 何也. 蓋格致之所知者, 至誠意而後, 始實有於己. 新民之普及天下者, 必
自誠意而致之, 誠意最爲緊重故也. 傳者深意, 如此. 恐當依古本, 而不必移易.
盛德至善民不能忘八字, 備三綱領之義. 此見大學之道, 專以誠意爲基本.

● 第六節

新安陳氏曰, 後賢賢其賢, 後王親其親, 下賢親二字, 指前王之身. 後民樂其樂
而利其利, 下樂利二字, 指前王之澤.

李星湖曰, 朱子釋此節文義, 有可疑. 賢親字, 屬前王, 樂利字, 屬後民, 語勢不
同, 是一也. 前王縱不德, 後王, 豈不合親其賢乎. 後王之親其親, 不繫於前王之
賢否, 是二也. 樂其樂, 利其利, 若截其上樂利二字, 只觀其樂其利四字, 未見得
是使人樂利底話法, 是三也. 竊謂, 賢賢親親, 如中庸尊賢親親. 前王新民之效,
能使君子, 賢者賢之, 親者親之, 使小人, 樂者樂之, 利者利之, 無一物不得其所,
愈久而不衰, 其可忘乎. 且君子, 對小人之名, 而有二般義. 若指不肖者, 爲小人,
則其對爲賢者也. 若指無位者, 爲小人, 則其對爲有位者也. 此則恐非以位言者
也. 如『易』所謂君子豹變小人革面之義. 君子, 旣被新民之化, 有豹變之實, 小

人, 雖不能丕革自新, 亦樂利而安於化, 皆所以不忘也. 今詳朱子之旨, 小人, 則
分明是無位之小人, 而至賢賢, 則『或問』釋之以聞而知之. 遂引孔子仰文武之
澤, 爲証, 則却又是賢者之君子也. 是甚可疑. 其有二般義, 奈何. 上古, 君子居
位, 小人在下, 豈有異名. 至後世, 則君子或在下, 小人或居位. 以位則君子之位,
故無論賢不肖, 而謂之君子, 而小人亦然. 以人則或不肖者尊顯. 故雖居其位,
謂之小人, 而君子亦然. 要觀所主言如何.

『條辨』曰, 『蒙引』, 因此處新民〈止至善〉, 兼觀賢樂利說. 遂欲于在新民句, 補
出養來. 不知去舊染之汚, 自與新民意切. 故經文只說欲明明德於天下也. 此傳
文, 就新民止至善, 而推言之, 則觀賢樂利, 無非新民中事耳. 昔人謂, 經有經意,
傳有傳意, 不必扯傳意入經者, 是也.

愚按, 前段, 雖結以盛德至善民不能忘, 而第其全段之意, 只詳於盛德至善, 至於
民不能忘, 則只是帶說, 未見其不忘之實, 爲如何. 故於此, 復引「烈文」之詩, 而
釋之, 以明其所以不忘者, 如此, 而足前段之意也. 沒世不忘, 卽是民不能忘, 兩
段, 自相呼喚. 或分前段爲當世不忘, 後段爲後世不忘. 前段爲不忘德, 此段爲
不忘恩者. 分析太鑿, 不可從.

● 第七節

朱子曰, 此言文王能明其德也云云. -攷『或問』-

此克字, 雖訓能字, 然克字重如能字. 能字無力, 克字有力.〈便見得是他人不能,
而文王獨能之.〉若只作能明德, 語意便都弱了. 凡字有訓義一般, 而聲響頓異,
便見得有力無力之分. 如克之與能, 是也. 如云克宅厥心克明峻德之類, 可見得.
愚按, 上二節, 統言三綱領之基於誠意矣. 自此節以下, 又承上二節之意, 分釋
三綱領, 而此節以下四節, 言明明德事, 第十一節以下四節, 言新民事, 第十五節
以下三節, 言止至善事.

● 第八節

朱子曰, 常目在之, 古註語, 極好. 如一物在此, 惟恐人偸去, 兩眼常常覷在此,
相似.

上下文, 都說明德, 這裏却說明命. 蓋天之所以與我, 便是明命, 我所〈得〉以爲性者, 便是明德. 命與德, 皆以明言, 是這個物本自光明, 我自昏蔽了他.

人受天地之中以生, 故人之明德, 非他也云云. -攷或問-

新安陳氏曰, 傳, 引「康誥」「帝典」之克明, 皆釋上一明字, 乃明之之明, 而明德之本體, 則未嘗說破. 惟以顧諟天之明命, 言之. 蓋明命, 卽明德之本原, 顧諟, 卽明之之工夫也, 貫天命己德而一之. 子思言天命之謂性, 其亦祖述此意也歟.

虛齋蔡氏曰, 克明德, 是大槪說, 顧諟天之明命一條, 又較喫力. 故『章句』云, 常目在之, 則無時不明矣. 常目在之此目字, 當緊帶着在字讀, 莫以帶常字讀, 乃是個活字也. 不然, 當曰, 目常在之矣, 此旨, 人多不察.

愚按, 常目在之, 與目常在之, 未見其有異. 目字, 未見其必爲活字. 若以目爲活字, 作觀視之義, 則下面在之二字, 說不去. 蔡說, 恐未確, 在, 猶置也. 常目在〈之〉, 言常常置目於此也.

● 第九節

新安陳氏曰, 明德, 以此德本體之明言, 峻德, 以此德全體之大言, 一也. 德之全體, 本無限量. 克明之, 是盡己之性, 貫通明徹, 無有不明處, 而全體皆明也.

● 第十節

玉溪盧氏曰, 自明, 是爲仁由己而由人乎哉之意. 明, 是自明, 昏, 亦是自昏. 玩一自字, 使人警省.

虛齋蔡氏曰, 着此一句, 以別新民. 小註, 以爲仁由己, 釋之, 本文, 似無此意. 觀『章句』己德二字, 可見.

愚按, 自明之義, 玩『章句』所解, 則蔡說恐是. 然玉溪之重一自字, 亦備一義, 今姑兩存之.

『說約』曰, 此四節, 是解明明德. 引「康誥」意已盡. 恐人不知德之出乎天, 故引「太甲」, 恐人不知德之大, 故引「帝典」. 三引『書』, 是敍三聖現成模樣, 幷指出其自明工夫, 以示人也.

東陽許氏曰, 「康誥」, 平說明明德. 「太甲」, 是明之是明之之功, 學者, 全當法此而用功. 「帝典」言明其德, 以至於大, 此明明德之極功也.

臨川吳氏曰, 此章, 「康誥」言文王之獨能明其明德, 以明人當求所以克明其德, 發明明德之端也. 「太甲」承上文, 言欲求所以克明其德者, 必常目在乎天所以與我之明德, 示明明德之方也. 「帝典」承上文, 言能常目在夫天所以與我之明德而明之, 則是能如堯之克明其大德矣, 著明明德之效也. 而又結之曰, 此皆自明之事也. 蓋自明者, 所以自新. 使民皆有以明其明德者, 所以新民. 然欲使民皆有以明其明德而新民, 必先有以自明而自新. 故以自明二字, 結上文明德之傳, 而起下章盤銘自新之意.

● 第十一節

『或問』, 盤之有銘, 何也. 朱子曰, 盤者, 常用之器. 止. 身常潔清, 而不復爲舊染之汚也. 曰, 此言新民, 其引此, 何也. 曰, 此自其本而言之, 蓋以是爲自新之至, 而新民之端也.

新定邵氏曰, 日日盥頮, 人所同也. 日日沐浴, 恐未必然. 「內則」篇, 記子事父母, 不過五日浴三日沐而已. 斯銘也, 其殆刻之盥頮之盤耶.

李星湖曰, 邵氏, 以「內則」証湯銘, 未必然. 五日浴, 三日沐, 自是周俗, 未知湯時亦然乎. 苟體之垢汚, 不可卒濯, 則日日沐浴, 又何妨.

愚按, 『禮記』註, 訓銘, 爲書之刻之以志事者, 而不言其所以取書之刻之志之之義. 又訓爲名, 而不言其所以取名義. 今以意推之, 則字從金從名. 金者, 所以刻物, 是本爲刻名而作也. 然書之而後可刻, 書刻, 皆所以爲志, 則訓書訓志, 亦以是也. 然則其刻名之法, 又何爲而創也. 此, 蓋因古者作器皿時, 刻工名於器而志之, 以攷其良否, 而因指此謂之銘. 如「月令」物勒工名, 卽其遺制. 至如喪之銘旌, 雖不刻名, 而以其書死者之名, 故借稱銘, 而非銘字之正義. 其外 凡書之刻之以志事者, 通稱銘, 而此皆借稱也. 至於湯之盤銘, 武王劒弓銘之屬, 亦只是書刻以志之, 未必取名義. 『章句』所謂名其器者, 借名字, 爲稱述之義. 名其器以自警者, 言卽其器而稱述, 因以自警. 如盤, 是沐浴之器, 則所謂日新又新者, 卽托沐浴之事而稱述, 以自警, 使有以日新其德也. 然此釋湯盤銘, 故云然. 至如銘字本義, 則未必爲稱述其器, 亦未必取自警之義也.

或曰, 喪之有銘, 書死者之名, 而謂之明旌, 則名與明, 義相通. 名其器之名, 恐是明著之義. 今詳, 銘之稱明旌, 謂其書名, 以明著之. 未便指名爲明義也. 或又曰, 古者, 指書文爲名. 銘字之从金名, 盖謂其書字而因刻之. 然則名其器之名, 亦以書字言. 今詳, 喪之銘, 取其書死者之名, 則銘字从名之本義, 恐是以名號之名, 而不以書文之名. 更詳之.

朱子曰, 苟日新一句, 是爲學入頭處, 而今爲學, 且要理會苟字. 苟能日新如此, 則下面兩句工夫, 方能接續做去, 而今學者, 只管要日新, 却不去苟字上面着工夫. 苟日新, 苟者, 誠也.

苟日新, 新, 是對舊染之汚而言. 日日新, 又日新, 只是要常常如此, 無間斷也. 『書』云, 終始惟一, 時乃日新. 這個道理, 須是常接續不已, 方是日新. 纔有間斷, 便不可.

成湯〈工夫, 全是在敬字上〉看來. 大段是一個修飭底人. 故當時人說他做工夫處, 亦說得大段地着. 如禹克勤于邦克儉于家之類, 却是大綱說. 到湯, 便說檢身若不及.

雙峯饒氏曰, 所新, 雖在民, 作而新之之機, 實在我. 故自新, 爲新民之本. 我之自新, 有息, 則彼之作新, 亦息矣. 所以釋新民, 先言自新, 其相關之機, 盖如此. 新安陳氏曰, 明明德爲體, 新民爲用, 體用元不相離. 故於平天下章, 以明明德於天下爲言,由體而達於用, 同一明也. 於新民之端, 以日新又新爲言, 因用而原其體, 同一新也. 移明己德之明字, 以言明民德, 又移新民之新字, 以言新己德, 體用之不相離, 可見矣.

● 第十二節

愚按, 『章句』, 釋作新民, 爲振起其自新之民, 與經一章新民之意, 不合. 『書經』蔡氏註, 釋作新乎民, 恐得之. 皇明, 李東陽說, 亦然.

不止曰新民, 而曰作新民, 更加精采. 作新, 是振起以新之. 民必待上之振起, 然後有所感發而進於善.

● 第十三節

朱子曰, 周之有邦, 自后稷以來云云. -攷『或問』-

陸稼書曰, 文王能新其德, 以及其民, 而始受天命, 這便是新民之至善. 不重新命, 只重所以新命處. 若呆講新命, 便是敎人圖度天命了.

愚按, 天之命乎人也, 有施於稟賦者, 前章天之明命, 是也. 此則以理言之. 有施於眷佑者, 此章其命惟新, 是也. 此則以氣數言之. 其所主而言者, 不同, 而其出於天, 則一也. 人能體其稟賦之命, 而克享天心, 則天必申之眷佑之命, 而以報其德. 如人臣受職於君, 而能盡其任, 則必有祿賞之降, 此必然之理也. 『中庸』所謂大德必受命, 卽此意. 故以此而明自新新民之應者. 其言似虛, 而其理甚實, 然非聖人之盛德至善, 則無以致此應. 故以此而明君子之所以無不用極者. 其辭似闊, 而其旨甚密. 讀者, 察之.

● 第十四節

朱子曰, 此結上文『詩』『書』之意也云云. -攷『或問』-

愚按, 朱子云, 「文王」詩, 自新新民之極也. 言自新新民之極, 而其效如此云爾, 非謂自新新民之事, 以此爲極也.

『條辨』曰, 朱子云, 用其極者, 求其止于是而已. 止于是之上, 又加一求字, 可見用字在止字之先. 是求止之工夫.

黃際飛曰, 極字, 是經至善至字. 『章句』, 事理當然之極, 天理之極, 語極字旨, 是此極字.

『說約』曰, 此四節, 雖有自新新民新命三項, 總以新民作主. 自新者, 新民之本. 新命者, 新民之應. 末節, 特責成君子. 湯文武, 原是借來影子, 不必貼定說.

雲峰胡氏曰, 上章, 釋明明德, 故此章之首, 曰日新, 又新, 所以承上章之意. 下章, 釋止於至善, 故此章之末, 曰無所不用其極, 又所以開下章之端.

『條辨』曰, 此章, 釋新民, 只言新民當用其極, 足矣. 而必言自新新民, 無所不用其極者, 見自新不用其極, 斷無新民能用其極之理. 卽所謂明德爲本, 新民爲末之意也. 看後傳齊治平章, 俱不脫修身, 總此意.

● 第十五節

朱子曰, 此以民之止于邦畿, 而明物之各有所止也.

東陽許氏曰, 王者所居, 地方千里, 謂之王畿. 居天下之中, 四方之人, 環視內向.
皆欲歸止于其地, 猶〈事〉有至善之理, 人當止之也.

● 第十六節

朱子曰, 此, 引「緡蠻」之詩, 而系以孔子說詩之辭. 蓋曰, 鳥於其欲止之時, 猶知
其當止之處, 豈可人爲萬物之靈, 而反不如鳥之能知所止而止之乎. 其所以發
明人當知止之義, 亦深切矣.

『說約』曰, 於止之止, 以時言, 所止之止, 以處言. 人不如鳥, 就決擇之智言. 重
在知字.

愚按, 於止知其所止, 言於其止也, 知所當止, 於止止字, 固非如所止止字之以處
言. 亦未見其必以時言. 更詳之.

● 第十七節

朱子曰, 此因聖人之止, 以明至善之所在也. 止. 使天下後世, 得以取法焉.

或問, 子之說詩, 旣以敬止之止, 爲語助之辭, 而于此書, 又以爲所止之義, 何也.
曰, 古人引詩, 斷章, 或姑備其辭, 以明己意, 未必皆取本文之義也.

問, 五者之目, 詞約而義該矣. 子之說, 乃復有云云. -攷『或問』-

西山眞氏曰, 敬止之敬, 擧全體言, 無不敬之敬也. 爲人臣, 止于敬, 專指敬君,
言敬之一事也. 文王之敬, 包得仁敬孝慈信.

『說約』曰, 此節, 不重文王. 只備文王, 以歷指所當止之處. 通節, 敬字是綱. 下
五句, 俱以敬字貫, 敬止止字, 是萬事統體此止也. 下五止字, 是一事各具一止
也. 仁敬孝慈信, 同出而異名, 非求爲仁敬孝慈信而止之也.

愚按, 此贊聖人盛德至善. 故其列五者之目, 先擧人之所難者, 而後及其易. 父
子天屬, 而君臣義合, 仁敬難於慈孝也. 君勢尊而臣勢下, 君仁又難於臣敬也.
鞠育之恩無窮, 而愛養之誠易怠, 子孝又難於父慈也. 至於與國人交, 則視上四
者, 尤輕歇, 固宜居末. 二倫之不擧者, 事兄事長, 不過推其孝敬而已, 妻妾幼少,

可以仁慈而包之矣.

國人, 或以爲國內民庶, 或以爲友邦家君之在西伯所統者. 若從前說, 則與爲人君句, 相疊, 後說近是.

『說約』曰, 此章, 釋止于至善. 首節, 借邦畿, 出止字, 言物各有止. 次節, 借黃鳥, 出知字, 言人當知止. 三節, 正言至善所當止, 擧文王之敬止, 以立止之極.

● 第十八節

愚按, 孔子所謂必也使無訟, 言其必以使無訟爲期而已, 未及於使無訟之事. 曾子所釋, 無情者以下十二字, 直說使無訟之事, 而略其必也之意. 此謂知本四字, 回繳必也使無訟, 非承大畏民志而言. 盖大畏民志, 而使不得盡其無情之辭已. 是明其德而致民之新, 非特知明德之爲本而已. 惟於其必以無訟爲期處, 見其知本.

章內, 分釋三綱領者, 盡於前節. 至此, 則又就其中, 而言其當以明德爲本. 其示人之意, 益切矣.

或問, 聽訟無訟, 于明德新民之義, 何所當也. 朱子曰, 聖人德盛仁熟云云. -攷『或問』-

玉溪盧氏曰, 無訟則民新矣. 使民無訟, 惟明明德者, 能之.

晚村呂氏曰, 大畏民志, 也只得新民邊事. 所以大畏民志者, 方是本, 是從末上, 倒推.

又曰, 使無訟, 是新民之一事. 然云大畏民志, 亦無不由乎明德者. 卽此言, 可以知本末之先後矣.

『條辨』曰, 按, 饒氏, 聽訟, 末也, 使無訟, 理其本也, 語本斟酌. 盖理其本, 則必在於自明其明德矣. 後人, 多脫却使字, 以無訟爲本, 聽訟爲末. 不知無訟只說得民德之新, 如何說得本. 『蒙引』, 以無訟爲末, 使無訟爲本, 則又非. 盖使無訟三字, 原分不開. 夫子, 只以使無訟, 對聽訟而言, 未嘗以使無訟一層, 對無訟一層而言也. 聽者, 上聽之也, 使者, 亦上使之也. 能明明德, 以使民無訟, 則是知本. 徒聽訟, 以求民新, 便是務末. 是使無訟, 正與聽訟, 分本末, 何嘗與無訟, 分本末. 或者, 誤以無情句, 爲無訟, 大畏句, 爲使無訟, 不知二句只一直說. 所以大註中, 用一盖字, 乃推原之辭. 言聖人能使無情實之人, 不得盡其虛誕之辭者, 由乎我之明德旣明, 自然有以畏服人之心志也. 能使二字, 朱子已用在無情句之上, 而或者, 猶欲分貼乎.

● 總論

愚按, 誠意一章, 是『大學』一篇之緊要處. 故傳者, 說得極詳切. 首節次節, 反復言愼獨, 以示誠意之方. 三節四節, 承上文, 而著其誠不誠之驗, 一戒而一勸也. 五節六節, 因誠意之驗, 而引『詩』咏歎, 以明三綱領之皆基於此. 七節以下十一節, 又雜引『詩』『書』, 而分釋三綱領. 十八節, 又就三綱領之中, 而言其本末之分, 以結全章. 且與上格致傳結辭, 相應. 其旨甚密, 讀者, 察之.

朱子移易此章諸節. 以康誥曰克明德以下十二節, 置所謂誠其意之上, 又以淇澳以下二節, 挿入止於信之下, 子曰聽訟之上, 又謂所謂誠其意之上, 亡格物致知傳, 別撰補亡章, 以補之. 今詳, 康誥曰克明德以下十二節, 言三綱領者, 分明承淇澳節盛德至善民不能忘而言. 淇澳節盛德至善, 則又承前節德潤身而言, 其不可移易上下也, 決矣. 格物致知之義, 若以物有本末之物字, 知止之知字, 貼看, 則前章自天子以下二節所釋, 初無不足, 未見有亡闕可補也. 且古書文句之錯互者, 容或有一二節, 必無許多節錯互, 若是紛紜之理. 且所謂錯互者, 千載之下, 無他證的, 惟以文義之通否而決之. 今文義旣可通, 又何以知其必爲錯互乎. 若朱子之爲此者, 盖以誠意八條目之一也. 條目, 不可與綱領相混. 故拔章內之論綱領者, 別爲綱領傳, 而綱領當居先, 條目當居後, 故又爲之易其上下也. 雖然, 誠意, 與他條不同. 三綱領, 莫不造端於此傳者. 特以三綱領論於誠意章內者, 極有深意, 不可不察也. 至於補亡章, 若以愚見, 則本文初無可補. 朱子所補者, 汎以窮萬物之理, 致吾心之知, 爲格物致知, 與本文以正本末之分, 知至善之理, 爲格致者, 不合. 此皆愚之所不敢曉也. 恐當一以舊本爲定.

第四章 釋正心修身

● 第一節

或問, 有所忿懥恐懼好樂憂患, 心不得其正, 是要無此四者, 心乃正乎. 程子曰,
非是謂無, 只是不以此動其心. 學者, 未到不動處, 須是執持其志.

朱子曰, 四者, 只要從無處發出, 不可先有在心下. 須看有所二字. 如有所忿怒,
因人有罪而撻之. 撻〈撻〉了, 其心便平, 是不有. 若此, 心常常不平, 便是有.
所謂有所, 是被他爲主於內, 心反爲他動也.

心纔繫於物, 便爲所動. 所以繫於物者, 有三. 事未來, 先有個期待之心, 或事已
應過, 又留在心下不能忘, 或正應事時, 意有偏重. 都是爲物所繫縛. 便是有這
個物事, 到別事來到面前, 應之便差了. 如何心得其正. 聖人之心, 瑩然虛明, 看
事物來, 若大若小, 四方八面, 莫不隨物隨應. 此心元不曾有這物事.

愚按, 心之爲體, 湛然虛明. 及其見於用, 則隨感順應, 是則心之正也. 喜怒憂
懼, 是皆心之感於物者, 人所宜有也. 但謂之有所, 則是留滯於中, 而不能隨感
順應, 可見其用之失正矣. 旣已留滯於中, 則幷與其湛然虛明者, 而汨塞之, 是
又體之不得正也. 盖心之失正, 必自用而始, 故據喜怒言. 而至其失正之極, 則
由用及體, 故言有所以該之. 若只就用上言, 則但言喜怒之偏過而已, 不必言有
所矣. 『大學』之論心, 盖以全擧體用, 而不倚一偏, 故其立文如此. 『章句』解不
得其正, 專就用一邊言, 此所未可曉也.

『大學或問』曰, 未感之時, 雖鬼神, 有不得窺其際者, 固無得失之可議也. 『中庸
或問』曰, 方其未發, 雖未有過不及之可名, 而所以爲無過不及之本體, 實在於
是. 今詳, 無過不及之本體, 實在未發之時, 則未發之時, 不無得失之可議. 二說
不合, 未知何從. 然『中庸』明言致中致和兩項工夫. 致中, 所以立大本, 就未發
言, 致和, 所以行達道, 就已發言. 若使已發有得失, 未發無得失, 則只言和一
字, 可矣. 必不如是, 並擧中和. 由是言之, 則當以『中庸或問』之說爲定, 『大學
或問』, 則恐是朱子初說, 未必十分精確也. 如胡雲峰曰, 心之體, 無不正也, 程
微庵曰, 未發之時, 心不待正而後正, 恐皆未察乎. 此惟陳氏所謂本體不偏於未
發之先者, 最是. 覽者, 詳之.

李星湖曰, 程子以身作心, 此固至矣. 然抑有一說. 李贄曰, 惟身別無正心之術, 此語, 可商量也. 喜怒憂懼, 卽所謂人心之所生也. 人字屬身, 心字主喜怒憂懼. 順於身則喜, 逆於身則怒. 有所者, 卽順逆之事也. 身有所云云者, 卽人心惟危之機也. 盖彼忿懥等, 何從而生乎. 由有所故也.

● 第二節

朱子曰, 惟是此心之靈, 旣爲一身之主云云. -放『或問』-

虛齋蔡氏曰, 夫心有所忿懥, 而不得其正, 則心奪於忿懥, 而不爲吾有矣, 是心不在也.

李星湖曰, 心不在焉, 非謂不在視聽上也, 卽猶不在腔子裏矣.

目之官則視, 耳之官則聽, 口之官則食. 皆屬在身上. 至見聞知味, 則心之爲也. 愚按, 心有不存, 則雖於聲色臭味之粗, 而亦有不能以詳辨者. 此『或問』所以有仰面貪看鳥回頭錯應人之說. 『條辨』謂, 視不見, 非謂幷色而不見之也, 只是不見得色中之義理也. 聽不聞, 食不知味, 亦然云云. 說得太深, 恐非本文之意. 前節言心不正之弊, 此節言心之不正, 無以修其身, 儘有次第. 觀前節忿懥等四者, 皆就心上言, 此節視聽食三者, 皆就身上言, 則可知矣. 至於心不在焉一句, 屬此節之首, 而接上文. 此又見視不見云云, 由於心之不在, 心之不在, 又由於有所忿懥等, 而不得其正也. 玩其文義, 殊甚分明. 『條辨』乃謂, 有所忿懥等, 與視不見云云, 初無兩樣, 則正修次節, 不可辨矣. 又謂, 有所之根原, 由於心不在, 則本文便成倒說. 此皆所未安也. 雖然, 喜怒憂懼之有所, 固有以致心之不在. 而心之不在, 則喜怒憂懼, 必來而爲主於內. 此其勢之相因, 不害各爲一說. 至如喜怒憂懼之與視聽食, 則終是正修次第, 分明不可渾淪說也.

前節, 只言心不正之弊, 而不言正心之事. 然心之有所喜怒憂懼而失其正者, 只是心無主宰, 奪於外物. 而然則今欲免此者, 惟使心有主而定於內而已. 此非敬以直內, 則不可. 此節, 只言心不在之不可以修身, 則雖不言心在之可以修身, 而其意, 亦自可見. 故『章句』所謂必察乎此, 而敬以直之, 然後此心常存, 而身無不修者, 因其所已言, 而探其所未言, 深得傳文之義也.

虛齋蔡氏曰, 心不存, 則無以檢其身, 身不可得而修矣. 檢字, 當不得修字.

- 末節

上二節, 言心不正之不可以修身, 則修身之在正其心, 卽此可見. 故結之如此.

- 總論

『說約』曰, 此章, 摠見心體至虛而至靈, 正心者, 不可以有所偏也. 上節有所, 便
是不虛, 次節, 惟不虛, 亦便不靈. 摠是借常人的情狀以形容. 身心, 最相關處,
非謂正心工夫, 專在忿懥等項上用, 修身工夫, 專在視聽飮食上用也.

朱子曰, 意雖已誠, 而此心持守之不固, 是以有動. 到這裏, 猶自三分是小人, 正
要做工夫. 且意未誠時, 譬猶人之犯私罪也, 意旣誠而心猶動, 譬猶人之犯公罪
也, 亦甚有間矣.

意若不誠, 則雖外面爲善, 其意實不然. 如何更問他心之正不正. 意旣誠了, 而
其心或有所偏倚, 則不得其正. 故方做那正心底工夫.

陸稼書曰, 前二章言知言意. 雖是皆心, 然知是就心之知覺處說, 意是就心之發
念處說. 至此章, 方直指心之全體也.

『사칠동이변(四七同異辯)』 원문*

1　四七同異辯序

四端理發七情氣發之說, 始於朱夫子. 而我東則退溪李先生祖而述之. 奇高峯明彦從先生遊者也, 初疑四端只在七情中, 以爲不可分屬理氣辨說紛紜, 然卒能反復而歸於一矣. 至李栗谷叔獻復以高峯初見爲是, 於是談四七者岐而貳之, 至今爲未了之案. 盖當攷之.

四端始於孟子曰, "惻隱之心仁之端, 羞惡之心義之端, 辭讓之心禮之端, 是非之心智之端." 夫仁義禮智是天理之具於中, 而惻隱等四者卽其端也, 則以四端爲之理發者, 此也. 七情始見於「禮記」曰, "何謂人情? 喜怒哀懼愛惡欲七者, 不學而能." 飮食男女人之大欲存焉, 死亡貧苦人之大惡存焉, 欲惡者心之大端, 釋之者曰, 人雖有七情, 摠言之止是欲惡二者, 故曰大端也. 夫七情摠於欲惡二者, 而飮食男女之欲, 死亡貧苦之惡, 不過就形氣上言之. 則以七情爲之, 氣發者此

---

* 여기서 '원문'은 다음 판본을 참고하였다. 퇴계와 율곡은 『역주 사단칠정논쟁』(학고방, 2009)에서 정리한 것을 따랐다. 이는 『퇴계전서』, 『도산전서』, 『고봉집』(모두 고각(古刻)판), 그리고 『율곡전서』와 『우계집』을 교차대조하여 교감한 것이다. 성호는 『사칠신편』(이상익 역, 다운샘, 1999)에 실린 원문과 비교하였다.

也. 然則四端七情之分屬於理與氣, 自『孟子』及『禮記』本文而然. 朱子固非並說也. 退溪亦非苟同於朱子也.

雖然, 四七本義則如此, 而奇李二氏所謂四端在七情中者, 或可以自備一說. 何以明其然也? 盖七情之發於氣, 固也, 亦有從天理發, 切不干於形氣者, 如見善事則喜, 見惡事則怒, 見善人則愛, 見惡人則惡, 見人臨於患害則哀 · 懼, 見善人善事而欲從之, 見人臨患害而欲救之, 若是者, 未見其異於四端. 愚所謂奇李二氏之或可自爲一說者, 盖指此等處也.

大抵朱子退溪論四七則直據經訓本文而論其大體, 高峯則初雖然異, 卒能復之, 獨栗谷因高峯已棄之論, 而貳於退溪, 終身不悟, 其謬深亟慨然. 然就其所論中, 自爲一說者, 不宜以大體之謬而幷泯之也. 今首錄朱子說以見其始發也, 次列退溪及奇李二氏說以見其同與異也. 其或同中有失, 異中有得者, 亦具着之, 且以己意爲之辨. 將以就正於知道君子, 未知以爲果何如也.

2 四七說原

四七說始於朱子, 故曰說原.
『朱子語類』曰: "四端是理之發, 七情是氣之發." 說見序文.

3 四七說同

同於朱子故曰說同.

退溪先生與奇高峯書曰: 四端七情均是情也. 何以有四七之異名耶? 來論所謂所就以言之者不同是耶. 盖理之與氣, 本相須以爲體, 相待以爲用, 固未有無理之氣, 亦未有無氣之理, 然所就以言之不同, 則亦不容無別. 惻隱 · 羞惡 · 辭讓 · 是非, 何從而發乎? 發於仁 · 義 · 禮 · 智之性焉爾. 喜 · 怒 · 哀 · 懼 · 愛 · 惡 · 欲, 何從而發乎? 外物觸其形而動於中, 緣境而出焉爾. 四端之發, 孟子旣謂之心, 則心固理氣之合也. 然而所指而言者, 則'主於理', 何也? 此¹仁義禮智之性粹然在中, 而四者其端緒也. 七情之發,² 程子謂之'動於中'; 朱子謂之'各有攸當', 則固亦兼理氣也. 然而所指而言者, 則'在乎氣', 何也? 外物之來, 易感而先動者莫如形氣, 而七者其苗脈也. 安有在中爲純理, 而才發爲雜氣, 外感則形氣, 而其發顧爲理不爲氣耶? 四端皆善也, 故曰: "無四者之心, 非人也", 而曰: "乃若其情則可以爲善矣". 七情,³ 本善而易流於惡, 故其發而中節者, 乃謂之和, 一有之而不能察, 則心已不得其正矣. 由是觀之, 二者雖曰皆不外乎理氣, 而因其所從來, 各指其所主⁴而言之, 則謂之某爲理, 某爲氣, 何不可之有乎? 竊詳來諭⁵之意, 深有見於理氣之相循不離, 而主張其說甚力, 故以爲未有無理之氣, 亦未有無氣之理, 而謂四端七情非有異義. 此雖近是, 而揆以聖賢之旨, 則⁶恐有所未合也.

按: 退溪此條論四七理發氣發者, 深有得乎! 朱子本意不徒曰理, 而提出'性'一字, 不徒曰氣, 而提出'形'一字, 尤爲明且盡矣. 盖'四端理發'之理字, 以性命言之; 七情氣發之氣字, 以形氣言之, 與汎論理氣者不同. 若汎論理氣, 則理豈有無氣而獨發者乎, 氣豈有無理而獨發者乎! 如四端之惻隱者, 氣也, 而其所以惻隱者, 理也. 七情之喜怒者, 氣也, 而其所以喜怒者, 理也. 是皆兼理與氣, 未見四端七情之有以異也. 但四端之理, 則原於性命之本然, 七情之理, 則著於形氣之私分. 如仁義禮智之性, 聲色臭味之性, 其爲性則同, 而聲色臭味之性, 君子不爲之性何也? 以其屬於形氣故也. 四端之屬於理, 七情之屬於氣, 其意只是如

---

1 원문에는 이 '此' 자가 없다.
2 이 뒤의 구절 "程子謂之'動於中'; 朱子謂之'各有攸當', 則固亦兼理氣也."가 원문에는 "朱子謂之'本有當然之則', 則非無理也."로 되어 있다.
3 이 뒤의 구절 "本善而易流於惡, 故其發而中節者, 乃謂之和, 一有之而不能察, 則心已不得其正矣."가 원문에는 "善惡未定也, 故一有之而不能察, 則心不得其正矣. 而必發而中節, 然後乃謂之和."로 되어 있다.
4 원문에는 이 뒤에 '與所重'이 있다.
5 원문에는 '喻'로 되어 있다.
6 원문에는 이 '則' 자가 없다.

此. 豈謂四端無氣而七情無理乎? 高峯蓋不察乎理氣之以性形言, 而乃以汎論理氣者當之, 故疑其分屬之未安, 而退溪之辨亦不明言. 七情之理異於四端之理; 如是則恐無以破人之惑. 愚故謹述所見如此.

然則四端也, 七情也, 果有二理者乎? 曰:理之大本則一, 而其分則殊. 何以言之? 蓋人之性, 得乎陰陽五行之理, 則四端七情孰非原於是理者乎? 如五行之木火主舒, 而四端之惻隱也, 恭敬也. 七情之喜愛之屬發於是. 金水主慘而四端之羞惡也, 是非也. 七情之怒惡之屬發於是. 此非理之本則一者乎! 然而四端則非特舒慘之質性, 而常有仁義禮智之德爲之根, 七情則但因形氣上利害而初無仁義禮智之德爲之根, 此惟理之分則殊者乎! 故四端七情爲之俱發於五行之理, 則可謂之, 俱發於仁義禮智之德, 則不可. 如禽獸亦有喜怒之情, 以其同具五行之理故也. 惟四端無之以其不能稟四德故也. 然則四德五行亦非一理乎? 曰: 四德之理, 何嘗非五行之理乎? 但四德是五行本然純粹之體, 而不但以質性剛柔言也. 若汎論其質性則非特四七之發於是也. 內而臟腑, 外而百體, 其所以運用動作之者, 孰非五行之理, 而不可以此概屬於四德也.

又與高峰書曰: 人之一身, 理與氣合而生, 故二者互有發用, 而其發又相須也. 互發則各有所主可知; 相須則互在其中可知. 互在其中, 故渾淪言之者, 固有之. 各有所主, 故分別言之而無不可. 論性而理在氣中, 思·孟猶指出本然之性, 程·張猶指論氣質之性; 論情而性在氣質, 獨不可各就所發而分四端七情之所從來乎?

按: 理氣互發, 卽指四端理發·七情氣發而言者也. 固無可疑, 且四端非無氣也, 而與七情之生於形氣之私者不同. 七情非無理也, 而與四端之發於四德之理者又異. 則汎稱以相須互在, 恐欠分別. 至於以四七之分, 比之於本然之性·氣質之性, 則有未可曉者, 本然也, 氣質也, 豈有二性哉! 就理之在氣質者, 合而言之則曰氣質之性也. 剔去氣質而單言理, 則曰本然之性也. 若四端七情, 則判然作二路矣. 雖欲合言而不可得. 惟如奇李二氏所謂四端在七情中, 然後可以如此下說. 然此則非『孟子』及『禮記』論四七之本意, 固退溪之所嘗非之者也.

又與高峯書曰: 四端感物而動, 固不異於七情, 但四則理發而氣隨之, 七則氣發而理乘之耳.

按: 此'理'字'氣'字, 今以性命形氣言之. 則七情之發也, 何嘗見性命去乘他? 但七情任其所爲, 則或流於惡耳. 須以性命管攝他, 若是者, 固可謂理乘, 而此亦用切時事, 非所以論於發處也. 且'理''氣'字, 若是汎論則四七皆具理氣. 其發也, 皆理動而氣隨. 雖七情亦豈氣先發而理去乘之乎?

又與高峯書曰: 古人以人乘馬出入, 比理乘氣而行.[7] 蓋人非馬不出入, 馬非人失軌途, 人馬相須不相離. 人有指說此者, 或汎[8]指而言其行, 則人馬皆在其中, 四七渾淪而言者, 是也. 或指言人行, 則不須幷言馬, 而馬行在其中, 四端是也; 或指言馬行, 則不須幷言人, 而人行在其中, 七情是也.

按: 以人乘馬喩四端之管攝七情則可也. 而若就其發處言之, 則四七之發, 未必相須, 恐不可以是爲喩.

又與高峯書曰: 四端亦有不中節之論, 雖甚新, 然亦非孟子本旨也. 孟子之意, 但指其粹然從仁義禮智上發出底說來, 以見性本善, 故情亦善之意而已. 今必欲舍此正當底本旨, 而拖拽下來, 就尋常人情發不中節處滾合說去. 夫人羞惡其所不當羞惡, 是非其所不當是非, 皆其氣昏使然, 何可指此儳說以亂於四端粹然天理之發乎?

按: 朱子亦嘗言惻隱羞惡也, 有中節也, 有不中節, 則四端亦有不中節之論. 非歸於高峰矣. 四端既發於理則其所以或不中節者, 何也? 退溪謂氣昏使然者, 甚確. 理必乘氣而行, 故氣昏則理或不顯. 然以是而便謂四端之不發於理, 可乎? 李星湖有言曰, 如人簾籬裡, 看物樣侗儱不明, 以草看作木, 以玉看作石者, 或有之. 然其迹未嘗涉於私己, 則其所以發, 依舊是公; 斯言也, 儘當矣.

孟子之喜, 舜之怒, 孔子之哀與樂, 氣之順理而發, 無一毫有碍, 故理之本體渾全. 常人之見親而喜, 臨喪而哀, 亦是氣順理之發, 但因其氣不能齊, 故理之本體亦不能純全. 以此論之, 雖以七情爲氣之發, 亦何害於理之本體耶?

按: 喜善人之爲政, 怒四凶之有罪, 哀顔淵之死, 而樂四子之侍與夫, 凡人之見親喜, 臨喪哀, 皆發於天理之本然, 而不與形氣相干. 此正高峯所謂七情中理發一

---

7 원문에는 뒤에 '正好'가 붙어 있다.
8 원문에는 '泛'으로 되어 있다.

邊, 與四端同實異名者也. 雖非『禮記』論七情之本意, 然不害其自爲一說, 退溪之必以爲氣發, 終有所不可曉者也.

與李平叔書曰: "四端是道心, 七情是人心."

按: 道卽性命之理也. 人, 卽人身也. 身者, 形氣也. 四端從性命發, 故知其爲道心. 七情從形氣發, 故知其爲人心. 朱子「中庸序」論人心道心而曰, "或生於形氣之私, 或原於性命之正, 而所以爲知覺者不同," 此與四端理發, 七情氣發云者, 渙然合矣.

又按:『語類』有曰, "惻隱羞惡辭讓是非, 道心也." 又曰, "喜怒則人心." 退溪之說, 蓋本於此歟.

以上幷退溪說. 退溪於理氣之大分, 固得其正, 而至於前後諸說, 以不無出入處, 亦有立見之或偏者. 愚旣述其精言之論, 而其於可疑處, 亦不敢强同, 謹爲之辨如此.

奇高峰上退溪先生「後說」曰: 四端七情之說, 前此認得"七情之發而中節者, 與四端不異," 故有疑於理氣之分屬, 以爲"情之發也兼理氣有善惡, 而四端則專指其發於理而無不善者言之; 七情則固指其兼理氣有善惡者言之[9]." 若以四端屬之理, 七情屬之氣, 則是七情理一邊, 反爲四端所占, 而有善惡云者, 似但出於氣, 此於言語[10]之間, 不能無可疑者也. 然以朱子所謂"四端是理之發, 七情是氣之發"者, 參究反覆, 終覺有未合者, 因復思之, 乃知前日之說, 考之有未詳, 而察之有未盡也.

孟子論四端, 以爲"凡有四端於我者, 知皆擴而充之", 夫有是四端, 而欲其擴而充之, 則四端是理之發者, 固其然矣[11]. 程子論七情, 以爲情旣熾而益蕩, 其性鑿矣, 故覺者約其情, 使合於中. 夫以七情之熾而益蕩, 而使其約之以合於中, 則七情是氣之發者, 不亦然乎! 以是而觀之, 四端七情之分屬理氣, 自不須疑, 而四端七情之名義, 固各有所以然, 不可不察也.

---

9 원문에는 뒤에 '焉'이 붙어 있다.
10 원문에는 '語意'로 되어 있다.
11 '固其然矣'가 원문에는 '是固然矣'로 되어 있다.

然而七情之發而中節者, 則與四端初不異也, 蓋七情雖屬於氣, 而理固自在其中, 其發而中節者, 乃天命之性本然之體, 則豈可謂是氣之發而異於四端耶? 來書謂孟子之喜 · 舜之怒 · 孔子之哀與樂, 是氣之順理而發,[12] 及各有所從來等語, 皆覺未安. 夫發皆中節, 謂之和, 而和卽所謂達道也, 若果如來說, 則達道亦可謂[13]氣之發乎? 此又不可不察也.

朱子嘗曰: "論天地之性, 則專指理言; 論氣質之性, 則以理與氣雜而言之."此正理發氣發之論也. 大升曾引此語, 以爲是理之發者, 專指理言, 是氣之發者, 以理與氣雜而言之者, 無甚碍理, 而不蒙察納, 無乃下語不著而然耶.

來辨所謂"情之有四端七情之分, 猶性之有本性氣稟之異"者, 與鄙見似不異, 未知其何以不察, 以爲本同而趨異耶? 夫所謂氣質之性, 以理與氣雜而言之者. 蓋以本然之性, 墮在氣質之中, 故謂雜而言之, 然氣質之性之善者, 乃本然之性, 非別有一性也. 然則鄙說謂七情之發而中節者, 與四端同實而異名云者, 疑亦未害於理也.

按: 高峰此條, 四端七情之名義, 固各有所以然. 以上一截, 與退溪合. 其下所謂七情之發而中節者, 與四端不異, 則又誤矣. 夫七情所以中節者, 特其聽命於四端, 而四之非七, 七之非四, 則自如也. 如人之遵馬使循軌而行, 而人自人, 馬自馬, 不可便指馬爲人也. 又引『中庸』發皆中節謂之和, 以爲和卽達道不可謂氣發, 今詳七情雖氣發, 而其中節者, 乃理之所宰達道, 只是據理宰處言之, 非據氣發處言之, 則又何以是而疑七情之非氣發乎? 但『中庸』之論喜怒哀樂, 非如「禮運」之以飮食死亡論欲惡, 未見其如主形氣言, 或兼理發氣發而四端包於其中, 亦未可知耳. 末段本性氣質之說, 愚已論於上, 玆姑略之, 而退溪之說, 不無出入處, 此所以不能解高峰之惑也歟.

又上退溪先生「總論」曰: 朱子曰: "人受天地之中以生, 其未感也, 純粹至善, 萬理具焉, 所謂'性'也. 然人有是性則卽有是形, 有是形則卽有是心, 而不能無感於物, 感於物而動, 則性之欲者出焉, 而善惡於是乎分矣, 性之欲, 卽所謂情也."

---

[12] 원문에는 이 뒤에 '無一毫有碍'가 붙어 있다.
[13] 원문에는 이 뒤에 '是'가 붙어 있다.

此數言者, 實釋『樂記』動靜之義, 語雖約, 而理則該, 其於性情之說, 可謂竭盡無餘蘊矣.

然其所謂'情'者, 乃[14]喜·怒·哀·懼·愛·惡·欲之情也, 與『中庸』所謂喜·怒·哀·樂者同一情[15]. 夫既有是心而不能無感於物, 則情之兼理氣者, 可知也, 感於物而動, 而善惡於是乎分, 則情之有善惡者, 亦可知也, 而喜怒哀樂發皆中節者, 卽所謂理也善也. 而其發不中節[16], 則乃由於氣稟之偏而有不善者矣. 若孟子之所謂四端者, 則就情之兼理氣有善惡上, 剔出其發於理而無不善者言之也. 蓋孟子發明性善之理, 而以四端爲言, 則其發於理而無不善者, 又可知也. 朱子又曰: "四端是理之發, 七情是氣之發. 夫四端發於理而無不善, 謂是理之發者, 固無可疑矣. 七情兼理氣有善惡, 則其所發雖不專是氣, 而亦不無氣質之雜, 故謂是氣之發" 此正如氣質之性之說也. 蓋性雖本善, 而墮於氣質, 則不無偏勝, 故謂之氣質之性. 七情雖兼理氣, 而理弱氣强, 管攝他不得, 而易流於惡, 故謂之氣之發也.

然[17]發而中節者, 乃發於理而無不善, 則與四端初不異也. 但四端只是理之發, 孟子之意, 正欲使人擴而充之, 則學者於四端之發[18]可不體認而擴充之乎? 七情兼有理氣之發, 而理之所發, 或不能以宰乎氣, 氣之所流, 亦反有以蔽乎理, 則學者於七情之發, 可不省察以克治之乎? 此又四端七情之名義各有所以然者, 學者苟能由是以求之, 則亦可以思過半矣.

且或問[19] 喜·怒·愛·惡·欲, 卻似近仁義, 朱子曰: "固有相似處." 其曰固有相似處, 而不正言其相似, 則意固有在也. 今之論者, 多以喜·怒·哀·樂配仁·義·禮·智, 未知於朱子之意, 果何如也? 蓋七情四端之說, 各是發明一義, 恐不可滾合爲一說[20]也.

---

14 원문에는 이 '乃' 자가 없다.
15 원문에는 이 뒤에 '也'가 붙어 있다.
16 원문에는 이 뒤에 '者'가 붙어 있다.
17 원문에는 이 뒤에 '其'가 붙어 있다.
18 원문에는 '於四端之發'이 없다.
19 원문에는 이 뒤에 '看得來'가 있다.

按: 此以朱子人受天地之中一段謂釋樂記動靜之義者也. 今據『樂記』本文曰, "人生而靜, 天地性也. 感於物而動, 性之欲也. 物至知知, 然後好惡形焉, 好惡無節於內, 知誘於外, 不能反躬, 天理滅矣." 其所謂性, 非指孟子所論仁義禮智之性, 而卽指形氣之性言之也. 雖形氣之性, 方其始得於天也, 湛然而靜, 及與物相接, 然後性於是感動, 而目欲色也, 耳欲聲也, 口欲味也. 因其欲而好惡形, 好惡無節於內而知誘於外, 則爲物慾所從而亡其天性之靜. 此所謂不能反躬, 天理滅者也.

若仁義禮智之性, 則其所感者, 卽爲惻隱也, 爲羞惡也, 卽爲辭讓是非也. 惻隱等四者, 固不當言好惡無節也. 又不當患其誘於外也. 故此書下文又曰, "夫民有血氣心知之性, 而無哀樂喜怒之常, 應感起物而動, 然後心術形焉." 此盖與「動靜章」相應而直以血氣心知論性, 則「動靜章」'性'字, 亦豈與此章'性'字異義乎? 今朱子所謂純粹至善, 萬理具焉之性, 則恐非所以論形氣之性, 而與『樂記』本義異矣. 旣以純粹至善爲性, 則其所謂性之欲者, 乃四端之屬, 而非目欲色, 耳欲聲之欲也. 其所謂善惡分者, 亦指四端之中節不中節, 而非就好惡言也. 此盖自爲一說, 而不可强與『樂記』文義合矣.

若如高峰說, 以性之欲謂指七情言之, 則亦當以七情從公理發者, 如愛善惡惡之類當之, 不當并指形氣上七情, 而謂發於至善之性也. 至於高峰以七情之發而中節者謂發於理, 而與四端不異, 則此又不然. 發與中節自是兩件事, 烏可以中節謂之發乎? 若以七情之中節者謂發於理而與四端不異, 則四端之不中節者, 亦可謂發於氣而與七情不異乎? 如是則四七理氣, 將無所分別也.

「後說」·「總論」二篇, 卽高峰之改其初見以從退溪, 而退溪稱爲通透灑落者也. 然今攷其說於理氣之分, 終未明瑩, 老先生稱許之意, 殊未可曉也. 若高峰初說, 則全與退溪不合, 而高峰旣自悟其謬, 改從退溪, 今無庸議其得失, 本文亦不必取載於此. 後來李栗谷所論, 又襲高峰初見, 愚別辨之於下.

---

20 원문에는 이 뒤에 '此亦不可不知者'가 있다.

異於朱子, 故曰'說異'.

李栗谷人心道心說曰: 七情卽人心道心善惡之總名也. 孟子就七情中剔出善一邊, 目之以四端, 四端卽道心. 人心之善者也. 論者或以四端爲道心, 七情爲人心, 四端固可謂之道心, 七情豈可只謂之人心乎? 七情[21]之外, 更無他情. 若偏指人心, 則是擧其半而遺其半矣.

按: 『禮記』之論七情, 雖主形氣言之, 七情亦有從公理發者, 則栗谷之以七情爲人心道心之摠名者, 不害自爲一說, 而至於七情之善惡, 因其中節不中節而見之, 則不可直以七情爲善惡之摠名也. 且七情亦有從公理發者, 則謂四端在七情中, 或可以偏以善一邊爲四端, 則有不然者. 雖形氣之七情, 若中節, 則善矣. 雖四端, 亦有未必善者, 如朱子所謂不當惻隱處惻隱, 便是惡, 是也. 烏可徒以其善爲四端乎? 況四端以其爲仁義禮智之端而名之, 豈以其善以名之者哉? 此四端與道心皆以發於理者言之, 則其謂四端卽道心者, 固是. 而人心明是主形氣言之, 則以四端爲人心之善者, 可乎? 以四端爲人心之善者, 亦猶指七情中善一邊爲四端也. 七情猶可兼理氣, 說人心終不可謂之理, 則此尤說不成矣. 此謂七情兼理氣云者, 亦偏一說而已. 若以『禮記』本意, 則七情固主形氣言. 主形氣者, 非人心乎? 且栗谷以四端爲人心之善, 則是人心亦兼理氣. 與其論七情者不異. 而又謂七情不可只謂人心. 其說之前後, 相左有如是引.

栗谷與人書曰: 退溪立論曰, "四端理發而氣隨之, 七情氣發而理乘之." 所謂氣發而理乘之, 可也, 非特七情爲然, 四端亦是氣發而理乘之也. 若理發氣隨之說, 則分明有先後矣. 此豈非害理乎![22]

按: 理發氣發特據性命形氣而分言之, 實則七情亦本於理, 雖並謂之理發無所不可. 栗谷云, 只有氣發一路者, 何也? 理氣渾融固難先後, 而今以天下萬物論之, 必有是理, 然後有是氣. 至於人心之感於物, 亦理動而後氣隨之. 如惻隱羞惡者,

---

固氣也, 而若仁義之理不動, 則無自而爲惻隱也. 無自而爲羞惡也. 此豈非理發氣隨之的然可驗者乎! 故朱子亦曰, "理與氣本無先後之可言, 然推上去時, 却猶理在先氣在後相似." 若是者, 亦可以其有先後而謂之害理乎? 然理發氣隨云者, 亦言理爲主而已, 未見其必分先後.

又曰: 理無爲而氣有爲, 故氣發而理乘.

按: 理者所以主宰乎此氣者也, 凡應感之際, 孰非理動而氣隨之乎? 但理無形迹, 因氣而著. 栗谷特見理之無形而疑其不能發動, 遂以理謂之無爲. 若如其說, 則所謂理者, 將冥然寂然, 作一空虛物事, 必待氣之發, 然後方去乘之而已. 朱子所謂理非如枯木死灰, 必須未動而能動者, 果何指也?

見孺子入井, 然後乃發惻隱之心. 見之而惻隱者, 氣也. 此所謂氣發也. 惻隱之本則仁也, 此所謂理乘也.

按: 以惻隱爲氣, 則是. 而又以爲氣發, 則非是. 惻隱之氣, 發而爲惻隱之氣, 無論其理之當否, 且不成語脈矣. 然而栗谷又曰, 惻隱之本則仁. 旣以仁爲本, 則本者末之所於發也. 惻隱非仁之理所發而何也?

竊詳退溪之意, 以四端爲由中而發, 七情爲感外而發. [23] 天下安有無感而由中自發之理[24]乎?[25] 今若以不待外感由中自發者爲四端, 則是無父而孝發, 無君而忠發, 無兄而敬發[26], 豈人之眞情乎?

按: 退溪亦嘗曰, 四端感物而動, 固不異於七情云云, 則無感自發, 非退溪之所嘗言也. 栗谷何從而得此無稽之言乎? 無稽之言, 勿聽可也.

七情包四端.[27] 夫人之情, 當喜而喜, 臨喪而哀, 見所親而[28]愛, 見理而欲窮之,

---

23 뒤에 다음 부분이 생략되어 있다. "以此爲先人之見而以朱子'發於理·發於氣'之說, 主張而伸長之, 做出許多葛藤, 每讀之, 未嘗不慨嘆, 以爲正見之一累也. 『易』曰: '寂然不動, 感而遂通.' 雖聖人之心, 未嘗有無感而自動者也. 必有感而動, 而所感皆外物也, 何以言之? 感於父則孝動焉; 感於君則忠動焉; 感於兄則敬動焉; 父也君也兄也者, 豈是在中之理乎?"
24 원문에는 '理'가 '情'으로 되어 있다.
25 뒤에 다음 부분이 생략되어 있다. "特所感有正有邪, 其動有過有不及, 斯有善惡之分耳."
26 원문에는 이 뒤에 '矣'가 있다.
27 뒤에 다음 부분이 생략되어 있다. "不可謂四端非七情, 七情非四端也."

見賢而欲齊之, 仁之端也. 當怒而怒, 當惡而惡, 義之端也. 見尊貴而畏懼之, 禮之端也. 當喜怒哀懼, 而²⁹知其當喜怒哀懼, 又知其不當喜怒哀懼者, 智之端也, 善端之發, 不可枚擧, 大槩如此. 七情之外, 更無四端矣.

按: 四端在七情中, 愚亦謂可偏一說, 而其說與栗谷此條又異矣. 愚則謂七情中, 如見善而喜, 見惡而怒之類, 發於公理而不涉形氣之私, 則與四端無異也. 今栗谷則汎以當喜而喜者, 爲仁之端, 當怒而怒者, 爲義之端, 只稱當喜當怒, 則何而見其必爲公理乎? 雖形氣上, 亦有當喜當怒之事, 如飢而得食, 寒而得衣, 則當喜也, 衣食爲人所奪, 則當怒也. 此與仁義何嘗干乎?

退溪互發二字, 不能深見理氣不相離之妙. 性情, 本無理氣互發之理, 只是氣發而理乘. 除是, 有二性, 方有二情耳. 若如退溪之說, 則本然之性, 在東, 氣質之性, 在西, 自東而出者, 謂之道心, 自西而出者, 謂之人心, 此豈理邪? 若曰性一, 則又將以爲自性而出者, 謂之道心, 無性而出者, 謂之人心, 亦豈理邪?³⁰

按: 性者, 理之隨物而具者也. 統而言之, 則天地萬物同一理. 雖謂之同, 一性可也, 分而言之, 則天之性健, 地之性順, 人之性仁, 萬物之類, 其性又各不同. 如孟子所論, 犬牛人之性可見也. 又如日月五星, 同在一天, 而其性皆異, 不可概謂之健; 山川五樹同在一地, 而其性皆異, 不可概謂之順; 惟人亦然, 內面臟腑, 外面百體, 各有其性, 不可以一仁字概之. 如孟子既論仁義禮智之性, 又論聲色臭味之性可見也. 仁義禮智之性, 則天命本然之理, 朱子所謂性命之正者, 是也. 聲色臭味之性, 卽因形體而有, 朱子所謂形氣之私者, 是也. 實則性命與形氣之欲, 均是性也, 而形氣屬於私分, 固不與其爲性, 而但稱形氣以別於性命也. 然則理之大本, 雖曰無二, 而其分之殊, 有如此者, 今據性命形氣之分而謂之理氣互發者, 何不可之有? 人心雖非無性而發, 其所發之性, 乃是形氣之性, 安可謂發於性命而與道心無別耶? 性命與形氣之性, 其發而爲情也, 一原於正, 一生於私, 則雖分理發氣發言之, 而氣未嘗離此理, 理未嘗離此氣, 何患理氣之相離乎?

---

28 원문에는 '慈'가 들어가 있다.
29 원문에는 '而'가 빠져 있다.
30 『율곡선생전서(栗谷先生全書)』 권10, 서(書) 2.

至於所謂氣質之性, 則以本性之在氣質者言之, 與形氣之性云者所指, 又異. 退溪之以本性與氣質之性, 喩四七之分理氣者, 誠爲可疑. 愚旣言於上矣.

理氣不相離, 人心道心孰非原於; 理氣不相離者, 若已灼見, 則人心道心之無二原, 可以推此而知之耳. 惟於理氣有未透, 以爲或可相離, 各在一處, 故亦於人心道心, 疑其有二原耳.[31]

按: 論理氣之大致, 則雖天地萬物同出於一理, 固無二原. 而論其分之殊, 則雖一身之內, 有性命之理, 有形氣之理, 爲人心道心之所由發. 雖謂之有二原, 亦可也. 與上條參看.

所謂或原或生者, 見其旣發而立論矣. 其發也, 爲理義, 則推究其故, 何從而有此理義之心乎? 此由於性命在心, 故有此道心也. 其發也爲食色, 則推究其故, 何從而有此食色之念乎? 此由於血氣成形, 故有此人心也, 云爾. 非若互發之說, 或理發, 或氣發而大本不一也.[32]

按: 此論幾矣. 由性命在心, 故有此道心. 此非道心之發於理者乎? 由血氣成形, 故有此人心, 此非人心之發於氣者乎? 其所推說適之, 以發明理發氣發之義, 而猶夫云云, 必欲與退溪各立, 而因與朱子之訓爲貳者何也? 理發氣發特據性命形氣而分言之, 推其本則皆發於五行之理, 何患大本之不一乎? 與上二條及辨退溪說第一條, 參看.

人心道心, 相爲終始.[33] 今人之心, 直出於性命之正, 而或不能順而遂之, 間之以私意, 則是始以道心, 而終以人心也. 或出於形氣, 而不咈乎正理, 則固不違於道心矣. 或咈乎正理, 而知非制伏, 不從其欲, 則是始以人心 而終以道心也.[34]

按: 人心易流於惡而已, 未便是惡. 故曰, 雖上智不能無人心, 今以間以私意, 咈乎正理者爲人心, 則是人心卽爲惡, 而上智亦不能無惡也.

人心道心皆發於性, 而爲氣所揜者爲人心, 不爲氣所揜者爲道心.[35]

---

31 『율곡선생전서』 권10, 서(書) 2, 「답성호원(答成浩原)」의 문장을 섞어 편집한 것이다.
32 『율곡선생전서』 권10, 서(書) 2, 「답성호원」 임신.
33 원문에는 이 뒤에 '者, 何謂也'가 있다.
34 『율곡선생전서』 권9, 서(書) 1, 「답성호원」 임신.

按: 人心道心, 豈可以揜於氣, 不揜於氣分言之乎? 揜於氣者, 特人心之失其當
然也. 失其當然而揜於氣者, 豈獨人心爲然? 雖道心亦然. 如四端之不中節, 退
溪謂氣昏使然者, 是也.

人心道心幷情意而言, 不但指情也.[36] 情是發出恁地, 不及計較, 則又不如人
心·道心之相爲終始矣, 烏可强就而相準耶? 今欲兩邊說下, 則當遵人心道心之
說, 欲說善一邊, 則當遵四端之說, 欲兼善惡說, 則當遵七情之說.

按: 意者, 計較之謂, 以人心道心爲兼計較而言者, 未知何據. 朱子曰: 飢寒痛痒,
人心也, 惻隱羞惡, 道心也. 此直發出恁地, 非有計較之可論也. 栗谷特以間以
私意爲人心, 知非制伏爲道心, 故其說又如此, 盖相仍而誤也. 兩邊說下爲善惡
各一邊, 則是以人心專歸於惡一邊, 旣以間私意爲人心, 則以人心爲惡一邊, 亦
無是恠也. 其所謂"欲說善一邊, 則遵四端之說"者, 卽上所謂七情中, 別出善一
邊也. 其所謂"欲幷善惡說, 則遵七情之說"者, 卽上所謂七情卽善惡之摠名也.
愚已略辨於上矣. 愚又見李星湖論此曰, "七情本有當然之則, 而或爲形氣所使,
則易流於惡, 其義已見於大學第七, 第八章註, 可取考也. 謂之易流於惡, 則可,
謂之本幷善惡, 則不可. 聖人不免有七情, 則聖亦有幷善惡之情耶? 又幷善惡之
中, 其善一邊爲四端, 則其惡一邊依舊是七情之本然耶?"[37] 此說殊爲洞快, 謹述
於此.

其發直出於正理而氣不用事, 則道心也, 七情之善一邊也. 發之之際, 氣已用事,
則人心也, 七情之合善惡也. 知其氣之用事, 精察而趨乎正理, 則人心聽命於道
心也.[38]

按: 上旣言人心道心兩邊說下, 七情幷善惡說, 而此又以人心爲七情之合善惡.
其說之相左如是也. 且氣不用事者, 豈特道心爲然? 雖人心而御之以理, 則吾未

35　위와 같음.
36　원문(상동)에는 이 다음에 다음 구절이 있다. "七情則統言人心之動, 有此七者四端, 則就
　　七情中擇其善一邊而言也. 固不如人心道心之相對說下矣."
37　성호(星湖), 『사칠신편(四七新編)』 부록.
38　『율곡선생전서』 권9, 서(書) 1, 「답성호원」 임신(壬申).

見氣之能用事也. 若以氣不用事者皆謂之道心, 則聖賢獨無人心乎? 且氣已用事而精察趨正者爲人心聽命於道心, 則是必待乎昏而復明, 然後方爲人心之聽命於道心, 其說皆如朱子「中庸序」所論判然爲二矣.

以情之直遂其性命之本然者, 目之以道心.[39] 情之揜乎形氣而不能直遂其性命之本然者, 目之以人心.

按: 此襲上文爲氣所揜·不爲氣所揜之說, 而增之以能直遂不能直遂一轉語, 若如此說, 則雖道心, 或不能直遂, 則將變而爲人心之飢寒痛痒也. 雖人心, 或能直遂, 則將變而爲道心之惻隱羞惡也. 此豈理也哉! 栗谷之意, 將以始發之時, 謂無人心道心之分, 而但以旣發後, 直遂與否分之. 然則其與朱子退溪相違與否, 姑勿論之, 至於自家所云其發也理義, 其發也食色者, 亦前後矛盾矣.

陳北溪之說云, 這知覺, 有從理而發者, 有從氣而發者. 北溪陳氏之說, 未知亦知朱子之意之所在乎![40]

按: 朱子嘗於「禹謨」註曰: "心者, 人之知覺, 主於中而應於外者也. 指其發於形氣者而謂之人心, 指其發於義理者而謂之道心." 朱子又於「中庸序」曰, "或生於形氣之私, 或原於性命之正, 所以爲知覺者不同." 由此言之, 則北溪之說, 則朱子之說也. 今謂北溪不知朱子之意之所在可乎?

天地之化, 卽吾心之發也.[41] 天地旣無理化氣化之殊, 則吾心安得有理發氣發之異乎? 若曰吾心異於天地之化, 則非愚之所知也.

按: 天人固無二致, 而至於天之嘿運與人心之應物而生者, 豈可强比而同之乎? 故延平答朱子書曰, "就天地之本源與人物上推來, 不得不異. 此所以於動而生陽, 難以爲喜怒哀樂已發言之. 在天地只是理." 斯言也當矣. 如曰天與人無少異, 則未知天道亦有幷善惡, 善一邊之情乎? 亦有外物觸其形而動於中者乎? 且

39 『율곡선생전서』 권10, 서(書) 2, 「답성호원(答成浩原)」 임신(壬申) 원문에는 이 뒤에 '使人存養而充廣之'가 있다.

40 이 글은 『율곡선생전서』 권10, 서(書) 2, 「답성호원」 임신(壬申)을 편집한 것이다.

41 『율곡선생전서』 권10, 서(書) 2, 「답성호원」 임신(壬申) 원문에는 이 뒤에 '天地之化, 若有理化者氣化者, 則吾心亦當有理發者氣發者矣.'가 있다.

必欲如栗谷說以天地之化分理氣言, 則天地之一陰一陽, 日往月來, 寒來暑往, 非理之使然者乎? 洪範所謂雨暘燠寒風, 非氣之使然者乎? 雨暘燠寒風之時, 若非氣之順其理者乎? 雨暘燠寒風之恒, 若非氣之不順於理者乎? 由此言之, 則天地之化, 亦以理氣分言可也.

氣發而理乘者, 陰靜陽動而機自爾也, 非有使之者也. 陽之動則理乘於動, 非理動也; 陰之靜則理乘於靜, 非理靜也. 陰靜陽動, 其機自爾, 而其所以陰靜陽動者, 理也. 夫所謂"動而生陽, 靜而生陰"者, 原其未然而言也. 動靜所乘之機者, 見其已然而言也. 理氣之流行, 皆已然而已, 安有未然之時乎? 是故, 天地之化, 吾心之發, 無非氣發而理乘之也.[42]

按: 朱子曰, "春夏爲陽, 秋冬爲陰, 從古至今, 只是這個陰陽, 是孰使之然載? 乃道也." 由此言之, 則陰陽動靜, 莫非理之所使也. 栗谷乃謂其機自爾, 非有使之者, 未知何據? 且栗谷以太極之動生陽, 靜生陰謂之原其未然而言者, 固是矣. 然太極之動生陽, 靜生陰, 萬古常然, 非一生而卽止. 則栗谷又謂理氣之流行皆已然而已, 無有未然之時者, 又何誤也.

器動而水動者, 氣發而理乘也, 器水俱動, 無有器動水動之異者, 無理氣互發之殊也. 器動則水必動, 水未嘗自動者, 理無爲而氣有爲也.[43]

按: 在器之水, 非水之活者. 當何足以喩理? 子在川上曰: "逝者如斯夫, 不舍晝夜."[44] 聖人之以水喩理, 盖如此.

栗谷之說, 與退溪綱領旣別矣, 其千言萬語, 所以一齊錯了. 高峰則知初說之誤, 而能改之. 栗谷則用高峰初說, 主張甚力, 終不能悟. 其見識之高下, 比高峰果何如也. 姑撮其大者若干條, 砭證如右.

---

42 이 글은 『율곡선생전서』 권10, 서(書) 2, 「답성호원」 임신(壬申)을 발췌한 것이다.
43 위와 같음.
44 『논어』, 「자한」 16.

星湖李丈『四七新編』記疑

星湖四七新編[45]曰, 四之隱, 非七之哀也. 隱者, 隱於物, 公也. 哀者, 哀在己, 私也. 四之惡, 非七之惡也. 四之惡, 惡不善, 公也. 七之惡, 惡害己, 私也. 見物之將死, 雖隱而非哀也, 在憂患疾苦, 雖哀而非隱也. 是隱與哀之別也. 惡物之害己, 雖或不中, 惡則惡矣. 是惡也. 不可屬之四端. 物有不善, 雖不干己, 必將惡之, 是惡也. 不可屬之七情. 此二惡字之別也.

按: 此論四七分界, 甚明. 只就公私二字上可驗其理發氣發.

「禮運」言喜怒哀懼愛惡欲七者, 不學而能. 夫七情, 不學而能. 若乃四端, 則非不學所能也. 何而言之? 今有不學之人, 其初不能無道心, 及梏之反復, 則亡之盡矣. 頑然不仁, 頑無四者之心者, 有焉. 惟喜怒之類, 無一不備, 不繫於學與不學, 但不離於私而已.[46]

按: 孟子以不學而能論愛親·敬兄之本心, 則不學而能, 未見四七之有異也. 但要其終而言, 則不學之人, 本心或梏亡, 而喜怒之類, 無一不備. 故星湖說雖如此, 然「禮運」所謂不學而能者, 未見其必要終而言也. 今以此証七情之發於氣, 恐未爲確. 但禮運以飮食死亡論欲惡, 則七情之主形氣而言者. 豈不的然乎!

朱子曰, "惻隱是善, 於不當惻隱處惻隱, 卽是惡."[47] 此退溪所謂氣昏使然者, 是也. 氣昏則理不顯, 與人在簾籬裡, 看物樣侗儱不明, 以草看作木, 以玉看作石也. 然所謂"卽是惡"者, 就迹上論, 非指惻隱爲惡. 惻隱自是仁之發, 仁何嘗不善? 惟其不善之罪過, 在氣, 不在惻隱. 故雖惻隱之不中者, 由其端而擴之, 則氣自退聽, 而無往不善. 非如七情之只可約而不可縱者也.[48]

按: 此云雖惻隱之不中者, 由其端而擴之, 無往不善. 其說亦是. 然必須加意於精察工夫, 防其不中之蔽. 不然則雖無私心, 亦不當乎理, 終不得以爲仁矣.

或問: "看得來喜怒愛惡欲, 却似近仁義?" 朱子曰: "固有相似處." 奇明彦曰, "其

---

45 『사칠신편』의 「사단자의(四端字義) 제1」에 나온다.
46 『사칠신편』의 「성현지칠정(聖賢之七情) 제4」에 나온다.
47 『주자어류』 권53.
48 『사칠신편』의 「사단유부중절정(四端有不中節情) 제3」에 나온다.

曰固有相似處, 而不正言其相似, 則意固有在也." 或問: "七情都自惻隱上發?" 朱子曰, "哀懼是那箇? 看來也只是惻隱發, 盖懼亦是怵惕之甚者." 退溪曰, "朱子雖嘗以七者, 分之惻隱羞惡兩端, 畢竟以爲七情不可分配四端. 盖欲一一分配, 則不免有牽合之病." 只當就先生說中略綽領會了. 又曰: 七情所發與所屬, 自是兩項事. 哀爲傷怛之極, 懼是怵惕之甚, 故知二者爲惻隱發, 然哀之慘切, 懼而寒慄, 以象類而分, 則固當屬之水矣. 若屬之木, 則全不相類. 愚按, 右論盡之矣. 然理一也, 因在氣故有五者之殊, 五行之質, 又各具五行之氣, 而理亦具焉. 誠以在庭一樹言之, 葉靑, 木也; 花紅, 火也, 實黃, 土也, 是皆這理之見, 而氣爲之才具也. 人之形質, 本是五氣之具, 故理墮在氣中, 而爲五性, 五性之見爲四端. 若初無這氣之殊, 性何自而有五者之別也? 形質亦只是這氣也.

七情亦只是這理發也. 從這氣發理, 而四端之外, 更有許多情, 何也? 盖木之葉靑花紅之類, 乃理在這中, 自生生不息, 故隨感而見氣隨而成此面貌也. 其或斥破則膠生, 雨溜則苔生, 氣蒸則蕈生, 此則氣已成形以後, 外物觸其形而感於理, 故理亦因形質, 而應於外. 此朱子所謂或生於形氣者也, 退溪所謂緣境而出者也. 以其相類而分, 則膠之團結, 如實而非實也. 苔之嫋綠, 如葉而非葉也. 蕈之敷開, 如花而非花也. 此非理之直發者, 謂有相似處則可. 必欲分配, 則有牽强難合者, 此朱子所以云云者也. 雖緣, 物則局而人則通, 物無覺而人有覺. 膠·苔·蕈, 乃物之病, 而七情則人之當然. 以物喩人, 誠有不甚肖似處, 而但其在中之理, 或直感而發, 或物觸形而緣境而發, 則人與物, 初不異也. 學者於此, 以朱子或生或原之說, 參以究之, 則無不得矣.

抑又有一說. 周子曰, "愛曰仁." 程子曰, "仁者固博愛." 愛本七情之一, 而或以之論仁, 何哉? 字雖同而義實別也. 如愛人愛物之愛, 則四端之公, 博之爲貴. 如愛暖愛飽之愛, 則七情之私, 於此下博字不得. 公底便只是惻隱之心, 私底不過緣己之便好而生者, 自與惻隱殊科也. 或有常所憎疾之物, 聞其將死之鳴, 則便有惻隱之心, 此豈與愛干涉? 或有玩好之物, 雖愛之極, 又豈與惻隱干涉? 然其異之中, 不無同者. 以七配四, 則愛固當屬之仁. 故孟子因食色之難, 而喩嗜炙之喩. 此別是一說. [49]

按: 此以四七爲同發於五行之理者, 是也. 然但以直感而發·緣境而發爲四七之分, 恐猶未盡. 所謂五行之理者, 汎以其木之舒, 金之縮, 火之燥, 水之濕之性而言之, 則四七固可謂同發於是也. 若其純粹至善之本體稱之, 爲仁義禮智者, 則是惟四端之所由發耳. 彼七情, 豈亦發於是乎? 此四七之所以分也.

七情之中節者, 是四端爲之主宰, 則如人心卽道心之義, 故謂之卽四端可, 如曰七情外無四端則不可. 孟子所謂四端, 別是一說. 除七情善一邊, 又有粹然天理之發也. 草木無情, 故全塞不通; 禽獸有情, 故或通一路. 或通云者, 以理言也. 麟不踐生草, 惻隱之理通也. 獬豸卜賢邪, 是非之理通也. 謂之或通, 則他皆塞可知. 彼蠢蠢飛走者, 莫不有知覺之情. 知覺非獨氣之爲也. 其亦必在中之理, 感於形氣, 而能成此知覺也. 然而謂之塞者, 理因形氣之私而發, 故非復粹然天理之發也.

何而明之? 余見大而禽獸, 小而蟲魚, 雖無四端, 莫不有七情. 故其發於氣一路, 則無不備具, 而理亦乘而發. 然是發也, 特因形氣也, 非理之通也. 旣謂之塞, 則其知覺之情, 雖或不背於理, 莫非氣之發. 若麟之於仁, 獬豸之於智之類, 雖有惻隱是非之端, 其發豈能一如聖人之中節哉? 必有爲氣所局, 終不免禽獸焉者. 然是發也, 實理之通也, 非因形氣也. 旣謂之通, 則其知覺之端, 雖或爲氣所局, 莫非理之發也. 以此觀之, 四七果非有異義歟? 從無四端而有七情者看, 則七情之本, 只發於形氣之私也. 彼禽獸蟲魚之七情, 未必皆邪惡. 喜食而出求, 懼害而深入, 遇時則樂, 將死則哀, 此與人未嘗異. 不可以天理之未著, 盡歸之邪惡. 雖非邪惡, 固不能離私一分地也. 若乃四端, 自是純天理公也. 公私之間, 一天一淵, 迥然辨別, 不待知者而後知也.[50]

按: 所謂理因形氣之私而發, 故非復粹然天理之發, 此特就發處言之耳. 實則因形氣發之理, 自其未發之時, 而固不如四德之粹然天理者也. 其引禽獸之七情與麟豸之仁智以證氣發理發, 甚覺明的.

朱子曰, "飢寒痛癢, 人心也; 惻隱羞惡, 是非辭遜, 道心也."[51] 然則四端卽道心

---

49 『사칠신편』의 「사칠유상사처(四七有似處)」 제5에 나온다.
50 『사칠신편』의 「사칠유이의(四七有異義)」 제7에 나온다.
51 『서경(書經)』, 「대우모(大禹謨)」 편의 소주(小註).

之目, 而七情不可遽謂人心之目也. 道卽理也. 故道心者, 四端是也. 人卽人身也. 身者, 形氣也. 不食則飢, 不衣則寒, 搯則痛, 爬則痒, 形氣之所必有也. 先有飢寒痛痒而後, 欲惡形焉. 欲惡者, 七情之大端也. 喜怒哀樂, 各因其得失順逆而發. 故朱子論人心, 不擧七情, 而乃以飢寒痛痒之類, 與四端相對說下, 其旨微矣. 然謂七情不可遽以人心看則可, 若舍七情, 而論人心則不可. 朱子曰: "生於形氣之私, 危殆而不安." 所謂危殆者, 有七情故也.

若無七情之熾, 則飢寒痛痒, 吾未見其危殆也. 凡人少飢則有少飢之心, 甚飢則有甚飢之心, 少寒則有少寒之心, 甚寒則有甚寒之心, 聖人能免此乎? 不食嗟來而死者, 能制欲生惡死之情, 其無甚飢之心乎? 却衣而凍死者, 能制欲生惡死之情, 其無甚寒之心乎? 惟其飢寒而不爲欲惡之情所引去, 故能心安而樂自在其中. 如或一有欲惡之情而不察, 則旣熾且蕩, 雖欲忍飢寒而不危殆, 得乎? 是故, 危殆者, 雖飢寒之心, 而使之危殆者, 欲惡之情, 爲之機括也.

故他日, 朱子又論人心道心之別曰, "欲生惡死, 人心也; 惟義所在, 道心也." 此說足爲四七之一大案, 而朱子或原或生之論, 於是乎無間然矣. 今之說者曰: "四七俱是氣發而理乘之者. 見孺子入井, 然後乃發惻隱之心. 見之而惻隱者, 氣也. 此所謂氣發也. 惻隱之本則仁也, 此所謂理乘." 夫感物而動, 四七皆然. 感者, 物來感我也. 動字與『中庸』發字無異.

物, 外物也; 性, 吾性也; 形氣, 吾形氣也. 自外來感者, 謂之感也; 自吾動者, 謂之發也. 吾性感於外物而動, 而不與吾形氣相干者, 屬之理發; 外物觸吾形氣以後, 吾性始感而動者, 屬之氣發. 理發氣隨者, 非謂理先動而氣方隨在後也. 是發也, 卽吾天理之爲之也. 氣發理乘者, 非謂氣先動而理方去乘他也. 是發也, 卽吾形氣之爲之也. 此所以有人心道心之分, 而朱子前後所論, 盡之矣. 合而言則皆理發, 分而言則有二者之殊. 彼所謂只有氣發一路者, 何也?

何以明之? 朱子曰: "理有動靜, 故氣有動靜. 若理無動靜, 則氣何自而有動靜?" 又曰: "理與氣, 本無先后之可言. 但推上去時, 却似理在先·氣在後[52]." 如此之

---

52 원문에는 뒤에 '相似' 두 글자가 들어 있다.

類, 不可枚擧也. 理非如枯木死灰. 當未惻隱時, 必先有惻隱之理, 赤子之事感, 則此理便忍住不得, 氣隨而成此面貌, 安在豈氣發也? 理如將, 氣如卒. 譬如陸戰, 則將將發而卒應令, 擁將而向陸去; 水戰則將將發而卒應令, 擁將而向水去. 此豈非理發者耶? 如說者所論, 則陸戰則其將將發, 便拖出其將, 而將始向陸, 水戰則其卒將發, 便拖出其將, 而將始向水. 其有是理乎? 比如偵候牒報者, 物之感也, 將欲行者, 理之應也, 卒乃擁而去者, 氣之隨也. 此四端之說, 而七情之理應以後事, 則與此同然也.

若只論七情, 則理應以上, 又有一層苗脈. 人來搯我, 則形氣痛而怒生焉; 人來扶我, 則形氣安而喜生焉. 是又理發則同, 而理因形氣發也. 此如卒飢, 則將引[53]卒而就粟, 卒渴則將引卒而就水. 非將令則卒不得自行. 然是行也, 其由在卒也. 此七情之說, 而又與說者之氣發理乘之義, 自不同. 今人必欲以人心七情二者, 分開說, 故其言終無底定. 若透此一關限, 其間零細節目相枝梧者, 畢竟有歸一之地矣.[54]

按: 此引朱子說以証四端之爲道心, 七情之爲人心. 其說甚的, 然朱子以飢寒痛痒論人心者, 特以明人心之生於形氣而已, 實則飢寒痛痒, 豈可直爲之心乎? 但形氣有飢寒痛痒, 而心則覺其然耳. 因飢寒痛痒而欲惡形焉, 然後方可謂之心. 故朱子他日又曰: "欲生惡死, 人心也." 讀者參考於此, 則可以得其指也. 栗谷之以四端七情皆爲氣發者, 誠大謬. 星湖辨之, 是. 然星湖之意, 乃謂四七所感之性同, 而但以不干形氣·觸吾形氣爲理氣之分. 今詳, 性不可一概論也. 四端所感之性, 卽孟子所論仁義禮智之性, 天理本然之體也. 七情所感之性, 卽孟子所論聲色臭味之性, 理之屬於形氣之私分者也. 恐不可汎然混稱之也. 但仁義禮智之性, 聲色臭味之性, 其本則同一五行之理, 以此而謂四七之同發一性, 則可也. 退溪理發氣隨, 氣發理乘之說, 不能無可疑. 愚旣言於上矣. 星湖復以將卒爲喩, 此乃以理御氣之事, 亦非所以論於發處, 更詳之.

或問: "性善而情不善乎?" 程子曰[55]: "情者, 性之動也. 要歸之於正而已, 亦何得

---

53 다른 판본에는 '引'이 아닌 '因'으로 되어 있다.
54 『사칠신편』의 「칠정편시인심(七情便是人心) 제8에 나온다.

以不善名之?" 又曰[56]: "喜怒哀樂未發, 何嘗不善? 發以中節, 則無往而不善." 蓋
無論四七, 非性則情無由發, 情者, 非離性而出也. 本然之理, 顯微無間, 不因氣
而或偏, 不爲動而或斷. 譬如一握之絲在器內, 爲緒散出於外, 細大長短, 箇箇
拏引看, 則與原頭接續, 未曾有離根者. 然或有脈絡分明, 一直出來者; 或有繚
繞於器, 紛錯不解者. 一直出來者, 東引西拏, 原頭便應. 繳繞於器者, 雖接續於
原頭, 而引拏之際, 輒爲器所拘礙, 應不順便. 故躁急麤疎者, 終解不得, 而器與
之顚倒; 安靜密察者, 神指妙法, 徐推緩究, 直達原頭, 而器不少動. 此又四七之
說, 所以分也.

是以, 雖繳繞於器者, 與原頭接續, 則初不異於直出來者. 彼器與顚倒者, 卽躁
急麤疎之罪, 非絲之理本合如此也. 『大學』曰: "有所忿懥則不得其正, 有所恐懼
則不得其正, 有所好樂則不得其正." 忿懥, 怒也; 恐懼, 懼也; 好樂, 喜也. 朱子
曰: "欲動情勝, 而或不能不失其正." 然則其失正者, 非情之所當然, 可知. 又曰:
"之其所親愛而辟焉, 之其所賤惡而辟焉, 之其所哀矜而辟焉." 親愛, 愛也; 賤惡,
惡也; 哀矜, 哀也. 朱子曰: "本有當然之則." 然則其不加察而陷於一偏者, 非情
之罪也. 故退溪'七情亦無有不善'之論, 蓋祖於程子之說, 而君子委曲立敎之意,
於是見矣.[57]

按: 七情之無有不善者, 固是. 而但爲七情與四端同出一性, 則終欠別. 自說已
見上.

七情亦有因道心發者, 見赤子入井, 則必有怵惕惻隱之心, 惻隱之甚則哀生焉.
如此之類, 似不涉於形氣之私者, 此古來四七之論, 所以歧貳也. 殊不知四端之
未見, 七情自在, 而四端之已見, 物我同情故也. 若赤子入井之事, 孟子特就最
急切地, 擧四端之著見者以曉人. 天理旣著, 故哀懼之情, 不以在我而加, 在人
而減也. 欲知最急切地, 四端已見後, 七情之苗脈, 則須就最緩緩地, 從四端未
顯前七情而推上之, 可也.

---

55 『이정수언(二程粹言)』 권9, 「심성편(心性篇)」에 나온다.
56 『이정유서(二程遺書)』에 나온다.
57 『사칠신편』의 「칠정역무유불선(七情亦無有不善) 제10」에 나온다.

凡人疾病則懼, 飢寒則哀, 此七情之本, 而不干於四端也. 吾子病疾則亦懼, 飢
寒則亦哀, 而在他人之子, 則未必然. 此父子同體, 不間物我, 故吾子之哀懼, 則
吾之哀懼也. 在他人之子, 則當最緩緩地, 故便爲物我所間, 而吾之哀懼推未去
也. 至若他人之子, 疾病飢寒而將死, 則亦爲之哀懼, 此當此最急切地, 故惻隱
乍見, 恕而及之, 吾之哀懼, 亦隨而推去也. 然恕者, 自此推及, 比吾子, 不免有
輕重之別也. 惟赤子匍匐入井之事, 則片刻之間, 死生所判, 故必怵惕而懼, 惻
隱而哀. 此當最及切地, 故此頃之間, 私意未萌, 天理大著, 如河之決, 如雨之霈,
不暇分物與我, 而若恫之在己也.

何以明之? 世或有天理全塞者, 冥頑不仁, 雖己子之疾病飢寒, 亦不爲之哀懼,
然己之疾病飢寒, 則未嘗不哀懼焉. 如此者, 惻隱之端, 錮蔽不通, 尙不及於其
子, 惟形氣之七情, 則不因天理之開塞而有無也. 是以, 天理閉塞, 則七情止於
己; 天理及近, 則七情亦推於近; 天理及遠, 則七情亦推於遠. 由是觀之, 四端錮
蔽而亦有此七情, 四端著顯而亦有此七情, 是知七情別是一般, 而無與於四端
也. 然始見赤子入井, 則仁之理便應. 而無與於形氣. 旣有此應, 則又便感觸形
氣, 哀懼之情, 旋亦出來. 汎看則二者疑若同然, 而其實四端者從理直遂, 七情
乃因觸形氣所發也. 程子豈不曰: "觸其形而七情出焉"乎? 若復有不觸形而自出
一路, 則程子之論情, 終爲未完之歸, 而有時乎不可通矣.[58]

按: 四端錮蔽而亦有此七情, 四端著顯而亦有此七情, 此特形氣上七情, 如懼疾
病, 哀飢寒之類爲然. 若其從公理發者, 如見赤子入井而怵惕而懼, 惻隱而哀,
則決非四端錮蔽者之所能也. 以此知七情果有公私二路, 不可强合而爲一也,
明矣. 栗谷所謂七情外別無四端者, 固失經訓本義, 而星湖則幷指公理上七情
爲亦出於形氣者, 亦未見得, 當更詳之. 至於程子所謂"觸其形而七情出焉," 則
所主者, 只在形氣上七情, 與「禮運」論大體者, 同義而已, 未嘗幷與公理上七情
而論之耳. 又豈有未完之慮乎!

古人論情不同. 如四端, 直是四德之端. 故四者之外, 無他說話. 若夫形氣之情,

---

58 『사칠신편』의 「칠정역유인도심발(七情亦有因道心發) 제11」에 나온다.

貌象意味, 差等不一. 而喜怒之類, 卽君子用功之大目, 其間或重或輕, 或多或小, 各有所主, 初非如四端之只有此數而已. 故『中庸』言四而不爲缺, 「禮運」增七而不爲衍. 如將一一分配, 而四七無異義, 則七者之中, 加一減一, 皆不成說.[59]

按: 七情之不可配四端, 固也. 然差等不一, 不但形氣之情爲然. 雖四德之端, 若推類而言之, 則不止此四者而已. 如禮之一端, 或以辭讓言之, 或以恭敬言之, 可見. 形氣之情, 雖差等不一, 而若論其大綱, 則亦分屬於五行, 各有條理. 但經傳論情, 則只就用切緊切處言之, 不必照管五行. 故有加減之不齊.

由動而看, 則理與氣. 無先後之可言. 由靜而看, 必先有動之理而後, 氣方始動. 故朱子曰: "未動而能動者, 理也." 然則動靜雖氣, 而所以動靜者, 理也. 在人亦然. 情者, 性之動, 而氣則載之者也. 載之一也, 所以爲情則有二, 何也. 比如人乘舟在水, 如波濤靜帖之時, 惟意所往. 東有事則人能捩柁, 而舟便東去. 西有事則人能捩柁, 而舟便西去. 是去也, 雖舟去, 而其所以去, 則在人, 非舟之由也. 又如波濤蕩潏之時, 人爲舟行. 風打東舷, 則人能捩打, 而舟便西去; 風打西舷, 則人能捩打, 而舟便東去. 是去也, 雖人意, 而其所以去, 則在舟, 非人之由也. 大抵人, 如理也; 舟, 如形氣也; 事與風, 如外物也; 舟之東西, 如氣載理而四七之發皆氣也; 人之捩打, 如理宰氣而四七之所以發皆理也; 由人由舟, 如四發於理而七發於氣也. 以善惡言, 則波濤靜帖而有惟人所往者, 又有操舵失宜不當往而往者, 波濤蕩潏而有操舵有神不失正路者, 又有東蹙西軋僅免墊沒者. 惟人所往者, 如四端之發, 自中節者也. 不當往而往者, 如四端雖理發, 而爲氣所昏, 不中其節者也. 不失正路者, 如七情雖氣發而克去己私, 不流於惡者也. 僅免墊沒者, 如七情決驟, 不能制伏, 流爲狂妄之行者也. 舟之蹙軋而猶不至墊沒者, 有人操舵在中故也. 情之決驟而有做此情出來者, 有理在中故也.[60]

按: 此所論似以四七之發爲同一氣, 四七之所以發爲同一理, 而但四端則由理而發, 七情則由氣而發爲不同耳. 然若如此言之, 則四端之所由發者, 雖曰理, 而

---

59 『사칠신편』의 「고인론정부동(古人論情不同) 제12」에 나온다.
60 『사칠신편』의 「승주유(乘舟喩) 제13」에 나온다.

未免離以形氣欲惡之私也. 七情之所由發者, 雖曰氣, 以亦必原於性命四德之正也, 未免其判爲二路, 可乎! 以愚見言之, 則四七之發, 雖皆兼理氣, 而四端之氣, 但以知覺感動言, 非若七情之屬於形氣私分也. 七情之理, 但以陰陽質性言, 非若四端之屬於天命正理也. 詳見『四七同異辯』中.

退溪曰: "人非馬不出入, 馬非人失軌途." 此盛水不漏之論也. 但引而不發, 故後來不免有疑貳之說. 盖當試論之: 不行則已, 行則人與馬相離不得. 如過人送客之類, 人之事也. 齕草飮水之類, 馬之事也. 過人送客, 人驅馬而行; 齕草飮水, 導馬而行. 過人送客, 驅之而馬載人行; 齕草飮水, 導之而馬載人行. 行者皆馬也, 所以行者皆人也. 此合言四七之理乘氣行也. 過人送客, 非馬之所知, 而只爲人驅而行; 齕草飮水, 本馬之所悅, 而只從人導而行. 過人送客, 卽人發而馬隨之載者也; 齕草飮隨, 卽馬發而人乘之導者也. 過人送客, 雖馬載之力, 其誰曰馬行?; 齕草飮誰, 誰人導之功, 其誰曰人行? 此則言四七之或理發而氣載, 或氣發而理乘也.

過人送客而或不適其宜者, 四端之不中節也; 齕草飮水而皆適其宜者, 七情之中節也. 但過人送客, 馬從人之事, 故鮮失軌途; 齕草飮水, 人從馬之事, 故易失軌途, 齕草之際, 易入叢棘. 飮水之際, 易入深流. 馬貪水草之甘美, 而少忘節制之機, 則不至顚倒陷溺者, 希矣. 此七情之易流於惡也. 或馬極馴良, 伺人意向, 雖有甘美水草, 不肯貪取, 人亦以馬之馴良, 故不控御勒, 惟加管攝, 而不自失軌途者, 此聖人之從心所欲也. 齕草飮水, 隨因馬來, 而若無人導之, 則馬豈能得美草齕, 得甘隨飮? 如此者, 莫非人意之使也. 此七情固無理則不發, 而七情善一邊, 便不倍於四端也.

今之說者曰: "或有馬從人意而出者, 乃道心也; 或有人信馬足而出者, 乃人心也."[61] 嗚呼! 不思而已矣. 人信馬足, 而豈有不失軌途者哉? 說或馬不奔驟, 不失軌途, 是特偶然與人意合者, 非良御之所爲也. 雖上智不能無人心, 人心易危, 故道心常管攝他, 而人心常統於道心, 未嘗頃刻間斷, 豈有理信氣之時節? 設或

---

61 『율곡선생전서』 권10, 서(書) 2.

氣不騰倒, 皆由順正, 特偶然合理者也, 非聖人之心然也. 向所謂聖人之從心者, 何也? 聖人理氣昭晰, 氣自退聽, 不特勉强而氣常順理, 如堯舜之在位, 篤恭而天下平, 雖無勤勞駕御之迹, 其篤恭之威德, 常貫浹御天下, 故天下自平, 非堯舜專信天下, 而天下不亂也. 向所謂聖人之從心者, 何也? 聖人理氣昭晰, 氣自退聽, 不特勉强而氣常順理, 如堯舜之在位, 篤恭而天下平, 雖無勤勞駕御之迹, 其篤恭之威德, 常貫浹御天下, 故天下自平, 非堯舜專信天下, 而天下不亂也.

而況有聖人之人心, 有學者之人心, 有不肖者之人心, 人心則同一般也. 然而一是皆可謂人信馬足耶? 不肖者之心, 易流危人欲, 學者之心, 存省爲大人, 人信馬足一句, 竊恐下無地矣. 假使彼說皆是, 惟聖人從心者, 或與之髣髴, 其他儘不相近. 然則聖人獨有人心, 而學者以下, 無有矣而可乎?[62]

按: 人乘馬·馬載人以喩四端之御七情, 則可也, 若論四七發處, 則恐不襯合. 蓋四端之發, 固乘氣, 而其氣也, 與七情之屬於形氣私分者不同. 七情之發, 固載理, 而其理也, 與四端之屬於天命正理者又異. 愚於前後已論之. 栗谷人信馬足之喩, 誠大謬. 星湖辨之當矣.

四七之分屬理氣之發, 如人心道心之分屬理氣之發. 如曰心無二本, 而以凡言理氣之發者爲皆非也, 則可. 如曰彼卽然而此不然也, 則不可. 如將曰彼亦非也, 則請以朱子說徵之. 其答蔡季通書曰,[63] "人之有生, 性與氣合而已. 然卽其已合而析言之, 則性主於理而無形; 氣主於形而有質. 以其主理以無形, 故公而無不善; 以其主形而有質, 故私而或不善. 以其公而善也, 故其發也皆天理之所行; 以其私以或不善也, 故其發皆人欲之所作. 蓋自其根本而已然, 非爲氣之所爲有過不及而後, 流於人欲也. 「序」文術之, 固未嘗直以形氣之發, 盡爲不善, 而不容其有淸明純粹之時, 但此所謂淸明純粹者, 旣屬乎形氣之偶然, 則亦但能不隔乎理, 而助其發揮耳, 不可便認以謂道心也."

其曰: "淸明純粹者, 旣屬乎形氣之偶然者" 謂形氣必皆濁駁, 其淸明純粹者, 理自沛然直遂, 不爲氣所拘, 然畢竟屬乎形氣, 而與道心不相纏錯也. 其曰: "但能

62 『사칠신편』의 「연승마설(演乘馬說) 제15」에 나온다.
63 『주자문집(朱子文集)』 권44에 나온다.

不隔乎理而助其發揮, 不可便認以爲道心者"謂淸明純粹, 理不爲少拘, 則疑若與道心無別, 然只是聽命於道心而已, 不可便作道心看. 比如此條路不隔彼條路, 縱是不隔, 豈可把此條路, 換作彼條路乎? 盖結上文根本已然之意也. 形氣上飢飽寒煖之心, 縱是不隔, 謂之惻隱羞惡辭遜是非, 則不成說. 然則舜禹授受之言, 朱子訓釋之說, 亦可槪以二本而斥之乎?

如將曰道心是四端, 人心非七情, 則亦有其說. 七者, 乃七情之大目也. 畢竟在人心道心之中, 旣不屬道心, 則非人心而何?「禮運」只以飮食男女死亡貧苦論七情, 結之曰: "欲惡者, 心之大端." 飮食男女之欲, 死亡貧苦之惡, 非生於形氣而何? 旣生於形氣, 則非人心而何? 其所謂飮食貧苦, 卽朱子所謂飢飽寒煖, 而欲惡者, 乃飢飽寒煖之欲惡也. 凡形氣上心, 其初未說到善惡地頭, 只曰有此形, 則有此心, 是乃人心也. 旣有此心然後, 順者欲之, 逆者惡之之類, 是乃七情也. 欲惡之中不中, 而善惡於是乎分. 故曰: "人心惟危." 飢飽寒煖, 聖愚之所同有, 而惟合於理, 則雖害己而不惡, 倍於理, 則雖適己而不欲. 故曰: "人心聽命於道心." 此朱子所謂"喜怒則人心. 然喜至於過, 怒至於甚, 是人心之所使. 喜其所當喜, 怒其所當怒, 是乃道心"是也.

『左氏傳』大叔之言曰: "民有好惡喜怒哀樂, 生于六氣. 審則宜類, 以制六志. 哀有哭泣, 樂有歌舞, 喜有施舍, 怒有戰鬪. 喜生於好, 怒生於惡, 審行信令, 禍福賞罰, 以制死生. 生, 好物也, 死, 惡物也. 好物樂也, 惡物哀也. 哀樂不失, 乃能協于天地之性." 其說與「禮運」互相發, 而尤覺著顯, 論者殆將百無以措一辭矣. 人心道心之分理氣之發, 旣著於「禹謨」註中. 故謹依朱子諸說, 先爲「人心道心圖」, 以明與四七初非有異義. 然後, 次爲「四七圖」, 以明二者之不可混.[64]

按: 此引朱子諸說及『左氏傳』, 以証四七理氣之發者, 最爲明切. 其下二圖, 亦剖析甚精, 於後學有切. 故謹具錄於此. 抑見朱子論人心生形氣而曰, 氣主於形而有質, 故私而或不善, 則其所謂氣者就形質私分上說. 如下文飢飽寒煖之類, 是已固非混指知覺感動之氣, 若知覺感動之氣, 則人心道心之所公有, 故「中庸

---

[64] 『사칠신편』의 「도설(圖說)」 제16에 나온다.

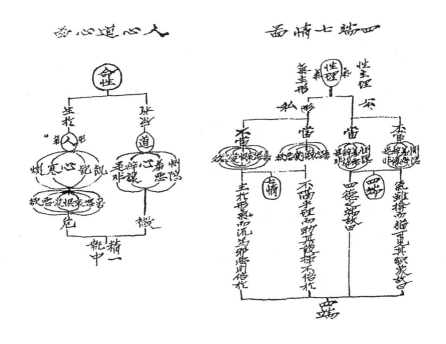

序」曰, "或生於形氣之私, 或原於性命之正, 所以爲知覺者不同." 此見知覺之氣,
非偏屬於形氣之私也. 然則四端發處所乘之氣, 是知覺之氣; 七情氣之發, 是形
氣之氣. 兩氣字所主本異, 而自退溪理氣相須之說, 於此未免混淪. 星湖說亦然.
故愚旣略辨於上. 觀者察之. 喜怒是人心, 而喜其所當喜, 怒其所當怒, 是亦人
心卽道心之義. 非直以其喜怒者爲道心也. 『左傳』大叔子之言與「禮運」合可見.
古人之論, 七情盖主形氣言, 但古人所論之外, 亦有公理上七情. 此愚所以許
奇・李二氏之可偏一說者也.
辛酉春, 先生撰「四七同異辯」旣成. 是年秋, 星湖借去覽之. 盖「同異辯」所論,
有與星湖所撰『四七新編』不合者, 星湖初則不以爲然, 撰「同異辯後提」, 送之若
曰, "若然糢糊兩可, 終無究竟之時." 又曰, "必有所指, 而不可解." 則此盖以「同
異辯」謂有未盡處也. 是年冬, 星湖反復尋思, 始怳然而悟, 復作「同異辯重跋」送
之. 略曰, "此義, 吾友愼耳老得之. 麗澤之益, 有如是夫." 又曰, "余昔撰『新編』,

妄以爲無恨. 今六十頹齡, 益發新知, 始覺義理之無窮." 則此盖以『同異辯』謂正當底論也. 星湖之不私已見, 道人之善, 盖如此. 「後提」及「重跋」幷錄於下.

6　四七同異辯後題

李星湖撰曰, 來論云, "四端發處所乘之氣, 是知覺之氣, 七情氣發是形氣之氣. 兩氣字所主, 本異. 而自退溪理氣相須之說, 非免渾淪." 此段見得卓然, 深所欽嘆. 又以鄙說爲同歸, 抑其未察矣. 撰所主張分界專在乎此, 其曰理發氣隨, 四七同然, 若七情之氣發, 則於理發氣隨上, 更有一層苗脈者, 此也. 這氣也, 是形氣也. 與理發氣隨之氣不同. 謂理發氣隨之知覺, 因形氣而發也. 近有答人書云, 氣有大小, 形氣之氣, 屬之身; 氣隨之氣, 屬之心. 形大而心小也. 此前加密願更入思議焉, 退溪理發氣隨·氣發理乘二句, 本合. 活看凡立言之道, 要使後人因此有得, 此則知者自知, 而不知者必將錯路, 亦不可不辯.

瀷嘗改下云, 理發氣載, 氣發理乘, 此兩句只是一意, 卽四七同有者也. 不離於知覺之氣, 非二者分界之說, 必須別立大小之說, 然後方是的實. 耳老可謂嘿契矣. 若只據退說, 終未免互發之疑耳. 若言其發, 豈有氣先發時論, 又其至於答李平叔第三書, 大與前說不同乎? 似與高峰同歸, 後人將何所折衷? 耳老獨能看遠大綱, 旣正說此, 加切其間出入疑似者, 自可馴, 至於脫灑矣. 夫七情之合理者, 有兩端. 其形氣上當喜當怒, 本自易曉. 至於舜之怒, 孟之喜之類, 疑若不涉於私, 故高峰以爲理發而非氣發也. 此非窮源之論也.

耳老又因此提四端在七情中而謂其爲一說, 若然糢糊兩可, 終無究竟之時, 如曰理之不礙, 而亦可謂理發, 則固無害義, 斷之謂不屬於氣, 而四在七中何也? 試以一家言, 處己, 私也, 處家人, 公也, 以一國言, 處家人, 私也. 處國人, 公也. 至於天下亦然, 聖人以天下爲一體, 氣自相貫, 莫不屬己. 故天下之私, 而聖人受以爲喜怒. 如曰若恫在己, 盖謂人之疾痛如割在身, 此猶常人愛子呼! 若則己爲之呻楚也, 此聖人擴充之切, 非七情之貌本然也. 故曰, 這終是氣發也. 來論又曰, 因形氣發之理, 自其未發之時, 而固非如四端之粹然天理也. 此段誤也.

豈不曰喜怒哀樂未發謂之中耶. 中, 何嘗有異於粹然者耶. 耳老必有所指, 而不可解. 要待面剖.

7   四七同異辯重跋

李星湖復撰曰: 四七之理發氣發, 至矣. 四端不因形氣而直發, 故屬之理發; 七情理因形氣發, 則屬之氣發, 亦何嘗非理之發乎? 至退溪有理發氣隨, 氣發理乘之論, 氣隨之氣, 屬心; 氣發之氣, 屬形氣. 彼理乘者, 惡乎乘? 乘氣而已. 是氣也, 卽四端氣隨之氣, 而非七情氣發之氣也. 理乘而氣不隨, 則亦成此七情不得也. 謂之乘, 則氣隨在其中矣. 氣發之氣, 分明是形氣之氣, 則旣云氣發, 而又云乘此形氣, 可乎? 余故曰, 理發氣隨, 四七同然, 而若七情, 則理發上面, 更有一層苗脈, 所謂形氣之私, 是也. 此義, 吾友愼耳老得之. 又以孟喜・舜怒之類, 歸之理發, 與高峰合.
因此重思, 覺前說之猶有未詳者. 麗澤之益, 有如是夫. 盖惻隱羞惡, 仁義之發也. 見其失所而危死, 則必爲之惻隱; 見其違道而妄作, 則必爲之羞惡, 此逆境也, 非君子之所願, 而緣境便發者也. 苟見其得所, 見其合道, 則必爲之喜樂, 此實天理之順境也. 順則緩, 逆則激. 激然後其感觸尤深, 故其發也益切. 孟子取其最喫緊者以曉人, 是以, 擧惻隱羞惡等以明之. 然彼藹然隨感者, 亦豈無順境發乎? 然則見其得所, 見其合道, 而爲之喜樂者, 此仁義之順境發也. 古人特不言耳. 始知聖賢之爲人喜, 固亦順境之仁發, 而其爲人怒, 卽不過逆境之羞惡. 怒與惡, 字雖別, 義實相近, 屬之理發, 亦宜也. 向所謂氣發者, 卽窮源之論, 而疑若亦有其理在也. 夫哀人之死喪, 或至於涕泣, 懼人之陷溺, 或至於悚慄. 喜人之喜, 怒人之怒, 皆非干己私, 而或見於色辭. 孔子之涕之無從, 孟子之喜而不寐之類, 亦將有感觸形氣而然也. 不然, 聖賢之於人, 哀之喜之而已, 何至於涕出而不寐乎?
「禮運」將論形氣之七情, 而必先言與天下一體. 其意若曰: "氣與相貫, 萬物屬己. 人之有喜, 必明於其利而吾亦喜之; 人之有怒, 必達於其患而吾亦怒之. 彼之利患, 莫不如鍼箚已也." 此古人立言之旨也. 彼既形氣之發, 而吾與之共體同情, 則屬之氣發, 恐似無妨. 雖然, 此不但七者之爲然. 惻隱羞惡, 莫不同義. 仁人之心, 度外無物, 惻隱羞惡, 亦皆從萬物一體中流出. 所以然者理爲主, 而不爲形氣所屬. 然則凡喜怒之不干己私者, 莫非理發, 不可與形氣生者混稱也. 余昔撰『新編』, 妄以爲無恨. 今六十頹齡, 益發新知, 始覺義理之無窮. 尙庶幾未死之前, 更有進於一步, 故姑未改換前說, 以待朋友之砭證. 始覺義理之無窮. 尙庶幾未死之前, 更有進於一步, 故姑未改換前說, 以待朋友之砭證.

8 上星湖論四七別祇

某『四七辨』所論, 皆述『新編』. 其別立說者, 大略有四條.

一條曰: 知覺之氣, 形氣之氣, 兩氣字不同. 所謂七情氣之發, 是形氣之氣, 而非知覺之氣. 若知覺之氣, 則四七之所同有此, 則須己承敎, 與先生近一與人書, 氣有大小之說, 固嘿契矣.

一條曰: 七情氣之發, 固也. 而幷有公理上七情, 如愛善惡惡之類, 與四端同實異名, 不可屬於氣發, 故奇・李二氏所謂四端在七情中者, 不害自爲一說. 此亦須己蒙敎印可. 今無庸.

更論一條曰: 雖形氣上七情, 亦有所由發之理, 而其理也, 屬於形氣私分, 與四端之粹然天理者不同. 『新編』所謂理因形氣而發, 故非復粹然天理者, 特就發處言之, 實則自未發之時而爲然. 此則『往復』未竟. 又此申稟窃詳, 四端惟人有之, 而禽獸則無之. 七情則人與禽獸所共有也. 雖禽獸之七情, 亦必有所有發之理, 而禽獸既無四端, 可見其無仁義公理, 則是知仁義公理之外, 別有七情所由發之理. 自其未發之時, 而屬於私分, 不可謂粹然天理也. 須者下敎引喜怒哀樂未發之中, 明其無異於純粹, 此固是矣. 然中庸之喜怒哀樂, 未必專就形氣上言之, 而其所謂中, 卽之天理本然之則也. 若今之所論, 卽特擧氣發一邊, 而其所謂所由發之理者, 亦指其具於私分者, 與孟子所謂聲色臭味之性也. 指意恐有不同, 伏望更賜勘敎.

一條曰: 四七之發, 實本一理, 而所謂一理者, 特其五行質性之大綱, 如木火主舒, 而於四爲惻隱·恭敬, 於七爲喜·愛之屬; 金水主㥦, 而於四爲羞惡·是非, 於七爲怒·哀之屬, 是也. 至於仁義禮智 天理純粹之本體, 則惟四端所發, 而非七情所發也. 『新編』謂理發氣隨, 四七同然者, 固是. 而但以爲四七同發於五常公理, 則恐或不然. 此於前日敎中, 未蒙可否者也. 玆又提稟以後批誨.

9　鄭困齋四七說記疑

鄭困齋曰: 惻隱, 羞惡, 辭讓, 是非, 皆有正善底意思. 孟子曰: 惻隱之心, 仁之端也, 羞惡之心, 義之端也, 辭讓之心, 禮之端也, 是非之心, 智之端也. 推此求之, 則可見其爲理之發也. 故其發也, 不暇思慮而發, 如見孺子入井, 而怵惕惻隱, 非爲納交要譽而然之類是也. 喜怒哀懼愛惡欲, 皆有流危底意思, 「禮運」曰: 飮食男女, 人之大欲存焉, 死亡貧苦, 人之大惡存焉, 欲惡者, 心之大端也. 推此求之, 則可見其爲氣之發也. 故其發也, 有所思慮而發, 如有所忿懥則不得其正之類是也. 然四端不中節, 則亦爲不善; 七情中節, 則亦爲善. 中節不中節, 只在存養省察之切, 如何爾.
愚旣撰『四七同異辯』, 追後得見困齋四七說, 則據『孟子』本文以明四端之理發, 據『禮記』本文以明七情之氣發. 與愚『同異辯』序文所論相符. 先輩亦有如此論之者, 但以思慮不思慮爲理發氣發之分者, 未確. 理發氣發, 只當以公私爲斷. 不係於思慮與否也.

河濱

찾아보기

국학(國學)   50

궁리(窮理)   55, 124

권모술수(權謨術數)   60

규모지대(規模之大)   57~59

근독(謹獨)   → 신독(愼獨)

금성촌(金城村)   18

기대승(奇大升)   210, 211, 214~217,
  219~221, 223, 225, 227~232, 235,
  236, 240, 245, 257, 261, 281, 289,
  292, 294, 297

기질지성(氣質之性)   213, 226, 227, 234,
  235, 237, 246, 248, 280

김이상(金履詳)   156

김인산(金仁山)   → 김이상(金履詳)

김창집(金昌緝)   39

김창협(金昌協)   39

김창흡(金昌翕)   38

김택영(金澤榮)   28, 40

나

『남흥기사(南興記事)』   15, 19

『내교(內敎)』 언문 번역본   15

노씨(老氏)   → 노자(老子)

노자(老子)   59

노침문(路寢門)   47

노효손(盧孝孫)   99, 149, 171, 172, 191

녹선계(鹿善繼)   24, 37, 113

녹죽(綠竹)   153

『논어(論語)』   19, 42, 64, 65, 69, 71,
  72, 101, 106, 108, 171, 230, 257

능득(能得)   90, 93, 94, 98, 113

능려(能慮)   92, 94, 97

능안(能安)   91, 94, 96

다

『대대례(大戴禮)』   50, 51, 75

대전본(大全本) 소주(小註)   23, 24, 37

대학 편제(大學篇題)   16, 72

『대학(大學)』   48, 51, 52, 69, 70, 71,
  72, 75, 115, 134, 151, 159, 193, 273,
  274, 300

『대학장구(大學章句)』   20, 25, 26, 28,
  34, 40, 41, 65, 67, 79, 80, 82, 85,
  95, 98, 102, 109, 114, 122, 130, 135,
  155, 158, 160, 172, 180, 181, 183,
  187, 188, 198, 203, 252

『대학장구대전(大學章句大全)』   31, 44,
  54, 64

『대학혹문』   35, 55, 91, 124, 125, 131,
  132, 153, 163, 166, 169, 174, 181,
  182, 191, 198, 199, 201

도학(道學)   155, 156, 161

「독대학법(讀大學法)」   69

동양 허씨(東陽許氏)   → 허겸(許謙)

라

락기락(樂其樂)   162

재단법인 실시학사

실학사상의 계승 발전을 위해 설립된 공익 재단법인이다. 다양한 학술 연구와 지원 사업, 출판 및 교육 사업 등을 수행하며, 실학사상의 전파와 교류를 위해 힘쓰고 있다. 1990년부터 벽사 이우성 선생이 운영하던 '실시학사'가 그 모태로, 2010년 모하 이헌조 선생의 사재 출연으로 공익 법인으로 전환되었다.

경학 관계 저술을 강독 번역하는 '경학연구회'와 한국 한문학 고전을 강독 번역하는 '고전문학 연구회'라는 두 연구회를 두고 있으며, 꾸준하게 실학 관련 공동연구 과제를 지정하여 그에 맞는 연구자들을 선정·지원함으로써 우수한 실학 연구자를 육성하고 연구 결과물을 사회에 환원하고 있다. 이번에 상재하는 '실시학사 실학번역총서'도 그의 소산이다. 앞으로 아직 세상에 제대로 드러나지 않은 실학자들의 문헌을 선별해 오늘날의 언어로 옮기며, 실학의 현재적 의미를 확인해 나갈 것이다.

홈페이지 http://silsihaksa.org

실시학사 실학번역총서 02

하빈 신후담의 대학후설과 사칠동이변

1판 1쇄 인쇄 2014년 5월 20일
1판 1쇄 발행 2014년 5월 30일

기획 | 재단법인 실시학사
지은이 | 신후담
옮긴이 | 최석기 · 정소이

펴낸곳 | 성균관대학교 출판부 · 사람의무늬
등록 | 1975년 5월 21일 제1975-9호
주소 | 110-745 서울특별시 종로구 성균관로 25-2
전화 | 02)760-1252~4 팩스 | 02)762-7452
홈페이지 | http://press.skku.edu

ⓒ 2014, 재단법인 실시학사
ISBN 979-11-5550-047-7 94150
       979-11-5550-001-9 (세트)
값 25,000원

잘못된 책은 구입한 곳에서 교환해 드립니다.
사람의무늬 는 성균관대학교 출판부의 인문 · 교양 · 대중 지향 브랜드의 새 이름입니다.